U0613374

中山大学史学文丛
中珠

文本、概念与政治过程
金元明清时期政治地理新探

李大海——著

SPM 南方传媒 | 广东人民出版社
·广州·

图书在版编目（CIP）数据

文本、概念与政治过程：金元明清时期政治地理新探 / 李大海著. —广州：广东人民出版社，2023.12
ISBN 978-7-218-17145-6

Ⅰ. ①文…　Ⅱ. ①李…　Ⅲ. ①政治地理学—研究—中国—金代 ②政治地理学—研究—中国—元代　③政治地理学—研究—中国—明清时代 Ⅳ. ①K901.4

中国国家版本馆CIP数据核字（2023）第248201号

WENBEN、GAINIAN YU ZHENGZHI GUOCHENG：JIN-YUAN-MING-QING SHIQI ZHENGZHI DILI XINTAN
文本、概念与政治过程：金元明清时期政治地理新探
李大海　著

出 版 人：肖风华

责任编辑：钱　丰　刘飞桐
责任技编：吴彦斌

出版发行：广东人民出版社
地　　址：广州市越秀区大沙头四马路10号（邮政编码：510199）
电　　话：（020）85716809（总编室）
传　　真：（020）83289585
网　　址：http://www.gdpph.com
印　　刷：广东鹏腾宇文化创新有限公司
开　　本：889 毫米 × 1194 毫米　1/32
印　　张：14.625　　**字　　数：**350千
版　　次：2023年12月第1版
印　　次：2023年12月第1次印刷
定　　价：88.00元

如发现印装质量问题，影响阅读，请与出版社（020-85716849）联系调换。
售书热线：（020）87716172

本书获中山大学中国史一流学科建设经费资助

序

葛剑雄

2004年夏，我去乌鲁木齐参加历史地理年会，第一次见到李大海，那时他还是陕西师范大学历史地理专业的研究生。去年我去中山大学历史学系（珠海）讲学，他已是那里的副教授。不久前他发来一部书稿——《文本、概念与政治过程——金元明清时期政治地理新探》，要我作序。见证了他学术上的成长过程，翻阅过这部辛勤耕耘的成果，我自欣然应命。

作者的研究主题是“金元明清时期政治地理”，所以在《导论》部分详尽地讨论了与此相关的“历代政区”“历代行政区划”“历史政区地理”“历代政区沿革”“沿革地理学”“历史政治地理”等词汇术语的学术含义和学科意义，特别是对沿革地理中的疆域政区和河流水道两大要素与历史地理学的人文地理和自然地理之间的演变传承关系作了细致的分析和论述。作者从三部传统经典《尚书·禹贡》《汉书·地理志》和《水经注》的学科属性和学术路径入手，厘清它们与历史人文地理和历史自然地理的关系，复原它们与两者的衍变过程，重构历史地理的学科发展史；引用三位学科奠基人谭其骧、侯仁之、史念海和前辈学者邹逸麟、周振鹤、唐晓峰等人的相关论述，深入讨论由沿革地理至现代历史地理学的发展路径。还对照西方著名地理学家哈特向、安德鲁·H·克拉克、H.C.达比、阿兰·R.H.贝克等人的理论和观点，论证了两个不同渊源的知识体系在现代历史地理学的融合。

我一直认为，无论研究哪一个学科的哪一个分支、哪一个具体的方面，确定它的学科特性，明确它的涉及范围和学术规范，回顾它的形成和发展的过程，进行必要的理论阐述，是一个必不可少的前提——这证明研究者已经了解或者已经整理出相关领域的学术史，如此，他才能明确进一步研究的意义和可能性。李大海撰写的《导论》对“历史政治地理”学术史的追溯和归纳，都达到了新的深度和广度，自然为他的“新探”打下了坚实的基础。

但与大多数历史地理研究者一样，他多少忽略了中国传统的“地理”与西方或现代地理学的“地理”之间的差别。中国古代的“地理”一词，见于《易·系辞上》：“仰以观于天文，俯以察以地理。”孔颖达疏：“地有山川原隰，各有条理，故称理也。”主要是指山川地形地貌及它们的分布规律，并不是现代地理学（geography）的概念——地球表层的各种自然现象和人文现象以及它们之间的相互关系和区域分异。据我所知，是当初日本学者翻译geography时，首先采用了“地理”这两个汉字。这样的译法虽便于中国人接受和理解，却使大多数人形成这样的误解，即geography完全等同于中国古代的地理、地理之学，而不注意两者之间存在明显差别。其实，用现成的汉字词汇翻译西语词汇，看似贴切，实际都存在这样的问题。例如以“经济”译economy，以“革命”译revolution，都已与原词意义不同。但这类词用得普遍，绝大多数人都记住了被译词汇的本意，早已忘了或根本就不知道汉字词汇的原意。“地理”与geography的意义接近，反而容易混淆，以至于专业人士都往往会忽略。我想，作者如果能充分注意到“地理”与geography的差别，相关的论述一定会更加严密，做到无瑕可击。

多年前，我曾与周振鹤先生讨论过历史政治地理与历史政区地理的区别，我们的共识是，政治地理的研究对象应该包括各种政治要素，而不仅是政区或政区制度一项。尽管作者的研究还未涵盖各种政治要素，但在研究政区沿革演变时已注重从制度入手，特别注意复原实际运作的制度，以个案、特例为突破口重构制度主体。本书第一章围绕该如何解读《元史·地理志》至元“十六年，改京兆为安西路总管府”，以及与之对应《元史·世祖纪》至元十五年“改京兆府为安西府”、至元十六年“改京兆为安西路”这三条史料展开。为什么同一个政区在同一年份、在同一部正史中出现了三个不同的专名——安西路、安西府、安西路总管府？通过梳理清代考据学者对三条史料解读的差异，以及今人模棱两可的接续阐释，引出重新探讨这些基本的地志史料含义的诉求。第一章第二节利用元人文集、碑刻资料，引用元人王利用的《大元故京兆路知府刘侯神道碑铭并序》等材料，就事论事地考证出金元之际陕西关中地区行政区划的最大变革是，金代总管府路（高层政区）下有首府和各州（统县政区），首府及州下领县的等级体系，到元世祖即位初期，转变为行省（高层政区）下领各路（统县政区），路下再别领散府和州（也算统县政区），路、府、州都领县的等级格局。其中的关键变化有两个：一是省取代路成为高层政区；二是原金路下的首府到元代在无形之中消失了，这直接导致路接替原来的首府，成为领县的政区单元，这正好与其被省所取代的历史过程相呼应。这也证明了，像行政区划这样一种涉及全局的、与一个朝代相始终并经常跨越朝代的制度，无不存在时间与空间上的局部变化，也是相关各种政治要素相互影响、形成合力的运作结果。

无论是上编的“文本新释”，还是中编的“概念重构”，作者都从揭示文献的细微差异入手，以大量案例比较归纳，不满足于质疑纠错，而是采用各种方法，论证或解释文献的真实内涵，从制度层面重构史实。如《元史·世祖纪》中一段话，被断为“其散府州郡户少者，不须更设录事司及司候司。附郭县止令州府官兼领”，因此一直被理解为两件事：户口少的散府州郡不再设录事司及司候司，州府官兼领附郭县。以后一句话为依据，学术界和各种通论性著作、通用教材中都沿用各州的附郭县晚至明洪武初年才被统一裁撤这一说法。作者在研究中发现，忽必烈在至元初年就曾大量裁撤附郭县，《元史·世祖纪》的记载本身无误，问题出在后人对原文的误断，原文应为“其散府州郡户少者，不须更设录司及司候司、附郭县，止令州府官兼领”。“附郭县”应前属，“不须更设”的机构即包括“附郭县”在内。这一延续数百年的误读误解迎刃而解。有了理论上、方法论上的探索成果和坚实基础，下编的“政区考证”水到渠成、顺理成章。

大海对这项研究成果的目标是一部专著，而不是论文汇编，尽管他自知本书目前的结构和内容还不够完善。有了他这样的学术追求，我深信在本书问世后，不久就会有更符合他目标的再版或新版。

2023年10月

目　录

导　论

1991年秋天，谭其骧（1911—1992）先生在给入学不久的博士生靳润成回信时写道："培养计划中所谓'中国历史政区地理'，我向来惯称为'中国历代政区'或'历代行政区划'，究竟用'历史'好还是用'历代'好，我吃不准，似可大家讨论一下再确定。"①以上这段话虽然强调的是采用历史和历代两个前缀词汇孰更合适的问题，但在笔者看来，历代政区这一似乎并未被完整表达的用词本身，同样值得关注。若参照信中与之相对的历史政区地理而言，其准确称谓很可能是"历代政区沿革"。②辨析这两种历史地理分支学科的名号，或许还不是一个在当时需要迫切澄清的话题。总之，在历史地理学中开展历代政区、地名和疆界变迁的研究，大致都可以归入这一领域。有关这门学问，今日更为学界广泛接受并且认可的正式名称是沿革地理学。

在当下的国内学术语境中，沿革地理学既被视作中国历史地理学的前身，也代表中国历史地理学的一个重要分支方向。学界

---

① 《谭其骧教授致本书作者的信》，收入靳润成著《明朝总督巡抚辖区研究》书前附影，天津：天津古籍出版社，1996年；该信收入葛剑雄著《悠悠长水：谭其骧传》，《葛剑雄文集》③，广州：广东人民出版社，2014年，第580—583页。

② 案同说屡见不鲜，谭其骧在《〈正史地理志汇释丛刊〉前言》中即曾运用（详见张修桂、赖青寿编著《〈辽史·地理志〉汇释》，合肥：安徽教育出版社，2001年，第2页）。或有作"历代政区地理"及认为"历代政区""历代行政区划"已是独立表达等看法，然前者稀见而后者往往不单独使用。如谭其骧曾发表《中国历代政区概述》（《文史知识》1987年第8期）、《历代行政区划略说》（收入《中国古代文化史讲座》，北京：中央广播电视大学出版社，1984年）等文，皆可为证。

通常会在沿革地理学之前，叠加“传统”一词作为限定，以示它与现阶段的历史地理学在古今发展历程上的前后差别。同样，在历史地理学的现代学科体系中，沿革地理学往往会被历史政治地理学所替代。从这一角度而言，谭其骧先生在信中提到的历史政区地理，则恰好处在介于传统沿革地理与历史政治地理之间的学科纽带上。本书从构思到写作，即围绕若干近世以降的历史政治地理问题展开。为了更好地向读者坦承笔者思索的来龙去脉，以及更加准确地定位本研究的落脚点，有必要在此对历史政治地理学的发展略作回顾和评论。

周振鹤先生撰文指出，中国历史政治地理学经历了从沿革地理、政区地理到政治地理的范式转换。其中沿革地理依据研究内容的发展，分为史料编纂、考证订讹、历代大势等阶段，尤其注重政区的历时性变化。20世纪80年代提出历史政区地理的概念，强调共时性的政区结构。此后，90年代逐渐出现政治地理学，主要研究政治过程对地理区域变迁的影响、边疆区与核心区的变迁、首都定位的地缘政治基础、行政区划与行政中心的变化等。要言之，就是研究中国历史上的行政区划为何有如此繁复的变迁过程。[①]由此可见，周振鹤先生将沿革地理视为晚出历史政区地理和历史政治地理的渊源与前身。他进一步指出，历史政治地理是历史地理学两大分支之一——历史人文地理学的次级分支，和它并列的还有历史文化、历史经济和历史人口地理等。也就是说，沿革地理属于历史地理学下辖二级分支——历史政治地理学

① 周振鹤：《范式的转换——从沿革地理、政区地理到政治地理》，收入氏著《中国历史政治地理十六讲》，北京：中华书局，2013年，第3—24页。本节下文引用的对应页码分别是第3、5、24页。

的早期发展阶段。

关于传统沿革地理学的身世，周振鹤先生还指出："所谓沿革地理，主要的研究是两大部分内容，一是疆域政区的沿革，一是河流水道的变迁。"对历代政区文献记载"进行考证订讹式的研究"，"发展到清代的乾隆、嘉庆之际，终于与研究河流水道变迁的学问一起，蔚为沿革地理之学"。按此述说，包含疆域政区和河流水道变迁内容的沿革地理学，自应是现代学科意义上整个中国历史地理学的前身。总而言之，沿革地理这一学科概念，既可以被视作整个中国历史地理学的渊源与传统发展阶段，也可以被认为是其二级分支方向历史政治地理学的古代学术形态。

事实上，不论将包含河流水道变迁的沿革地理学，视作历史政治地理学的前身，还是将只涉及疆域政区演变的沿革地理学，追溯为整个中国历史地理学的源头，似乎多少都显得有些牵强而不尽合理。对于前一种看法而言，显然不应忽视其对历史地理学两大分支之一的历史自然地理学早期发展阶段的重要意义。至于后者，往往仅在溯源历史政治地理这一分支学科时才会被提及。一些学者或认为造成上述现象的原因，主要是内涵不同的两种沿革地理学存在狭义与广义之分所致——只包括疆域政区的狭义沿革地理后来演化为历史政治地理，而包括河流水道变迁的广义沿革地理则扩张为整个中国历史地理学。对此，笔者不能赞同。要言之，是否包含河流水道的变迁研究，不能以狭义与广义加以区分。依照周振鹤先生的看法，正如历史人文地理与历史自然地理并列一样，疆域政区与河流水道是沿革地理中具有同等地位的"两大部分内容"。换言之，两者从现代学科的角度并非核心与边缘，而是一种逻辑上的平等关系。由此可见，以往对沿革地理学概念的认识隐含着双重解读的倾向。这种双重性所带来的疑惑，在当今通行历史地理学科体系的映射下显得尤为突出。

至此，在笔者企图分享有关历史政治地理研究的粗浅体会前，不得不先把思绪拉回如何解释两种沿革地理概念的界定问题上。本书在接下来的导论部分，将通过分析传统地理文献的叙述框架，梳理中国古代沿革地理记述的核心主题，并对以往沿革地理学概念存在双重解读的倾向加以初步检讨，以期为重新认识沿革、政区、政治、王朝地理等概念背后的学术史提供一些新的可能。在此基础上，或许可以为本书正文诸编略显“凌乱”的个案研究，觅得一个更为对称的思考、讨论和批评空间。

一、自然与人文：传统沿革地理学的身份建构

核实而论，学界习称的“沿革地理”之说出现时间不会早于20世纪初，已有学者指出它在传统时期的惯用写法理应是舆地沿革或地理沿革。近年来，有关历史时期河流水道变迁的记述，往往也作为与政区、地名、疆域等方面并驾齐驱的两大部分内容之一，而被纳入沿革地理学的认知范畴。造成这一现象的原因，既受到晚近以来历史地理学被支分为历史自然和历史人文地理的影响，也在于探索河流水道的变化乃至采取相应的治理措施，历来对中国古代政治、经济生活的正常运转具有举足轻重的作用。

中国传统地域认同的最初表述，来自于被称作“古今地理志之祖”[①]的《尚书·禹贡》。其中所述之九州疆域和大禹足迹息息相关，正如《左传》所载“芒芒禹迹，画为九州”。串联禹迹

① （明）艾南英：《禹贡图注·序》，《四库全书存目丛书》（经部·书类）第55册，济南：齐鲁书社，1997年，第1页。

和九州的叙事线索，乃是大禹治水的古老传说。《禹贡》记录的河流水道，分别载于《九州》和《导水》章。其中，《九州》章遵循冀、兖、青、徐、扬、荆、豫、梁、雍的顺序，分述各州之境域、山川、土田、贡赋、贡道等专题，其下或再细分条目。故九州重要河流皆按归属载于各州山川一节。此外，九州贡道以水运为主，也会提及各州具有朝贡、贸易交通意义的河流。[①]《导水》章则在《导山》章的基础上，依照水随山势、互为表里的原则，以九个导字为引，从最北、最西的弱、黑两水叙起，先后记录河、漾、江、沇、淮、渭、洛以及它们所附属的14条河流，共同构成九组水系，是为九川。

《禹贡》提出的天下秩序，是后世地理叙述的起点。唐晓峰先生将其中所包含的地理原则概括为九州格局、五服等级、分区定位、中央之尊、向心结构等。他指出《禹贡》既有山川格局，也有社会秩序，两者彼此渗透契合而成一个整体。[②]显然，九州、五服属于社会秩序，导山、导水则是山川格局。要言之，《禹贡》以高山大川为纪纲整合社会秩序与山川格局，正如宋人郑樵曰："《禹贡》之书所以为万代地理家成宪者，以其地命州，不以州命地也"。[③]笔者认为，《禹贡》对上古河川水道的记载，俨然开创了编撰传统地理文献的典范模式。具体表现为，不但专设《导水》章梳理河川源流，突破州域限制，追求地理格局的自然属性；而且在《九州》章以承载社会秩序功能的州域为

---

① 李零：《茫茫禹迹：中国的两次大一统》，收入氏著《我们的中国》（第一编），北京：生活·读书·新知三联书店，2016年，第161—205页。

② 唐晓峰：《从混沌到秩序：中国上古地理思想史述论》，北京：中华书局，2010年，第277—280页。

③ （宋）林之奇著，陈良中点校：《尚书全解》卷7，上册，北京：人民出版社，2019年，第122页。

限，再次记录区内诸水，并从人文角度描述漕运贡道的状况。这样的编排方式，对捏合社会秩序与山川格局无疑具有重要意义，也为构建地理知识的书写范式提供了经典模本。

透过《禹贡》记载河流水道的谋篇布局，后人既能看到以人文思路建立的地理知识框架，也能发现认知客观世界的自然经验集合。前者以九州分区为开端，继以《汉书·地理志》形成按郡县为纲目的完备王朝地理叙述体系，成为此后官方同类文献编撰的统一规范。后者则以《导水》为渊源，延至《水经注》问世，发展成将水道作为脉络记载区域综合地理知识的典范。要言之，由诸水串联并呼应的九州与导水二章，可视为《禹贡》整合社会秩序与山川格局的叙述条例，蕴含着丰富的自然与人文因素分别作为主导的地理认知取向。

侯仁之先生在评论《禹贡》《汉书·地理志》和《水经注》三部地理著作时说："汉书·地理志又与禹贡不同……它以行政区划为纲来叙述全国疆域、政区、人口、物产、建置沿革以及山川和地方风俗等等，首创了一种便于仿效的地理书籍的写作体例……至于水经注，又代表了我国古代综合性地理著作的另一种形式，在写作体例上，既不同于禹贡，也不同于汉书·地理志。它是独创一格的地理著作，以全国水道为纲，详细地记述了全国各地的地理情况。"①显然，以行政区划和河流水道为纲分别记述地理知识，也可以看做是各自以人文和自然地理为主导展开的文本叙述框架。

周振鹤先生在赞誉《水经注》达到当时地理学发展的新高度

① 侯仁之：《序言》，收入《中国古代地理名著选读》，北京：学苑出版社，2005年，第2页。

时，指出郦道元“采用一个以河流水道为代表的自然地理框架，来容纳人文地理及其他自然地理内容的写法。这个视角正与《汉书·地理志》所建立的以政区为基本框架，来容纳自然地理及其他人文地理内容的撰述体例，形成强烈的对照，令《水经注》在传统绵长的正史地理志—地记—图经—地方志及全国地理总志为代表的传统地理系列著述之外，显得特别突出。”[①]吴松弟先生也在总结传统沿革地理学的发展时认为，“记载各地自然地理和人文地理现象的差异是我国古代学者的传统之一。这一传统，至少可以追溯到战国时期成书的《禹贡》”。[②]由此可见，以上这种以自然和人文地理为分野的认知方式，最早源自学者对《禹贡》文本的解构。

然而，如前所说，《禹贡》九州“地域之分，以高山大川为限”。[③]所谓州者，水中可居也，“昔尧遭洪水，民居水中高土，故曰九州”。进言之，九州不是纯粹以人的主观为准而擘画的结果，此间足以展现时人对客观自然条件的辨识与因应，包含着不得已而为之的局限。从这一角度而言，九州之分可视作先民对自然地理知识的归纳和利用。考古学者亦曾指出，《禹贡》九州是自然形成的人文地理区系。[④]总之，九州不是单纯政治的划

---

① 周振鹤：《不可无一不容有二——〈水经注校笺图释·渭水流域诸篇〉序》，收入李晓杰主编《水经注校笺图释·渭水流域诸篇》，上海：复旦大学出版社，2017年，第2页。

② 吴松弟：《从传统的沿革地理学到现代的历史地理学》，收入姜义华、武克全主编《二十世纪中国社会科学·历史学卷》，上海：上海人民出版社，2005年，第294页。

③ （清）胡渭：《〈禹贡锥指〉略例》，（清）胡渭著、邹逸麟整理：《禹贡锥指》，上海：上海古籍出版社，2006年，第14页。

④ 邵望平：《〈禹贡〉“九州”的考古学研究》，收入郑杰祥编《夏文化论集》（下），北京：文物出版社，2002年，第505页。

分，而是自然与社会的综合性分区，表现出自然与社会差异兼顾的思想。至于《禹贡》导水篇所载诸水突破州域，按自然源流属性编排，的确可以视为一种客观地理知识的记述。但就《禹贡》书写的最高意义而言，这些内容与土壤、物产一样都属于一个人文大系统，被纳入社会价值体系，彰显“大地域王朝版图的结构性价值、华夏整体观念、领土的政治文化礼教意义”，“它们不再是自然形态之物，而被赋予了交通、贡品、田赋的属性”。[①] 可见，《禹贡》记述的地理要素，不仅体现当时人对自然的认识，更是被时人纳入利用和改造范畴的客观对象，目的终究是服务于“阐明统治大一统国家的方式和方法”。[②]

如此看来，晚出《水经注》的书写模式和《禹贡》亦可谓异曲同工。在郦道元之前，由郭璞或桑钦等人撰述的《水经》专记水道，结构相对单一。而《水经注》则明显不同——郦氏虽仍以水道这一自然要素作为框架展开叙述，但也增加了大量所谓王朝地理的知识内容。李晓杰等学者指出《水经注》以西汉王朝的版图为基础，对许多重要河流及其流域进行综合性的描述，所涉及的内容同时包括自然地理与人文地理两大部分。[③]可见，《水经注》虽被奉为历史自然地理研究的重要代表，甚至有学者称其为我国古代水文地理学研究的巨著，但归根结蒂，它的时代关怀是“水患之治，水利之用”，[④]“是人文的东西，是以人的利益为

---

① 唐晓峰：《从混沌到秩序：中国上古地理思想史述论》，第181、217、285页。

② 史念海：《中国历史地理学的渊源和发展》，《史学史研究》1986年第1期，第2—3页。

③ 李晓杰、杨长玉、王宇海、屈卡乐：《古本与今本：现存〈水经注〉版本汇考》，上海：复旦大学出版社，2021年，第1页。

④ 周振鹤：《不可无一不容有二——〈水经注校笺图释·渭水流域诸篇〉序》，第1页。

标准而被讨论”[①]的综合地理知识的反映。

被前人视为“与古《禹贡》《周官》所记相埒”[②]而一脉传承的《汉书・地理志》，也和《水经注》的撰述体例互有融通，尽管以往将其分别树立为历史人文和自然地理两种对立性叙述框架的代表。汉志不仅记载了大量有关政区、地名的系统性资料，还关注河流、山岳、湖泊等方面的自然知识。史念海先生认为，“班固撰述《地理志》就是不仅注重人文地理，而且也兼重自然地理，其重视的程度不仅超过了《周官》，而且更超过了《禹贡》”。他还强调《史记・河渠书》作为沿革地理著作的学术史意义，指出虽然由于只记水道而不及《地理志》全面，因而“盛名遂为《地理志》所掩盖”，但它们“居于同等的地位”。[③]

就本节主旨而言，《河渠书》的内容值得揣摩。所谓河渠之河指黄河，渠指鸿沟、都江堰、郑国渠、关中漕渠等水利工程。显然，黄河是自然水道，而诸渠则是人工水道，两者都涉及修建水利工程和保障漕运的重要史实。也就是说，如果要将《河渠书》记述的地理知识进行自然与人文层面的划分，那么它们之间所体现出的统一性和综合性，必定大于二元性和对立性。有学者甚至认为，我国古代“最有代表性的地理书籍，如《禹贡》、《汉书・地理志》、《水经注》、《元和郡县志》、《太平寰宇记》、《读史方舆纪要》、《天下郡国利病书》、《大清一统志》等等，无一不是人文地理著述”。[④]在笔者看来，上述

① 唐晓峰：《从混沌到秩序：中国上古地理思想史述论》，第297页。

② 《隋书》卷33《经籍志二》，北京：中华书局点校修订本，2019年，第1117页。

③ 史念海：《班固对于历史地理学的创建性贡献》，《中国历史地理论丛》1989年第3辑，第36—37页。

④ 辛德勇：《中国人文地理的传统》，《读书》1997年第5期。

这些传统时期集中记述地理知识的经典文献，叙述框架都与《史记·河渠书》存在较为接近的内在一致性。这种一致并不同于以往历史自然—人文地理的抽象二元式概括，而是集中展现了传统地理文献更为本质的书写条例与核心主题。

回顾沿革地理学的发展，按照自然、人文地理特征采取一分为二的方式整饬文献的纵向脉络自有其根据，亦属学界的普遍共识。然而从地理学史的角度看，这除与文献本身的记述不无龃龉之外，类似按照内容属性衍生的二元论学术意识本身，也是较为晚近才有的地理学观念。有关这一点，笔者阅读本土文献的体验与西方地理学史之间适可相参对照。德国地理学家赫特纳（Alfred Hettner，1859—1941）在回顾西方古代地理学时曾经说道：

> 地区的自然情况本身并没有成为地理学的对象，而只是从涉及人类这个角度才被视作地理学的对象，地表只是作为人类居住和养育的场所加以研究。[①]

在地理学演化的漫长历程中，地理学家并不关心与人类无关或是无法被纳入人类视野的客观世界。所以在相当长的历史时期，西方地理学家不会也不可能自觉地区分自然和人文地理。时至今日犹在（历史）地理学中区分自然和人文因素的做法，虽然属于司空见惯且在“传统上似已根深蒂固的概念”，[②]但起源却是相

---

① ［德］阿尔夫雷德·赫特纳著，王兰生译、张翼翼校：《地理学——它的历史、性质和方法》，北京：商务印书馆，1983年，第163页。

② ［美］R.哈特向著，黎樵译：《地理学性质的透视》，北京：商务印书馆，1963年，第61页。

对较晚。根据美国地理学家哈特向（Richard Hartshorne，1899—1992）研究，在地理学中区别出“非人文特征——的地理学与人文地理学”的意识，几乎直到18世纪末、19世纪初才在少数著作中隐约出现。甚至到19世纪中期，地理学所谓的自然一词，也并非一个要与人文一词专门区别的概念——只是借以表示在外界所感知的事物，以别于人的内心思想感情。[①]

哈特向1959年出版的《地理学性质的透视》（*Perspective on the Nature of Geography*）一书，旗帜鲜明地反对在地理学中机械区分自然和人文因素的思维定式。他承认许多地理研究都是按照区分自然—人文因素以后才展开的工作，但认为“这直接藐视了现实，后者并不承认‘人文的’和‘自然的’之间的区别”。他引用法国地理学家阿利克斯的观点说道：

> 我们通常想像为“自然的”特征，经过调查研究之后，发现是由自然和人类共同形成的；同样，通常认为是人文起源的特征，可能发现是某一历史时期人文和自然因素交互作用的产物。早在1905年，赫脱纳就说过：“自然和人类对地区特性都是本质的，两者并且处于彼此不可分割的密切联合中”。[②]

哈特向在书中至少从五个方面论证地表各种要素既非纯人文，亦非纯自然的固有特性。他专门分析了“本来是与地理学无关的”人与自然截然区分观念的由来，并认为问题的根源在于环境论的引入。这些论述使人深切感受到某种地理思想、观念的流行，往

① ［美］理查德·哈特向著，叶光庭译：《地理学的性质——当前地理学思想述评》，北京：商务印书馆，1996年，第28—29页。

② ［美］R.哈特向著，黎樵译：《地理学性质的透视》，第51页。

往与它所处时代的宏观哲学、意识形态等方面的影响密切相关。例如哈特向借用索尔（Carl O.Sauer，1889—1975）《景观的形态》（*The Morphology of Landscape*，1925）一文的看法，认为区分人与自然的地理学意识，受到达尔文主义的自然科学和19世纪中叶兴起的唯物主义哲学影响，同时也被历史哲学接纳为重要的概念之一。他接着阐述道：

> 更具体地说，自然科学所显然表现的法则绝对可靠性及其向生物科学的输出，引起了这样一个信念：人既为自然界整体的一部分，同样亦应受不偏不倚的“自然法则”的控制。因此社会科学亦可以没有必要允许人类决心或超自然控制等空想。
>
> 然而要建立这个信念，社会科学必须表明它作为一个科学理论的有效性。这只能依靠自然科学，因为，作为自然界整体一部分的人类，显然依赖于“减去人类的自然界”，后者存在于人类之先，并能独立于人类而存在。人类因此必然是“减去人类的自然界”的产物，依赖于运行在“减去人类的自然界”中的法则。①

尽管哈特向对20世纪以来划分自然和人文地理学的二元论持有保留意见，但这并未阻碍进入该世纪中叶以后，人与环境的关系研究成为地理学主要焦点的变化趋势。不过，哈特向对地理学性质的透视至少给笔者两点启示：第一，将地理学研究对象分解为自然和人文因素的观念起源较晚；换言之，传统地理文献的知识体

① ［美］R.哈特向著，黎樵译：《地理学性质的透视》，第61—62页。

系不存在自觉意识的自然—人文二元论，将沿革地理学析分为河流变迁与政区演化的两条支脉，主要是今人回溯认识的结果，这类似于唐晓峰先生提出的“反向格义”。[①]第二，哈特向回顾了西方地理学从19世纪后半叶开始出现的两组二元论争议——前文提到的自然与人文地理以及历史更为久远的区域与普通地理。和他对前者态度所表现出来的倾向不同，哈特向更乐于承认和探讨区域地理学与普通地理学之间客观存在的紧张关系。

在哈特向看来，将地理学按照内容分为自然和人文地理的观念起源并不久远，且对地理学的目的——理解不同性质的现象统一体——有害。[②]时至今日，哈特向的看法似已陈旧，但他对地理学史的认识——在相当长的时期内无所谓区分自然和人文地理的事实——却仍应引起重视。西方地理学史注重对地理知识撰写传统的归纳。例如历史学之父希罗多德也被视作古希腊地理学“地图学和区域描述”传统的创始人。[③]哈特向对此说道：“在古希腊和古罗马所发展的地理学中，有些学者认为它的主要作用是对不同国家有系统地汇集资料，另一些学者则企图测量地球，追溯河流源头，或建立气候带。”[④]总之，除地图学和区域描述以外，西方古代地理学尚有数学（或数理）甚至文学的传统。

不同地理学传统经历中世纪的知识积累，在17世纪中叶被一位名叫贝恩哈德·瓦伦纽斯（Bernhardus Varenius，1622—1650）的日耳曼人总结，出版了《普通地理学》（*Geographia generalis*，

---

① 唐晓峰：《“反向格义”与中国地理学史研究》，《南京大学学报》（哲学·人文科学·社会科学版）2009年第2期。

② ［美］R.哈特向著，黎樵译：《地理学性质的透视》，第80页。

③ ［法］保罗·克拉瓦尔著，郑胜华、刘德美、刘清华、阮绮霞译，华昌宜校：《地理学思想史》（第3版），北京：北京大学出版社，2007年，第17页。

④ ［美］R.哈特向著，黎樵译：《地理学性质的透视》，第108页。

1650，又译《地理通论》）一书。该书在1672年和1681年由牛顿根据不同的拉丁文本推出英文版，一个多世纪以后，又因得到亚历山大·冯·洪堡（Alexander von Humboldt，1769—1859）的重视再次声名鹊起。[①]英国地理学家迪金森（Robert E.Dickinson，1905—1981）称它“是第一部企图把普通、数理及自然地理学与地方地理学结合在一起的著作”。[②]美国地理学家詹姆斯（Preston E.James，1899—1986）和马丁（Geoffrey J.Martin，1934—）认为：

> 瓦伦纽斯比他的时代以前的任何学者都清晰地提出了那些描述特定地区特点的地理学著作与那些描述适用于所有地方的普遍和全局性法则或规律的地理学著作之间的关系。他称前者为“专门地理”（special geography），称后者为“普通地理”（general geography）。[③]

该书在牛顿翻译的基础上，后来又有多个英文版流传，据说“有近两个世纪被奉为近代地理学的圭臬”。法国地理学家克拉瓦尔（Paul Claval，1932—）将《普通地理学》一书视为“近代初期

---

① ［德］阿尔夫雷德·赫特纳著，王兰生译：《地理学——它的历史、性质和方法》，第87页。

② ［英］罗伯特·迪金森著，葛以德、林尔蔚、陈江、包森铭译，葛以德校：《近代地理学创建人》，北京：商务印书馆，1984年，第11页。

③ ［美］杰弗里·马丁著，成一农、王雪梅译：《所有可能的世界：地理学思想史》（第4版），上海：上海人民出版社，2008年，第117页。案人文地理学家李旭旦（1911—1985）曾将书中的专门地理译为专区地理学，普通地理译为通论地理学。（詹姆斯著，李旭旦译：《地理学思想史》，北京：商务印书馆，1982年，第118页。）

地理学”到来的标志。[①]这是一个殊为崇高的赞誉，昭示着崭新时代的开启。不过，类似评价容易掩盖是书更为客观的地理学史意义——与其说它属于新时代，不如说它“在极大程度上从属古代科学”[②]——是西方古代地理学传统发展到17世纪中叶的集大成之作。

《普通地理学》最大的贡献，在于将古代地理学的传统凝练为专门地理和普通地理两类。尽管瓦伦纽斯更强调普通地理的重要性，但没有证据显示他未把专门地理置于和前者等同的地位，这是地理学史上的首次。迄今在地理学领域仍然使用的区域和系统地理学，即来自瓦伦纽斯在近四个世纪前提出的类似概念。专门或区域地理学，是描述特定地区特点的地理学；而普通或系统地理学，则是描述适用所有地方普遍法则和规律的地理学。迪金森从这两种不同的地理学传统所遵循的不同撰述方法，对其特点和差异进行解释道：

> 这些不同的方法，近来被人们分别叫做理论的（推论的）和经验的（描述的）方法。理论的方法是，寻求建立涉及到各地方的位置及其相互关系的理论，寻求建立规律，并在这些规律的基础上进行推论。经验的或会意的方法是，特别着重于通过陆地、海洋、区域及地方来描述那些国家和民族的特定的组合。它不寻求建立规律，但要找出现象在地方的特点及其与其他地方的相互关系上起什么样的作用。这是

---

① ［法］保罗·克拉瓦尔著，郑胜华等译：《地理学思想史》（第3版），第27—45页。另可参迪金森著《近代地理学创建人》（第15页）。

② ［德］阿尔夫雷德·赫特纳著，王兰生译：《地理学——它的历史、性质和方法》，第87—88页。

所有地理研究中两种基本的方法和传统。[①]

普通或系统地理学与所谓“系统科学”关系密切，[②]而系统科学是在针对地球表面人与自然诸多现象进行逻辑和物理分类的基础上，按照各要素逐一展开的具体研究。因此，系统地理学必须按照地表诸要素的分类，逐一进行某要素的地理学研究。这样的系统地理学会由“一系列分支组成，每分支本身都是一个研究某种现象的科学，而每种现象与相应的系统科学具有共同意义”。基于以上原因，系统地理学也被惯称为部门（topic）地理学，所以哈特向说：“每一个真正的地理研究，同时包含了部门的和区域的探讨”。[③]

总而言之，区域（或专门、专区）地理学与部门（或普通、系统）地理学构成的彼此独立又相互纠缠的关系，始终是西方古代地理学史的核心主题。相较自然与人文地理学分野的形成，区域与部门地理学的互动统一无疑更能体现地理学的历史惯性与基本特征，至少在漫长的古代地理学阶段如此。结合前文对我国早期地理文献的考察，笔者认为，以往将传统沿革地理学的演化分解为历史自然和历史人文地理的认识框架，既与文献本身的记述

① ［英］罗伯特·迪金森著，葛以德等译校：《近代地理学创建人》，第16页。

② 案这里的“系统科学”不是指20世纪以来以系统论为基础，结合数理、信息技术而新兴的一门学科，而是按照18、19世纪之交对知识的物理分类而形成的若干自成体系的专门学问。根据康德（Immaunel Kant，1724—1804）的界定，“对发生在同时或者同地，但有着不同特点和起源的事物的归类”所产生的各类研究，属于系统科学。（杰弗里·马丁著《所有可能的世界：地理学思想史》，第134—135页。）

③ ［美］R.哈特向著，黎樵译：《地理学性质的透视》，第68、111、121页。案康德在1756至1797年间讲授自然地理学课程，分为五种“部门地理”：数理、精神、政治、贸易和神学地理学。（参迪金森著《近代地理学创建人》，第16页。）康德所谓的自然地理学即瓦伦纽斯的普通地理学，含义不同于今日。

特征不无矛盾，也很有可能模糊了对本土沿革地理学传统的本质把握。

正由于此，以往对沿革地理学内容的界定，产生了类似前文所提及的双重解读倾向。史念海先生在强调沿革地理学与历史地理学的不同时曾说道："以往的沿革地理学只能说是历史政治地理，历史政治地理也只能是历史人文地理的组成部分，与历史人文地理相对应的还有历史自然地理。"[①]在他看来，传统沿革地理学并不包括作为学科的历史自然地理，而中国历史地理学的前身还应涵盖前者之外尚少被阐释触及的"人与地的关系"等内容。由于这样的表述几乎划清了沿革地理学与历史地理学之间的赓续关系，故而能够避开所谓双重解读的陷阱，在不更改将历史地理学支分为历史自然、人文地理的认识前提下，似乎实现了学科自我定性与内部认同的逻辑自洽。

其实，并不能过分否认沿革地理学与历史地理学在学术史脉络中，客观存在的既有继承又有创新的密切联系。问题是将沿革地理圈定在历史政治地理的范畴之内也好，或者在历史地理学的古代发展阶段继续挖掘人地关系研究的存在感也罢，事实上仍都是在自然与人文对立的学科内部认知框架中寻求建构的结果。笔者认为，这不利于深入探索传统沿革地理学更为本质和内涵的属性，也不利于回到地理文献自身分析传统时代地理知识表达的核心主题。对此，下文将借鉴本节讨论西方地理学史的他山之石，通过区域与专题的视野，论证中国古代地理知识记述和表达的深层面相。

---

① 史念海：《中国历史地理学的回顾与前瞻》，《中国历史地理论丛》1999年第2辑，第4页。

二、区域与专题：古代王朝地理学的叙述框架

早期传统沿革地理的代表性文献，如《山海经》《尚书·禹贡》《周礼·职方氏》《史记·河渠书》《汉书·地理志》《水经注》等，无论从编撰体例，还是记述内容看，并不具备当下习以为常的自然与人文地理二分的叙述框架。从西方地理学史可知，科学意义上以自然和人文地理之别作为回溯学科源流的方法论，乃是近代地理学受哲学思潮影响的产物。事实上，经验性的地理知识在几乎所有描述世界和地区的史籍文献中都能找到，如果这些经验的地理知识不提出某种叙述框架，也没有做出提升解释，便只会被视为日常知识，从而不再具有学术意义。[①]既然如此，难道唯有通过以今推古的反向格义，才能从浩如烟海的传统沿革地理文献中提炼所谓的叙述框架与核心主题吗？本土沿革地理学的记述与撰著是否具有较之自然—人文地理二元模式更为本质的书写传统呢？

本节还是先从《尚书·禹贡》篇谈起。《隋书·经籍志》将今古文《尚书》及其传注列于经部书类文献，《禹贡》自属儒家经典。不过，隋志史部地理类小序亦以“《书》录禹别九州”开篇，然后胪列秦图书、《山海经》、郡国地志、《史记·河渠书》、刘向略言之地域、朱贡条记之风俗及班固《地理志》等，言与古《禹贡》《周官》皆同。可见，地理类著录虽以《山海经》《水经》为始，但发端却仰接《禹贡》。[②]司马迁将《禹贡》全文引入《史记·夏本纪》，也是承认其文本叙述的原始

① 唐晓峰：《从混沌到秩序：中国上古地理思想史述论》，第176—177页。

② 《隋书》卷32、33《经籍志一》《经籍志二》，第1033—1036、1111—1117页。

性。今文《尚书·尧典》（即古文《舜典》部分）载曰“肇十有二州”，《汉书·地理志》似有言其较《禹贡》九州更早之意。[①]南朝宋裴骃在《史记集解》中引用东汉马融之语，认为禹置九州先于舜分十二州，[②]此说遂通行于后世。

《禹贡》九州所述既早，则《尔雅·释地》《周礼·职方氏》《吕氏春秋·有始览》等传世文献的类似设想，[③]只能被儒家编排为晚出王朝的地理区划。核实而论，《禹贡》最经典的沿革地理学意义，及其对地理书最重要的文献溯源价值，无疑是区域特性。清人胡渭总结《禹贡》有十二要义，为首即地域之分。[④]顾颉刚先生认为，《禹贡》“是中国古代最富于科学性的地理记载，它是以征实为目的而用了分区的方法来说明各区的地理情况”。[⑤]侯仁之先生对比《山海经》后指出：“禹贡的作者则已经掌握了区域研究的方法”。[⑥]邹逸麟先生称它“是我国最早一部科学价值很高的区域地理著作”。[⑦]张伟然先生亦指出其开创了传统地理学的“区域地理范式”。[⑧]即使另辟蹊径认

---

① 《汉书》卷28《地理志上》，北京：中华书局点校本，1962年，第1523页。

② 《史记》卷1《五帝本纪一》，北京：中华书局点校修订本，2013年，第29、33页。顾颉刚：《战国秦汉间人的造伪与辨伪》，收入氏著《汉代学术史略》，北京：人民出版社，2008年，第158—159页。

③ 李零：《思想地图：中国地理的大视野》，收入氏著《我们的中国》（第四编），北京：生活·读书·新知三联书店，2016年，第51—52页。

④ （清）胡渭：《〈禹贡锥指〉略例》，（清）胡渭著、邹逸麟整理：《禹贡锥指》，第14—15页。

⑤ 顾颉刚：《〈禹贡〉注释·前言》，侯仁之主编：《中国古代地理名著选读》，第1页。

⑥ 侯仁之：《序言》，侯仁之主编：《中国古代地理名著选读》，第1页。

⑦ 邹逸麟：《〈禹贡锥指〉前言》，（清）胡渭著、邹逸麟整理：《禹贡锥指》，第1、13页。

⑧ 张伟然等：《历史与现代的对接：中国历史地理学最新研究进展》，北京：商务印书馆，2016年，第2页。

为《禹贡》九州是《周礼》修正本的劳榦先生，也承认“《周礼》的九州大致是代表国家的疆域，而《禹贡》就专以地区为主了”。[①]总而言之，充分认识《禹贡》作为一部结构谨严的区域地理著述，无疑较之将其视为“记载各地自然地理和人文地理现象差异”的主张，更符合《禹贡》文本自身的叙述架构，也更具有现实而普遍的学科史意义。

《禹贡》九州地理分区，虽被《尚书》作为尧、舜、禹时代的存在，但它毕竟大约是春秋战国时期儒家编造的文本，此间所能呈现的最高要义，似乎只是“用统一的眼光把当时可以走到的地方作成一个总的分划”，或以其“综述大一统的地理和贡赋”。[②]换言之，从文本形成到汉文帝立《尚书》于学官，《禹贡》的价值主要体现在通经识古和通经致用方面。前者有赖于今文派的章句注释，旨在阐发微言大义，仰供朝廷御用。后者主要“以《禹贡》治河”，[③]即参照文本记载治理黄河，企图恢复圣贤旧迹。当然，识古与致用并不对立。如在汉武帝时期朝廷采用《禹贡》九州冠名监察区，并杂糅《职方氏》的记载，以取十三刺史部之名。借鉴《禹贡》州名可谓识古，施于官方称号则堪称致用。正如顾颉刚先生指出：“九州制是由战国时开始酝酿的，到汉末而实现。”[④]所谓汉末实现，是说东汉末年州正式转变成

① 劳榦：《〈黄土与中国农业的起源〉跋》，收入何炳棣著《黄土与中国农业的起源》，北京：中华书局，2017年，第185页。

② 顾颉刚：《〈禹贡〉注释·前言》，侯仁之主编：《中国古代地理名著选读》，第1页；刘起釪：《尚书学史》，北京：中华书局，2017年订补修订本，第65页。

③ （清）皮锡瑞著，周予同注释：《经学历史》，北京：中华书局，2008年，第90页。

④ 顾颉刚：《〈禹贡〉注释·前言》，侯仁之主编：《中国古代地理名著选读》，第3页。

为地方高层政区，而在此前西汉之演化自不应有所忽视。

九州分区的地理意义，若仅体现在经学脉络下大一统抽象观念的表达，抑或稽古而得只言片语，那无论如何也不可能成为后世华夏现实地理叙述的起点。进而言之，理清从作为儒家经典的九州描述到后世史家地理文献追述源头的世俗化转变，就如同解释《隋书·经籍志》以《禹贡》书类文献隶属经部，却又在史部地理类小序中将地理书溯源至“古禹贡”的问题一样，值得思考和探究。

《史记》八书“记国家大体”，[①]有河渠无地理。《汉书》撰《沟洫志》，后人以其本于《河渠书》而视《地理志》为孟坚所新增。然《隋书·经籍志》史部地理类小序曰：“武帝时，计书既上太史，郡国地志，固亦在焉。而史迁所记，但述河渠而已……班固因之作《地理志》。”[②]可见，唐人有将《河渠书》与《地理志》同归于地理书传承脉络之意。《河渠书》开篇只提到“以别九州”寥寥数字，结合《夏本纪》可知，司马迁对九州的定位仅限于夏朝行政区域。《汉书·地理志》类似，进而视九州为夏、商两代地理区划。故详述西汉“郡县本末及山川奇异”，[③]谓之“以缀《禹贡》《周官》《春秋》”云云。[④]

《汉书·地理志》作为历代正史首部地志，开创了以疆域政区为纲领的文献编撰体例。谭其骧先生指出：“以前的地理著作，如山海经、禹贡、职方等，一般都以山川为主体，以著作者

---

① 《史记》卷23《礼书》引司马贞《索隐》，第1371页。

② 《隋书》卷33《经籍志二》，第1116页。

③ （晋）司马彪：《续汉书·郡国志一》，范晔《后汉书》，北京：中华书局校勘本，1965年，第3385页。

④ 《汉书》卷28《地理志上》，第1543页。

所拟定的地理区域为纲领，不注重疆域政区。”[①]今案《禹贡》九州虽以山川为限，但被视为反映书写时代的理想行政区划；而秦汉诸郡划分亦受制于山川等自然因素。[②]因此，从自然到政治分区的蜕变诚然可谓开创，但以区域视角而言，汉志无疑继承了《禹贡》的区域传统。《禹贡》九州分述州域、山川等专题，而汉志亦在各郡县下，附注户口、山岳、陂泽、水道、城邑等内容，从而使《禹贡》和汉志“填充”的区域，都具有鲜明的综合性。这正是近代以来科学地理学所刻意追求的特征——处理一定地域范围内异质事物之间的相互关联性——以区别系统科学聚焦于同质事物的属性。[③]又汉志辑录了汉成帝时刘向的域分和朱赣（案《隋书·经籍志》作贡）的风俗。谭其骧先生认为，这“事实上是一篇以史记货殖列传为基础”，且“更加完备的全国区域地理总论”。[④]域分和风俗是对西汉继承战国而来的经济与文化分区的具体描述。这类区域属于专题性质，或曰单项要素区域。它与汉志的郡县分区有所不同，更接近《禹贡》导山、导水的记述模式——各自从人文和自然的层面划分区域，但皆有专门的主题限定。

汉志赓续《禹贡》的区域编撰传统，《续汉书·郡国志》继而有所创新。盖汉志要在记述政区建置沿革，故易拘泥于兹。而

---

① 谭其骧：《〈汉书·地理志〉选释·前言》，侯仁之主编：《中国古代地理名著选读》，第55页。

② 周振鹤：《体国经野之道》，上海：上海人民出版社，2019年，第122—125页。

③ ［美］哈特向著、叶超译：《作为一门空间科学的地理学概念：从康德和洪堡到赫特纳（1958年）》，收入蔡云龙等编著《地理学思想经典解读》，北京：商务印书馆，2011年，第119页。

④ 谭其骧：《〈汉书·地理志〉选释·前言》，侯仁之主编：《中国古代地理名著选读》，第55页。

续汉志除“但录中兴以来郡县改易”外，尚记载“《春秋》、三史会同征伐地名”。清人顾祖禹在《读史方舆纪要·凡例》中称赞此举为“参入古今地名，为功不少”。辛德勇先生指出，“这是将每一特定政区都视作历史活动的空间场所，记述这一区域内重大历史事件发生的具体地点”。他由此认为，“从中国历史地理学发展史角度来看，这是一项重大创建。后世地理志记述各个政区范围之内的前代行政设置、重要地名、旧址遗迹等历史地理要素，都是沿承《续汉书·郡国志》开创的这一体例”。[①]可见，续汉志以郡县区域作为特定空间，已展现出时间属性，不仅拥有多要素的综合性，还兼顾记录过去的历史维度。援引清人王先谦自序《合校水经注》之语，可谓“即地以存古”。[②]

清人邵晋涵曾言：“郦道元《水经注》尝引司马彪《州郡志》”云云，[③]兹谓州郡者，疑是郡国之误。续汉志并未承认东汉末年诸州已成为地方高层政区的既成事实，故仍取前汉体制而冠以志名。在司马氏前后，谢承、谢沈、袁山松等史家皆撰有《后汉书·郡国志》，[④]视之如出一脉。唐人刘知幾在议论史书志体时说“郡国生于地理”，[⑤]然未及续汉志不师古汉志（也包

① 辛德勇：《〈后汉书〉对研究西汉以前政区地理的史料价值及相关文献学问题》，《中国历史地理论丛》2012年第4辑，收入氏著《旧史舆地文编》，上海：中西书局，2015年，第211—212页。

② （北魏）郦道元著，（清）王先谦校：《合校水经注·自序》，北京：中华书局，据光绪十八年思贤讲舍原刻本影印，2009年，第45页。

③ 案参见邵氏《南江书录》之后汉书条，转引自辛德勇《〈后汉书〉对研究西汉以前政区地理的史料价值及相关文献学问题》（《旧史舆地文编》，第215页）。

④ 周天游辑注：《八家后汉书辑注》，上海：上海古籍出版社，2020年修订本，第6、604、637页。

⑤ （唐）刘知幾著，（清）浦起龙通释，王煦华整理：《史通通释》卷3《书志》，上海：上海古籍出版社，2009年，第52页。

括《东观汉记》地志）名号的原因。总之，续汉志曰郡国而不言地理，实属后汉诸史通例。只是这在历代正史地理志中又略显特殊，盖如后续《宋书》《南齐书》等皆谓《州郡志》。正是由于从东汉末年开始，经历魏晋南北朝直至隋唐统一，除短暂的特殊阶段外，[①]各王朝建置的诸州数量因不断析分而持续增加，[②]使得州制逐渐从早期接近理想化的《禹贡》九州彻底转向现实，经典与世俗最终走向背离。

州数愈多而幅员愈小，王朝诸州遂与《禹贡》九州完全脱钩，然而这从另一个角度使后者开始成为适合用来认识天下与大地域的替代性概念。[③]进而言之，随着滥置诸州，作为经典中与天下同义的九州，由于可以被现实的地方行政区划所对应描述，因此反之推动它成为认识大一统国家整体与局部结合的理想概念。魏晋南北朝时期的史料可以找到诸多反映这种现象的记载。例如《魏书·僭晋司马睿传》云："睿僭即大位……遂都于丹阳，因孙权之旧所，即《禹贡》扬州之地……睿割有扬、荆、梁三州之土，因其故地，分置十数州及诸郡县。"[④]显然，魏收所言代表东晋疆域的《禹贡》三州，与相应分置的十余州之间已经

① 案建安十八年（213），曹操"并十四州，复为九州"。（《三国志》卷1《魏书·武帝纪》，北京：中华书局，1982年，第37页。）又大兴二年（319），石勒属下呈请"准《禹贡》、魏武复冀州之境……罢并、朔、司三州"。（《晋书》卷104《石勒载记上》，北京：中华书局，1974年，第2730页。）

② 案《隋书·地理志》记载，南北朝末年，北周有州221，南朝陈有州42。入隋后几经置废相抵，到大业五年（609）全国有"郡"（州）190个。（第899—900页）

③ 吴修安：《先秦"九州"说及其对后世的影响——从两汉刺史部到唐代地理文献编纂》，《台湾师大历史学报》第55期，2016年，第30—31页。

④ 《魏书》卷96《僭晋司马睿传》，北京：中华书局点校修订本，2017年，第2268—2269页。

不可同日而语。又如魏徵在《北齐书》帝纪最后的“总而论之”曰：“观夫有齐全盛……六国之地，我获其五，九州之境，彼分其四。”[①]再如《晋书·苻登载记》“史臣曰”苻坚当初：“平燕定蜀，擒代吞凉，跨三分之二，居九州之七。”[②]总之，当需要为描述天下形势而作大尺度空间概括时，史家常从致用的角度采纳九州体系进行地理分析。以九州为代表的区域概念，遂成为论述当时天下大势的地理参照，这一观念一直延续至唐代。

尽管如此，具体到正史地理志的撰述，则又是另外一番景象。在续汉志身后成篇的《宋书·州郡志》《南齐书·州郡志》以及《魏书·地形志》中，《禹贡》九州充其量只是接近当初汉志的体例，被当做三代地理沿革的肇始。在绝大多数情况下，州郡沿革并不会上溯至九州。但随着隋唐统一王朝的建立，命名“有大一统之义”[③]的《禹贡》及其九州分区，方在地理类文献中参与呈现出新的撰述体例。清人胡渭在《禹贡锥指·略例》中曰：

> 九州之疆界，《尔雅》《职方》不同于《禹贡》，盖殷、周之所损益也。故必备举以相参次，列古帝王所都及诸侯之封在州域者，又次列春秋时国土之可考者，略见先王封建之制，又次列战国之所属，然后分配秦、汉以降之郡国，而要以杜氏《通典》为准。盖前此地理诸书，未有以《禹

---

① 《北齐书》卷8《幼主帝纪八》，北京：中华书局点校本，1972年，第115—116页。

② 《晋书》卷115《苻登载记》，第2956页。

③ （清）胡渭：《禹贡锥指》卷1（序言）“禹贡”经文集解引宋人王炎语，第1—2页。

> 贡》九州分配郡国者，有之自《通典》始。宋承唐制，以迄元、明，虽有沿革，不甚相远。故《通典》之后直接当今舆地。

《禹贡锥指》的注释分为两步：首先，亚经文一字为集解；其次，又亚一字为“集解后发挥未尽之义”的辨证。[①]胡渭“以杜氏《通典》为准”，是针对《九州》章中有关各州疆界的具体记述。如该书卷三“济、河惟兖州”下的辨证部分，即以“兖州有古帝颛顼之虚”为始，逐一按照以上略例所次内容对应条陈，然后基本抄录《通典》兖州秦汉以降“分配郡国者”，末尾再“按以上《通典》所列”的套语作结。[②]胡渭对《通典》的利用也体现于集解部分。他在略例中说道：“至若语涉《禹贡》而实非经解，如《通典》之类，亦或节取一二句。”之所以如此重视《通典》一书，或许确如近人金毓黻先生所言，因其“多存古训，极有裨于治经”，[③]故历来为清儒所承袭。

《禹贡锥指》九州章以谨严的体例引录《通典》州郡门的相关内容，这在千年时空尺度的阻隔下，显得尤为难能可贵。从中国古代沿革地理学区域传统的发展来看，《通典·州郡典》创造的以《禹贡》九州为叙述框架的撰写体例，无疑具有承上启下的重要学术意义。可以说，在《续汉书·郡国志》开创以郡县为单元“即地以存古”的基础上，州郡典按九州纪纲“分配秦汉以

---

① （清）永瑢等撰：《四库全书总目》卷12《经部·书类二》，北京：中华书局，1965年，第103页。

② （唐）杜佑撰，王文锦等点校：《通典》卷180《州郡典十》，北京：中华书局，2016年，第4748页。

③ 金毓黻：《中国史学史》，上海：上海古籍出版社，2020年，第231页。

降之郡国”，并在各古州范围内唐代实设的府州县下同时记载沿革的做法，是对汉志、续汉志以来沿革地理区域传统的继承与发扬。更为重要的是，州郡典按照王朝顺序对建置沿革进行编排，使以往区域撰述的时间属性和历史维度，得到前所未有的纵向历时性规范。这充分体现了《通典》编撰的要旨，即“每事以类相从，举其始终，历代沿革废置及当时群士论议得失，靡不条载，附之于事”。[①]对于政区变迁而言，州郡典最重要的贡献是遵从“举其始终”的原则，通过“靡不条载”的历代沿革进行程式化书写。在继承汉志开创疆域政区（包括跨政区的域分和风俗）和追溯前代建置，以及续汉志发明以政区为载体记录“重要地名、旧址遗迹等历史地理要素”范式的前提下，《通典·州郡典》将历代沿革的时序撰述法则注入传统沿革地理文献。要言之，这一实践不仅是后世政书如《通志·地理略》《文献通考·舆地考》等取法的典范，更是勾连汉志、续汉志与中古以降如《元和郡县志》《太平寰宇记》《舆地广记》直至明清一统志诸家体例必不可少的关键一环。

贞观时期官修《晋书·地理志》虽以太康初年实设的十九州为框架，而未采用《禹贡》九州纪纲，但在各州之下往往历叙《禹贡》《周官》至秦及两汉三国时期的沿革过程，可谓较早实践历代建置的官史地志之作。不过，这一体例在当时还不够典型，加之西晋前可供追溯的州郡历史尚未久远，故而自然无法与唐中期成篇的州郡典等量齐观。总而言之，从续汉志、《晋书·地理志》到《通典》州郡门撰成，传统沿革地理学的典

---

① （唐）李瀚：《〈通典〉序》，（唐）杜佑撰、王文锦等点校《通典》，序第2页。

范——统括历代政区沿革的舆地志书编纂体例才告正式诞生。究其原因，一方面州郡典恰是从既往纪传体史书的地理志发展而来；另一方面，作为我国历史上第一部典章制度通史《通典》的重要组成部分，州郡典可以看做是唐代完成的一部贯通“古今”的地方行政区划通史，[①]只不过以当时行用的政区通名州郡命名而已。之所以要在正史地理志的基础上叠床架屋，正如近人梁启超所言，纪传体史书的志有其局限性：“苟不追叙前代，则源委不明；追叙太多，则繁复取厌。”书志作为记录典章制度的载体，“贵在会通古今，观其沿革”，“各史既断代为书”，不免会导致两难境地。[②]总之，州郡典无论是通过古九州分区填充唐代州郡建置，还是以历代时序准则编排州郡沿革，都可谓是中国历史地理学史上的重大开拓，其意义直接《汉书·地理志》和《续汉书·郡国志》，根源则遥追《禹贡》。

唐代成书远早于《通典》的《隋书·地理志》本官修《五代史志》之一，通记梁、陈、北齐、周、隋的政区沿革，亦以《禹贡》九州为纲，分领天下诸郡。辛德勇先生认为，该志“最重要的成就，是它恢复了西汉司马迁和东汉班固分别在《史记·货殖列传》和《汉书·地理志》中创立的区域地理学传统（这一传统更早还可以追溯到战国时成书的《禹贡》）。这里所说的区域地理学是指打破州郡界线对全国各大区域经济、人文地理特征所做的概括。”[③]吴修安先生强调隋志以九州统摄诸郡，“使

---

① 案金毓黻认为《通典》所载各门“可自为一史”，谓之专史。（氏著《中国史学史》，第235页。）

② 梁启超：《中国历史研究法》，北京：中华书局，2015年，第29页。

③ 辛德勇：《唐代的地理学》，李孝聪主编：《唐代地域结构与运作空间》，上海：上海辞书出版社，2003年，第447页。

现实政区与经典‘九州’重新产生连结”，并认为“这一体例为《通典·州郡典》所继承”。[①]核实而论，隋志与州郡典虽然皆以九州为纲领，但若从历史地理学史的角度而言，却略有不同。盖隋志在九州各州下所记，[②]诚如辛德勇先生所言，是“对全国各大区域经济、人文地理特征所做的概括”。这显然是继承《史记·货殖列传》、汉志域分和风俗的区域（或曰跨政区）传统而来。州郡典九州各州下的内容，则既有汉志追溯前代建置，也有续汉志记录以往重要地名、旧址遗迹的双重传统。更为重要的是，如前所述，州郡典还开创了逐一记录历代政区沿革的谨严体例，这是隋志九州体系所未曾有过的创新之举。清人顾祖禹曾感叹隋志有“经纬未尽”之憾，[③]或即言此。

隋志以《禹贡》九州统领一百九十郡的写法，反映了魏晋以来采纳九州作为分析大尺度地理形势的潮流，而将九州分区的撰述体例融入《五代史志》，也进一步起到了宣示大一统王朝重新建立的象征作用。当然，从志书编撰的技术层面看，近两百个地方高层政区若不按照一定的分区原则加以系统编排，很有可能会陷入条理失序、首尾难顾的混乱局面，这也是修志所必须应当予以考虑的客观因素。曹尔琴先生认为，“《隋志》所载的九州，只是修史者泥于《禹贡》九州，脱离实际，强诸郡于九州之下的

---

① 吴修安：《先秦“九州”说及其对后世的影响——从两汉刺史部到唐代地理文献编纂》，第34页。

② 《隋书·地理志》，第909—910、924—925、944、947、963—964、966、983、998—1000、1009—1011页。案隋志在郡县下亦追述五代建置沿革，可谓延续汉志传统，唯兹仅就九州之下所记内容而言。

③ （清）顾祖禹撰，贺次君、施和金点校：《读史方舆纪要·凡例》，北京：中华书局，2005年，第3页。

编纂方法。”[1]表面孤立来看此说非虚，但若从区域观念的角度而言，九州及其背后所蕴含的经典大一统观念，在唐代恐怕确有其历史的真实性与正统性，存在着现实的意义。

隋志接续的区域地理传统，经过州郡典的发展进而有所创新。不过据辛德勇先生指出，“以后这一传统又近乎中断，直至明代末年才重又全面勃兴”。[2]忖之此处当指《读史方舆纪要》一书的横空问世。顾祖禹是书作有九卷《历代州域形势》，始于唐虞三代，迄于明代，可谓“一篇”完整的历代区域政治地理沿革总论。这里的“州域”一词不仅限于《禹贡》《职方氏》九州，而是成为指代各种跨越高层政区或多政区聚合，甚至超越世俗政区的替代性地域概念。南宋王应麟在《通鉴地理通释》（下文简曰《通释》）开篇亦列有三卷《历代州域总叙》，自神农九州以迄宋二十三路，内中虽多涉及州郡、诸侯国、刺史部等，[3]但州域似乎只是进行大尺度地理形势分析的概念工具。顾氏称赞厚斋《通释》曰：“搜剔几无余蕴，余尤所服膺，故采辑尤备。”[4]可知推崇之意颇多。班固在《汉书·叙传》最后言道：“凡《汉书》……分州域，物土疆”（案汉末张晏注曰：《地理》及《沟洫志》也），[5]但汉志似乎并未遵循此例。迨至唐人

① 曹尔琴：《隋唐时期行政区划的演变》，《中国历史地理论丛》1992年第1辑，第181页。

② 辛德勇：《唐代的地理学》，李孝聪主编《唐代地域结构与运作空间》，第447—448页。

③ （宋）王应麟著，傅林祥点校：《通鉴地理通释》，北京：中华书局，2013年，第1—64页。

④ （清）顾祖禹撰，贺次君、施和金点校：《读史方舆纪要·凡例》，第5—6页。

⑤ 《汉书》卷100《叙传下》，第4271页。

李吉甫撰《元和郡县图志》，其序虽曰“辨州域之疆理”，[①]但实际也未涉及州域。由此可知，明末清初之历代州域说虽然颇有渊源，但已幻化为理想叙述的概念，并非皆有实指。这种打破州郡界线进行大区域地理形势分析的传统，尽管不完全像今人所言，在相对较长的时期内近乎中断，但毕竟不够连续，难以显示历代踵继、长久绵延的清晰线索。

事实上，形成打破行政界线的跨政区地域观念，只是体现区域地理传统延续的一个方面。就州郡县而言，它们本身就是国家地方机关统辖的行政区域。自汉志开启疆域地理志编撰模式以来，历代正史地理志和地理总志都可以被视为继承区域地理学的传统，或者说传承沿革地理学区域传统的主要文献载体。就划分标准而言，行政区与文化区、经济区性质类似，均属于专题区域。这并非是说行政区不具备综合性——任何一个行政区内都包含有大量不同属性的异质事物，所以专题区域仍可以进行综合性的区域地理研究，两者并不矛盾。综上所述，传统沿革地理的主体知识记载系统——历代地理志书——虽然撰述体例时有参差，但区域传统却是始终秉承的基本叙述框架。

《禹贡》九州开创的区域传统，之所以广为后世沿革地理文献所遵从师法，与其具有统一的自然与人文地理特征密不可分。盖九州疆界以山川为限，无疑属于跨政区的自然地理分割；但九州却又被后世看作社会秩序的综合体现，是特定时代背景下产生的理想地理区划，故而有考古学者认为它是“自然形成的人文地理区系”。可以说，《禹贡》九州成为描述华夏区域传统的元典

① （唐）李吉甫撰，贺次君点校：《元和郡县图志·序》，北京：中华书局，1983年，第2页。

概念，与它自身所具有的这种自然与人文有机融合的韧性体例之间，具有不容忽视的因果关联。

前文提及如《禹贡》、汉志、《水经注》等文献在叙述框架方面与《史记·河渠书》具有内在一致性，所指不仅限于以上讨论的区域传统。特别是像《河渠书》这种文献，往往还被视作归纳某一类型的地理知识的专题集合，所谓“《禹贡》一篇，《河渠书》所由昉”。[①]从这一角度而言，几乎所有中国古代的地理文献都可以被归入某类地理专题知识的汇总。以往针对自然和人文地理的区分，不过也是这种认识思路影响的支与流裔。

《河渠书》作为《史记》八书之一，按今人所见，可谓记录以人为本的水利制度史及其变迁的专门篇章。过去曾有前贤认为八书体裁源自《尚书》，如梁启超曰：“八书详纪政制，蜕形于《尚书》。”[②]对此今人多不予采纳，然核诸实际恐怕也未必能够完全否认。尽管《汉书·艺文志》声称：“左史记言，右史记事，事为《春秋》，言为《尚书》”，[③]但刘知幾早已指出此说不妥。他举例说道：“《尧》《舜》二典直序人事，《禹贡》一篇唯言地理，《洪范》总述灾祥，《顾命》都陈丧礼。”显然，《禹贡》地理是脚踏实地而得，并非嘴上之功。惜乎子玄仍将《禹贡》视作《尚书》“为例不纯”的代表。[④]南宋林之奇不取孔颖达十体说而将《禹贡》归为典之体，即视为政典，见识已有

① （南朝梁）刘勰著，范文澜注：《文心雕龙注》卷4《史传第十六》注十五，北京：经济科学出版社，2018年，第293页。

② 梁启超：《中国历史研究法》，第22页。

③ 《汉书》卷30《艺文志》，第1715页。

④ （唐）刘知幾著，（清）浦起龙通释，王煦华整理：《史通通释》卷1《六家》，第2页。

不同。[①]迨到清人章学诚《文史通义》有云："古人事见于言，言以为事，未尝分事言为二物也"。[②]再至晚清经学家汪之昌《青学斋集》曰："《禹贡》一篇，全为纪事之作。"[③]可见，以后人观之，《禹贡》在《尚书》的文本架构下，所叙地理本身即属重要的政典类纪事。无怪乎汪氏以《尚书》最古，而谓子玄所说之春秋、左传、国语、史记和汉书诸家，"以体例言，《尚书》一家，实五家所同源"。今人程金造亦指出："八书类列之叙述，盖因《尚书》之篇扩而充之"。[④]总之，《禹贡》《河渠书》就各自今日所属之母书而言，都具有专门汇总一类地理知识的典型特征。

唐人孔颖达疏言："书篇之名，因事而立，既无体例，随便为文。"[⑤]章学诚亦认为《尚书》"因事命篇，本无成法"。其意在强调"三代以上，记注有成法而撰述无定名"，由此引出"《周官》之法废而《书》亡，《书》亡而后《春秋》作"的结论。既然"官礼废，而记注不足备其全"，客观上就会促使"《春秋》比事以属辞"的出现。章学诚又指出："《尚书》一变而为左氏之《春秋》……左氏一变而为史迁之纪传，左氏依年月而迁书分类例"；还说："左氏编年，不能曲分类例，《史》《汉》纪表传志，所以济类例之穷"。他强调通过师法《尚

---

① （宋）林之奇著，陈良中点校：《尚书全解》卷7，上册，第112页。

② （清）章学诚撰，叶瑛校注：《文史通义校注》卷1《书教上》，北京：中华书局，2014年，第30页。

③ 程千帆：《〈史通〉笺记》，北京：中华书局，1980年，第6—7页。

④ 程金造：《〈史记〉体例溯源》，氏著《史记管窥》，西安：陕西人民出版社，1985年，第20页。

⑤ （唐）孔颖达等：《尚书正义》卷2《虞书·尧典》，《十三经注疏》（全二册），上册，上海：上海古籍出版社，1997年，第117页。

书》，可求得变通之旨，以使后史不“为例拘”。[①]兹且不论记注与撰述的差异，透过章氏所言可知，无论《禹贡》，还是《河渠书》，抑或汉志，其实都是史家因事或分类记载的结果，由此成为具有专题属性的地理文本。

当然，将《河渠书》这类《史记》八书乃至包含《地理志》在内的《汉书》十志溯源至《尚书》，不过一家之言。宋人郑樵还提出“志之大原，起于《尔雅》”的看法，[②]章学诚认为“非其质矣”。近人刘咸炘在《〈文史通义〉识语》中指出：“《尔雅》乃名训书经之别记，非书志之体也。郑樵以《尔雅》之义法补马、班可耳，概谓书志原于《尔雅》则妄。”[③]章、刘二氏所见自属精辟，唯渔仲所以看重《尔雅》与书志之渊源，恐怕也和两者都是分门别类记载各种专题知识有关，故义法有形似之面相。《汉书·艺文志》说：“《书》者，古之号令，号令于众，其言不立具，则听受施行者弗晓。古文读应尔雅，故解古今语而可知也。”[④]虽然《尚书》和《尔雅》是两种不同性质的知识分类文本，但后者作为解经、通经之作，终究受到诸经的深刻影响。

有关纪传史籍书志的起源，刘知幾说道：“夫刑法、礼乐、风土、山川，求诸文籍，出于《三礼》。及班、马著史，别裁书志。考其所记，多效《礼经》。”[⑤]章学诚进一步认为“书志之

---

① （清）章学诚撰，叶瑛校注：《文史通义校注》卷1《书教上、下》，第29—30、47、49页。

② （宋）郑樵编撰：《通志·总序》，北京：中华书局，1987年，第2页。

③ （清）章学诚撰，叶瑛校注：《文史通义校注》卷7《永清县志六书例议》《亳州志掌故例议上》，第684、687、688、741页。案本节所引章氏之说凡不加注，均出于此。

④ 《汉书》卷30《艺文志》，第1706—1707页。

⑤ （唐）刘知幾著，（清）浦起龙通释，王煦华整理：《史通通释》卷3《书志》，第51页。

原，盖出《官礼》”“实《官礼》之遗，非三《礼》之谓”。实斋所谓《官礼》，多指《三礼》之《周礼》或曰《周官》。只是前者早佚，所存尽入《周官》而已。兹且不论刘、章二人关于《三礼》和《官礼》的异说，仅从后者所谓“以《周礼》六典为纲，而一切礼文，皆依条而归附，此则万事得其条贯，万物得其统宗”来看，[①]分门别类地记载各种专题性质的典章制度和节文仪注，仍是后人认为书志起源的共性特征。

章学诚历来主张“三代以上，记注有成法，而撰述无定名；三代以下，撰述有定名，而记注无成法”，因而不会将《尚书》视作书志之源。他针对《史记》说道：“于典章制度，所以经纬人伦，纲维世宙之具，别为八书，以讨论之。班氏广为十志，后史因之，互有损益，遂为史家一定法矣。”章氏以《史记》开创的纪传体史籍为有定名之撰述，故认为以书为载体的典章制度，应以“讨论”为主。反之，以记注而得的《尚书》遂难以为后世师法。章学诚又以《管子》《吕览》《鸿烈》诸家为例，强调书志应仿照它们“采掇制数，运以心裁，勒成一家之言”。并提出比照的对象，认为如果失去家言“讨论之旨”以“曲折求备”，就会导致“惟夫经生策括，类家纂要，本非著作，但欲事物兼该，便于寻检，此则猥陋无足责耳”的后果。明晰于此，再联系《史记》初撰时，尚有以子书性质自框的背景，[②]便不难意会章氏“夫马、班书志，当其创始，略存诸子之遗”的语境。需要强调的是，兹以类家纂要作为与纪传书志互参的对象，恰恰表明

① 吴海兰：《〈周官〉、〈春秋〉与章学诚的史学》，《史学理论研究》2010年第3期，第81页。

② 李纪祥：《〈太史公书〉由“子”入“史”考》，《文史哲》2008年第2期，第65—90页。

后者往往颇具有分门别类的专题属性，自《禹贡》由昉、《河渠书》赓续的这一做法，自然成为记载地理专门知识的重要法则。

在上古传说时代的文献体系中，地理知识已经占据独立的地位。《左传》昭公十二年记载，楚灵王言左史倚相能读所谓三坟、五典、八索、九丘等古书。托名孔安国《尚书序》曰："九州之志，谓之九丘。丘，聚也，言九州所有，土地所生，风气所宜。"又云孔子"述职方以除九丘"。[①]可见，早在《禹贡》之前可能就存在专门叙述九州的地理文献。一直以来，学界都有将《禹贡》视为《史记·河渠书》《汉书·地理志》等文献昉始的传统。前引史念海先生认为，从沿革角度而言，《河渠书》与汉志居于同等地位。依笔者所识，河渠与政区实属针对两类不同地理专题的记述。按照《隋书·经籍志》的说法，虽然汉武帝时已有郡国地志，但司马迁却仅述及河渠。这很可能因为《河渠书》在本质上和《禹贡》类似，带有浓厚的纪事色彩。司马迁除了阐发水之利害的客观现实以外，还借以讽刺了武帝、田蚡等人放任河决二十余年的荒谬做法。[②]这与《汉书·地理志》似有不同，盖在班固笔下，王朝地理具有谨严的等级秩序结构。造成以上差异的原因，恐怕和两者分属私修家言与奉敕修撰有关。正如清人钱大昕所说："《史记》一家之书，《汉书》一代之史。"[③]总之，在笔者看来，不宜从自然与人文对立的层面剖析《河渠书》与《地理志》的相互联系，反而是通过专题与区域的角度审视

---

① （唐）孔颖达等：《尚书正义》卷1《尚书序》，《十三经注疏》（全二册），上册，第114页。

② 程金造：《司马迁著河渠书的本意》，氏著《史记管窥》，第305—313页。

③ （清）钱大昕撰，吕友仁校点：《潜研堂文集》卷28《题跋二·跋汉书》，上海：上海古籍出版社，2009年，第483页。

之，或许才更为贴切。

又《汉书·地理志》与《水经注》相较，前者彰显区域观念，后者则以水道为专题进行综合地理描述。无论以行政区划还是河流水道为叙述大纲，区域与专题的地理框架始终彼此融合、经纬互见。前已述及，汉志在各级政区下，往往参差附注户口、山岳、陂泽、水道、城邑、关塞、祠庙、物产等内容。周振鹤先生指出，这“是班固依照自己设计的体例，将西汉时期各类专项地理要素按政区体系割裂编排的结果”。例如，通过上计制度西汉中央政府掌握各郡国的户口数字。这些原始数据在被编入《地理志》前，即可视作诸郡国的人口地理资料。又如汉志记录的三百多条河渠，“所据必定是当时已有的西汉境内水道的测量记录资料”。①对于《水经注》来说，在勾勒有众多河流水道的“底图”上，还记载了大量诸如土地特产、建置沿革、聚落兴衰以及各种自然地理方面的信息。侯仁之先生认为，这应“是在大量地理著作与地方性的记述出现之后，才有可能去详注”的结果。②可见，充填《水经注》专题叙述结构的资料，很大程度上依赖于区域综合地理知识的积累。

事实上，区域与专题经纬交织的地理叙述模式，早在《禹贡》的记载中就已昭然若揭。孔颖达《尚书正义》对此疏言道：

> 禹治九州之水，水害既除，定山川次秩，与诸州为引序。自“导岍”至“嶓冢”，条说所治之山，言其首尾相及也。自

---

① 周振鹤：《不可无一不容有二——〈水经注校笺图释·渭水流域诸篇〉序》，第1页。

② 侯仁之：《〈水经注选释〉前言》，《中国古代地理名著选读》，第99页。

> “导弱水”至“导洛”，条说所治之水，言其发源注海也。[①]

以上唐人概括的《禹贡》文本结构，对应前文归纳的《九州》《导山》《导水》三章内容。《禹贡》在各州述及山川之后，又分别专门以山、川为类，条分缕析，自成一系。其中，《导山》记录的崇山峻岭被后世经学家归纳为三条四列，[②]《导水》则有所谓九川之说。对于《导山》和《导水》二章，显然绝非是附骥在《九州》山川的撑床叠架之叙。南宋蔡沈在《书集传》中对此评论道：“山之经理者已附于逐州之下，于此又条列而详记之，而山之经纬皆可见矣。”又曰：“水之疏导者已附于逐州之下，于此又派别而详记之，而水之经纬皆可见矣。”[③]清人胡渭也敏锐地指出，《禹贡》“山有见于九州之下，而导山无之者，随刊不及，而施功及之，亦或州境之所分，与贡道之所经也”。[④]换言之，《九州》所记山川或属被纳入人类活动的对象（施功和贡道），或属进入人类意识的主观认识（州境之分）。这反之可以说明《导山》《导水》之山与川，都具有相对独立的客观系统性，否则不会出现后世所谓三条四列以及九川诸说。今之学者将此笔法凝练为《禹贡》导山水与各州山川互备之条例，[⑤]诚属确论。不过在笔者看来，这还体现了《禹贡》作为早期经典文本，在叙述框架上融通区域与专题两大地理传统的典型特征。从实践

---

① （唐）孔颖达等：《尚书正义》卷6《夏书·禹贡》，《十三经注疏》上册，第146页。

② 案东汉马融、王肃及晚出伪孔皆主三条之说，郑玄创为四列，宋人蔡沈引申而为南北二条之论。

③ （宋）蔡沉撰，王丰先点校：《书集传》卷2《夏书·禹贡》，北京：中华书局，2018年，第74、76页。

④ （清）胡渭著，邹逸麟整理：《禹贡锥指》卷11下，第385页。

⑤ 侯金满：《〈禹贡〉条例》，《史林》2017年第4期，第32页。

的层面，充分预示了哈特向所谓“每一个真正的地理研究同时包含了部门的和区域的探讨”之端倪。就中国历史地理学史而言，这样的撰述结构具有绝不逊色于从书法义例层面认识《禹贡》地理学价值的重大意义。

以往前贤概括《禹贡》《史记·河渠书》《汉书·地理志》以及《水经注》等早期文献，在沿革地理叙述框架、核心主题乃至范式方面，往往强调前后演化的差异与转型。例如，在《禹贡》和汉志之间存在天下与王朝地理模式的变化；在汉志和《水经注》之间则由政区到水道，引申出人文与自然地理的对立。其实，郦道元在《水经注原序》中曾如此说道：

> 昔《大禹记》著山海，周而不备；《地理志》其所录，简而不周；《尚书》《本纪》与《职方》俱略；都赋所述，裁不宣意；《水经》虽粗缀津绪，又阙旁通。所谓各言其志，而罕能备其宣导者矣。

尽管郦氏指出了《山海经》《汉书·地理志》和《禹贡》（以及《史记·夏本纪》《周礼·职方氏》）等涉及地理的各类文献缺略之处，但显然正因为此，他希望《水经注》能够在继承这些经典文本的基础上，实现完成新的地理集大成之作的愿望。近人段熙仲先生在点校《水经注疏》时亦受此启发，直言郦氏《水经注》所以成就不朽，盖因综合继承了《山海经》《禹贡》《汉书·地理志》为代表的三大地理撰述传统。[①]质言之，无论

---

① 段熙仲：《〈水经注〉六论之一：中国地理水利古籍之三大传统》，收入（北魏）郦道元注，（民国）杨守敬、熊会贞疏，段熙仲点校，陈桥驿复校《水经注疏·附录》，南京：江苏古籍出版社，1989年，下册，第3387—3396页。

是《水经注》意重在水，还是其他各种地理文献意重在地，此间融通与独立无非仍在于专题与区域之纠合，而显非自然与人文之区分。

结合《禹贡》和汉志的比较，唐晓峰先生创造性地提出王朝地理学（Dynastic Geography）的概念，指出："在王朝时代，地理叙述的方式，有按照山脉、河道、传统列国、政区、旅游路线等不同的线索展开，这些叙述体系各具特色，但就完整性、准确性来说，政区叙述是最好的，是其他方式无法相比的"。毋庸赘言，汉志开创的政区撰写体例，具有划时代的地理学范式意义。关于《河渠书》《沟洫志》，唐晓峰先生认为其核心主题是王朝地理之水利而非水文。至于《水经注》进入王朝地理学的原因，他解释道：汉志"内容的承前启后性，也令后来研究地理沿革的学者视为考辨的基石"。因此，《水经注》叙述各处地理沿革以及在地理要素的选择上，均依汉志的规范。[①]笔者认为，无论《河渠书》《沟洫志》，还是《水经注》，水利、水道与政区一样，作为地理内容的典型代表，皆因与传统国家的治理息息相关，故而被纳入王朝地理学的体系之中。

从区域角度观察，在王朝治理模式下，地理单元以行政区划为主，自然、经济等要素提供的区域识别较少，针对它们的叙述通常被分割在不同的政区当中。由于政治是决定性的区域要素，因此政治价值往往阻碍自由撰述，对于区域特性的记录次要而粗略。[②]尽管如此，区域传统仍是王朝地理学最为重要和具有

① 唐晓峰：《从混沌到秩序：中国上古地理思想史述论》，第297、303—304、307—308页。

② 唐晓峰：《从混沌到秩序：中国上古地理思想史述论》，第291—292页。

显示度的叙述框架。也就是说，在王朝时代空间治理的底层逻辑虽然是权力与政治，但在文本叙述的层面，依旧呈现为区域与专题的有机结合。章学诚曾说："史迁为《河渠书》，班固为《沟洫志》，盖以地理为经，而水道为纬。地理有定，而水则迁徙无常，此班氏之所以别《沟洫》于《地理》也。"[①]笔者以为，就《汉书》而言，以《地理志》为经、《沟洫志》为纬，当无异议。但若仅就《河渠书》《沟洫志》而言，两者系事功于水道，故可谓水利，则曰以水道为经而地理为纬似乎更为妥当。至于真正的水经地纬之作，恐怕非《水经注》莫属。段熙仲先生在比较汉志与《水经注》时讲道："志以地为主，经以水为主，本自不同……静止者重其区域的划分，行进者则重在源流的寻究。"所说同样流露出类似的倾向。[②]

总而言之，在早期地理文献中，关于政区撰述体现区域为主、专题为辅的形式；而关于水道撰述则体现专题为主、区域为辅的形式；两者互相渗透、互为表里，共同构成传统沿革地理叙述的主体框架结构。从另一个角度而言，王朝时代的地理之学，既不可能以自然和人文的划分来治理疆土，也不可能从两者对立的层面分别进行文本撰述。只有通过针对具体区域和相关系统性专题的政治纪纲，才能有效实现行政治理与秩序稳定。

王朝地理学概念的提出，不仅准确抓住了认识传统地理学的主要矛盾，而且对传统历史地理学同样具有高度的概括意义，是

① （清）章学诚撰，叶瑛校注：《文史通义校注》卷7《永清县志水道图序例》，第680页。

② 段熙仲：《〈水经注〉六论之四：〈水经注〉之写作特点》，收入（北魏）郦道元注，（民国）杨守敬、熊会贞疏，段熙仲点校，陈桥驿复校《水经注疏》附录，下册，第3417页。

带有明显思想史境界的设定。然而，从经验知识构建起来的一般学科史发展角度而言，王朝地理学到历史地理学的过渡诚然颇具洞察，但所谓沿革地理学的叙述也仍然具有鲜活的生命力。区域与专题地理知识框架的构建，不仅不与王朝地理学矛盾，而且为进一步认识沿革地理学的本质注入了新的视角与考察路径。

三、稽古与从时：面向未来的历史政治地理学

为何同样面对自古至今传承的地理文献，以往认为沿革地理学是由自然与人文两条线索并行发展而来，笔者却主张通过区域与专题的叙述框架重新认识古代王朝地理学的知识结构呢？这本质上是一个在回顾历史地理研究的过程中，如何处理古今关系的问题。

古今关系是历史研究老生常谈的话题。刘知幾《史通》在谈及中古史家套用先秦典籍旧称时批评道："此又好奇厌俗，习旧捐新，虽得稽古之宜，未达从时之义。"他针对"称谓不同，缘情而作，本无定准"的现象抱怨道："盖取叶随时，不藉稽古……时采新名，列成篇题。"[①]可见，子玄反对在撰著中顾此失彼、割裂古今的做法。又如前引《通典》作为一部记述历代制度沿革的著作，旨在经邦致用，"施于政事，可建皇极"。通过对典章制度、节文仪注"穷始终之要"的叙述，实现"始可以度其古，终可以行于今"的资政效果。[②]

---

① （唐）刘知幾著，（清）浦起龙通释，王煦华整理：《史通通释》卷4《题目》《称谓》，第84、101页。

② （唐）李瀚：《〈通典〉序》，（唐）杜佑撰、王文锦等点校：《通典》，序第1—2页。

在考据风气盛行的乾嘉时代，章学诚重提清初治学经世致用的思想，反对空谈义理，反对于世无用，主张史家写史应详近而略远，多写当时之事。[①]他说：

> 君子苟有志于学，则必求当代典章，以切于人伦日用；必求官司掌故，而通于经术精微；则学为实事，而文非空言，所谓有体必有用也。不知当代而言好古，不通掌故而言经术，则鞶帨之文，射覆之学，虽极精能，其无当于实用也审矣。[②]

中国传统史学除需要辨明史实、厘清脉络、寻觅规律外，总结历史上的各种经验教训，以供当下参考，始终是学术研究的应有之义。

历史地理学如何处理古今关系的问题同样备受关注。史念海先生提倡发挥有用于世的作用，强调如果学科不能为世所用将难以存续。[③]这里所谓的有用于世，并非脱离历史学纯粹学术意义的功利化追求，而是“一种基于人文精神和科学理性的学术自觉，也是先生强烈的社会责任感的自然表达”。[④]毫无疑问，以重建过去为已任的历史地理学，通过总结历史经验而为世所用，是其立足于学林的合法性依据之一。

---

① 仓修良：《章学诚和〈文史通义〉》，北京：中华书局，1984年，第96—97页。

② （清）章学诚撰，叶瑛校注：《文史通义校注》卷3《史释》，第216页。

③ 史念海：《发挥中国历史地理学有用于世的作用》，《中国历史地理论丛》1992年第3辑，第1页。

④ 萧正洪：《人文情怀、社会责任和史念海先生的历史观》，《中国历史地理论丛》2012年第4辑，第5—8页。

西方学界热衷于探讨地理学与历史学的关系，事实上也是一种摸索古今关联的途径。其中最有影响力的无疑是英国历史地理学家达比（H.Clifford Darby，1909—1992）的著述。他在史地学科之间划分出四类主题，或者说历史地理学的四种研究方法，分别是①历史的地理基础（又称地理史）②往日的地理③地理的历史基础（又称景观变迁）和④地理中的历史要素（又称今日中的往日）。[①]达比认为，第一主题事关自然地理对历史的影响，性质偏向历史学。第二主题旨在重建过去的地理，采用水平横剖面方法，形成一系列由地理剖面组成的区域“连续体”。第三主题分析景观的特定因子或要素，对景观变迁进行综合描述，亦称垂直主题。以上两者被达比视为历史地理学的经典内容。至于最后一个，是从现代景观回溯研究的方法，它既不同于横剖面法，也不同于纵向专题法，性质倾向于地理学。[②]

以上四个主题中，第二、三方面被认为属于比较“纯粹的”历史地理学范畴，不仅达比如此，20世纪中叶美国历史地理学家克拉克（Andrew H.Clark，1911—1976）亦然。[③]尽管迄今为止，很多学者都曾对历史地理研究领域作出过极为重要的拓展，但采用水平横剖面重建过去地理和垂直纵向主题复原往日景观的方法，仍是这门学科最重要的研究范式。需要指出的是，水平横剖

---

① H.C.Darby, On the relations of history and geography. Transactions and Papers of the Institute of British Geographers, 19, 1953. H.C.Darby, Historical geography. In Green, D.Brooks（eds）: *Historical Geography: A Methodological Portrayal*. Maryland, USA: Rowman & Littlefield Publishers, Inc. 1991. 案前者译文可参姜道章《论地理与历史的关系》，《历史地理》第13辑，上海：上海人民出版社，1996年，第243—251页。

② 姜道章：《历史地理学》，台北：三民书局，2004年，第61—76页。

③ ［美］安德鲁·H·克拉克著，姜道章译：《北美历史地理学的现状与展望》（1954），《历史地理》第11辑，上海：上海人民出版社，1993年，第317页。

面法（horizontal cross-sections）的对象具有典型的区域特征，而垂直纵向法（vertical themes）更聚焦于特定的景观专题，二者同时兼备静态结构与动态变迁的特点。英国历史地理学家阿兰·贝克将这两种范式概括为：就学科主题而言，都是地理学的，就关注焦点而言，则是历史学的。[①]相较之下，达比将地理史主题视为以地理方法解决历史提问的研究，认同其史学属性。

总体而言，以上三种方法或领域都带有普遍的史学思维，即通过识古、知沿革、观兴衰，以达通今之目的。至于最终能否实现，则取决于多种限定条件，研究因而可以停留在过去。[②]换言之，重建真相、梳理变迁与总结规律允许独立于历史地理研究的古今对话之中。这与达比提出的第四主题，即侧重于地理学属性的“今日中的往日”，显然是不同的考察路径与方法论。该主题立足于当下的景观，采用溯源手法（genetic approach）开展地理研究。克拉克指出，这“不可避免地将导致对过去的考察，这不是说寻找过去简单的原因，以解释当代的地理状况，而是要将过去不同时期的情况，当做是连续复杂变迁过程中的瞬息状态”。[③]达比认为兑现该理论的方法有两种：其一是美国学者惠特尔西（Derwent Whittlesey）在1929年提出的“连续文化层”（sequent occupance）概念，[④]即从当下保留的各个历史时期残存的遗迹入手，复原和解

① ［英］阿兰·R.H.贝克著，阙维民译：《地理学与历史学——跨越楚河汉界》，北京：商务印书馆，2008年，第35页。

② 案类似看法亦可见唐晓峰著《什么是历史地理学》一书所述。（北京：生活·读书·新知三联书店，2023年，第44页。）

③ ［美］安德鲁·H·克拉克著，姜道章译：《北美历史地理学的现状与展望》（1954），第317页。

④ 姜道章：《连续文化层》，复旦大学历史地理研究中心主编：《谭其骧先生百年诞辰纪念文集》，上海：上海人民出版社，2012年，第226—232页。

释当下景观形成的过程及原因。其二是所谓“用历史手法作地理描述”（historical approach in geographical description），即面对景观中一些要素特征的历史起源和演变，需要从描述和分析现存景观做起，如果现状不足以解释景观，就采用反推法向回看，并且严格限定只对景观残存的部分进行历史解释。①

理论概括总不免稍欠通透，尽管达比也承认：“理论上的困难并没有实际上的困难多。”笔者认为，如果将历史看作“古”而将地理视为“今”的话，那么达比关于历史地理学主题的归纳，就可以作为该学科处理古今关系的基本原则与实践路径。达比在论证第四主题时，曾借用法国年鉴学派代表人物马克·布洛克（Marc Bloch，1886—1944）“历史倒叙”的说法。②在此笔者再引述一段这位历史学家的话以资对照：

> 由于各个时代之间具有很强的共性，对于不同时代的理解就具有双向关系。不了解现在肯定是因为对过去的无知。但是，如果对现在一无所知的话，要透彻地理解过去也可能同样是空想。③

无论理论方法，还是具体实践，以往的经验充分展示了历史地理学蕴含丰富的探索古今关系的知识积累与智力资源。历史地理学不仅是关于过去地理的重建，也是有关当代地理的研究。近百年

---

① 姜道章：《论地理与历史的关系》，《历史地理》第13辑，第251页。

② H.C.Darby, Historical geography. In Green, D.Brooks（eds）: *Historical Geography: A Methodological Portrayal*. Maryland, USA: Rowman & Littlefield Publishers, Inc. p72, 1991.

③ ［法］马克·布洛克著，黄艳红译：《历史学家的技艺》（第2版），北京：中国人民大学出版社，2011年，第58页。

前地理学者所谓“一切地理学都是历史地理学”（all geography is historical geography）的口号，[①]自有其合乎逻辑的学术语境。

行文至此，笔者可以尝试回答本节开篇提出的问题了。其实，回顾历史地理学史的方法与当下历史地理研究理路之间，并不存在本质的差别。既然历史地理研究本身的时间逻辑不但能察古鉴今，也能以今知古，那么，纵向梳理沿革地理学的发展脉络就同样可以古今互动、相向而视。问题的关键在于针对传统历史地理学的形成与演变，今人历史认知的起点到底从哪里开始。笔者认为，以往区分历史自然、人文地理并行发展的观点，主要立足于对当下（或曰当时）历史地理学科体系、性质和基本形态的认知而提出。本章通过对古代沿革地理文献的初步考察，认为自然与人文二分的模式，可能并不符合传统地理文本知识传承的历史脉络。事实上，区域与专题作为此间最重要的撰述框架，不仅具有超越自然与人文地理二分体系的范式意义，也几乎始终是传统历史地理学知识组织与编排的核心主题。

毋庸置疑，传统历史地理学的发展是一段真实发生并且不能再被更改的学科演进历程。之所以会产生对沿革地理学身份的不同认知，主要取决于当下历史地理研究者之间不同的主观立场和见解。笔者以为，采用历史学最为习见的总结经验式的方法，或者说运用所谓藏往知来、由已知推导未知的方法，都不能使人信服地接受这门学问是由自然和人文地理两个部分合并发展而来的结论。从这一角度而言，传统中国历史地理学的“历史”还未确定，也并非彻底已知，当下能够把握的似乎只有从时与现在。那么，又是什么因素

① Ll. Rodwell Jones, “Geography and the University,” *Economica*, No.15 (Nov., 1925), p.250.

决定了回顾本土历史地理学科发展的“现在”呢？

现代中国历史地理学的基本框架与学科体系，大致创立完成于20世纪50至60年代，但其发轫则至少可以上溯至30年代中期《禹贡》半月刊出版发行的岁月。[①]谭其骧先生在回顾这段往事时曾经说道：

> 三十年代中期禹贡学会同仁提出要把旧时代的沿革地理改造为现代的、科学的历史地理。要达到这一目的，需要从两方面入手：一是把研究广度从疆域、政区、都邑、河渠等几个项目扩展为包括自然地理、人文地理的各个领域；二是把研究深度从满足于考证描述地理现象的变化，推进到探索这些变化的原因和规律，而后者的难度一般有过于前者。[②]

随着1950年侯仁之先生《“中国沿革地理”课程商榷》一文发表，以及20世纪50年代初期史念海先生《中国历史地理纲要》授课讲义作为内部油印本被一些院校采用为教材，再到1961年侯仁之先生参加在上海举办的中国地理学会历史地理专业小组学术讨论会，发表《关于历史地理学的若干问题》的演讲，[③]这一系列

---

① 案彭明辉先生通过分析《史地学报》，主张历史地理学的现代转型始于20年代前半期（氏著《历史地理与现代中国史学》，台北：东大图书公司，1995年，第1—36页）；又韩子奇先生以《地学杂志》为讨论对象，认为早在10年代转型已有端倪。（韩子奇：《进入世界的挫折与自由——二十世纪初的〈地学杂志〉》，《新史学》2008年第2期，台北：台湾《新史学》杂志社，第151—177页。）

② 谭其骧：《长水集·自序》，北京：人民出版社，1987年，第9页。

③ 案该演讲摘要登载于《文汇报》1961年12月14日第3版（有关该专业小组学术讨论会的新闻报道可见同日头版相关内容）；后经修改以《历史地理学刍议》为题，发表于《北京大学学报》（自然科学版）1962年第1期，收入氏著《历史地理学的理论与实践》（上海：上海人民出版社，1979年，第3—17页）。

带有标志性的学科发展事件，基本宣告谭其骧先生谈到的在30年代中期“提出要”实现的改造目标与任务至此达成。

无论从研究的广度，还是深度而言，一言以蔽之，地理化是实现沿革地理学向历史地理学转变的关键。侯仁之先生早在《历史地理学刍议》一文中，就曾说道：“历史地理学按其研究对象，还应该区分为历史自然地理和历史经济地理（在广义上包括了历史人口地理和历史政治地理），这一区分实际上是和现代地理学依照其学科性质而区分为自然地理学（属于自然科学）与经济地理学（属于社会科学）是一致的。”史念海先生后来也谈道：“经过建国以来的共同论证，中国历史地理学应列为地理学学科，以其钻研的范围以历史时期为主，也应以之为历史学科的辅助学科。作为地理学科就得运用地理学科的方法从事钻研。”[①]由此可见，为了实现学科的现代化与科学化，沿革地理学改造的最终方向主要是现代地理学。按照这样的思路形塑而来的现代中国历史地理学，当追溯其本土学科的发展与演变历程时，必然就需要在客观上遵从现代地理学的学科框架与基本体系。

20世纪50年代的中国历史地理学，除深受以英国为代表的英语世界历史地理学理论的影响之外，还不得不面对来自苏联历史地理学认知的冲击。当时的苏联学术界，一方面将历史地理学视为地理学下尚未成熟的分支学科之一，[②]另一方面则视历史地理学为历史学的辅助学科。[③]例如，历史学家B.K.雅尊斯基给

① 史念海：《我与中国历史地理学的不解之缘》，张世林编：《学林春秋：著名学者自序集》，北京：中华书局，1998年，第318页。

② 中国地理学会编辑：《苏联地理学四十年》，北京：科学出版社，1958年，第69—74页。

③ 侯仁之：《中译本序》，［苏］B.C.热库林著，韩光辉译，左少兴校：《历史地理学——对象和方法》，北京：北京大学出版社，1992年，中译本序第1页。

历史地理学的任务下定义时指出："马克思主义历史地理学应以历史科学中所采用的分期法为基础，根据与此分期相适应的时间断面，对本国或本地区的自然地理、经济地理和政治地理给以描述。"[①]作为地理学家的B.C.热库林在70年代初认为，历史地理学"这个概念首先必须以存在几门相互依存的学科为前提。这种密切的联系正是历史自然地理学、历史经济地理学、历史民族地理学和历史景观地理学等的最大特点。排除任何一门学科就破坏了科学的体系并且影响到其他学科的进步"。[②]可见，正当国内历史地理学向着"地理化"的方向改造之时，在可能面临如何拓展学科"研究广度"方面，不可避免地会受到苏联历史地理学理论的影响。迨至20世纪80年代初，李旭旦先生在国内地理学界大力倡议复兴人文地理学并得到积极响应后，历史地理学的主要分支学科被界定为自然和人文地理的情况，显然就不难被理解了。

总而言之，尽管诸多前贤业已指出，政区与水道的研究直至清代乾嘉时期才趋向成熟，然后方有可能组成所谓之沿革地理学，但以往采用与之相对的历史人文与自然地理二分模式，构建整个传统历史地理学发展脉络的认知与观念却早已深入人心，贯通古今。

如果抛开现代中国历史地理学的本土之源，即所谓传统沿革地理学的发展脉络，单纯从响应现代地理学科体系的角度而言，将历史地理学分为历史自然地理和历史人文地理，[③]然后再分别

---

① 案参见侯甬坚《侯仁之先生发表〈历史地理学刍议〉一甲子》（收入《历史地理研究》2022年第3期，第127页）一文相关论述。

② ［苏］B.C.热库林著，韩光辉译，左少兴校：《历史地理学——对象和方法》，第25页。

③ 案此外还有诸如理论与方法、文献、地图（舆图）及新技术等并列的分支方向。

划出如气候、河流、湖泊、海岸线、沙漠化、灾害、动植物、政区、疆域、地名、城市（聚落）、经济、交通、军事、文化、人口等领域的做法，不仅毫无争议，而且经过半个多世纪的积累与拓展，对巩固和提高学科的学术地位发挥了关键作用。在这样的背景下，以历史时期政区、疆域、地名等内容为主要研究对象的历史政治地理学，作为历史人文地理学的次级分支，只要继续遵循将政治学、地理学以及历史学有机融合的研究理路，必将走向令人充满期待的面向未来的历史政治地理学。[①]

正如稽古往往始于从时——理解历史地理学的过去，向来须从认识现在开始。同样，面向未来也要基于现实的考量，历史政治地理学似乎一时无法走出从属于历史地理学二级分支学科的境遇。史念海先生为了避免出现沿革地理学既是历史政治地理学前身，又是历史地理学前身的重属现象，主张"沿革地理学只能说是历史政治地理，历史政治地理也只能是历史人文地理的组成部分"。他还认为《史记·河渠书》"是一篇最早记载黄河水道变迁沿革的史籍，堪与《禹贡》媲美"，"能和《地理志》居于同等的地位"。[②]一般而言，像《河渠书》这类历代正史河渠、沟洫文献，学界通常将其与《水经注》等一并视为历史自然地理之下历史水文地理或水系变迁研究的源起。[③]进而言之，如果将河流水道变迁纳入沿革地理学的范围，就等于承认了沿革地理学同时在历史人文地理和历史自然地理两个分支方向上，都具有学术

① 周振鹤：《建构中国历史政治地理学的设想》，收入氏著《中国历史政治地理十六讲》，第305—326页。

② 史念海：《班固对于历史地理学的创建性贡献》，《中国历史地理论丛》1989年第3辑，第36页。

③ 中国科学院《中国自然地理》编辑委员会：《中国自然地理·历史自然地理》，北京：科学出版社，1982年，第36页。

渊源的存在价值与意义。这似乎与沿革地理学只能是历史政治地理、无法被认为等同于历史地理学前身的看法不无矛盾。

事实上，到底能否将历史时期通过人类水利活动而产生的有关水文、水系等地理文献，视为可供与人文相对的历史水文地理研究的对象，目前仍是一个有待斟酌的重大问题。笔者倾向于认为，历史上的水文、水系记载几乎全部都涉及水利和防灾，这导致历史水文地理研究只能利用从属于人文性质的所谓自然资料。所以，一味地将河渠水利志书以及《水经注》等文献作为历史自然地理研究源头的做法，本身还无法完全摆脱相关质疑。[①]当然，这是另外一个略微复杂的问题，不在本书讨论的范围之内。

侯仁之先生虽然将政区、疆域、地名、都邑、民族与河流水道等要素的变迁，纳入沿革地理这一专门学问的范畴，但同时也承认："沿革地理仅是历史地理研究的初步，而不是最终的目的。"历史地理学研究的主要目的，"在于探讨同一地区或同一地理环境在不同历史时期的实际情况，以及其发展演变的规律，深刻地去理解当前这一研究对象的形成和特点"。甚至随着"历史地理研究的开展，必将进一步促进沿革地理工作的发达"。[②]由此可见，他对沿革地理学与历史地理学的不同，更多是从传统与现代之间的整体差异来认知和把握的。按照这样的理解，侯仁之先生所说的历史人文地理学，如果其下包含历史政治地理学的话，那么它的前身也不会是沿革地理学，而应该只是从属于沿革地理学下与政区、疆域和地名变迁有关的知识研究内容。

---

① 姜道章：《历史地理学研究主题的回顾与展望》，收入氏著《历史地理学》，《浙江学刊》1996年第3期，第5页。

② 侯仁之：《历史地理学刍议》，收入氏著《历史地理学的理论与实践》，第3、8—9页。

随着传统中国王朝体制的创立与发展，与之互为表里的王朝地理学日渐成熟。唐晓峰先生认为，这标志着一个主导性地理叙述体系的确立，它的核心是讲述、解释、捍卫王朝的社会空间秩序。[①]就主流而言，决定王朝社会空间秩序的因素是政治、是权力、是利益（害），甚至像《河渠书》中的河与渠以及其他各种自然地理要素是否被纳入这一叙述体系，也根本取决于皇权统治与官僚政治的需要。采用王朝地理学视角观察传统地理学，充满了思想史层面的张力。事实上，可以认为正是由具体文献记载和地理知识组成的沿革地理学体系的不断充实和拓展，王朝地理学的思想才能在去粗取精的过程中被总结和提炼出来。反过来看，王朝地理学也高度概括了沿革地理学研究的核心本质——地理通过政治过程成为各种尺度地方的秩序、区域、环境乃至景观——而不仅仅是人类活动的固定舞台。

基于以上认识，当我们追问一门研究不变与变化的所谓“沿革”地理学的本质属性时，或许可以罗列诸如疆域、政区、地名、水道、民族、都邑等方方面面的具体研究领域，但其更为核心的要义恐怕还是区域与专题的地理叙述框架，而当进一步叩问决定这一撰写模式的根本驱动力时，可能涵盖从中央到地方、再到基层的各种政治与权力的交互综合影响因素，才是笔者目前可以给出的最佳答案。从这一角度而言，本书更愿意将传统的历史地理学理解为一门“政治”地理学，它既不同于以往所说的沿革地理学，也不同于当下作为某级分支学科存在的历史政治地理学。

---

① 唐晓峰：《从混沌到秩序：中国上古地理思想史述论》，第286—287、291—292页。

问题的关键，仍然在于决定过去的并非过去本身，而是未来——一个现在期待可以实现的确定的学科状态——尽管这与它必然的不确定性有所矛盾。笔者曾读到英国地理学家皮特·泰勒（Peter J.Taylor，1944—）说过的一句话，其大意为“人文地理学必定会走向‘政治化’，而人文地理学研究必然会聚焦于政治地理”。[①]这在中国王朝地理学的视域下，似乎并不会使人觉得过分吃惊。不过，泰勒教授在《政治地理学》（*Political Geography: World-economy, nation-state and locality*，2011）一书绪论中的话，却更令人印象深刻：

> （政治地理学）与其他人文地理学分支学科存在明显的不同……政治地理学和地理学同时被创造出来，因此它和地理学的历史一样长，这让它在地理学其他分支学科当中显得与众不同……这个分支学科虽小，研究的对象却很宏大——空间与权力的关系。

或许可以将其中的一句改为：政治地理学和王朝时代的史学同时被创造出来，因此它和王朝史学的历史一样长。的确，在王朝地理学的背景下，哪一个与地理、空间和区域有关的话题能够最终摆脱政治与权力（利）的渗透和束缚呢？如果这就是当下历史政治地理学所面临的从时之选，我们又将会为之描绘出怎样的未来图景呢？

本节的最后，还是回到水的话题上来——一个似乎与本书

① 刘云刚：《译后记》，收入［美］科林·弗林斯、［英］皮特·泰勒著，刘云刚译《政治地理学》，北京：商务印书馆，2016年，第380页。

所要讨论的历史政治地理无关的领域。以往历史地理学有关水的研究，早期对话的方向主要是以工程技术为主导的水利科学技术史。到20世纪50、60年代，在谭其骧、史念海等老一辈学者的引领下，立足于人地关系视野，围绕黄河、长江等河流的水系与环境变迁问题，开展了深入的学术讨论。所积累的丰富研究成果，主要体现在《中国自然地理·历史自然地理》一书的《历史时期的水系变迁》一章。①迄今为止，早在沿革地理研究阶段即已纳入关注对象的水的问题，以历史上河道的变迁研究为代表，毫无疑问属于历史自然地理的研究范围。②

水的研究在历史地理学之外的史学领域同样备受关注。根据夏明方先生的梳理和概括可知，伴随美国人类学者的宗族研究和日本学界水利共同体理论的引入，国内水利社会史已经取得了丰硕的成果。相关研究聚焦于区域基层社会，从地方史的微观角度自下而上地进行探索，从宗族、村落、会社、产权、市场、民俗、文化、信仰、道德等诸多方面，全方位勾勒和重构了中国历史上国家与社会复杂多样的关系。不过，或许因为受到意识形态和理论建构的影响，其间最早引发水利史研究问题意识的美籍德裔学者魏特夫（Karl A.Wittfogel，1896—1988）开创的学术传统，却在有意无意地误解和回避中，被现有的水利社会史研究所

---

① 中国科学院《中国自然地理》编辑委员会：《中国自然地理·历史自然地理》，第36—226页。案参与该章撰写的学者多达16位，远超其余各章（详见该书《前言》）；该章合计190页的内容约占全书六章（含总论）260页总篇幅的73%。即使到2013年新版《中国历史自然地理》（邹逸麟、张修桂主编，王守春副主编，北京：科学出版社）问世，关于河流水系演变的章节占全书篇幅的比例仍然高达近48%，也就是说，其他诸如气候、动植物、海岸和沙漠化等四个主题所占的比重勉强超过一半。河流水系的演变在历史自然地理学领域拥有的地位，由此可见一斑。

② 侯仁之：《历史地理学刍议》，收入氏著《历史地理学的理论与实践》，第9页。

忽视。其中对当前最具有启发意义的内容，就是魏特夫通过“治水社会”和“东方专制主义”等概念、理论所形成的学术问题意识：既关心水利工程，也看到河流与环境变迁的关联性，但更注重围绕着水利工程而展开的人与人之间非平等权力关系的构建及其演化。近年来，国外水利史研究开始反思以往去国家化趋向对水利社会史走向深入的制约。正如夏明方先生所言：在海外学者的笔下，政治或者权力犹如挥之不去的幽灵，始终游荡在历史中国源远流长的大江大河之中。①

当针对水利社会史的地方化、去国家化和脱政治化研究取向的反思仍嫌不够时，新的反思带动下的所谓“水利政治史”研究便呼之欲出了。当然或有学者对此不以为然，认为这不过是环境史研究领域的拓展。笔者想要强调的是，水利政治史本质上也是政治地理学，与其说历史地理学中有关水的问题，是历史自然地理研究的固有领域的话，那么这种学科上的划分就会成为某种阻碍和羁绊，而非面向未来的新问题意识的策源者与输出地。政治不是众多参与和影响自然环境变迁的因素之一，而是自然环境参与和影响了政治格局、权力分配以及利益运作的形成、固化与重构。相对于环境这样的从时之语，地理这一稽古之言，无疑与古今互动的学科考察诉求更加若合符契。

必须承认，以上本书导论部分的叙述，几乎全部来自概念甚至纯粹话语层面的讨论，这既是不可避免地导致所谓历史政治地理研究未来发展不确定性的原因之一，也是无法左右当下学者从事研究实践的必然局限。笔者的期望是，不论本书探讨的话题如

① 夏明方：《序——从“自然之河”走向“政治之河”》，收入贾国静著《水之政治：清代黄河治理的制度史考察》，北京：中国社会科学出版社，2019年。

何渺小与细碎，但它所能依托的学理背景却应当不断从时而变，正如前引泰勒所说“学科虽小，对象宏大”。这并非无病呻吟，而是一种基于当下对未来学术研究发展的憧憬。

四、本书篇章结构与思路

本书关于金元明清时期的政治地理研究，既未采用历代大势为主的叙述模式，也未遵循断代连缀的复原框架，而是选取若干政区地理类型要素及其演变的实例，通过文本、概念和政治过程三个主题及关键词，以上、中、下三编分别展开基于个案讨论的专题研究。

上编文本新释部分，围绕正史相关记载，以《元史》之《世祖纪》《地理志》，《明史》之《职官志》《地理志》（也包括正史之外如《清史稿·地理志》）等文献为对象，首先在第一章就金元之际北方中原地区的路制转型问题，进行重新解读，同时对金代路治府在元代消失的原因做了尽可能深入的分析。虽然研究的切入点仅是西北一隅京兆府、路的沿革，但所涉及的问题却牵扯整部《元史》书写总管府路设立时的通行体例。在个案讨论中，尽力发掘与政区建置变动有关的中央与地方政治权力博弈乃至斗争的互动过程。

针对至元二年所谓“附郭县止令州府官兼领”的官方诏令，第二章通过重新复原部分府州及附郭县在至元初年的沿革变动情况，结合金元两代相关的制度规定，得出了不同于以往研究的新认识，这不仅重新解释了上述诏令的真实内涵，修订了今人可能从未察觉的有关正史句读的疏误，而且更正了长期以来学界以洪武初年作为诸州附郭县全面裁撤发生时间的固有成见，揭示了至元初年在忽必烈省并州县诏令的推动下，相当数量的州的附郭县已被取消的事实。就蒙元时期而言，明初发生的裁撤诸州附郭县之举并不鲜见，并且几乎贯穿整个时代。

在上述自元代以来形成的本州（附郭县）新体制下，如何理解《明史·职官志》所谓“属州视县，直隶州视府”的重要记载呢？第三章在前人研究的基础上进行了新的解读。讨论没有局限于明代本身，而是将考察的视野投放到清代雍正年间大规模裁撤属州之际，清人有关改革属州运作机制的相关论述，借助清初沿袭明代属州体制的前提，提出有关“属州视县”的新解释。对于清初历时颇久而成的《明史》而言，属州视县的表述，似乎既恰当地呈现了《职官志》理应记录的州政差异，也符合清代中期以后地方行政层级体系的实际状况。成书背景与撰写目标截然不同的《明史·职官志》与《清史稿·地理志》内容竟完全一致，再次证明理解不同的制度规定，对把握传统文献的真实含义具有怎样的重要意义。

中编概念重构部分，各章围绕金元时期的府路分等、明代巡抚始设的地方化标准以及清代文献中北五省概念的运用与地理范围等话题，从今人业已习惯运用的政区地理概念入手，揭示其与文献记载以及学术讨论过程所表现出来的矛盾现象，通过重新梳理史料进而提出笔者的一己之见，希望借此对深化相关研究有所助益。

金代诸府的分等看似是一类统县政区内部的地位权衡，但实际却涉及诸府概念的准确界定。第四章以京府、总管府（以及散府）为例展开概念辨析。前者的研究与上编第三章的结论有相似之处，即同样是京府这一名号的意涵，在宋金两代之间事实上发生了本质的断裂，套用北宋的京府概念很难解释金代京府在系统文献中的统一指向；对于后者而言，在上编第一章已辨明其具有跨越府、路两级权力机关合署办公性质的前提下，在所谓总管府路与“总管府府”的称谓之间，只能二选其一而无法并存。理顺概念的定义后，文中分别对金代的两种诸府等第划分系统进行了考察，进一步揭示了金代府分等、路不分等，而元代路分等、府不分等现象转换背后的路制演变规律，适可与上编第一章之结论有所呼应。

明代巡抚研究历来是学界讨论的热点。作为差职官被派遣到各地的巡抚，自诞生之时起，就在制度化（亦称正规化）和地方化的层面，不断向总揽一方大权的正式地方官员转化。以往学界对所谓巡抚始设问题的讨论，往往从制度化即包括诸如官称、职能、任务性质等方面的正规化方向展开探索，追溯各巡抚设置的起源和演变。第五章以九边延绥巡抚为个案，试图通过该抚实际领有府州县、实土及非实土卫所的辖区作为始设标志，从地方化的角度，实践明代巡抚始设问题进入历史政治地理研究视野的可能性。这也可以视为从政区的角度，将明代巡抚作为一项重要政治制度加以研究的尝试。总之，本章试图强调以确定辖区为代表的地方化取向与以体制规范为代表的制度化取向之间彼此融合的重要性，这或许正是历史政治地理研究的题中应有之义。

北五省作为清代中期以后逐渐走上历史舞台的地理概念，适应了自明代以来南北方经济社会发展区域差异加大的客观形势。第六章通过对比《世宗宪皇帝朱批谕旨》和《雍正朝汉文朱批奏折汇编》对北五省一词前后不同的记录，揭示从雍正十年到乾隆三年之间，这一概念被专有化地运用于官方文献中。通过进一步分析使用北五省概念的诸多案例，复原其指代的具体地理范围。

下编政区考证部分，第七、九、十章分别以《类编长安志》

《明史·地理志》以及陕西北部长城沿线个别清代地方志书为对象，细致考证了这些文献和相关史料中所涉及的部分陕西政区沿革历程，对其中诸多记载本身进行了较为详细的辨析与新释。第八章在上编第二、三两章研究的基础上，通过有明一代全国范围内诸州领县规模调整的系统考证与梳理量化，从一个侧面揭示了明代属州这一政区类型长期的演变趋势。在具体分析过程中，较多采用了量化的辅助手段，体现出统计方法对深化历史政治地理研究的积极意义。事实上，这一方法在上编第二章中亦有所运用和展示。

周振鹤先生在《建构中国历史政治地理学的设想》一文中指出，历史政治地理学至少应该包括诸如复原政区历史变迁的全过程、就政区本身的要素进行分解式和政治学研究以及分析政治过程对地理区域变迁的影响等三个层面的工作。[①]本书选择以政治过程作为主要论述主题之一，正是基于它对历史政治地理研究的重要意义。上编第一章讨论元朝中央与安西王府之间关于政治集权与分权的斗争，充分显示了这一过程对两次京兆路改名安西路总管府变动的决定性影响。

复原历代政区变迁的过程，似乎往往以越早的王朝时期为难，特别是近代以前的割据分裂阶段尤是如此。相较来说，金元明清时期的政区沿革由于历来研治者颇多，且距今为时尚近，加之史料遗迹不难收集、整理乃至实地探访获得，故讨论之难度与挑战多被视为等而下之，愈为晚近愈不可与早期时代同日而语。本书选择以文本和概念作为两大主题，希望突出在关注具体政区

---

① 周振鹤：《建构中国历史政治地理学的设想》，收入氏著《中国历史政治地理十六讲》，第305—326页。

沿革之外，加强深入解读制度性基本史料的重要价值。例如，以往认为明清诸州皆不设有附郭县的体制安排，始于明代洪武初年。这充分说明对《元史·世祖纪》省并州县诏令的认识，还远未达到复原历史真相的程度，否则不会忽视至元初年针对户少诸州进行大规模省并附郭县的行政举措，更不会得出附郭县的职官系统已被裁撤，却仍始终保留其县建置这样似是而非的结论。本书主张，即便是较为晚近的历史政治地理研究，对各种史料特别是官方正史记载的解读，也依然值得不断检讨和深入探索。

研究历史政治地理无法回避使用"历史概念"的问题。所谓的沿革地理学，总会涉及断代与"通代"之间的互动联系。如何准确界定和运用一些历代政治地理文献中的专有称谓和概念，特别是在不同的制度和时间尺度背景下展开对话论述，就成为有效理解政治过程发生和地理区域变迁的基本前提和逻辑起点。本书上编文本新释部分所提及的诸如总管府、路治府等概念，在中编概念重构部分均有进一步结合史料的深入阐释。此外，书中针对宋金两代系统文献中京府一说的区分，再次揭示历史概念内涵的延续存在类似于政区本身的记录生存期现象，[①]这背后的制度转换因素始终存在。从这一角度而言，具体政区单元的沿革变迁本质上是由政治制度的演变所导致，前者是历史政治地理的表象，而后者则借助权力成为驱动其变化的内在力量。所以，政区层面的沿革地理变化，实质是政治制度的嬗变，历史概念的形式与内涵均在这些变化中与时俱进。

本书除在整体框架上围绕文本、概念和政治过程三个主题

---

① 满志敏：《走进数字化：中国历史地理信息系统的一些概念和方法》，《历史地理》第18辑，上海：上海人民出版社，2002年，第18页。

之外，结合金元明清时期政区演变研究的实际状况，还尝试以诸路、府、州、县为代表的行政区划类型为线索，采取一种被称之为垂直主题要素或者“纪事本末”的研究方法。[①]以上编第一章为例，具体考察了诸路从北宋到元代在层级、职官、功能、向下领辖及向上隶属方面的连续变化过程，指出在“大蒙古国”时期[②]的北方诸路，随着诸多总管府的设立，总管与府尹逐渐分离，并导致后者趋向式微。[③]迨至至元初年，由于中央集权的重新树立，使得总管府路最终定型，实现了宋金以来的体制转换。

总体而言，本书的主要内容包括各级政区类型在整个地方行政区划体系中的层级升降、相互间隶属与统辖关系的演变、行政职能的构建与转换、管理性质的梳理与辨析，以及各种行政地理单元的空间关系、中央与地方之间的行政运作过程等等。借鉴横向专题式的方法论视角，以针对基本史料内涵的重新解读和传统话语概念的运用为切入，通过复原具体政治过程的地理区域变迁，总结和归纳金元明清时期地方行政区划体系演变的基本规律与重要阶段性特征。通过上述研究实践，尝试在传统“连续横剖面”的复原方法之外，讨论“纪事本末”式的历史政治地理专题方法，对进一步深化历史政治地理研究发挥积极的推动作用。

---

① 阙维民：《译序：历史地理学科有理论吗？》，收入［英］阿兰·R.H.贝克著《地理学与历史学——跨越楚河汉界》，第Ⅶ页。

② 案学界通常将铁木真在1206年建立“大蒙古兀鲁思”到忽必烈1271年改换国号为“大元大蒙古国”之间的阶段，称为大蒙古国时期。

③ 案至元初年以后，“府尹”通常仅作为上路正印官称中的一种标识而出现，即某上路总管兼府尹。

上　编

文本新释

第一章　金元之际路制演变再研究

有关宋金元明清时期地方行政区划的演变，大致可以分为前后两个阶段加以认识。其中，宋金与隋唐五代并举，归入所谓道路时代；元明清三朝则被合称行省时代。[①]在近千年的历史长河中，省、路、府、州等地理区划单位始终是地方行政制度变迁的活跃要素，与之相关的研究往往成为学界关注、成果丰硕、争论激烈的领域之一。本章以金元时期的路制演变为线索，围绕基本文献考辨，尝试阐发与以往有所不同的初步认识。

金元之际朝廷在关中地区因袭和新建的京兆、安西诸府路，[②]经历了从作为高层政区的总管府路，向隶属于行省治下统县政区的转变过程。金代京兆府路嬗变为元代安西路（皇庆元年改曰奉元），摆脱了该路自宋代以来因采取分离制而形成的单一职能性质，正式成为纯粹的地方行政区划。就全国而言，元代确立路的独立政区地位，恰好伴随其在整个地方行政体系中的层级下移趋势。及至明初，包括奉元在内的元路皆被改称为府，路的名号从此消失。以元祚未久和金元路制发展的重要转折视之，路作为正式而纯粹政区的经历，虽可谓短暂，却是勾连中古后期到近世以降，地方行政区划演变链条中不可或缺的关键环节。对于

---

① 邹逸麟编著：《中国历史地理概述》，福州：福建人民出版社，1999年，第135—156页。

② 案学界一般将金元之际的下限定在世祖至元初。本章虑及行文所需，稍延至世祖中期，敬请读者明鉴。

京兆、安西诸府路在元世祖至元年间的变化，以往诸多史家根据正史本纪、地志记载的叙说，历来颇有不同意见，孰是孰非，迄今似仍留有余味。有鉴于此，本章将在重新解析传统史料文本要义的基础上，梳理京兆、安西诸府路沿革的具体经过及其政治背景，以期澄清以往诸家之说，借此对金元之际路制演变的过程略作阐发，冀以趋近历史之本来面目。

一、引言

中华书局点校本《元史·地理志》陕西等处行中书省奉元路条曰：

> （至元）十六年，改京兆为安西路总管府。二十三年，四川置行省，改此省为陕西等处行中书省……皇庆元年，改安西为奉元路。[①]

清人汪辉祖（1730—1807）在所撰《元史本证》中参照《元史·世祖纪》，指出上述志文有关京兆、安西诸府路沿革的叙述存有明显疏漏，故而专门辟出“证误”“证遗”各一条分别予以纠补，据其曰：

> （证误：地理志）陕西奉元路，至元十六年改京兆为安西路总管府。案《纪》十五年“改京兆府为安西府”，十六年“改京兆为安西路”，此误合为一。

---

① 《元史》卷60《地理志三》，北京：中华书局点校本，1976年，第1423页。

（证遗：世祖纪）十五年，“改京兆府为安西府”。十六年，“改京兆为安西路。”《志》合二事为一。[①]

汪氏认为《世祖纪》至元十五年（1278）七月辛亥“改京兆府为安西府”，和十六年十二月丁酉“改京兆为安西路”两条记载，[②]是前后两年相继发生的不同事件，而《地理志》则将其混淆并羼杂记录。显然，秉持“《纪》详而《志》佚者录之”[③]原则的汪辉祖，敏锐地发现了《地理志》遗漏至元十五年七月京兆改名的重要史实。不过，他诟病志文“误合为一”的推断，却多少显得有些唐突而缺乏必要的解析。由于总管府是元代路的官署机构，故《世祖纪》谓至元十六年改路与《地理志》言改路总管府，实无二致。换言之，摭罗志文脱漏改府名事，理应毫无异议。然若云因羼入《世祖纪》而导致产生前后误合为一之谬，则只存在一种可能的预设前提，即汪辉祖认为本纪十六年十二月丁酉的“京兆”指京兆府。否则，他的证误一条便无法成立。由此，汪氏复在书中指出本纪该条记载中的京兆，当改作“安西府”，[④]以此遂不与先前之辛亥条矛盾。

晚出魏源（1794—1857）在《元史新编·世祖纪》中，除沿用旧史改府之说外，在十六年十二月有言：升“安西……诸府州并为路”，意与汪辉祖前说略同。不过，同书《地理志》奉元路

① （清）汪辉祖撰，姚景安点校：《元史本证》卷8《证误卷八》、卷25《证遗卷二》，北京：中华书局，2004年，第74、271页。

② 《元史》卷10《世祖纪七》，第203、218页。

③ 姚景安：《点校说明》，汪辉祖撰：《元史本证》，第4页。

④ （清）汪辉祖撰，姚景安点校：《元史本证》卷2《证误卷二》，第15页。

下仍因袭旧志原文，[①]似乎对前说又有所保留。及至清末民初，柯劭忞（1848—1933）撰《新元史·地理志》曰："金为京兆府，属京兆府路……至元十五年，改京兆府为安西府。十六年，升安西府为安西路。"[②]不仅将旧志遗漏改府名事径补入新志，且因循汪辉祖"误合为一"的思路，视京兆作京兆府，同时为免去与府名变更之事互相抵牾，遂又改旧志为"升"安西府为路。如此，汪辉祖对旧志本校的结论，遂尽被纳入《新元史·地理志》。柯氏秉承汪氏旧说，同样指摘本纪"改京兆为安西路"之京兆当作安西府，并注曰："旧《纪》作改京兆为安西路。案上文七月已改京兆为安西府，不应复称京兆。"[③]

与汪、柯等人不同，钱大昕（1728—1804）对至元中京兆、安西诸府路之沿革另有解说。他在《廿二史考异》中列举《元史》本纪"叙事多重复"诸例时谓："至元十五年，书改京兆府为安西路，而十六年，又书改京兆为安西路"，即为同纪"一事而两三见者"之属。与此同时，他对旧地理志的相应记载却未提出意见。[④]令人不解的是，钱氏援引的《世祖纪》至元十五年"改京兆府为安西路"条，与常见通行本《元史》存有明显异文。案目前最接近《元史》初貌者，是中华书局以九十九卷残洪武本和嘉靖南监本合配影印的百衲本为基础，核对其他残洪武本

① （清）魏源：《元史新编》卷5《世祖上》、卷6《世祖下》、卷73《地理志》，收入《魏源全集》，长沙：岳麓书社点校光绪慎微堂刊本，2004年，第8册第92、107页，第11册第1957页。

② （清）柯劭忞撰，张京华、黄曙辉点校：《新元史》卷48《地理志三》，上海：上海古籍出版社，2018年，第3册，第1228页。

③ （清）柯劭忞：《新元史考证》卷9，《民国丛书》第5编第64册，上海：上海书店影印本，1996年。

④ （清）钱大昕撰，陈文和、张连生、曹明升校点：《廿二史考异》卷87《元史二·世祖纪一》，南京：凤凰出版社，2008年，第981—982、1003页。

及南监本校订刊出的点校本。[①]内中京兆府所改者为安西府而非“安西路”。汪辉祖据以校正的《元史》，是本于万历北监本的乾隆武英殿仿刻本，与旧志相同。[②]故以《元史》今本而论，钱大昕兹所谓安西路似属谬引，原因一时难以遽定。

由于钱氏引据的《元史》原文存在嫌疑，故其说本已无从深论。然而，他认为安西路由京兆府演变而来的结论，却比汪、魏、柯等人更为今人所接受。[③]表面来看，汪氏诸人在本校《元史》的基础上，指摘元志合二为一，进而据以补勘纪志诸文。钱大昕则恶纪文一事两见，反不以志文为误。二者持论有悖，似乎难以调和。但是，他们却最终都认为安西路由京兆府变革而来。惟汪、柯以京兆先改安西府，再升路，钱氏则指安西路径由京兆府改成。究其原因，其实都与双方将京兆解作京兆府有关。这既反映出清人对至元中京兆、安西诸府路沿革的不同看法，也说明以往在理解《元史》纪志诸文时尚存有不少偏差。

清人所言并非完全自说自话。元代曾任陕西诸道行台治书侍御史的李好文，在至正二年（1342）附于《长安志》所作的《长安志图》中说道：“谨案：长安、京兆，圣朝奄有天下，初为京兆府，后为安西路，至大四年，改奉元路。”[④]可见，安西路径由京兆府而来的说法，早已有之。匪夷所思的是，这段京兆、安

---

① 中华书局编辑部：《元史出版说明》，中华书局点校本《元史》，1976年，第3页。

② 姚景安：《点校说明》，《元史本证》，第7页；中华书局编辑部：《元史出版说明》，第3页。

③ 李之勤：《论“西安”的含义及历史渊源》，《中国历史地理论丛》1996年第2辑，第200页；朱士光主编：《西安的历史变迁与发展》，西安：西安出版社，2003年，第388页。

④ （元）李好文撰，辛德勇、郎洁点校：《长安志图》卷上，西安：三秦出版社，2013年，第20—21页。

西之沿革经历，竟长期存在史家南辕北辙却又殊途同归的书写与叙说。由此提示我们，除留意关于《元史》本纪的不同理解之外，还不应仅仅局限于对记载自身“遗”“误”的批评。针对史料不同的释读，是否真正符合元人描述的原意及其历史真相，仍有待于考核求证。否则，便会如民国初年屠寄（1856—1921）撰《蒙兀儿史记》时，对旧纪采取存后而废前的做法，尽弃至元十五年京兆府改名安西事不载，而仍系“改京兆为安西路”于翌年十二月。[①]

旧人识见，已然如此，今人之说，更趋歧异。李治安等先生认为：“至元十六年十二月因皇子忙哥剌封安西王，改京兆路为安西路。”[②]吴镇烽先生则指出：“至元十六年（1279）撤销京兆府路和京兆府，另设安西路。”[③]此外，有研究认为安西路总管府改自京兆总管府。[④]总之，不论将京兆释作京兆府、京兆总管府，还是京兆路、京兆府路，依据怎样的理由，以往解说都未能给出符合情理的分析和论证。他们或指摘《元史》原文存在失误，或干脆对本纪至元十五年“改京兆府为安西府”的记载视而不见。以至于金元之际、特别是世祖时期京兆、安西诸府路沿革的历史真相，迄今依旧扑朔迷离，常见史料明显存在的疑惑，也未曾有所疏解，这使得针对相关问题的探讨，留有不少可供置喙的余地。

---

① 屠寄：《蒙兀儿史记》卷8《忽必烈可汗本纪第六下》，上海：上海书店影印本，1984年，第85页上。

② 李治安、薛磊：《中国行政区划通史·元代卷》，上海：复旦大学出版社，2017年第2版，第146页。

③ 吴镇烽编著：《陕西地理沿革》，西安：陕西人民出版社，1981年，第109页；陕西省地方志编纂委员会编：《陕西省志》第2卷《行政建置志》，西安：三秦出版社，1992年，第149页。

④ 龙小峰：《“京兆”地名演变考》，《丝绸之路》2011年第2期，第11页。

二、金元之际京兆地方政府的权力结构演变

钱大昕论及元志不谙“前代掌故”时曰：“京兆府在宋亦有永兴军节度之名，延安府在宋亦有彰武军节度之名，何以独不书乎……史家于前代掌故，全未究心，而妄操笔削，毋怪乎纰缪百出也。”[①]盖世祖至元时期的行政区划，承自前代而来，故本节须对金元之际京兆府、路的沿革经历展开具体论述。在此之前，虑及行文所需，复专就宋金京兆府、路的演变先行予以追述，臃赘之处，敬请读者明鉴。

京兆者，昉自汉武帝太初元年（前104）右内史所分。嗣后历代相仍，多以郡称，隋唐间尝为雍州。至开元初，始谓京兆府。明末清初人顾炎武在谈及唐宋“府”之发轫时曰：

> 汉曰郡，唐曰州，州即郡也。惟建都之地乃曰府，唐初止京兆、河南二府……至宋，而大郡多升为府。[②]

京兆府之设，彰显了都城所在州郡的崇隆地位。至唐末废为佑国军，后汉时改永兴军，复称京兆府，入宋因之。据《宋史·地理志》永兴军路京兆府条曰：

> 京兆府，京兆郡，永兴军节度。本次府，大观元年升大都督府。旧领永兴军路安抚使。宣和二年，诏永兴军守臣等

---

① （清）钱大昕撰，陈文和等校点：《廿二史考异》卷89《元史四·地理志三》，第1003页。

② （清）顾炎武撰，严文儒、戴扬本校点：《日知录》卷8《府》，上海：上海古籍出版社，2012年，第1册，第349—350页。

衔不用军额，称京兆府。[①]

宋志因袭《元丰九域志》，以郡名示封爵之用，唐初雍州反失于载。京兆府为昔时“王者奥区”，既拥有府州等第序列中最高级别的“节度”军号，又因“州郡之名，莫重于府”[②]的惯例而享受更高的政治地位。所谓次府，即四京府外诸府之属。都督府则分大、中、下三等。永兴军节度使，一般由京兆府尹兼任，然多不赴任，属虚职、遥领。京兆长吏按制曰牧或尹，又因多赐予诸王皇子，遂流为名目，掌实权者乃“知京兆府事”的职事官。复因例须用军额，故称知永兴军府事，简曰知永兴军。宣和二年（1120），诏长吏不用军额，嗣后可曰知京兆府。核实而论，京兆府和永兴军二称虽可互通，然究其本质，前者指行政区划，后者则是长吏职事官借用该节镇的军号名称。适如钱大昕论北宋“节度必系以某军”时谓：“此系官制，无关地理。”[③]同样，《元丰九域志》《舆地广记》等地理总志皆将京兆府归属永兴军路，下领有县，是可为证。[④]

知永兴军者，不仅管辖京兆府各县，还兼领永兴军路安抚使、马步军都总管。所谓永兴军路为安抚司分理，与转运司之路不同，惟两者皆驻京兆。宋志以转运使辖区为断，故永兴军转

① 《宋史》卷87《地理志三》，北京：中华书局点校本，1977年，第2144页。

② （宋）洪迈撰，孔凡礼点校：《容斋随笔·四笔》卷12，北京：中华书局，2005年，下册，第773页。

③ （清）钱大昕著，杨勇军整理：《十驾斋养新录》卷9元史不谙地理条，上海：上海书店出版社，2011年，第176页。

④ （宋）王存、曾肇、李德刍撰，王文楚、魏嵩山点校：《元丰九域志》卷3，北京：中华书局，1984年，第103、104页。（宋）欧阳忞著，李勇先、王小红校注：《舆地广记》卷13，成都：四川大学出版社，2003年，第356、362页。

运司辖区除京兆府外，还包含永兴军安抚司和鄜延、环庆二经略安抚司路在内。永兴军路安抚使“止于安抚”，与身负“绥御戎夷”的沿边经略安抚使稍有不同。[①]至于其辖区，一般认为有“河中府、同华耀商虢解陕、庆成军”及京兆府。[②]相当于将永兴军转运司辖区，除去鄜延、环庆二经略安抚司路后剩余的部分。诸上路府领属，可参表1–1。

表1–1 《宋史·地理志》所载京兆府、永兴军安抚司与转运司辖区

府路名目	辖 区
京兆府	十三县：长安、樊川、鄠、蓝田、咸阳、泾阳、栎阳、高陵、兴平、临潼、醴泉、武功、乾祐
永兴军安抚司路	二府、七州、一军：京兆、河中府，陕、同、华、耀、商、解、虢州，清平军
永兴军转运司路	四府、十五州、五军：京兆、河中、延安、庆阳府，陕、同、华、耀、邠、鄜、解、虢、商、宁、坊、丹、环、银、醴州，保安、定边、绥德、清平、庆成军

北宋灭亡以后，关中在宋金及伪齐政权间反复易手，仍延续六路安抚司之制。皇统初年，宋金合议定界不久，金廷即着手调整陕西诸路政区。据《金史·地理志》记载：“京兆府路，宋为永兴军路。皇统二年省并陕西六路为四，曰京兆，曰庆原，曰熙秦，曰鄜延。”其下“京兆府……皇统二年置总管府”。[③]盖是府为京兆府路治所驻地，故置总管府。对于具有民族征服政权性

① 《宋史》卷167《职官志七》，第3960、3973页。

② 李昌宪：《中国行政区划通史·宋西夏卷》（第2版），上海：复旦大学出版社，2017年，第61页。

③ 《金史》卷26《地理志下》，北京：中华书局点校修订本，2020年，第687页。

质的金廷而言，调整陕西政区，以原宋安抚司路为本，反映了突出军事、治安职能的地方行政建置思路。北宋安抚司长吏全称安抚使、马步军都总管，金则改称总管府路长官为兵马都总管。按“府尹兼领”之制，京兆府路兵马都总管例由京兆府尹兼领，犹如北宋知永兴军兼领安抚使。[①]

金京兆府路与宋永兴军安抚使路相较，原领河中府、解州划归河东南路，陕州归南京路（即皇统初之汴京路），又在将秦凤路西部省并进熙秦路后，以其东部所遗凤翔府及醴、邠二州拨入。故在大定二十七年（1187）重设凤翔路及邠州划入庆原路前，京兆府路领属虽有所变化，但仍维持二府七州的规模。[②]此后，是路辖区缩至京兆和虢、商、同、乾、耀、华一府六州之地。贞祐二年（1214）宣宗南迁，金廷改虢州为陕州支郡，隶南京路。翌年，同州韩城县升桢州。元光二年（1223），商州拨隶南京路。由此迨至金亡，京兆府路仅领同、乾、耀、华、桢五州和京兆府。府领十二县，与宋末稍异（见表1-1），府境变化不大。[③]

关于金末京兆府路领属，元人骆天骧《类编长安志》似有一家之言，兹引如下：

> 京兆先管商、华、同、耀、乾五州十二县，贞祐元年，分凤翔郿县、盩厔来属，又改韩城县为贞州，郿县为郿州，

① 《金史》卷57《百官志三》，第1396页。谭其骧：《金代路制考》，收入《长水集》下册，第290页。

② 案指京兆、凤翔二府，同、华、耀、商、虢、乾（天德中由醴州复名）、邠七州。

③ 《金史》卷26《地理志下》，第687—690页。兹所谓六或七州，仅就州数而言，不及等第、支郡。

盩厔县为恒州，始为八州十二县。[①]

骆氏言及的京兆路八州十二县，即后来元宪宗朝杨惟中（1205—1259）出任陕右四川宣抚使时，所谓关中八州十二县。[②]张金铣先生认为内中应有虢州，是忽略了此州已于贞祐二年改隶南京路的事实，从而遗漏了随后（贞祐四年）由盩厔升格的恒州。[③]今案骆氏以八州十二县为贞祐以降关中政区建置，恐失允当。首先，从贞祐三年（1215）韩城升桢州，到元光二年商州归河南路之前，京兆府路一度领有商、华、同、耀、乾、桢六州。[④]商州改属，直至金亡。其次，贞祐四年凤翔府盩厔县升恒州（领盩厔、终南及鄠县），[⑤]并无史料可证其从此改隶京兆。最后，鄠县升州，多认为是在金亡以后。[⑥]故《类编长安志》谓贞祐元年前京兆领有五州，显然遗漏了此后划出的虢州。又指从此至金亡，该路辖有八州，也与事实不符。盖京兆路领八州十二县并非金制，而是蒙古控制关中地区以后才形成的领属新格局。[⑦]

天兴元年（1232）金亡前夕，关中诸地悉入蒙古。翌年，蒙廷授田雄"镇抚陕西总管京兆等路事"。田雄其人，早先于

---

① （元）骆天骧撰，黄永年点校：《类编长安志》卷1《管治郡县·金》，西安：三秦出版社，2006年，第19页。案校本原将凤翔与鄠县间点断，兹不取其说。

② 《元史》卷146《杨惟中传》、卷159《商挺传》，第3468、3738页。

③ 张金铣：《元代地方行政制度研究》，合肥：安徽大学出版社，2001年，第75页。

④ 案《金史·地理志》记载，商州在贞祐四年（1216）至兴定二年（1218）间曾隶属陕州。（第688页）

⑤ 《金史》卷26《地理志下》，第691页。

⑥ （清）顾祖禹撰，贺次君、施和金点校：《读史方舆纪要》卷55《陕西四》，第5册，第2647页。

⑦ 案有关金元之际关中地区地理沿革情况，详见本书第七章第二小节。

太祖六年（1211）降附，并随军南征。金末“关中苦于兵革，郡县萧然。雄披荆棘，立官府，开陈祸福，招徕四山堡寨之未降者，获其人，皆慰遣之，由是来附者日众。雄乃教民力田，京兆大治”。[①]作为久随蒙人征战出生入死的汉地世侯，田雄的忠诚不容置疑。在金元间人李庭的《寓庵集》中，收录有田雄墓志全文，其题名称墓主生前职任“宣差京兆府路都总管”。[②]今疑此题衔或有可议之处，且墓志中还存在类似情形。[③]因事涉本节所论主题，兹容稍述其详：

除墓志说田雄镇抚陕西外，《元史·田雄传》更详谓他“镇抚陕西总管京兆等路事”。墓志又言其：“北自鄜延，西凤翔，东南及商、华，州县皆置长吏”，若再结合说他“开府陕西行总省事”的记载，[④]反映当时战乱频仍的背景下，田氏掌控的势力范围，既包括金代京兆府路，又不仅仅局限于此。更为重要的是，墓志记载田雄在贵由丁未年（1247）八月甲申去世后，蒙廷诏其长子田大明“袭京兆府等路兵马都总管，次大器入直宿卫，次大成袭陕西京兆府等路都总管”。按照汉地世侯世代更替袭职的一般惯例，其实似乎不太可能出现子嗣大成担任“京兆府等路”都总管，而其父田雄反仅担任“京兆府路”都总管的特殊

---

① 《元史》卷151《田雄传》，第3579、3580页。

② （元）李庭：《寓庵集》卷6《故宣差京兆府路都总管田公墓志铭》（下文简称《田雄墓志》），《元人文集珍本丛刊》据藕香零拾本影印，台北：新文丰出版公司，1985年，第1册，第41页。

③ 案《寓庵集》所录墓志铭，应是李庭根据田雄行状撰述的初稿。据其曰：“子男十人曰某，女八人俱适名族。”兹将十子男之人名略作某，或是此志尚未经田氏家人在书丹前对内容进行补全的证据。因此，不排除墓志中确有细微处存有讹误或缺失者，与后来书丹、刻石稍有不同。

④ （元）李庭：《寓庵集》卷6《故京兆路都总管府提领经历司官太傅府都事李公墓志铭》，第36页。

现象。至少从文献前后书写的一致性角度，也不应该出现这一情形。总之，《寓庵集》田雄墓志题名中的职衔，似应以补入“等”字而作“宣差京兆府等路都总管”更为接近历史事实。

另据与田雄墓志成文几乎同时的一方刻成于大蒙古国己酉年（1249）的《十方重阳万寿宫记》碑文影印拓片显示，田氏三子袭职分别是“宣差京兆等路军马都总管田大明”“宣差秃鲁花田大器”“宣差陕西京兆路都总管田大成”。[①]即大明、大器所袭均与墓志记载趋同。惟大成职衔较之墓志，恰少一“等”字而作京兆路。若以此论之，《寓庵集》田雄墓志的录文记载，很可能将田雄与田大成父子的职衔相混。据《大朝故京兆总管府奏差提领经历段君墓志铭并序》（至元三年）记载，田雄去世后，接替他执掌京兆总管府职任的正是田大成。[②]又据田雄墓志，蒙廷还曾赐予大成“虎符”，这亦是他成为京兆路长官的重要标志。《元史·田雄传》言雄“子八人，大明，袭职，知京兆等路都总管府事”。有学者指出兹大明者，实大成之误。若是说成立，则传文“京兆等路”中的“等”字当属衍文。[③]有鉴于目前可资利用的直接史料仍然不多，故有关田雄及其诸子袭职真相的揣测，一定还有可供探讨的余地。特别是相比以往对独立性更强的山

① 余华青、张廷皓主编：《陕西碑石精华》，西安：三秦出版社，2006年，第228页。据《田雄墓志》记载，雄亡故后，蒙廷令诸子“佩虎符，俾护其丧归长安。以己酉正月辛丑葬于咸宁县洪固乡凤栖原，从卜食也。襄事有日，以前进士太常寺丞高陵阳公状，来请志其墓。”由此可知，李庭据行状撰成墓志的时间必在蒙古己酉年（1249）正月辛丑日后，与《十方重阳万寿宫记》刻石在同年。

② 中国文物研究所、陕西省古籍整理办公室编：《新中国出土墓志·陕西贰》（下），北京：文物出版社，2003年，第289页。

③ 《元史》卷151《田雄传》，第3580页；参见陈玮《大蒙古国京兆总管府奏差提领经历段继荣墓志铭考释》（《北方文物》2015年第3期，第105页）一文。案等字若不为衍文，则大明未必是大成之误。又传文谓雄子八人，与墓志言“子男十人、女八人”不合。疑皆在入传时有削删之失。

东、河北汉地世侯世代更替研究的结论而言，绝对忠诚于蒙廷的陕西世侯家族又具有怎样的表现，亦有待于进一步讨论。

金元之际的关中政治舞台，除田氏父子外，还有两位举足轻重的实力派人物。其一是仆散浩，祖父仆散端曾任金章宗、宣宗朝平章政事和尚书右丞相。父仆散纳坦出为金吾卫上将军、定国军节度使。[①]据李庭在仆散浩之母尼庞窟氏及妻温迪罕氏的墓志中称，大约在中统年间或稍早时，仆散浩曾任“宣差陕西京兆府总管”“宣差京兆路总管”“宣差京兆路军民总管”等职，而其子仆散老山“袭父职”任“宣差同知京兆路都总管”。[②]另一位重要人物则是就地归附的金将刘尚。据《刘尚神道碑》记载，兴定二年（1218），刘尚借镇压民间啸聚之机，勋升昭武大将军，官拜陕西渭北军民安抚使，后迁陕西军民总帅。蒙军入陕，他率军民五万多人投降。田雄抵任后，他“钦奉朝旨，复治京兆，遂乃缮城郭，聚人民，分关市而居焉。就充知府之职”。接着“承上命不妨军职，兼京兆路管民长官”，襄助田氏。“岁癸丑，宣抚司奏奉纶旨，该府官刘尚不爱民财，不坏百姓，可令京兆路田总管相副勾当”。直到去世前夕（中统二年），蒙廷尤“降金符，兼领前职，充管军千户”。[③]刘尚“幼习儒业”的家世背景自然无法与仆散一族并论，何况降附恐怕更晚，然而却仍能

---

① 《金史》卷101《仆散端传》，第2364—2367页；（元）李庭：《寓庵集》卷6《大元宣差陕西京兆府总管太夫人尼庞窟氏墓志铭》，第38页。

② （元）李庭：《寓庵集》卷6《大元宣差陕西京兆府总管太夫人尼庞窟氏墓志铭》《大朝宣差京兆路总管仆散故夫人温迪罕氏墓志铭》，第38、40、41页。

③ （元）王利用：《大元故京兆路知府刘侯神道碑铭并序》，刘兰芳、刘秉阳编著《富平碑刻》，西安：三秦出版社，2013年，第260页。案癸丑年即宪宗三年（1253）。

得到重用，其中因由与当时关中“户不满万”[①]的窘境必然有所关联。

田氏、仆散氏父子和刘尚的仕官履历，大致可以反映京兆府、路及其主要行政职任，在金元之际的留存状态。其中，刘尚在起初担任知（京兆）府（事）的同时，还兼京兆路管民长官。而在宪宗三年令与田氏“相副勾当”后，其职已被正规化为副都总管一职。[②]种种迹象表明，此时在路府一级职任名号仍有延续的同时，京兆地方政府内部的权力架构开始呈现出新的变化。蒙廷在武力征服和秩序重建的双重需求下，渐使总管府路正式成为一级地方行政区划，其长官总管开始全面执掌一路军政大权。而原先兼领总管的首府府尹（知府），却反沦为总管僚佐。从蒙廷委任田氏、仆散氏父子先后担任京兆路总管、同知都总管等职，却仅授曾任知府的刘尚担任品秩偏低的副都总管，就可以反映出这种演变的结果。

中统年间，借平息李璮叛乱之机，世祖下诏分割诸路长官的军事与民政权力，罢世侯、行迁转法，使总管彻底成为由中央铨选任命的地方民政官员。至元初，置“诸路总管府”，同时在各地省并州县。八年，又“罢诸路转运司入总管府”。[③]至此，元代诸路终于褪去宋金以来分离体制下的单一职能属性，成为一

① （元）元明善：《清河集》卷6《参政商文定公墓碑》，《元人文集珍本丛刊》据藕香零拾本影印，第5册，第196页上。

② 案今保存于陕西铜川药王山博物馆的宪宗丙辰年（1256）《唐太宗赐真人颂》拓片显示，刘尚署职为“宣差京兆府路副都总管”（《陕西碑石精华》，第230页）。案金代都总管秩正三品，同知都总管从四品，副都总管正五品。（《金史》卷57《百官志三》，第1396页）

③ 《元史》卷91《百官志七》、卷6《世祖纪三》至元二年闰五月、卷7《世祖纪四》至元八年二月己亥，第2316、107、133页。

级完备的地方行政区划。经此变革，京兆世侯因袭的传统归于终结。朝廷专就包括其在内的数个路分“张官置吏”，行迁转法，“遴选才德兼备，素为朝廷所知者，拟注总管”。[①]至元七年，谭澄由河南路总管兼府尹调任京兆路总管兼府尹，是目前所知由朝廷任命的该路首任长吏。[②]

概而言之，金廷在原宋境内所设总管府路的首府府尹（知府事），既承担本府境内的民政事务，又兼任兵马都总管，负责全路的治安和军事。[③]进入大蒙古国时期，北方多以世侯角色出现的总管，握有全路军政大权。直至世祖初年被剥离掉军事职能后，才成为统领纯粹民政事务的一路最高行政长官。这样变化的结果，事实上架空了本府府尹的行政权力，使这一职缺形同虚设，逐渐趋向可有可无的没落境地。前文提及的京兆知府刘尚，至晚到宪宗六年时已不再担任该职，便是上述转变的具体表现。由于在金元之际总管府的人事权力结构调整中，本府府尹失去了继续存在的必要，进而又自然而然地导致了其所对应的金代总管府路首府这一行政地理单元的式微。张金铣先生认为，至此“中原一些路分虽往往以总管兼府尹系衔，但路、府同在一个衙门，实际上是以路的形式领有原府属的诸县”，元代“除两都外各府本身已不存在”。[④]《元史·地理志》没有出现在诸路建置有

---

① （元）王恽：《论随路阙员及未到任官员事状》，《乌台笔补附乌台日事》（自至元五年冬十一月，终至元辛未夏四月），收入（元）赵承禧等编撰，王晓欣点校《宪台通纪（外三种）》，杭州：浙江古籍出版社，2002年，第388页。

② （元）姚燧：《牧庵集》卷24《谭公神道碑》，上海：商务印书馆四部丛刊本，1931年，第6册，第8页；《元史》卷191《谭澄传》，第4356页。

③ 张帆：《金朝路制再探讨——兼论其在元朝的演变》，《燕京学报》新12期，北京：北京大学出版社，2002年，第102—104页。

④ 张金铣：《元代地方行政制度研究》，第213页。

与之同治的首府，反映的正是这种情况。前文谈及京兆路领有八州十二县，其中的十二县在金代直属京兆府辖，入元后则成为相应“路所亲领之县”。[①]元代文献对其州县连称，却不以府州并举，同样是出于上述原因。这使得原来作为行政区划单元的京兆府，无论从职官还是地理的角度，都失去了存在的基础和意义，最终只能淡出世人的视野。

三、说《世祖纪》至元十五年之京兆府与安西府

《元史·世祖纪》至元十五年七月辛亥条曰：“改京兆府为安西府。”清人汪辉祖及柯劭忞等皆据之以补《地理志》所阙。在他们看来，此处京兆府与《金史·地理志》京兆府路领辖的京兆府并无不同。如柯氏在《新元史·地理志》奉元路条曰：“金为京兆府，属京兆府路。宪宗三年，置从宜府于京兆。至元十五年，改京兆府为安西府。十六年，升安西府为安西路。皇庆元年改为奉元路。”[②]如此撰述初看似无不妥，然若从地理的角度稍作分析，就会发现其中存在明显的事实漏洞。

据前所述，金代京兆府路领二府七州，大定二十七年后缩至一府六州即金志所载，迨至金末又减到一府五州。若以金志为准，全路共计三十六县。其中，京兆府领十二县，六州分领二十四县，府领县数仅及全路三分之一。入蒙后，京兆路领八州十二县，州辖县数仍比十二为多。至元初年，随着桢、鄜、恒

① 《元史》卷58《地理志一》，第1346页。

② （清）柯劭忞撰，张京华、黄曙辉点校：《新元史》卷48《地理志三》，第3册，第1228页。

三州复降为县，京兆路恢复金末五州旧制，唯以商州代替桢州。鄠、恒二州降为鄠、盩厔县后直属路辖，又并栎阳入临潼、云阳入泾阳、终南入盩厔，使路的亲领县从十二减少到十一个，五州则分领十五县，全路共计二十六县。[①]由此，若将至元十五年改安西府之前的京兆府，认作承自金代的京兆府，并进而视为后来辖境远在其上的安西（奉元）路前身，无疑有悖于地理实际。何况，倘若元代安西路果由金代京兆府沿革而来，那么显然无法解释同时存在的京兆路又是如何消失的疑问。毋庸赘言，安西路的前身理应是金元之际的京兆（府）路，而非《金史·地理志》中的京兆府。

结合前文对蒙元时期路制演变的论述，可知金亡以后文献中出现的京兆府，其实愈发不可能与金代作为一个独立行政区划单元而存在的京兆府含义相同。所以，无论从政治制度的层面，还是从地理空间的维度看，《世祖纪》至元十五年七月辛亥条之京兆府，都应当另有所指。下文尝试通过剖析金元之际文献提及京兆府时留下的蛛丝马迹，进一步揣摩和探讨其可能的含义。

至元中，京兆儒学教授李庭曾撰有《京兆府灞河创建石桥疏》和《创建灞石桥记》两文，记载当时京兆府城东灞河修建石桥之经过。据其可知，至元六到九年间，朝廷先后命“京兆同知巨公”“京兆府判官寇公”等人监督董理兴建事宜。[②]按《元史·百官志》记载，巨氏担任的京兆同知，理应是京兆路总管府同知，而寇氏的京兆府判官，也应是该总管府的判官。[③]故李庭

---

① 《元史》卷60《地理志三》，第1423、1424、1427页。

② （元）李庭：《寓庵集》卷5、卷7，《元人文集珍本丛刊》第1册，第32、48—49页。

③ 《元史》卷91《百官志七》，第2316—2317页。

所谓的京兆府，实为京兆路总管府的简称。他在另文《廉泉记》中说道："至元辛未……中山寇君长卿来判京兆总府事。"[①]辛未即至元八年，比照前文可知，此判总府事的寇长卿即是前引督理修建灞桥的寇公。这显然佐证了此处的京兆府应属简称。

类似的直接例证，还有李庭为京兆路"总管公"仆散浩之妻所撰《大元宣差陕西京兆府总管太夫人尼庞窟氏墓志铭》。[②]该题名中的京兆府，当指京兆总管府而言。又如西安碑林博物馆藏一方蒙古己酉年（1249）的《京兆刘处士墓碣铭》，文末署"同知京兆总管府事高贵立石"。[③]此外，前文引《大朝故京兆总管府奏差提领经历段君墓志铭并序》，内言墓主段继荣"田侯即世，子大成嗣，以年幼，仍以师礼事君"。[④]据前文所考，田雄三子大成所袭职者是京兆路都总管。以《元史·百官志》诸路总管府下设有经历一员的记载反推，段氏为任的京兆总管府，自应是京兆路之官署机构——总管府。

由此而知，《元史》至元十五年七月言京兆府所改的安西府，其实也是安西路总管府的简称。同样的例证，莫过于以下两条元人记载。其一是至元末年骆天骧在《类编长安志》中，引用稍早成书的《骆氏新说》所言"今安西府见管五州一十一县"。[⑤]以五州十一县范围忖之，此处安西府的前身不可能是金代京兆府，而只能是京兆府路。其二是李好文在《长安志图》

① （元）李庭：《寓庵集》卷5《廉泉记》，《元人文集珍本丛刊》第1册，第33页。

② （元）李庭：《寓庵集》卷6，《元人文集珍本丛刊》第1册，第38页。

③ 王原茵：《京兆刘处士墓碣铭考释》，《文博》2014年第1期，第65页。

④ 中国文物研究所、陕西省古籍整理办公室编：《新中国出土墓志·陕西贰》（下），第289页。

⑤ （元）骆天骧撰，黄永年点校：《类编长安志》卷1《管治郡县》，第20页。

中，援引至元二十八年（1291）九月十五日陕西屯田总管府的一条奏文节录曰："安西府、延安府、凤翔府这三路在前交军立屯来，根脚里这军每不是额定的正军有，成都府忙并时分几处签来。"[①]兹称安西等府为路，表明是路总管府的简称。明晰于此，对前引《长安志图》"圣朝奄有天下，初为京兆府，后为安西路"的记载，或许就会有所洞悉。

现存陕西泾阳县安吴村立石于至元二十九年的《元道录张公法师墓志》碑有曰："道录之司不幸于至元十年八月二十七日在于安西府录事司狮子院街天宝宫无疾而坐化，享寿七十岁。"[②]按元制，"录事司，秩正八品。凡路府所治，置一司，以掌城中户民之事"。所谓路府，即指诸路总管府，而非散府。[③]故碑文中的安西府，显指路总管府。此外，在一些史料提及安西府时，唯有解作安西路总管府才能符合历史实际。如元人张养浩（1270—1329）曾撰有一篇关于至元年间修建灞桥的专文，题作《安西府咸宁县创建灞桥记》。据李之勤先生研究，该文是张氏任职翰林院时奉尚书省之命，依靠朝廷所存文献追记而成，时间在武宗至大二年（1309）七月至四年正月之间。[④]显然，此时安西府早已不可能是宋金时期京兆府的遗留，而只能将其释为路总

① （元）李好文撰，辛德勇、郎洁点校：《长安志图》卷下《设立屯田》，第95页。

② 李慧、曹发展注考：《咸阳碑刻》，西安：三秦出版社，2003年，第92、498页。案至元十年，京兆尚未改安西，兹或为以勒石时区划称谓加以追述的结果。

③ 《元史》卷91《百官志七》，第2317页。韩光辉：《宋辽金元建制城市研究》，北京：北京大学出版社，2011年，第116页。案有关金元两代散府的区别，可参本章第六小节之辨析。

④ 李之勤：《元代重建灞桥的又一重要文献——张养浩的〈安西府咸宁县创建灞桥记〉》，《中国古都研究》第2辑，杭州：浙江人民出版社，1986年，第100—101页。

管府的简称。

事实上，《元史》将某路总管府或某总管府简写为某府的情形，很可能是其撰述的行文体例，而并非仅涉及《世祖纪》有关京兆府和安西府的特殊记载。兹举一例再加说明。《元史·地理志》陕西开成州条曰："元初仍为原州。至元十年，皇子安西王分治秦、蜀，遂立开成府，仍视上都，号为上路。至治三年，降为州。"[①]以往对这段志文记载的解读，因为没有意识到所谓的开成府，实为开成路总管府的简称，所以误以为原州先改开成府，再升开成路，最后才降为州。如此一来，因无法确定开成府"升"路的具体时间，故只好勉强推求，使"开成府"一直人为延续至仁宗皇庆元年（1312）。[②]其实，《地理志》在开成州所领广安州下的记载，已能透露原委："元至元十年，安西王封守西土，既立开成路，遂改为广安县，募民居止，未几户口繁夥。十五年升为州，仍隶本路。"可见，元代根本没有设置过行政区划意义上类似于散府的开成府。元廷出于厚封秦藩之意，升原州为开成路，置总管府，号曰上路。这完全是安西王忙哥剌模仿其父忽必烈在大都与上都之间往返巡幸的制度，从而将安西路和开成路分别作为冬夏行邸所在的结果。

元代史料中的安西府，当然也不仅限于指代行政区划意义上路总管府的辖区。例如，至元十六年元廷举行著名的四海测验，在全国选取的27处纬度观测点中，安西府名列其中。[③]显然，这里的安西府不宜从大范围的行政区划层面加以理解，而应视为观

---

① 《元史》卷60《地理志三》，第1428页。

② 李治安、薛磊：《中国行政区划通史·元代卷》，第154、352、353页。

③ 《元史》卷48《天文志一》，第1001页；《元史》卷10《世祖纪七》至元十六年三月庚戌，第210页。

测活动具体发生的地点。因此，包括安西府在内的27处以行政区划名称记录的测验点，都是它们行政中心的驻地。换言之，作为观测地点的安西府当指安西路治城，或者说安西路总管府的所在地。[①]这一推测，还可以得到一些更为明确的支撑。如《类编长安志》开篇附有《安西路州县图》一幅。图内在安西路治城长安、咸宁两附郭县之间，清晰地绘有“安西府”三字。同志卷二《京城》再筑京兆城条，也记载唐末“韩建去宫城，又去外郭城，重修子城，城内古迹移于外。南闭朱雀门，又北闭延喜门、安福门，北开真武门，为今之安西府也”。[②]笔者以为，指向治所城市的安西府一词，仍可视为路总管府之意的自然延伸，即强调该区划对应行政官署机构的驻地。

总而言之，《元史·世祖纪》至元十五年七月辛亥条下的京兆府，绝不可能是《金史·地理志》京兆府路所领的京兆府，而应是京兆路总管府的简称。其所改之安西府，与此类同。故仅从字面本身含义而言，《世祖纪》至元十五年“改京兆府为安西府”，与翌年“改京兆为安西路”，以及《地理志》至元十六年“改京兆为安西路总管府”的记载，其实并无本质不同。这似乎确有如钱大昕所谓《元史》本纪撰述“叙事多重复”的典型案

---

① 案史卫民先生认为，该观测点在“安西王府”（《大一统——元至元十三年纪事》，北京：三联书店，1994年，第144页）。考古发掘显示，安西王府遗址位于安西路城东北方向3—4公里处，为独立修筑的王宫建筑。故从距离而言，并不能排除其说的合理性。然若将《元史》中的安西府径直释为安西王府，似乎还缺乏充分的理由。此外，27处观测点中唯一保留至今的“河南府阳城”，在今河南省登封市东南的古阳城（今告成镇），阳城仅为元河南府路登封县下的一处聚落名称，而《天文志》不将其写作“河南府登封县”，亦可反证本文推测。此外，兹所谓河南府，亦应是河南府路总管府的简称。

② （元）骆天骧撰，黄永年点校：《类编长安志》之《安西路州县图》、卷2，第45页。

例。然而前文已述，钱氏此论依据的《世祖纪》与通行本纪文稍有不同。事实上若以通行本《世祖纪》为据，按字面所示，并不能轻易得出前述两条本纪属于重复迭出的认识。否则，汪辉祖断不至于就此空费口舌，反复加以论说。那么，《世祖纪》为何要将本质相同的行政区划改名事件，以不同的表述方式系之于不同时间呢？或者说，这一含义并无差别的行政调整，为何会在《世祖纪》中被前后两次分别记录下来呢？其中到底蕴藏着怎样的政治背景与历史书写特征，都值得深入地加以探究和剖析。

四、从元廷与安西王府之关系论京兆改名安西的政治背景

至元九年（1272）十月，世祖忽必烈封嫡子忙哥剌为安西王，商挺任王相，赐京兆路为分地，驻兵六盘山。[①]又令幕府旧臣赵炳出任京兆路总管兼府尹、营缮使司大使，[②]全权裁治建造王府诸事。翌年四月，安西王相府取代陕西四川行省衙门，[③]成为掌控川陕地区权力的最高军政机构。据王宗维先生考证，早在至元五年，忙哥剌就以亲王身份出镇京兆，当时他与兄长真金都是皇太子的候选人。直到真金被确立为太子前夕，世祖考虑安抚

---

① 《元史》卷7《世祖纪四》至元九年十月丙戌，第143页。

② （元）刘祖谦：《终南山重阳祖师仙迹记》、（元）徐琰：《大元国京兆府重修宣圣庙记》，国家图书馆善本金石组编：《辽金元石刻文献全编》第2册《金石萃编未刻稿》，北京：北京图书馆出版社，2003年，第630、633页上。

③ 李治安：《元代陕西行省研究》，《中国历史地理论丛》2010年第4辑，第104、105页。

忙哥剌，才晋封他为安西王。[①]在发布立太子诏后，益封秦王。此外，元廷还允许忙哥剌仿照其父的两都巡幸体制，分别修建冬夏行邸，“其府在长安者为安西，在六盘者为开成”。[②]

世祖厚封秦藩，除是继承宗王出镇制度和安抚忙哥剌的需要外，也带有鲜明的政治和军事目的。早在田雄时代，关中世侯便与蒙廷保持紧密的政治从属关系。宪宗时，忽必烈受赐关中分地，任用杨惟中、廉希宪、商挺、赵良弼等谋臣侍从，设京兆宣抚司，整顿吏治，重振经济，颇树威望。由此引发猜忌，蒙哥派遣阿蓝答儿、刘太平等人“钩校京兆钱谷”，试图排挤忽必烈。[③]使他不得不离开“潜邸”，回到漠北蒙哥身边以示忠诚。蒙哥死后，忽必烈与阿里不哥之间展开争夺汗位的内战。以京兆和六盘山为中心的关陇地区，成为双方战略角逐的重要战场之一。此外，这里政局平稳与否，还直接关系到川蜀地区对宋战争的走向。稍有不慎，不仅“西土悉平”的局面便会荡然无存，就连灭宋战争也会遭受重大挫折。因此，在平息阿里不哥叛乱后不久，刘好礼即建言世祖曰：“陕西重地，宜封皇子诸王以镇之……帝是其言，敕中书施行。”[④]

安西王相府代替陕西行省行使权力后，在对宋战争和维护关陇政局稳定方面，都发挥了积极作用。其中不乏忙哥剌亲身参与决策重大军政事件的身影。如至元十二年夏，元军在川蜀战场遭受巨大挫折，围困重庆的计划失败，而泸州也被宋军收复，一时

---

① 王宗维：《元安西王及其与伊斯兰教的关系》，兰州：兰州大学出版社，1993年，第14—18页。

② 《元史》卷108《诸王表》，第2736页。

③ 《元史》卷159《赵良弼传》，第3743页。

④ 《元史》卷4《世祖纪一》中统元年九月丙戌、卷167《刘好礼传》，第68、3925页。

战势不甚明朗。忙哥剌随即在六盘山召见成都路管军万户刘恩，问曰："江南已平，四川未下奈何？"在得到刘恩建议后，他马上"遣恩与府僚术儿赤乘传以闻，帝以为然"。元廷遂设西川行枢密院，以不花和安西王相李德辉为正副枢密使，[①]统帅川蜀元军。不久，战局得以扭转，由此取得了最后的胜利。在此期间，安西王相府始终作为川蜀对宋作战的最高前线指挥机构，发挥着举足轻重的作用。

又如至元十四年，因"兀朗孙火石颜谋乱"，世祖派遣忙哥剌北伐，参加平息昔里吉、脱黑帖木儿等引发的诸王叛乱。[②]安西王北上后，六盘山所在的开成路趁势发生图谋作乱之案，甫从正三品昭勇大将军阶升从二品镇国上将军、并出任安西王相的赵炳，随即率兵前往缉拿，很快将首恶正法。十五年春，叛王秃鲁再次作乱于六盘山，复被平定。[③]此番戡乱成功，除赵炳外，亦得益于忙哥剌与商挺的未雨绸缪。早在安西王出征前，他即命商挺曰："关中事有不便者，可悉更张之。"商挺答道："延安民兵数千，宜使李忽兰吉练习之，以备不虞。"秃鲁乱后，"以延安兵应敌，果获其力"。[④]可以说，正是以商挺、赵炳为首的王相府对关陇局势的强力掌控，方为平息叛乱提供了政治保障。

就在至元十五年春平定六盘山秃鲁之乱后，忙哥剌亦完成使命返回分地。此时按《元史·世祖纪》的记载，元廷在七月辛亥下令"改京兆府为安西府"。前文已论，此番改易府名的真

① 《元史》卷166《刘恩传》，第3896页。

② 《元史》卷135《月举连赤海牙传》、卷9《世祖纪六》至元十四年七月癸卯，第3279、191页。

③ 《元史》卷162《李忽兰吉传》，第3794页。

④ 《元史》卷159《商挺传》、卷121《按竺迩传》，第3740—3741、2987页。

相，其实是将原先的京兆路总管府改名为安西路总管府。究其原因，若从当时川蜀，乃至全国的军政时局加以考量，便可以得到启发。从川蜀战场情况看，至元十五年正月，元军收复泸州、涪州。三月，“西川行枢密院招降西蜀、重庆等处”，[①]川蜀战局已定。迨到八月，“安西王相府言：‘川蜀悉平，城邑山寨洞穴凡八十三，其渠州礼义城等处凡三十三所，宜以兵镇守，余悉撤毁’。”[②]至此，宋元在川蜀地区持续数十年的战争拉锯状态终告结束。另一方面，从支援平息漠北诸王叛乱和稳定关陇局势的角度，忙哥剌亲身参与北征，为元廷扭转西北战局不无贡献。期间两次发生于六盘山的叛乱事件，也都被安西王相府成功平息。总而言之，在至元十五年夏秋之间，不论对安西王忙哥剌，还是以商挺、李德辉及赵炳为首的安西王相府而言，都具有继往开来的重要历史意义。此时此刻，元廷将从汉武帝时代即已启用，延续近十四个世纪的“京兆”之名改为安西，无疑是在肯定和褒扬安西王府所取得的历史功绩的同时，彰显元朝统治者自身的强大政治气魄和抚有四海的雄心壮志，使之具有了鲜明的象征和纪念意义。

然而，就在整个安西王府的军事力量和政治威望都达到空前的历史巅峰时，形势却突然急转直下，未及而立的忙哥剌在至元十五年十一月竟毫无征兆地离奇去世。[③]元代官方文献对忙哥剌死亡的原因，讳莫如深。南宋遗民郑思肖谓其“尝谋篡父位，事泄为父杀”。[④]今人陈广恩先生亦结合忙哥剌身亡前后的诸多可

---

① 《元史》卷10《世祖纪七》至元十五年正月丙午、三月甲午，第198、199页。

② 《元史》卷10《世祖纪七》至元十五年八月甲戌，第204页。

③ 《元史》卷163《赵炳传》，第3836—3837页。

④ （宋）郑思肖著，陈富康校点：《郑思肖集·大义略叙》，上海：上海古籍出版社，1991年，第179页。

疑迹象，推测与争夺汗位密不可分，是他谋篡父位而招致杀身之祸。[①]总而言之，至元十五年七月京兆改名安西，之所以在一年半后的至元十六年十二月被再次提上议事日程，很可能正是由于受到忙哥剌亡故事件的影响，而根本未及实施所致。那么，由此到至元十六年十二月元廷再次重启"改京兆为安西路"期间，又发生了怎样的历史曲折？《元史·世祖纪》在前后两年出现的相同记载，果真只是旧事重提，抑或史料失校吗？回答这些问题，需要从另一个层面，重新考察安西王府与元廷之间的复杂关系。

对于元廷至元十六年"改京兆为安西路"之举，有研究认为是"因皇子忙哥剌封安西王"之故。[②]核实而论，忙哥剌封王在至元九年十月，去世则在至元十五年十一月。因此，在他死后一年多时间方才迟到的政区专名改易，显然不太可能缘于对他早先的敕封。忙哥剌就藩关中，虽与早期兀鲁思封国性质有所差异，但他身负二王封号，又模仿其父在京兆和六盘山各设冬夏行邸，兼以王相府代替陕西四川行省，成为元帝国西部疆土的最高行政管理机构，具有指挥川蜀对宋作战和监视西北诸王的双重职能，尊荣与权威都达到前所未有的高度。然而，如此这般的安排，虽使忽必烈在面对西北、西南地区各种势力的威胁时，拥有更加稳定和牢固的地缘政治基础，却也在无形中助长了潜在的割据隐患，即以嫡子忙哥剌为代表的安西王府势力。事实上，颇受汉地影响而深谙统治驾驭之术的忽必烈，并非对此毫无预防。分封忙哥剌于京兆的同时，他即"念关中重地，风俗强悍，思得刚鲠旧

① 陈广恩：《元安西王忙哥剌死因之谜》，《民族研究》2008年第3期，第96—104页。

② 李治安、薛磊：《中国行政区划通史·元代卷》，第146页。

臣以临之”，遂命赵炳赴任京兆。从忽必烈强调所选之人须有刚鲠之性而非其他专擅，便可映衬出他内心深处的考量。赵炳虽不足以限制忙哥剌本人，却可对“横暴扰民”的“王府吏卒”“绳以法”，使之“豪猾敛戢”。[①]这也为后来他与王府转运使郭琮、郎中郭叔云“构隙”而被拘冤死，埋下了伏笔。

除委以心腹旧臣就近监视，忽必烈还对安西王府的职权尝加限制，在授予军政、司法、人事诸权的同时，严格控制其经济命脉。元人姚燧（1238—1313）谈及安西王辖地与职权时说道：“犍河之外，秦固内地。教令之加，于陇于凉，于蜀于羌……其大如军旅之振治，爵赏之予夺，威刑之宽猛，承制行之。自余商贾之征，农亩之赋，山泽之产，盐铁之利，不入王府，悉邸自有。”[②]可见，王府虽握有军、政、吏大权，但来自商贾、农亩、山泽、盐铁的经济收入，却归于“邸”有。自宪宗癸丑年（1253）蒙廷“封宗亲，割京兆隶世祖潜藩”后，[③]关中即被视为忽必烈潜邸之一。《元史·赵炳传》谈及王府经费及筹措出征军资时，皆言主要来自解州盐赋和“京兆一年之赋”，可证姚燧上述之说法。而经费使用，事实上都由赵炳参与和决策。这如实反映了至元八年后，元廷将诸路转运司职能并入各路总管府，使京兆路总管府承担了掌管关中地方经济职权的功能。以赵炳为代表的京兆路地方政府，与以二郭等人为代表的王府转运司之间的矛盾，必然与经济利益的博弈密不可分。而这正反映出元廷与安西王府在地方权力分配中存在着不可调和的分歧。其实质则是以

① 《元史》卷163《赵炳传》，第3836页。

② （元）姚燧：《牧庵集》卷10《延厘寺碑》，第3册，第6—7页。

③ 《元史》卷163《李德辉传》，第3816页。

藩王分地为代表的分封制度，与以纯政区性质路为代表的传统地方行政体制之间鲜明的对立。

至元十五年冬忙哥剌去世后，王妃使商挺向朝廷请命，欲以子阿难答承袭父位。世祖因其年幼而婉拒，仍命商挺姑行王相府事，此时挺已年过七十。他与忙哥剌始终保持密切的政治合作关系，甚至后来在审理赵炳冤案时，还流露出与王妃等人相互勾结的蛛丝马迹。[①]而王府次任王相李德辉，一直在川蜀前线参与对宋作战。因此，忽必烈在关中最可仰仗的潜邸旧臣只有赵炳。至元十六年秋，亦即忙哥剌去世近一年后，赵炳被召觐见，面陈机宜，同时揭发王府转运使郭琮、郎中郭叔云的不法行径，深得世祖赏识。他一面"敕尚书秃速忽、侍御史郭祐检核"二郭之案，一面改命赵炳"中奉大夫、安西王相，兼陕西五路西蜀四川课程屯田事，余职如故"。[②]世祖此番召见赵炳，既有向他了解忙哥剌死后关中政治形势变化的需要，也有为下一步重塑和加强中央对陕西地区直接掌控，进行措置规划的用意。由于在两年前平息六盘之乱时，赵炳已任安西王相，故所谓"余职如故"，唯一合理的解释应当就是恢复他当初担任的京兆路总管兼府尹一职。由此可见，赵炳俨然成为忽必烈彻底肃清关中分裂势力，实现重新掌控陕西规划的主要执行者。

然而，当赵炳"乘传偕敕使"由大都回到京兆，面对的却是二郭先发制人——假借阿难答之命，将其拘禁并徙至平凉。迨到翌年（1280）三月，竟被王妃、郭氏等人串谋毒死。这一事件

① 《元史》卷159《商挺传》，第3741页。

② 《元史》卷10《世祖七》至元十六年十一月乙卯、卷163《赵炳传》，第217、3837页。

深刻地反映出以王妃及嗣王为代表的安西王府，与元廷消极对抗态势的不断加剧。仅三个月后，世祖做出“罢其王相府”的重大决定，继而“立行省于京兆，以前安西相李德辉为参知政事，兼领钱谷事”。[①]元廷收回王相府职权，复立中央集权下的行省制度，显然是在外患消弭的背景下，对内消除潜在割据势力所必然做出的历史选择。要言之，随着川蜀对宋战争的胜利结束以及西北诸王叛乱势力的销声匿迹，具有近似独立王国属性的安西王府与元廷之间的深层次矛盾，已经愈发表面化。中央与藩王之间对立的突出表现，很可能便以一种类似于忙哥剌蹊跷而亡的宫廷内部斗争方式而得以化解。从他死后，王府继而又合谋毒死赵炳所透露出来的迹象，仍使人感到这种弥漫在时局下的紧张气氛。

至元十六年十二月，元廷再次下令改京兆为安西路。此时正值赵炳入京觐见事毕，即将或刚刚返回关中之际。如前所述，世祖与赵炳的见面，必然涉及忙哥剌死后关中局势的善后处理，目标当务求重新树立中央权威与实际掌控。此前一年七月京兆改名安西之事，因受到忙哥剌不轨行为的波及，并未得到贯彻执行。此番复行调整，时移势易，初衷显然已非出于褒扬安西王府之意，背后反映的是元廷对恢复直接管辖关中地区所作出的努力。在废除王相府数月前出现的安西路总管府，理应与重新恢复的陕西行省性质类似，成为中央集权背景下具备纯政区属性的地方行政单元。换言之，除部分军事权外，前引元人姚燧所谓的安西路司法、人事权等，应当从此收归中央。从另一个角度看，逮至至元十六七年之间，就整个元帝国的内外政治形势而言，在与王府对立的权力博弈与对峙过程中，朝廷已明显处于强势地位。作为

① 《元史》卷11《世祖纪八》至元十七年六月丁丑、七月己酉，第224、225页。

世祖心腹的赵炳，身兼王府一系的安西王相和地方行政首脑的总管兼府尹，成为朝廷统一南北之后，限制关陇藩王势力，打消一切潜在割据企图的主要执行者。虽然赵炳本人因遭拘禁而冤死，但元廷对关陇地区重新“郡县化”的强力推动，已成为不可逆转的历史趋势。可以说，将京兆路改曰安西路，正是削弱王府势力，进而加强中央集权、恢复行省建置的系列举措中的重要环节之一，其政治意义绝不容低估。

行文至此，必须加以申说的是，尽管忙哥剌因潜在的割据可能而招致杀身之祸，以及后来发生的王府擅杀赵炳一案，都使得元廷与安西王族的关系日趋紧张，但忽必烈却并未因此而完全废除安西王与秦王的封号，甚至在罢除王相府、复立行省路府之后，还继续承认忙哥剌之子阿难答的嗣王地位，并保留其王傅和对军队的管辖权，[①]这一切事实的背后都有着更为本质和深层次的制度与文化背景。日本学者杉山正明指出，如同成吉思汗以来的蒙古帝国是以分为左、中、右三大区块为基本形态类似，忽必烈的元帝国在其直属区也是采取北、中、西三大分割体制，从而亦成为其王朝的基本形态。[②]成吉思汗的三大区块，亦曰三翼结构，即中央直辖兀鲁思、左翼东道诸弟和右翼西道诸子封地。而忽必烈的元帝国北方，则由嫡长子燕王真金管理的腹里中央区、四子北平王那木罕统领的以哈剌和林为中心的蒙古高原，以及三子安西王忙哥剌掌控的陕西、四川、甘肃、吐蕃等地组成。这是由源于游牧文化而植根在蒙古传统深处的一种基本政治地理意识

---

① 《元史》卷17《世祖纪十四》至元三十年十二月丙午、卷19《成宗纪二》元贞二年正月丙戌，第375、401页。

② ［日］杉山正明著，周俊宇译：《忽必烈的挑战：蒙古帝国与世界历史的大转向》，北京：社会科学文献出版社，2015年，第141页。

形态所决定的。忽必烈在恢复陕西行省及具有纯政区性质的安西路总管府之后，并未因在此加强中央集权，就轻易取消安西王族的宗藩分封，其出发点显然正是基于上述帝国构建的根本体制。由此可见，元廷最终将具有深远汉文化渊源的京兆路，改曰安西路总管府，固然有打压安西王府权力的政治背景，但却不会在根本上否定宗藩分封制度本身。可以说，这完全是元帝国的国家性质所决定的结果。

在经历了职能单一的北宋安抚司路和金代军事性质的兵马都总管府路、大蒙古国汉地世侯辖区、世祖初年短暂的纯政区路，以及至元中期藩王分地的诸多发展阶段后，京兆路最终通过易名安西路的调整，真正过渡到陕西行省治下具有完备行政区划意义的“路”的历史阶段。不得不说，上述不同时期的沿革过程，在金元之际的北方地区虽有一定的特殊性，但也仍然能够在相当程度上反映出作为高层和统县政区的行政地理单元，从中古向近世转变的部分普遍性规律。

五、元志行文体例与金元之际北方诸路的形成

清季以降，时人对《元史·世祖纪》《地理志》有关至元中京兆、安西诸府路沿革的通行解说，多以汪辉祖、柯劭忞等人为代表。据前所论，《世祖纪》至元十五年七月辛亥条下的京兆府和安西府，本为路总管府的简称。换言之，至元时期的关中地区，既不存在散府性质的京兆、安西府，也早已没有金代具有行政区划意义作为总管府驻地的京兆府。因此，将《世祖纪》至元十六年改京兆为安西路的记载，释为安西府改易或升格安西路之说，纯属后人误读，并非《元史》本意。

诸家之中，钱大昕亦主由府改路的说法，但又指出前述两条本纪属于“叙事重复”的典型案例。他据以持论的《世祖纪》“改京兆府为安西路”一条，不仅为今日通行本《元史》所未见，也与其同时代汪辉祖等人的论说明显不同。若从目前通行本《世祖纪》的文字记载来看，两条本纪似乎并不具备前后重出的明显迹象。此外，《元史·世祖纪》的直接史料，来源于《元十三朝实录》“采录累朝事实以备编集”[①]而成的《世祖实录》。因此，分系于《世祖纪》至元十五年七月和十六年十二月下的记载，似应各自有所凭据，一如元人王恽所说“尽略虚文、一存实事”之属。[②]

王颋先生在将以上两条《世祖纪》校正为相同的“改京兆（府）［路］为安西（府）［路］”和“改京兆［路］为安西路”后，认为此重复现象是政区调整行为包括中央批准和地方施行两个方面，而两者不可能完全同步进行所致。[③]如此一来，有关两条本纪的认识，不仅似乎又重新回到了钱大昕当年解说的旧迹之上，而且也的确提出了一个颇有可能的理由。通过前文论述，笔者以为，此间元廷与安西王府的权力博弈和激烈争斗态势，完全可以揭示两次京兆改名安西事件的背后，其实蕴藏着远比普通政区调整运作更为曲折和隐晦的历史面相。其中羼杂的中央集权政治与宗藩分封旧制之间依存与对峙的复杂关系，往往超出常人想象。元廷在两次改易中所表现出来的政治考量，事实上

① 《元史》卷8《世祖纪五》至元十年闰六月辛未，第150页。

② 叶幼泉、王慎荣：《〈元史〉探源——兼评〈元史〉的史学价值》，《文史》第27辑，1988年；今据吴凤霞编《辽史、金史、元史研究》，北京：中国大百科全书出版社，2009年，第488页。

③ 王颋：《撰志述地——〈元史·地理志〉资料探源》，收入氏著《古代文化史论集》，上海：上海古籍出版社，2007年，第434—435页。

有着本质的差别，很难套用批准、施行存在“时差”的常规经验。更为重要的是，王颋先生并没有说明如此校改两条本纪的理由，特别是为何可以将至元十五年七月条下的京兆府和安西府，分别勘正为京兆路和安西路。从另一个角度而言，拙文论述及此，尚有一个关键的问题亟须予以解决。这就是《世祖纪》因何要在至元十五年七月条下使用京兆、安西两路总管府的简称，来作为其描述这次易名事件的特定表达。或许只有从《元史》对北方诸路形成过程撰述体例的角度进一步分析，方能合理地解释上述困惑，同时也能对以往校勘结论做以回应。

忽必烈即位后，有鉴于前四汗时期，中原地区一直未能建立稳定而完备的管理体制，遂在中统年间开始大规模整顿地方行政机构，全面加强中央集权。原先北方各地集军政大权于一身的汉地世侯，逐渐被施以军民分治，朝向只理民事且由中央任命的诸路总管转化。到至元元年底时，元廷初步实现“罢诸侯世守，立迁转法”的目标。[①]《元史·百官志》将这一阶段北方路级行政机构调整的结果，概括为“诸路总管府，至元初置”。[②]无疑切中事实。这也意味着自宋金以来一直作为监司性质或职能不尽完善的路，终于以纯粹的行政区划面貌正式登上历史舞台，成为元代地方行政制度的重要组成部分。

作为《金史·地理志》所载总管府路之一的京兆府路，早在皇统初年即建置有路级官署机构总管府，此后即便在田氏分治时期，京兆总管府仍然存在。因此，仅从文字本身来看，京兆似乎不存在逮至至元初年才置路总管府的可能。然而事实上，《元

① 《元史》卷5《世祖纪二》至元元年十二月庚午，第101页。

② 《元史》卷91《百官志七》，第2316页。

史·百官志》所谓至元初置诸路总管府的说法，是基于金元之际路制转型的内涵而言，其意在强调新型路级行政机构的正式形成。也就是说，元路虽源于宋金旧制，但发展到至元初，其所拥有的行政区划意义已经发生了本质变化。其中既包括中央集权的罢侯置守，也有如京兆总管府内部那样长期以来不断发生的权力结构演变过程。正如元人许有壬所说："我朝为路，路则今制，而名则昉。"①

当然，类似京兆这样的总管府路，金时北方地区即使算上五或六个京府所在的路，也不过只有十九个左右，而世祖至元以降北方路分已增至四十余个。可见，《元史·百官志》"诸路总管府，至元初置"的概括，还不应忽视那些此时新设立的路总管府。这些新路的前身既有重要的州、也有散府，有些是从原先世侯所辖较大范围的金路分割而得，有些则在封户较多的投下分地单独建置。至元初年以前，蒙廷往往先在上述地区设立总管府，②在当时的文献中并不以路的名号相称，而仅代之以某府为名。迨经中统、至元初年的改革以后，方将之建置成为正式的路总管府。笔者发现，《世祖纪》和《地理志》对上述沿革过程的记载虽时有歧异，但总体而言仍有体例可依。下文试以纪志诸文所记一些中原路分的沿革为例，就此加以分析说明。

《元史·地理志》上都路条，记是路前身为金之桓州，"中统元年，为开平府"，至元五年"升上都路总管府"。《世祖纪》曰：中统三年四月"以望云、松山、兴州课程隶开平府"；

① （元）许有壬：《彰德路创建鲸背桥记》，《安阳县金石录》卷10，收入《石刻史料新编》（第1辑），第18册，台北：新文丰出版公司，1977年，第13921页上。

② 张金铣：《元代地方行政制度研究》，第196页。

又同年十二月“割北京兴州隶开平府”；中统四年五月“戊子，升开平府为上都，其达鲁花赤兀良吉为上都路达鲁花赤，总管董铨为上都路总管兼开平府尹”。[①]从《世祖纪》可知，中统元年所设之开平府，下领州县，具有行政区划的典型特征。而从《地理志》所谓升格上都路的说法来看，中统元年至四年间的开平府，似乎又类似于一般的散府。不过，本纪对董铨职任的记载揭示“开平府”在成为上都路前，已设有总管。这显然不可能是散府的长吏职任。换言之，中统年间的开平府，虽未成为（都）路总管府，但也绝不是一般意义上的普通散府，它至少是在向都路总管府过渡的一种政区形态。鉴于其长吏的官称与后来路总管府一致，故此阶段的开平府实为开平总管府的简称，或者说执掌开平府庶政的行政官署名称是总管府。显然，无论本纪，还是《地理志》都只将开平总管府称为开平府。[②]

《地理志》记兴和路，原隆兴路，皇庆元年改，前身为金之抚州。《世祖纪》载中统三年十一月“戊申，升抚州为隆兴府，以昔剌斡脱为总管，割宣德之怀安、天成及威宁、高原隶焉”；至元四年正月戊午，“析上都隆兴府自为一路，行总管府事”。[③]对此，李治安先生释曰：“中统三年自西京划出，升格为隆兴府，至元四年又升隆兴路。”[④]然而，《地理志》则谓：

---

① 《元史》卷58《地理志一》、卷5《世祖纪二》中统三年四月庚戌、十二月戊寅、中统四年五月戊子，第1349—1350、84、89、92页。

② 案郭声波先生据《大元混一方舆胜览》大都、上都二路载有大兴和开平二府的事实，认为《元史・地理志》和《元一统志》不开列两府属于“显误”。（详见《整理者弁言》，郭声波整理《大元混一方舆胜览》，成都：四川大学出版社，2003年，第9—10页。）或可再议，兹且置之。

③ 《元史》卷5《世祖纪二》、卷6《世祖纪三》，第89、113页。

④ 李治安：《元中书省直辖“腹里”政区考略》，中国元史研究会编《元史论丛》第10辑，北京：中国广播电视出版社，2005年，第109页。

“中统三年，以郡为内辅，升隆兴路总管府。”[①]可见，有关隆兴路设立的时间，《世祖纪》和《地理志》说法有所不同。其实，如果留意所谓隆兴府设立的同时，元廷任命昔剌斡脱为总管这一细节，就不难发现抚州升格的真相在于设立总管府。从析路前后隆兴府的官署机构仍为总管府这一点来看，《地理志》撰者对隆兴路设立标准的选取，是以总管府的出现为依据，而这显然与《世祖纪》对应的撰述体例不合。不过，《世祖纪》本身的行文亦非一以贯之。如至元七年八月戊寅条记：“隆兴府总管昔剌斡脱以盗用官钱罢。”[②]按说此时隆兴早已升格为路，但兹仍曰府，表明应是简称。

《地理志》记永平路，原平滦路，大德四年改，前身为金之兴平军。《地理志》曰：“元太祖十年，改兴平府。中统元年，升平滦路，置总管府，设录事司。”此路沿革《世祖纪》阙如。然元人王恽在《大元故昭勇大将军北京路总管兼本路诸军奥鲁总管王公神道碑铭并序》中说，金人王诰在贞祐初年投降蒙古后，“蒙授荣禄大夫、兴平路兵马都总管、知兴平府事”。所谓兴平路，显然是蒙古攻金时就地纳降后，仿照金境总管府路建置设立的新路。从定宗戊申（1248）王诰之孙王遵袭父职、配虎符，到宪宗元年（1251）授予“本路总管兼万户，俾专兵民之政”的情形来看，兴平路其实徒有金路之表，而本质已向纯政区的元路转变，惟其长吏迁转由家族世袭而已。[③]值得注意的是，尽管王诰祖孙二人分别担任兴平路兵马都总管、本路总管兼万户等职，但

① 《元史》卷58《地理志一》，第1352页。

② 《元史》卷7《世祖纪四》，第130页。

③ （元）王恽：《秋涧先生大全集》卷57，《元人文集珍本丛刊》第2册，第168页。

《地理志》却只称为“兴平府”。显然，这是兴平路总管府的简称。由此可见，《地理志》行文自有其通行体例。

《地理志》记保定路，原顺天路，至元十二年改，前身为金之顺天军。志文曰：“元太宗十一年，升顺天路，置总管府。”而《世祖纪》阙载。惟元人王磐所撰《张柔神道碑》谓：“析天下为十道……阅数岁，有诏特还之，升州为府，赐名曰顺天。”[①]析十道者，太宗八年（1236）行画境之制也。故王磐所说“升州为府”，当与志文“升顺天路，置总管府”对应。又《元史·张柔传》载“升保州为顺天府”在太宗辛丑（1241）岁，[②]时间虽略有出入，但仍可佐证其事。王磐之说及张柔本传曰升府，《地理志》却言升路，今案两说皆事出有因。太宗十一年（1239），保州设立顺天总管府，故曰升府。而志文记升路乃与前述兴平府类同，是将设立总管府视为设路的结果。顺天路摆脱世侯掌控，成为纯粹地方行政区划的时间，正在至元元年到二年之间。《元史·张弘范传》记载中统年间，朝廷“议罢大藩子弟之在官者，弘范例罢”，至元元年，弘范之兄弘略入值宿卫，世祖“意其兄弟有可代守顺天者，且念弘范有济南之功，授顺天路管民总管，佩金虎符。二年，移守大名”。[③]可见，此时张弘范已遵从朝廷调遣，迁转至大名路任管民总管。[④]顺天路地方吏权从此收归中央所有。较之前例兴平府，志文所以并未言太宗十一年“改顺天府”，或是其名一直延续未改之故。

---

① （元）王磐：《张柔神道碑》，光绪《畿辅通志》卷168《古迹十五·陵墓四》，光绪十二年刻本。

② 《元史》卷147《张柔传》，第3475页。

③ 《元史》卷156《张弘范传》，第3679—3680页。

④ 温海清：《画境中州——金元之际华北行政建置考》，上海：上海古籍出版社，2012年，第300页。

《地理志》记顺德、广平二路，原金之河北西路邢州、洺州。其言邢州"中统三年，升顺德府"，"至元元年，以洺州、磁州来属。二年，洺、磁自为一路，以顺德为顺德路总管府"。《世祖纪》略同，且曰中统三年九月壬戌改州为府时，"立安抚司，洺、磁、威三州隶焉"。据元人姚燧在为洺州肥乡人毛宪所撰墓表记载，邢州升顺德府以后，毛宪建言洺州亦应比照而升府，"事闻，升广平府，各为路，始不相一"。①此事对应于志文广平路条所记："至元十五年，升广平路总管府。"②姚燧所言升广平府为路，可以推出中统三年邢州升顺德府，也是因为设立总管府之故。可见，志文描述顺德路沿革，仍遵循将此前所设总管府简称为府的体例。③与此同时，志文不仅在顺德路条下曰至元二年洺、磁自为一路，而且也在广平路条下说宪宗二年"为洺磁路"。相较言至元十五年升广平路的说法，还是延续志文视总管府为置路标志的惯例。④据王磐作于至元十六年九月的《改洺州为广平路记》载："升洺州为广平府，磁、威属州如故……盖其以大统小则名分安，以小事大则礼节顺；府不以府自高而益亲其下，州不以州自疏而益敬其上。"⑤可见，志文中宪宗及世

① （元）姚燧：《牧庵集》卷27《鄢陵主簿毛府君阡表》，第7册，第9页。

② 案《地理志》广平路条言，元太宗八年，置邢洺路总管府，治于洺州而以邢、磁、威三州隶之。宪宗元年，立安抚司于邢州后，"宪宗二年，为洺磁路，止领磁、威二州"。邢州升顺德府后仅二年，志文所谓"洺磁路"即并入是府，但第二年复又"自为一路"。此为两路瓜葛之大概。

③ 案《地理志》顺德路广宗县条下曰："宪宗五年置。中统三年以后属顺德府。至元二年，省入平乡县，后复置，隶顺德路。"诚可谓此体例之明证。

④ 《元史·世祖纪》至元六年十月丁亥条曰："广平路旱。"（第123页）案兹当为追述的结果。

⑤ （元）王磐：《改洺州为广平路记》，嘉靖《广平府志》卷2《郡县志》，天一阁藏明代方志选刊本，上海：上海古籍书店，1963年据明嘉靖二十九年刻本影印，1981年重印，第5册。

祖初的洺磁路本质，应该只是总管府管辖，由洺、磁、威三州组成的独立行政区域。

《地理志》记彰德、怀庆、卫辉三路在金元之际的沿革，与诸上各例亦有相通处。志文谓彰德路："元太宗四年，立彰德总帅府，领卫、辉二州。宪宗二年，割出卫、辉，以彰德为散府，属真定路。至元二年，复立彰德总管府，领怀、孟、卫、辉四州，及本府安阳、临漳、汤阴、辅岩、林虑五县。四年，又割出怀、孟、卫、辉，仍立总管"。而在怀庆路条下曰："元初复为怀州。太宗四年，行怀孟州事。宪宗六年，世祖在潜邸，以怀孟二州为汤沐邑。七年，改怀孟路总管府。至元元年，以怀孟路隶彰德路。二年，复以怀孟自为一路。延祐六年，以仁宗潜邸改怀庆路"。又卫辉路条言："元中统元年，升卫辉路总管府，设录事司。"以上三条志文，依然体现出前文所揭示之行文通例。例如，所谓宪宗七年立怀孟路总管府事，温海清先生据清人钱大昕家藏中统元年《祭济渎记碑》后"宣授怀孟州总管覃澄"的题衔，认为"碑立于世祖初，尚称州而不称路，可见《地理志》称宪宗时怀孟改路，甚误"。[①]事实上，志文写法不过是将设立总管府视为设路这一行文体例的必然结果。另据宪宗六年《创建开平府祭告济渎记》碑后"宣授怀孟长官冯汝戢"的题衔，宪宗七年很有可能是创立该州总管职位的时间。[②]同样，志文称中统元年"升卫辉路总管府"，也是因为此时"升卫辉为总管府"之故。[③]元人王恽在《重建卫辉路总管府帅正堂记》中更为明确地

① 温海清：《画境中州——金元之际华北行政建置考》，第304页。

② ［日］樱井智美：《〈创建开平府祭告济渎记〉考释》，《元史论丛》第10辑，第365页。

③ 《元史》卷4《世祖纪一》中统元年十二月乙巳，第68页。

说道："逮国朝中统建元之明年，升州为府。"[①]至于志文各条有关三路独立时间，以及与《世祖纪》至元六年说之间的相互歧异，[②]清人已有所指摘，温海清先生复有专论可参。[③]笔者想补充的是，其间议论似不应忽视三路在至元初年从总管府向路总管府转变的事实，以此方能尽量摆脱现有解释困境的束缚。

再以《地理志》记济宁、济南二路为例。志文称济州至元"八年，升济宁府……十六年，济宁升为路，置总管府"。《世祖纪》至元八年五月癸未条亦言："升济州为济宁府"。今案至元八年济州升府，当为总管府。《世祖纪》至元十三年闰三月丙申言："置宣慰司于济宁路，掌印造交钞，供给江南军储"。志文济宁路下所领砀山、虞城及丰县皆云：至元"八年，隶济宁路"。而是路济州所领鱼台、沛县却谓：至元"八年，隶济宁府"。纪志诸文这种看似因失校而致前后不一的笔法，恰可反映更为根本的行文通例。志文济南路条说的"元初改济南路总管府……至元二年……置总管府"，同样是志文撰者依据通例，而将早期的济南总管府追述为济南路。又，是路下领之棣州条沿革曰："元初滨、棣自为一道，中统三年，改置滨棣路安抚司。至元二年，与滨州俱隶济南路"。滨州条亦载："元初以棣州为滨棣路。至元二年，省路为州，隶济南路"。今人亦引《太宗纪》丙申（1236）分封时言"按赤带，滨、棣州"的记载，认为从其地位及受封诸王的府州规模推断，滨棣其时当为一路。不过，根

① （元）王恽：《秋涧先生大全集》卷39，《元人文集珍本丛刊》第1册，第525页。

② 《元史》卷6《世祖纪三》至元六年十二月己丑条载："析彰德、怀孟、卫辉为三路。"（第124页）

③ 温海清：《画境中州——金元之际华北行政建置考》，第296、304页。

据《大元一统志》留下的线索，可知到宪宗癸丑年（1253）时，仍称该地长吏为“宣差滨棣二州长官兼提点监司事”。[①]大蒙古国时期的滨棣州，颇类似于前文所述的怀孟州。[②]志文称其为道或路，仍是行文体例使然。

总结以上元代腹里新建诸路在金元之际的沿革，可知《元史》记述当有两点体例可循。其一，往往将至元初年以前在腹里地区所设的总管府，简称为某府；不过，有时即便明言已设路总管府，纪文也仍会出现依旧仅称某府的情况。其二，《地理志》往往以总管府、甚或总管职任设立与否作为标准，将至元初年以前所设的总管府称为路或路总管府。至元初年北方中原地区的路制变革，本质上基于加强中央集权的罢侯置守和以投下分封体系为参照的众建路州，是这两种制度共同运作的复合结果。

与金代京兆路作为总管府路情形相同的一些路分，亦与其在金元之际的沿革经历相仿。迨到至元初年虽仍以路的身份存在，但辖区往往较之以前明显缩小。表1–2显示部分中原地区的金代总管府路延续至元代，在称谓和领属州县数量上的对比情况。前文已述，京兆府路金时共领36县，其总管府驻地京兆府领12县；至元时全路则领26县，亲领11县。参照表1–2，可见金元之际以京兆路为代表的这类原金中原之地总管府路的辖区变化趋势，几乎完全一致。

由于表1–2所示这类元路在金代即已设有总管府，所以《元史·地理志》在撰述其沿革时，往往以前后因袭为说，并不将它

---

① 温海清：《画境中州——金元之际华北行政建置考》，第345页。

② 案《元史·地理志》大都路涿州条曰：“元太宗八年，为涿州路。中统四年，复为涿州。”疑皆类同。

们视为新建路分。如志文真定路条曰："宋为真定府。元初置总管府，领中山府，赵、邢、洺、磁……十一州。"所领涉县条曰："元初为崇州，隶真定路，后废州复置涉县。"同样，大名路条说："金改安武军。元因旧名，为大名府路总管府。"所领清河县下说道："本恩州地，太宗七年，籍为清河县，隶大名路。"又如益都路条仅记："宋改镇海军。金为益都路总管府。"以及冀宁路条"又为太原府。宋、金因之。元太祖十三年，立太原路总管府"和晋宁路条"金为平阳府。元初为平阳路"的记载等，其实都未提及或忽略至元初年罢侯置守、行迁转法等措施对这些路的影响。

表1-2　金代部分总管府路与对应元路称谓、领属之比较

路名 / 领州县数 / 时代	河北东路（河间府）［河间路］	河北西路（真定府）［真定路］	山东东路（益都府）［益都路］	山东西路（东平府）［东平路］	大名府路（大名府）［大名路］	河东北路（太原府）［太原路］	河东南路（平阳府）［平阳路］	西京路（大同府）［大同路］
金总管府路（首府）	30（2）	61（9）	53（7）	37（6）	20（10）	39（11）	68（10）	39（7）
［元路］	23（6）	30（9）	21（6）	6（6）	11（5）	29（10）	52（6）	15（5）

说明：本表以金元两史《地理志》为据；路名部分（ ）中的府名为金总管府路驻地所在的府，犹京兆府路之京兆府；［ ］中的路名为元路名称。领州县数，可以直观地呈现金元之际各路辖区盈缩的状态，其中数字表示各路所领县数，凡不领县之州视为一县计入，金代（ ）中的数字表示总管府驻地首府领县数，元代（ ）则表示"路所亲领之县"数。太原、平阳二路，即大德九年后冀宁、晋宁二路。

当然也有例外，元志河间路条记："宋河间府。元至元二年，置河间路总管府。"温海清先生认为，这似乎表明：至元二年前，河间路更多只是沿袭金代兵马总管府路的军政建置，并无稳定辖区；此后元廷以路总管府为“根干化”，始立河间路为总管府，管理庶政，其辖境亦得以相应划定。[①]笔者以为，至元二年前的河间路，其实就是河间总管府。志文特意提出至元二年设立“路总管府”的事实，表明类似于河间总管府这样承续原金总管府路而来的路级机构，同样经历了至元初年的中央集权化过程。这恰可以说明其他情形相同的诸路志文之所以未载同类事件，只是志文撰述本身的简略过当所致。

以诸上初步结论为前提，可以重新解释《世祖纪》至元十五年京兆府改名安西府记载出现的原因。首先，入蒙后京兆府路总管府的建置仍然延续，即设有京兆总管府。这从田氏、仆散氏父子及刘尚等人的职任记录，不难得出结论。而《地理志》奉元路条下称中统三年设陕西四川行省，治京兆；以及至元初省并多个关中县份，实际暗含此时京兆路已被中央集权化。此间元廷着手铨选京兆路总管的人选，和此后谭澄、赵炳等人在至元初年的迁转经历进一步佐证这一事实的存在。《世祖纪》与《地理志》对这些内容虽未及明示，但从其一贯的撰述行文体例而言，不可谓之异常。

其次，问题关键在于京兆路从至元九年到十六年的七年时间中，经历了作为安西王分地的“割据”历史阶段。赵炳虽然在分封伊始被任命为京兆路总管兼府尹，但到至元十四年时，他已转任安西王相。也就是说，在安西王相府对地方大权独揽的特殊政治局面下，京兆路总管府其实近乎虚设。这种由于宗王出镇而导致中央权威旁落，虽然原因与之前世侯分治的时代截然不同，但对于元廷而言，结果却是惊人的相似。此时《世祖纪》在至元

---

① 温海清：《画境中州——金元之际华北行政建置考》，第309—310页。

十五年七月下记录的京兆改名事件，按照行文体例，自然不可能写作“京兆路”或“安西路”。直到至元十六年秋，赵炳入京觐见后，重新被任命为京兆路总管兼府尹，随后一系列废罢王相府、重置行省的集权措施出台，方使得京兆地方政府犹如时空穿越，再次走上至元初年置路总管府的历史轨道。明晰《世祖纪》的撰述体例和当时的政治背景，可能就不会轻易将纪文至元十五年的“改京兆府为安西府”，简单而直接地校勘为“改京兆路为安西路”，更不会毫无理由地对其置若罔闻了。《世祖纪》撰者正是在依据《世祖实录》留下的事实基础上，参酌自身行文体例，留下了上述这条纪文。

《地理志》将安西路总管府确立的时间孤系于至元十六年十二月，所言似乎甚属简略。但这正是该志记载同类元路总管府设立的通行做法。进而言之，从中央集权的角度看安西路总管府的最终确立，《地理志》的取舍自有其既定标准。清人汪辉祖在《元史本证》中对此提出的诸多批评，难免肤浅而有失要领。

六、行政区划抑或官署机构：金元之际总管府性质重识

如前所论，《元史》纪志诸文常将至元初年以前设立的总管府简称为府。特别是《地理志》，在行文中又往往将这些总管府追认为路总管府，从而径称为某路。从元代路制定型后，仍以总管府作为官署机构名称的角度而言，大蒙古国时期设立的总管府为某路或某路总管府的撰述笔法，似乎并无不妥。由此可见，更为深入地认识和剖析金元之际总管府的性质，无疑是厘清金元路

制发展演变的关键环节之一。

总管府是构成金代路制的重要组成部分。《金史·兵志》记载天会六年（1128），“诸路各设兵马都总管府”。[①]谭其骧先生在20世纪60年代撰写的《金代路制考》一文，开篇即以总管府为题。目前学界通行的做法，是将总管府和转运司、提刑（按察）司、统军（招讨）司及宣抚（安抚）司五类，一同视为金朝的路级机构。与宋朝不同者，在于路的主要代表是总管府而非转运司。[②]此外，通常将《金史·地理志》所载的十九个路，称为总管府路，或都总管路的原因，[③]也是因为它们都由总管府分理之故。可见，兵马都总管府是金代最主要的路级官署机构。

不过，学界对总管府在金代地方行政制度层面的认识不仅限于此。张帆先生指出金代的府“级别与州相同（下辖县）而实际地位稍高”。各府地位也不相同，其中最高的是首都及陪都诸府，称京府。其余的府又分两种，一是各地政治、军事中心，地位较为重要的总管府（广义上总管府包括京府）；一是数量不多，地位相对次要，并非一路治所的散府。李昌宪先生也认为金府分为京府、总管府和散府三等。总之，总管府被看成是一类行政区划单元的通名。不言而喻，在此语境下的总管府，当指诸总管府路治所之府（或曰首府）。如京兆府路之京兆府，以及表1-2路名括号中的诸路首府。换言之，《金史·地理志》的京兆

---

① 《金史》卷44《兵志》，第1002页。

② 张帆：《金朝路制再探讨——兼论其在元朝的演变》，《燕京学报》新12期，第99页。

③ 余蔚：《中国行政区划通史·辽金卷》（第2版），上海：复旦大学出版社，2017年，第495—496、507页。

府，也可以称京兆总管府。它如河间、真定、益都、太原等府，皆属类同。这样的认识，与前述将总管府视为路级官署机构的通行观点并存，也是学界的主流看法。[①]

然而，作为金代地方行政制度研究重要概念的总管府，存在以上两种无论从属性还是层级的角度都互不相同的解读，无疑显得有些令人困惑。[②]核实而论，将总管府视为诸路首府本身的观点，应该属于误识。总管府的全称兵马都总管府，一直是金代与转运、提刑、统军诸司并置的路级官署机构。其渊源来自北宋设置的安抚司，长吏为安抚使兼马步军都总管，制由该司驻地的知府或知州兼领。金朝统治者借用北宋安抚司长吏官称中的马步军都总管一词，在冠以兵马都总管的新称后，将其确定为握有军事、治安大权的地方长吏，其官署机构因此而称兵马都总管府，所负相应军事、治安职能的施政区域即为总管府路的辖区。而兵马都总管一职，仍由总管府驻地的知府兼领。由此可见，除了长吏名称改变及在诸司之间的地位大大上升以外，北宋安抚司路与金总管府路可谓多有因袭。金总管府驻地的府，与北宋安抚司驻地的府州，实无本质差别，都可以同时作为多种路级机构的治所。例如，北宋京兆府既是永兴军转运司治所，也是安抚司治所；金代京兆府除是京兆府路的治所外，也是陕西东路转运司、陕西路统军司的治所。如果说将总管府这一路级机构的辖区称作总管府路的做法，学界已采纳接受，那么显然就不

---

① 张金铣：《元代地方行政制度研究》，第94—95、212页；张帆：《金朝路制再探讨——兼论其在元朝的演变》，《燕京学报》新12期，第105页。李昌宪：《金代行政区划史》，上海：上海古籍出版社，2015年，第87页。

② 例如余蔚先生将总管府视为府之一种而纳入统县政区讨论的同时，又置其于“地方高层军事区划”的范畴加以解析，参氏著《中国行政区划通史·辽金卷》，第515—517、591—593页。

应再将总管府指向其治所驻地的府。这和北宋转运、安抚司辖区各称转运司、安抚司路，而与其驻地之府不相混淆的道理是相同的。

表1–3　《金史·地理志》各路首府条下有关“总管府”的记载

总管府路	治府	金志各路首府条下与“总管府”有关的记述
上京路	会宁	初为会宁州，太宗以建都，升为府。天眷元年，置上京留守司，以留守带本府尹，兼本路兵马都总管。
咸平路	咸平	总管府……国初为咸州路，置都统司。天德二年八月，升为咸平府。后为总管府。
东京路	辽阳	天显三年，升为南京，府曰辽阳。十三年，更为东京……后置兵马都部署司，天德二年，改为本路都总管府，后更置留守司。
北京路	大定	北京留守司。辽中京。统和二十五年建为中京，国初因称之。海陵贞元元年更为北京，置留守司、都转运司、警巡院。
西京路	大同	旧置兵马都部署司，天德二年，改置本路都总管府，后更置留守司。置转运司及中都西京路提刑司。
中都路	大兴	天会七年析河北为东、西路时属河北东路，贞元元年更今名。
南京路	开封	留守司留守带本府尹，兼本路兵马都总管。天德二年罢行台尚书省，置转运司、提刑司。天德二年置统军司。
河北东路	河间	总管府……天会七年置总管府。正隆间升为次府，置瀛州瀛海军节度使兼总管，置转运司。后复置总管府，河北东西大名等路提刑司。
河北西路	真定	总管府……正隆间依旧次府，置本路兵马都总管府、转运司。
山东东路	益都	总管府。镇海军，国初仍旧置军，置南青州节度使，后升为总管府，置转运司。大定八年置山东东西路统军司。

（续上表）

总管府路	治府	金志各路首府条下与“总管府”有关的记述
山东西路	东平	宋东平郡，旧郓州，后以府尹兼总管，置转运司。
大名府路	大名	旧为散府，先置统军司，天德二年罢，以其所辖民户分隶旁近总管府。正隆二年升为总管府，附近十二猛安皆隶焉。
河东北路	太原	（天会六年析河东为南、北路，各置兵马都总管）国初依旧为次府，复名并州太原郡河东军总管府，置转运司。
河东南路	平阳	本晋州，初为次府。置建雄军节度使。天会六年升总管府，置转运司。兴定二年十二月以残破降为散府。
京兆府路	京兆	皇统二年置总管府，天德二年置陕西路统军司、陕西东路转运司。
凤翔路	凤翔	皇统二年升为府，军名天兴，大定十九年更军名为凤翔。大定二十七年升总管府。
鄜延路	延安	皇统二年置彰武军总管府。
庆原路	庆阳	本庆州军事，国初改安国军，后置定安军节度使兼总管，皇统二年置总管府。
临洮路	临洮	皇统二年改熙州为临洮府，置熙秦路总管府，大定二十七年更今名……皇统二年置总管府。

造成今人以上认识的重要原因，可能源于对《金史·地理志》某些记载的误读。由表1–3可知，志文中的一些描述，的确会给人以诸路首府本身就是总管府的错觉。例如，在咸平、河间、真定、益都诸府之下，志文都会首先标注总管府三字。而包括以上诸府和大名、平阳、凤翔三府在内，又往往言及其

府由州或散府“升格”而来的过程。这些类似的表述，自有其道理。因为在志文中，也会出现将都总管府与兵马都部署、留守以及转运和提刑诸司，同时并列置于首府条下叙述的情况。不过，在京兆、延安、庆阳和临洮诸府下，志文还会留下改府后方“置总管府”的记载，明显透露这里应该是指官署机构而言。笔者认为，解释《金史·地理志》中出现的一些疑似将诸路首府称为总管府的现象，仍可以进一步从金时总管府的性质入手。

由于金代总管府路长吏施行“府尹兼领”之制，故负有一路军事、治安职责的兵马都总管，与身担首府庶政的府尹二职，实由一人担任。这意味着作为路一级行政区划官署机构的总管府，同时也是低一等级的该路首府的办公机构。由此而言，金代的总管府应当是一个民政与军事、治安功能相兼的地方行政机关。它跨越作为高层政区的总管府路和统县政区的诸路首府，同时为两者官署机构所共享。图1–1显示了总管府内部为适应这种不同职能性质、不同施政区域，而构建起来的双轨行政体系。明晰此点，可以有助于理解《金史·地理志》在诸路首府条下屡次提及总管府的原因——除与诸司一样，总管府作为路级机构设立于诸路首府之外，它也是这些首府的官署机构。这在表面上似乎与标注散府、诸州的意义类似，但实际是为了表明该府由较高等级的总管府打理之意，不是说它与散府、诸州的性质相同，总管府并非地方行政区划单元。

通过检索可以发现，在除《地理志》外的《金史》全文中，以表1–3的十九个总管府路首府命名的总管府，仅出现四次。其中三次皆来自传文，全部以记录“总管府判官”的形式出现，它们是“咸平总管府判官”“益都总管府判官”和“凤翔总管府判官”。[1]兹所谓总管府判官，全称是某路兵马都总管判官，亦即图1-1所示总管判官一职。可见，上述三个总管府的府字，实属冗余，删之无害文意。类似案例，《金史》记载虽然不多，但仍可佐证。如记“凤翔府路兵马都总管判官”“大兴都总管判官”“中都总管判官”“河间都总管判官”“临潢、婆速路都总管判官”“大名路总管判官”“京兆府……总管判官”以及“山东东路兵马都总管判官”等等。[2]总之，三个涉及记载首府名称的总管府，其实都是职官称谓，与行政区划本身并无直接关联。除此之外，《金史·宣宗纪》兴定四年（1220）十一月壬寅记：“山东东路军户徙许州，命行东平总管府治之，判官一人分司临颍”。兹谓行东平总管府者，显非指山东西路首府东平，而是说该行总管府的官署机构。不称行山东西路总管府，可能是受到金蒙战争的形势所迫。当时蒙军木华黎部“以兵围东平”，[3]严实领周边八州之地降附，山东西路已名存实亡。因此，称行总管府为东平，或只是权宜之计。另一方面，之前在提到《金史》对总管判官的记载时，也清晰显示出传文有时以路名冠之，有时则以路的首府名称之。这正是金代总管府既是路级政区，也是府级政区官署机构的一种直观体现。

① 《金史》卷82《高松传》、卷122《兀颜畏可传》、卷123《爱申传》，第1968、2820、2838页。

② 案诸上所引皆出《金史》传文，恕不一一作注。唯《金史·百官志》记载，大兴府曰总管判官，从五品；诸京留守司曰都总管判官，亦从五品；诸总管府曰总管判官，从六品。

③ 《金史》卷16《宣宗纪下》，第385页。

图1-1 金代诸路总管府职官等级体系示意图[①]

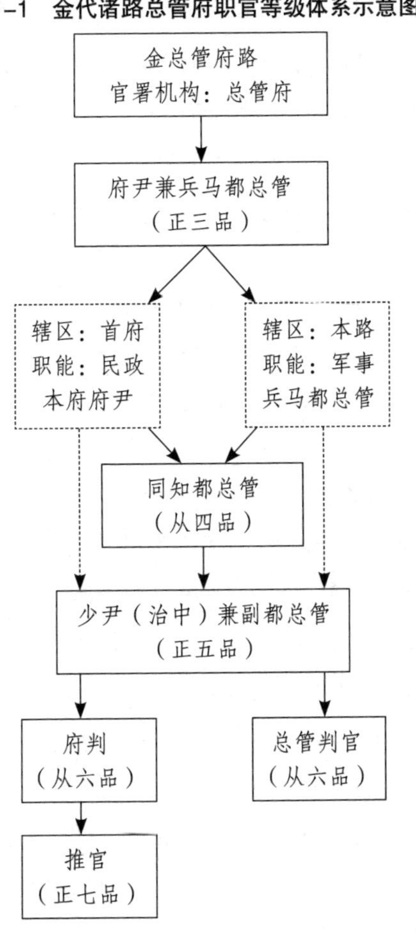

由此结合前论可知，金代总管府不仅与转运、提刑、统军诸司性质相同，而且是最重要的负有军事、治安职能的路级官署机构。由于沿袭北宋兼领之制，故其长吏仍由总管府驻地的地方官

① 《金史·百官志三》；另参张帆《金朝路制再探讨——兼论其在元朝的演变》，《燕京学报》新12期，第105页；孙建权：《试析金代“治中”出现之原因——兼论金朝对“尹”字的避讳》，《中华文史论丛》2015年第3期，第241—255页。

兼任。唯金代总管府治地，非府不驻，于是皆由知府事（府尹）者担任。因此，总管府亦成为所驻之府处理本府辖境庶政的官署机构。以往视总管府如其驻地之府的认识，既于理不合，也缺乏基本的史实依据，不宜作为认识总管府的通行看法。有学者另辟蹊径，将金代的府分为京府、路治府及散府，[①]所说更为合理。不过需要强调，所谓路治府必须释为总管府路的治府，否则仍与事实互有抵牾。盖金代的路级机构包括转运、提刑、统军诸司，其驻地从广义而言，亦属路治所在。然而，金代诸司驻地既有府亦有州，并非如总管府，凡驻皆府。如前述许州，曾是章宗明昌年间南京路提刑司驻地。不仅如此，总管府之外的诸司驻地即便为府，也会被归入散府之列。如凤翔路平凉府虽是陕西西路转运司及陕西东西路提刑司驻地，却仍为散府。[②]因此，若再将之纳入路治府的范畴，势必造成一府两属的矛盾现象。总而言之，以上论述可以为重新认识金代的府提供一种更为清晰的标准，即从所驻机构的不同等级和性质来加以区分，如中央及行在所驻之府，是为京府；其余的地方各府，以是否为总管府驻地为准，非驻者即为散府，驻者即为总管府路首府或治府。[③]事实上，《金史·百官志》将地方各府分为诸总管府（谓府尹兼领者）与诸府（谓非兼总管府事者）两类，就与上述划分原则似有相合。尤须注意的是，《百官志》乃是从官署机构的角度而言，以往学界对金府的归类，则往往是从行政区划角度得出的结论。

---

① 程妮娜：《金代政治制度研究》，长春：吉林大学出版社，1999年，第79—83页。

② 《金史》卷26《地理志下》，第692页。

③ 案从民政角度看，金代总管府路首府与散府确如张帆先生所说，是“级别与州相同（下辖县）而实际地位稍高”的一类统县政区。而从军事、治安的角度看，这两种府又均隶属于所在的总管府路辖区。

进一步辨明金代总管府的性质，有助于理解在中国古代地方行政制度研究中，行政区划与官署机构两者之间既有联系又有区别的具体表现。金代总管府作为最重要的路级官署机构，其职能覆盖的区域自可顺理成章地称为总管府路，从而视为一种行政区划单元；但是，尽管总管府同时也是诸总管府路首府的官署机构，在此情况下却不能进而称为“总管府府”，或径称总管府。换言之，以官署机构的名称作为行政区划的通名，只能符合部分事实，甚至仅是后世研究者认识相关问题的一种方式与途径，不能不作具体分析便将两者等同，完全不加限定地草率对应。

由此可见，金元之际的北方中原地区，除此前设置的个别总管府得以保留外，大量出现的新总管府多是在战乱背景下由汉地世侯及投下分封双重作用、所形成的相对独立行政区的官署机构。尽管其称谓直接来自金代，但性质已发生根本转变。此时的总管府不再仅具有维持日常军事、治安的单一职能，而是成为集地方军政、民事大权于一体的官署机构。元代文献将这一时期的总管府辖区追认为“路”，从蒙元时代地方官署机构延续性的角度而言，无可厚非。不过，至元初年置诸路总管府措施的展开，在罢侯置守、行迁转法之外很重要的一点，就是剥离随世侯专治而附着于总管府之上的军事权力，使之成为纯粹的地方民政机构，路从而成为一级完备的行政区划。以上说明，金元之际的总管府及其形成的所谓路，既与此前的金代总管府路有着本质的差别，也与至元初年以后的元代路总管府不无相异。此间总管府具有的过渡性质，值得继续加以探索。

七、从高层政区到统县政区：金元之际的路制演变

通过厘清金代总管府的性质可以发现，《金史》几乎从未留下类似于京兆、真定、益都等总管府，冠之以该路首府专名的某总管府之谓。这与大蒙古国时期北方中原地区出现大量某总管府的现象，适成鲜明对比。前文业已指出，至元初年蒙廷建置的诸多路总管府，正是由这些总管府经过罢侯置守的集权措施，以及投下分封食邑诸路的共同作用转变而来。关于此间演化与政治背景，张帆先生说道："蒙古统治者昧于中原制度，忽视地方政权建设……为笼络降附、奖励功勋，也往往慷慨地提高归降地区的行政级别，如县升州、州升府之类事例，不胜枚举。所谓升府大都又是升总管府，以'某某路总管府'名之，实际上也就是升路。一些地盘稍大的世侯的辖区，基本都成为路级政区。与此同时蒙古在中原实行分封，将一些贵族食邑单立官府，亦多名为路总管府。"[①]这里所说的金元之际升府实即升总管府的情形，正如前文所揭示。需要特别强调的是，这类升府之地理应仅就至元初年北方出现部分新建路分的总管府而言。例如，前文提及《元史·地理志》所记的开平、隆兴、兴平、彰德、顺德、广平、济宁、济南诸府等。但对于京兆以及前文表1–2所示的那些金时旧路而言，因为早已建置有路级官署机构总管府，所以事实上无需经过升府的历程。《元史·地理志》记录这些元路在金元之际的沿革时多不及此，便是明证。

然而，问题远非如此简单。由于以往通行观点认为至元初年元路总管府的主要来源，是出自相应路分在金元之际设置的总管

---

① 张帆：《金朝路制再探讨——兼论其在元朝的演变》，《燕京学报》新12期，第105页。

府。所以，在追述那些沿袭金时旧路而来的元路沿革时，同样也会套用这一固有的概括式结论，认为其前身即是与该元路专名相同的总管府。“巧合”的是，包括京兆路以及表1–2的八个元路在内，[①]其路的专名恰恰与对应的金时旧路首府专名完全一致。以往主流观点还认为，金代总管府路首府亦可称为总管府。于是基于以上两点，使得自清人以降的诸家学者，几乎尽皆持有金路首府是为相应元路前身的说法。上文对京兆、安西诸路源于金时京兆府旧识的剖析，就属于符合这一论调的典型案例。

事实上，仍以表1–2所示为例，除金代山东西路东平府和大名府路大名府外，包括京兆在内，其他八路（含鄜延路）首府与相应具有承袭关系的元路辖区范围（以领州县数为准），最少相差二倍（金大同府与元大同路），最多竟差十余倍（金河间府与元河间路）。由此可见，就地理辖区而言，金路首府不可能是元路的前身。至于金东平府与元东平路及金大名府与元大名路之间相近的领县数额，则完全是由于蒙廷独立建置投下分封食邑路州，不断析分世侯辖地的强制性人为结果。事实上并不存在这两个金路首府本身在金元之际成为总管府，并最终演变为元路的过程。温海清先生认为，金代山东西路首府东平领六县，金元之际东平世侯严实却统领五十四州县，到至元初建置东平路时，辖境又回到仅领六县的局面，属于大起大落的“骤变”。[②]其实，类似描述正是受到将金路首府视为元路前身这一观点的影响。所

① 案类似情况还有金鄜延路首府延安与元延安路，金路领十七州县（案绥德州无附郭县），其首府延安领七县，而元延安路领十九州县，亲领八县。

② 温海清：《画境中州——金元之际华北行政建置考》，第318—319页；另参李治安《元中书省直辖“腹里”政区考略》（第123—124页）及陈高华《大蒙古国时期的东平严氏》（氏著《元史研究新论》，上海：上海社会科学院出版社，2005年，第308—309页）一文论述。

谓五十四州县，主要应基于金末山东西路的三十七州县，而不可能仅为区区东平府的六个县。所以，如果说至元五年严实的东平领地，从五十余个州县削减为只有六个县的东平路，可谓辖区骤减，那么此前势力的膨胀，便难如以往想象的那样“剧烈”。

上述问题牵扯出另外一个事关以往路制演变认识的重要方面。在《金史·地理志》中尚且言之凿凿的诸总管府路的首府（如京兆府等），于《元史·地理志》却销声匿迹，反映出这类自中古以降长期作为地方政区单元的府，在金元之际彻底消失的事实。以京兆为例，刘尚在降蒙初期还曾担任知府一职，按照金代府尹兼领制度，他理应领有所在路分的兵马都总管。但事实上，总管的职任始终为世侯田氏父子所把持。到宪宗时，刘尚的官任也不过只是作为次等佐贰的副都总管。这从一个侧面揭示出，由金代职能单一的路向纯粹总理民事庶政之路的转变过程，潜移默化地伴随着金时诸总管府路首府的消失。金时总管府路负责全路府州的日常军事、治安事务，并不亲领府州之下的诸县庶政。而到元路定型后，由于原金诸路首府消失，使相关路分开始直接拥有“亲领之县”。这一表现正是至元时期新型路制形成的普遍特征，不仅限于与原金诸路有承袭关系的元路。这时出现的新建路分，往往也将其早年作为州或散府时所拥有的县份，转化为自身直接管辖的对象。金元时期路制发展至此，可谓进一步实现了从职能不尽完善的高层政区的总管府路，向行省治下统县政区的转变过程。上述政治地理现象，理应成为理解金元之际路制变革的重要内容。

前文在引述张帆先生的观点时，还提及金元之际所谓升总管府“实际上也就是升路”的看法。这与《元史·地理志》有时将总管府设立，追认为路或路总管府初创的撰述体例不谋而合。

前文在谈及广平路沿革时，曾援引姚燧在《鄜陵主簿毛府君阡表》中“升广平府，各为路”一语，意在说明按元人理解，设立总管府确实意味着成为路。可见，《地理志》的上述编纂体例，必然具有一定的历史根据，属于当时约定俗成的看法。当然，《地理志》也偶有称设立总管府后，又“升”为路的情形，似乎显示两者存在层级上的差异。例如在记录兴平（总管）府变为平滦路，以及济宁（总管）府变为济宁路时，都采用了类似的笔法。其实，使用升格来描述金元之际由总管府向路总管府转变的内涵，并非与行政区划本身层级升降有关，而是有可能受到至元初年“罢侯置守”的影响。不过，针对晚出学者再次使用升格字样记录上述转变时，却需要保持警觉。例如，前引柯劭忞在《新元史・地理志》中，就曾将至元十六年京兆改路之事，描述为升安西府为安西路。由于以往并未意识到这里的府已是总管府的略称，故令人怀疑的是，当年柯氏或许的确认为这是一次政区层级的升格现象。

需要略作说明的是，表1–2所示的金代诸路（除大名府路外）首府名称，与相应元路名称一脉相承，而对应的金路称谓却几乎在元代全部遭到弃用。这一现象无疑充分反映了金元之际经过数十年战乱的巨大影响，在汉地世侯割据势力与蒙古投下分封食邑双重作用下，原先金朝袭自北宋而建立起来的以诸总管府路为纲领划分的北方行政地理格局，已经近似完全分崩离析，几近荡然无存。不过，这种表面看似受到猛烈外来冲击而形成的历史断裂，却在另一个层面又体现出某种历史内在的普遍延续性。构成金代诸总管府路核心区域的各个首府，绝大多数在至元时期经过重新整合周边州县而继续得以路的形式保存下来，显然正是上述历史脉络延续的一种自然呈现。换言之，这种以金路首府命名元路的“巧合”现象，固然与金元之际战乱纷争背景下“随所自欲而盗其名”[①]的恣意因袭密切相关，但也体现出北方汉地长期以来形成的核心区域，在行政地理层面所保持的稳定性与持续性。

八、结语

自清代乾嘉以降，对世祖至元年间反复发生的京兆改名安西事件真相的解读，诸家前贤往往依靠校勘和本证《元史》之《世祖纪》《地理志》的记载，尝试加以贯通疏释。然而，无论采用以纪文证志文之阙、进而两者互校的思路，还是认为相关纪文撰述属于前后重出的观点，其实都是从文献本身的层面出发进行爬梳考证而得出的结论。由于《元史》纪志诸文的史源分别来自于不同时期成书的《世祖实录》和《经世大典》，因此这种纯粹文献印证的方法固然不可或缺，但也容易导致主观臆断，忽视两者撰述体例之间存在的相同与差异，从而得出偏离史实的结论。

有鉴于此，本文尝试从京兆易名安西事件本身，以及《元史》对其记载所遵循的书写体例等两个方面，对两次调整措施的政治背景与真实性展开重新论述。研究表明，至元十五、十六两年连续发生的京兆易名安西事件，反映出元廷与安西王族之间复杂的政治博弈关系。从宗藩分封的角度看，前次京兆易名安西体现出元廷对安西王府取得历史功绩的肯定；而从中央集权角度看，再次易名并进而设立所谓路总管府，则又成为元廷压制王府割据离心势力，恢复与重建地方统治秩序的直接反映。要言之，这是蒙古帝国具有的游牧文化与中原汉地传统农耕文化之间，相

① （宋）彭大雅、徐霆撰，许全胜校注：《黑鞑事略校注》，兰州：兰州大学出版社，2014年，第87页。

互融合与彼此排斥相交织产生的结果。从《元史》撰述的行文体例而言，记载上述内容的本纪遵循将元代诸路总管府设立之前的总管府简称为府的原则。故而形成《世祖纪》至元十五年七月改京兆府为安西府的记载。可以说，两次京兆改易安西事件，是在不同政治背景下作出的形似却又本质存在差异的政区调整。

由于至元九年至十五年间，忙哥剌受赐京兆分地，使得通过京兆易名而正式建置的安西路总管府，迨至至元十六年底方才成立。这与《元史·百官志》所谓北方中原地区诸路总管府普遍设于至元初年的情况，似乎显得有些迟滞晚成。不过，这显然是《元史》自身撰述简略过当所造成的假象。忙哥剌以宗藩分封出镇京兆，取代京兆地方政府乃至整个陕西行省行使军政权力，无疑可视为自至元初年以降，在中央集权化进程中嵌套发生的典型曲折与反复。就此而言，以京兆为核心的陕西地区，其路制改革推进较之中原地区颇有一定的特殊性。然而，若将京兆易名以及安西路总管府成立，置于元帝国更为广阔的时空背景中加以考量，就会发现其所带有的普遍性特征。至元十六年前后，随着元朝最终实现空前一统局面的来临，体现在地方行政区划层面的变动达到新高潮。[①]结束安西王府在陕西地区的半割据状态，重建以行省和路制为主导的中央集权统治下的地方行政新秩序，就成为构建上述国家大一统格局的重要组成部分。

---

① 案以《世祖纪》与京兆改安西路并置的路级政区调整为例，有“改惠州、建宁、梧州、柳州、象州、邕州、庆远、宾州、横州、容州、浔州并为路”（《元史》卷10《世祖纪七》，第218页）。魏源在《元史新编·世祖纪下》中，于该条旧史中又补入济宁府、漳州并为路的记载（第107页）。柯劭忞指此为“误甚”，言《元史》原作“改单州、兖州隶济宁路”（柯劭忞《〈元史新编〉校勘记》，《元史新编》卷6，第8册，第145页）。核之《元史·地理志》济宁路条：至元“十六年，济宁升为路，置总管府”，及兖州、单州条皆于是年“隶济宁路”、漳州路条“至元十六年，升漳州路”（第1366、1368、1507页）的记载，可知魏氏所添应有所据。

以往解读京兆、安西诸府路的沿革之所以留有破绽，与学界长期以来对金元之际的总管府性质有所误识不无相关。金代总管府既是最重要的路级官署机构，同时由于府尹兼领之制，也是诸总管府路首府的办公场所。按照惯例，作为路级机构的总管府对应的施政区域，可以称为总管府路。然而，据此却不能进一步作为将各路首府视为“总管府府”，并进而将其作为简称总管府的依据。否则便会在作为路级机构的总管府，与作为府州存在的诸路首府之间，产生难以分辨的混淆。更为重要的是，在《金史》等文献中，并没有视诸路首府为总管府的记载，以往的认识恐怕只是后世学者的误读。

元代路制的定型，伴随着路一级行政区划在整个地方行政体系中的层级下移，这固然是金元之际行省制度从萌芽到发展的结果使然，但同时也不应忽视此间路制自身的演变特征。其中一个重要体现，便是元路开始直接亲领诸县，从而成为标准意义上的统县政区，这显然是宋金诸路不曾具有的历史特点。实现上述转变的最直接途径，又是金元之际不断式微且最终消失的诸总管府路首府。总而言之，金元之际的路制演变问题，作为认识中古后期到近世以降地方行政区划演变链条中不可或缺的关键环节，事实上仍有不少可供讨论之处，需要继续深入探索。本章以至元年间京兆、安西诸府路沿革为个案的分析，正可视为此间典型的代表之一。

第二章　至元初年中原诸州附郭县调整与变动初揭

州作为中国历史上的一种地方行政区划单位，自东汉末年逐渐成为高层政区以来，先后经历了两个阶段的行政层级"下移"过程。前者始于隋而显在唐宋，因设置道、路等准高层政区，使州沦为统县政区；后者始于元而显在明清，由于所有州皆转变为无领县或领县无附郭县的情况，[①]故均呈现出一定的县级政区化特征。可以说，州是我国历代高层政区中变迁最为剧烈的一种区划类型。[②]相较失去高层政区的行政地位，州最终全部具有县级政区属性的变化更趋复杂。明清时期的州，既有颇多无领县而成为标准县级政区的案例，也有不少既亲领编户又同时领县可被视作统县政区的情况。后者存在一个州官亲辖的实土范围——自元代以来多被称为"本州"[③]——大致对应此前设置的附郭县之境，可谓同时具备统县政区和县级政区的双重属性。

本章将重新考辨《元史·世祖纪》至元二年闰五月"附郭县止令州府官兼领"诏令，通过梳理元初散府、诸州附郭县的建置沿革，采用类似"归纳"的研究方法，复原上述官方条文的真实

---

① 案明清时期不符此例者罕见。如雍正二年苏州府太仓州升直隶州，析该州亲辖地置"倚"郭镇洋县。（《清史稿》卷58《地理志》，北京：中华书局标点本，1977年，第1996、1997页。）

② 周振鹤：《中国历史政治地理十六讲》，第151页。

③ 案本州一词在唐以后，多指节镇所管的某州，解作"该州"。元代开始，该词多指领县却无附郭县之州由州官亲领的实土范围。

含义，以此澄清学界对诸州附郭县消失问题的长期误解。在此基础上，进一步讨论明朝建国之初推广的所谓东南模式与全国政区建设之间的历史渊源关系。

一、引言

明清无领县之州的来源，一般认为肇始于元代。[①]据《元史·地理志》记载，无领县之州主要分布在江浙行省、江西行省北部、湖广行省东北部、陕西行省、腹里中书省以及四川行省。李新峰先生指出，元代将“北宋的少数小军、金代的少数领实十州，发展为一种普遍现象”。[②]尽管学界对当时这种不同于以往特殊类型的州在元代的普及程度，尚存在定性描述的分歧，但有一点可以确认：正是无领县之州成规模的出现，使得元朝当之无愧地成为明清实现诸州县级政区化的始作俑者。

事实上，此间诸州在向具有县级政区属性不断转化的过程中，还有一个重要的方面亟须加以阐明：同样体现明清诸州县级政区化的领县无附郭县之州，又是如何出现以及演变的呢？长期以来，学界普遍认为，从唐宋诸州均领附郭县到明清全无的重大变化，皆是洪武初年朝廷大刀阔斧进行裁撤的结果。[③]例如，由

---

① 朱江琳：《元代“散州”名实考》，《中国历史地理论丛》2014年第2辑，第74、76页。

② 李新峰：《明代卫所政区研究》，北京：北京大学出版社，2016年，第210—211页。

③ 案明代不符此例者较罕见。如广东琼州府儋州附郭宜伦县、万州附郭万宁县、崖州附郭宁远县，至正统初方省入本州。（黄彰健校勘：《明实录》之《英宗实录》卷56正统四年六月庚寅，“中研院”历史语言研究所校印本，北京：中华书局，2016年，第24册，第1070页。）

顾颉刚、史念海先生合撰的《中国疆域沿革史》认为，明代“州与府之差别，在知州于治县事外兼辖其旁之县，而府则仅辖散州与诸县，不直接治县事，故府之附郭有县而州则否。此与元制稍异，盖元制州之附郭固尚有县，及明始裁之也”。[①]李新峰先生将元代诸州分为领县且有附郭县和无领县两类，并指出：“明朝按东南模式，取缔了所有州的附郭县，州领实土遂为明清时期的常态”。[②]郭红、靳润成先生的《中国行政区划通史·明代卷》也认为：“元代行省、路、府、州多有附郭县，明初改路为府后，直隶州、府下属州的附郭县被废除，原附郭县管辖的地域多省入州或相邻县下。这使得地方行政管理效率得以提高。”[③]总之，按照以往的通行看法，今人无由获知元朝在省并诸州附郭县方面所发挥的作用。

严耕望先生在20世纪60年代的授课讲义中，将元代诸州分为三种：一为最低级行政区，不别领县；二为最低级行政区而别领少数县；三为辖县，且有倚郭县，但以州官兼领之。[④]邹逸麟先生亦指出，元代“有只领县而无附郭县或全无属县的”州。[⑤]周振鹤先生同样认为，“元代的州或有附郭县或无，明代的州自洪武年间起即一律省去附郭县”。[⑥]可见，不少前贤已察觉元代存

---

① 顾颉刚、史念海：《中国疆域沿革史》，北京：商务印书馆，1999年，第193页。

② 李新峰：《明代卫所政区研究》，第210—211页。

③ 郭红、靳润成：《中国行政区划通史·明代卷》（第2版），上海：复旦大学出版社，2017年，第10页。

④ 严耕望：《中国政治制度史纲》，上海：上海古籍出版社，2013年，第216页。

⑤ 邹逸麟撰：“直隶州”词条，收入《中国历史大辞典·历史地理卷》，上海：上海辞书出版社，1996年，第471—472页。

⑥ 周振鹤：《中国地方行政制度史》，上海：上海人民出版社，2005年，第189页。

在领县且无附郭县之州的事实。然而，囿于以往诸州附郭县迨至明初方被统一裁撤的固有成见，这些观点似乎并未得到应有的重视。因此，有关元代诸州县级政区化，特别是附郭县如何消失的问题，迄今依旧扑朔迷离，难以遽下定论。

众所周知，至元初年展开的大规模行政区划调整，是蒙古在中原汉地恢复和加强中央集权，确立路府州县体制的重要政治举措。至元二年（1265）颁布的所谓省并州县诏令，包含涉及附郭县存废的关键史料，历来受到学界关注。笔者认为，该诏令仍有必要重新辨析，以往成见亦需深入加以讨论。有鉴于此，下文拟以至元初年省并州县事件为线索，探讨如下问题：以往对至元二年诏令的释读是否存在偏差？相对学界认为晚至明初才全面裁撤附郭县的观点，领县无附郭县之州在元代如何产生以及演变？元代设置无领县之州的普遍程度如何？该如何准确评估诸州在元明清时期的县级政区化过程？

二、“附郭县止令州府官兼领”诏文之误读

金元之际，北方中原经历长期战乱，地方权力逐渐由归附蒙古的大小世侯把持。中统三年（1262），益都李璮发动叛乱，寻被平息。忽必烈趁势加强中央集权，至元元年（1264）“罢诸侯世守，立迁转法”。不久“在原汉世侯辖区内，以较重要的诸王勋贵分地为单位，采取分设、新立、改置及维持原状等方式，众建路州，划一食邑”。[①]为了整合各处分地，同时应对战乱余绪带来的社会影响，元廷大规模调整州县政区，中原诸路建置体系

① 李治安：《元代政治制度研究》，北京：人民出版社，2003年，第373页。

由此在变动中趋向稳定。

至元元年八月，忽必烈“诏新立条格：省并州县，定官吏员数”。[①]二年闰五月丁卯，蒙廷正式颁布省并州县诏令。据《元史·世祖纪》曰：

> 诸路州府，若自古名郡，户数繁庶，且当冲要者，不须改并。其户不满千者，可并则并之。各投下者，并入所隶州城。其散府州郡户少者，不须更设录事司及司候司。附郭县止令州府官兼领。括诸路未占籍户任差职者以闻。[②]

以中华书局标点本为准，所谓“散府州郡户少者”及“附郭县止令州府官兼领”两句，历来为史家研究元代诸州附郭县沿革的重要依据。因此，如何准确把握这条诏文的真实含义，就成为后人了解元初诸州及其附郭县建置动向的关键。

清初顾炎武《日知录》在论及州官“亲理民事”时曾注说道：“凡唐、宋旧设之州，并有附郭县，而州不亲民事。元初省冗官，令州官兼领。洪武初，并附郭县入州。”他引用万历时人浦士衡的议论又说：“国朝建立府州，多踵胜国。其最异者，则以州统县，而省县入州，刺史而下行县令之事。所谓名存实异，与宋以前不同者也。”[③]按此论述，明代与之前历代州制的最大不同在于省并附郭县，由州官履行“本州”亲民之政。相较而言，顾氏的表达更为清楚：元初将诸州附郭县长官作为冗官裁

① 《元史》卷5《世祖纪二》，第98页。

② 《元史》卷6《世祖纪三》，第107页。

③ （清）顾炎武撰，严文儒、戴扬本校点：《日知录》卷8《府》，第1册，第351页。

撤，但仍保留附郭县建置，由州官亲民兼领原附郭县辖境。迨至洪武初年，才将所有附郭县省并，地入本州。

顾炎武的看法与今天按照中华书局对《元史》点读所反映的语意，几乎若合符契。类似认识在清代文人的观念中同样流传。例如，清代湖南沅州府附郭芷江县，元时为湖广行省沅州路附郭卢阳县。当地乾隆时编纂《沅州府志》，撰者在考索芷江知县的“前任”卢阳县尹无果后，遂按语说道：

> 顾炎武《日知录》：凡唐宋旧设之州并有附郭县，而州不亲民事。元初省冗官，令州官兼领。考《元史》有卢阳县名，而终元之世县尹无人，或以是欤？①

顾氏有关诸州的结论，竟成为后人搜括元路附郭县尹无果后的挡箭之牌，足见其影响深远。近代史学大家吕思勉（1884—1957）先生在论及古代外官制度时，也曾言道：“以州府领县，为唐宋相沿之制。元时，令知州兼理附郭县事，明时遂省县入州，于是州无附郭县。”②前引严耕望先生在为元州分类时，提出一种“辖县且有倚郭县，但以州官兼领”的情况，可知亦与上述以往诸说无异。

如果说从浦士衡到顾炎武，从清人到吕思勉、严耕望等史学前贤，包括《元史》《新元史》点校者在内，对《世祖纪》诏令原文的句读表意，只是古往今来史家的泛泛而论，那么今人专门

---

① 乾隆《沅州府志》卷29《职官五》，《中国地方志集成·湖南府县志辑》，南京：江苏古籍出版社，2002年，第66册，第265页。

② 吕思勉：《吕著中国通史》，上海：华东师范大学出版社，1992年，第100页。

针对至元二年诏文的研究，无疑显得更加值得关注。对此，张金铣先生在讨论元代诸州领属关系问题时，将之分为三种情况，并专就其中第二类“既领县，又直接领乡和州城内坊隅等基层行政组织”者申说道：

> 至元二年，元廷规定“其散府州郡户少者，不须更设录事司及司候司。附郭县止令州府官兼领”。据此州府所在地不再设录事司和司候司，部分州城由州直接统领。一些附郭县也由州官兼领，不再另设官员。这种情形就是《元史·地理志》所说的“并入州”。[①]

所谓领县又直接领乡和州城内坊隅的州，其实就是领县但不设附郭县的州。张金铣先生谨慎地认为，元朝裁撤诸州附郭县的官员而仍保留其建置的做法，只针对“一些”州。言外之意，承认还有一些州的附郭县并未由州官兼领，而是依旧保留唐宋以来的领辖传统。

核实而论，以上申说存在不少疑点。首先，诏令省并的对象是户少的散府和州郡。兹虽将两者合称“州府”，但却回避了府的问题。诏令中的散府到底何指，尚有待于探究。其次，将附郭县“由州官兼领”等同于《地理志》中记载的“并入州”现象，实属误识。张金铣先生在原著中以徐州为例，指出至元二年该州附郭彭城县省并入州，到至正八年（1348）才得以复置。假如至元二年该县属于“并入州”而废，那怎能说在此后的八十多年中，徐州长官还一直兼领彭城县呢？显然，至元初年附郭县“由

---

① 张金铣：《元代地方行政制度研究》，第221—222页。

州官兼领”和“并入州”是性质完全不同的两类政区调整事件，不应混淆。

更为重要的是，按照中华书局本《元史》对“散府州郡户少者”一条的标点，其内容被分为前后两句。张金铣先生于是分别给出相应释读，两者之间同样并没有直接的关联。然而令人困惑的是，针对诏令第一句，他得出“部分州城由州直接统领”的结论，明显轶出原文语境。再者，他认为诸州所在地（治城）不设录事司或司候司，州城便可“由州直接统领”的看法与元制矛盾。据《元史·百官志》录事司条曰：若城市民少，则不置司，归之倚郭县。[①]也就是说，元代散府诸州治城若不设两司，管辖权应首先归于附郭县。所以，只有当这类治城不设附郭县时，才能由州官直接统领。至于对诏令第二句的理解，比如提出所谓“一些”的限定，以及“不再另设官员”的说法，同样难以与诏令原文印证。只有将它们接续的主语对象，对应到引文最初的“散府州郡户少者”才能讲通。不过这样一来，将诏令分为两句解读的方式本身，又颇值重新考量。事实上，这种分而释之的做法，与整体将这些州归入“既领县又直接领乡和州城”的界定之间，明显格格不入。笔者认为，在不违背元制的前提下，张氏之说唯有一种合理解释的可能：因户少而被废置两司的州（和散府），若长官直接管辖治城，必需裁撤附郭县官员，从而使前者凭借兼领附郭县，实现本应由后者管辖的近城诸“乡和州城内坊隅”。但更令人疑惑的是，既然州官直接统领治城及其周边，为

---

① 《元史》卷91《百官志七》，第2317页。案金代诸府、节镇置录事司，防、刺州置司候司，掌城中户民之事。经至元初年的调整，录事司仅设于诸路治城，散府诸州皆省。（参见韩光辉：《宋辽金元建制城市研究》，第156—157页。）

何不将没有官员的附郭县径直裁撤，而非要保留已经沦为建置符号的行政单位呢?

以往对至元初年诸州附郭县沿革的各种解说，可以按照是否全部保留附郭县的建置和是否全部裁撤附郭县的官员（如县尹、知县等），这两个问题来加以区分讨论。对诸州附郭县建置而言，除前文提到的严耕望、邹逸麟和周振鹤等学者以外，大多认为元代凡领县之州必有附郭县。对附郭县官员而言，以顾炎武、吕思勉等人为代表，认为皆属冗员，至元初年被全部裁撤。严耕望先生虽然认为元代有领县无附郭县之州，但同样主张那些剩余的有附郭县的州，治县均由州官兼领。概而言之，以往观点一方面认为元代领县之州必有附郭县，另一方面又认为它们的官员全部在至元初年被裁撤，“县政”从此由州官兼领。这些流行数百年的通行看法，即来自于至元二年“附郭县止令州府官兼领”的诏文。张金铣先生解读的不同之处在于，虽然也认为诸州附郭县都被保留，但又指出只是其中的“一些”由州官兼领，承认元代尚有部分州的附郭县之官未被省并。事实上，只要仍旧遵从中华书局本《元史》对“散府州郡户少者”和“附郭县止令州府官兼领”诏文的句读，以往诸说不相吻合的矛盾现象，便无法从根本上得到消弭。

如果继续纠缠于以往史家的泛泛而论，或者解读与诏令原文之间的貌合神离，那么对至元初年诸州府附郭县建置与官员存废的争议，恐怕就会一直处在雾里看花的猜测状态，历史的结论与真相依然陈陈相因、模糊不清。笔者认为，在未找到比至元二年省并州县诏令更加详细的史料之前，只有转换研究思路，尝试从诏令落地的具体实践入手，爬梳散府州县沿革的过程与结果，以此归纳和反推当初的制度规定，还原历史本来的面目。

三、从省并州县实践重释至元二年诏文真相

由于从至元二年朝廷颁布的诏文本身，已经很难准确把握这一自上而下的政策真相，因此，自下而上逐一爬梳至元初年诸州府附郭县的沿革轨迹，进而对其行政变迁的规律加以梳理分析，或许反过来可以为复原诏文的本来面目提供可靠依据。

1. 诏文“散府”揭橥

在诏文“其散府州郡户少者，不须更设录事司及司候司。附郭县止令州府官兼领”一句中，除州郡外，还有政区调整涉及的另一重要对象“散府”，以往史家似乎从未有所措意。需要强调的是，诏文中的“州府”显非指诸州的官署机构，而应是合并“州郡”和“散府”之后的简称。那么，至元初年是否真有散府因为户少而被裁撤录事司呢？它们的附郭县从建置到官吏又发生了怎样的变动呢？

元代诸路总管府可以简称为总府或路府，其余诸府则概称散府。翻检《元史·地理志》正文，可得33个散府条目，与其开篇谓全国“府三十三”适相吻合。[①]今案元志虽列有33个散府，但其中在至元二年至七年前后可能受到省并诏令影响者，实际远少于此数。表2–1显示受至元初年省并州县影响的8个散府，及其所领录事司、附郭县沿革的情况。

据表2–1可知，在最有可能受到至元二年诏令波及的8个散府中，顺宁、河中两府有明确将录事司并入附郭县的记载。其余6府录事司，虽未在元志中留下被撤记录，但按照金代诸府皆设

---

① 《元史》卷58《地理志一》，第1346页。

而元代全无的惯例，亦应在元初被废。[①]由于省并散府录事司属于统一的制度性调整，所以无法根据表2–1判断8府是否在诏令所谓“户少”的范围之内。这里最值得关注的是庆阳府，其附郭安化县至元七年省并，此后该府仅领合水一县——位于“府东七十里”。[②]元代庆阳府不设附郭县（及录事司）的事实，即便从唐宋以降北方传统汉地的时空尺度来看，也是比较特殊和罕见的政区地理现象。

表2–1　至元初年北方汉地诸散府录事司、附郭县建置省并详情

<table>
<tr><th>府名</th><th>所隶省路</th><th>附郭县</th><th>录事司、附郭县沿革</th><th>史料来源</th></tr>
<tr><td>顺宁</td><td>上都路</td><td>宣德</td><td>至元二年，省录事司入宣德县</td><td>《元志》页1350</td></tr>
<tr><td>河中</td><td>晋宁路</td><td>河东</td><td>至元三年，并录事司入河东县</td><td>《元志》页1380</td></tr>
<tr><td>中山</td><td>真定路</td><td>安喜</td><td rowspan="5">元初录事司何时裁撤未见志文明确记载</td><td>《金志》页651、《元志》页1357、《地图集》图9—10</td></tr>
<tr><td>归德</td><td>河南江北行省</td><td>睢阳</td><td>《元志》页1407</td></tr>
<tr><td>凤翔</td><td>陕西行省</td><td>凤翔</td><td>《元志》页1427、《地图集》图17—18</td></tr>
<tr><td>平凉</td><td rowspan="2">巩昌总帅府</td><td>平凉</td><td rowspan="2">《元志》页1429—1430、《地图集》图17—18</td></tr>
<tr><td>临洮</td><td>狄道</td></tr>
</table>

① 案至元十六年后散府录事司均被裁撤。（参见韩光辉：《宋辽金元建制城市研究》，第116—124页。）

② （清）顾祖禹撰，贺次君、施和金点校：《读史方舆纪要》卷57《陕西六》，第6册，第2761页；《金史》卷26《地理志下》，第697页。案安化县在明初复置。

（续上表）

府名	所隶省路	附郭县	录事司、附郭县沿革	史料来源
庆阳	巩昌总帅府	—	至元七年，省并附郭安化县；元初录事司何时裁撤未见志文明确记载	《元志》页1430、《金志》页697

说明：（1）《金志》《元志》指两部正史《地理志》，前者据中华书局点校修订本（2020），后者据中华书局校勘本（1976）。《地图集》指谭其骧主编《中国历史地图集》第7册《元・明时期》（北京：中国地图出版社，1982年）。（2）《元志》所列33府中，有14府至元初年尚未纳入大蒙古国版图，9府当时非散府建置。此外，四川潼川府至元二十年方将录事司并入附郭郪县，①辽阳咸平府金末战乱时附郭县已废。故以上25府均未计入本表。（3）除庆阳府外，其余7府附郭县在至元初年均未见被裁之记载。

以往学界在解释"附郭县止令州府官兼领"时，理所当然地认为其指仅限于诸州，故往往忽略其中散府的问题。对于庆阳府长吏来说，在元代的绝大部分时间中，根本没有附郭县可供兼领，也不可能违背制度规定仍设有录事司，因此必须以知府的身份亲辖治城及其周边郊区。如果将省并安化县的行政实践还原回至元二年的诏令，在不计诸州的情况下，以往历来被断为两句理解的原文，理应按照如下标点重新解读：其散府户少者，不须更设录事司、附郭县，止令府官兼领。

① 案郭声波先生据《大元混一方舆胜览》所载"潼川府路"的说法，认为潼川府并非散府，而是总管府路。（详见《整理者弁言》，刘应李原编，詹有谅改编，郭声波整理《大元混一方舆胜览》，第8—9页）。不过，至元二十年潼川治城的录事司已并入附郭县（《元史・地理志》，第1440页），按照元代仅路府治所可设录事司的原则，无论潼川是府、是路，此后均只能是散府。

按照以往的标点，诏令无须强调“户少”的前提，因为元代将散府诸州的两司裁撤，本就是制度层面的统一调整，并不仅限于针对少数户口稀疏的州府。这说明针对户少的散府，元廷一定采取了类似庆阳府安化县这样特殊乃至极端的调整措施，否则绝不会在如此重要的时间节点和权威官方诏令中，泛泛而谈失去特定的对象。至此可以肯定，至元初年的庆阳府必是符合诏令户少标准而需相应做出调整的散府。

表2-2　元初七个散府附郭县长吏名录例举

府名	附郭	县尹等官	资料来源
顺宁	宣德	县尹孙楫	《清容居士集》卷34《孙孝子传》
河中	河东	达鲁花赤脱因都、县尹王文义	《元史》卷193《忠义一·刘天孚传》
中山	安喜	县尹赵晟	《滋溪文稿》卷11《皇元赠集贤直学士赵惠肃侯神道碑铭》
归德	睢阳	县官某	《元典章》卷24《户部十·租税·军兵税·不得打量汉军地土》
凤翔	凤翔	县尹任梦中	《闲居丛稿》卷7《总判任侯梦中》
平凉	平凉	（暂付阙如）	—
临洮	狄道		

除庆阳府安化县被废，县官必定不可能留存外，表2-1中的其余7府是否会出现以往针对诸州所得结论的情形呢？也就是说，尽管7府皆设附郭县，但县官是否会被视为冗官而遭裁撤呢？通过表2-2可知，7府中的顺宁等5府附郭县，在元代皆曾

设有达鲁花赤或县尹等官职，因此它们的附郭县理应不会被府官兼领。进而言之，这5个府也肯定不属于至元初年被列入“户少”范围的散府。至于平凉、临洮府附郭平凉、狄道二县，笔者尚未找到它们在元代设置过县级官员的史料依据，只好暂且置之。如果能够提供充分的证据，表明此二附郭县在元代至元初年以后从未设置过任何官员，那么诏文所说“附郭县止令（州）府官兼领”的现象便仍有可资讨论的价值，否则以往的标点断不可从。

2. 论领县无附郭县之州及其在元初的产生与演变

前文讨论了诏令所涉及的散府，现在回到诸州附郭县的存废问题上来。以往史家多主张诸州附郭县在明洪武初年才开始大规模省并，此前元代只是将其官员作为冗官在至元初年裁撤而已。虽然像严耕望、邹逸麟等学者都曾明确提出元代存在领县而无附郭县之州，但一直未能引起更多关注。事实上，这是一个不难证明的问题。只要翻检《元史·地理志》就可以找到未设附郭县而又别领他县之州，据笔者统计共有56个，约占该志所载361个州总数的15.5%。表2-3将这些州按照腹里和诸行省分类展示，可知在长江以北的传统中原汉地至少有21个州属于此类性质，而云南、四川行省的数量最多，分布也相对集中。比较而言，原南宋特别是江南、东南、岭南一带地区，领县无附郭县之州可谓凤毛麟角。总而言之，根据上述事实，以往不承认元代存在领县而无附郭县之州，或将元代诸州只分为领县且有附郭县和无领县两类的结论，并不符合历史真相，亟待修正。

表2–3 《元史·地理志》所载领县而无附郭县之州

诸省名称	中书省	河南江北	陕西	四川	云南	江浙	江西	湖广
领县而无附郭县之州名录	滦、龙庆、云、威、平定、吉	嵩、颍、息、徐、宿	同、华、耀、乾、商、鄜、绥德、葭、静宁、宁、徽	彭、汉、安、威、眉、邛、绵、泸、涪、施、万	崇明、晋宁、昆阳、安宁、南安、和曲、禄劝、巨津、陆凉、马龙、霑益、新兴、路南、醴、宁、邓川、姚	福宁	宁都、会昌、英德、桂阳	龙阳
州数	6	5	11	11	17	1	4	1
合计	56州							

说明：（1）依据《元史·地理志》《明史·地理志》及谭其骧主编《中国历史地图集》制成。（2）辽阳行省“徒存其名而无城邑者”、四川行省“蛮夷种落”及云南行省“甸寨军民”等府未计入。（3）元志记中书省广平路威州有附郭洺水县，据《明史·地理志》京师广平府威县条载：“至正间，省州治洺水县入州”。（北京：中华书局校勘本，1974年，第898页）今依明志将此例算入。

《元史·地理志》保留的上述56个州，虽然可以证明元代的确存在领县而无附郭县之州的事实，但虑及元志建置沿革资料取材的断限已经晚到天历、至顺年间（1329—1333），因此表2–3整理的结果只能约略反映元代中后期的一般状况，无法揭示至元初年诸州附郭县的具体变动过程。笔者由此根据《元史·地理志》的记载，专门针对元初诸州附郭县的省并情况，整理而得表2–4，供下文讨论。

表2-4　至元二年至八年元廷在中原地区省并附郭县之州统计

属省	属路府	州名（被省附郭县名）	属省	属路府	州名（被省附郭县名）
中书省	上都路	松州（松山）、云州（望云）	河南江北	南阳府	嵩州（伊阳）
	永平路	滦州（义丰）		汝宁府	颍州（汝阴）、息州（新息）
	真定路	冀州（信都）、蠡州（博野）		归德府	徐州（彭城）、宿州（符离）邳州（下邳）
	卫辉路	辉州（苏门）、淇州（临淇）	陕西	延安路	鄜州（洛交）、绥德（绥德）
	—	恩州（历亭）		兴元路	洋州（兴道）、凤州（梁泉）
	益都路	峄州（兰陵）		—	宁州（安定）、定西（定西）镇原（临泾）、环州（通远）金州（龛谷）、兰州（阿干）会州（西宁）、徽州（河池）阶州（福津）、成州（同谷）
	大同路	弘州（襄阴）、浑源（浑源）、武州（宁边）、丰州（富民）、东胜（东胜）、云内（柔服）			
	太原路	忻州（秀容）、平定（平定）			
	平阳路	吉州（吉乡）	辽阳	辽阳	盖州（建安）、懿州（顺安）
	合计		40州		

说明：（1）依据《元史·地理志》《金史·地理志》及谭其骧主编《中国历史地图集》制成。（2）据《新元史》记载，辽阳行省大宁路之兴中、义、瑞、锦、利、建6州亦在至元初年省并附郭县入本州，未计入本表。（《新元史》卷47《地理志二》，第3册，第1210页。）

表2–4分省路所示的40个州，几乎都是《元史·地理志》中有明确记载附郭县在至元二年到八年（1271）间被省并的情况。例如，中书省上都路松州“至元二年，省县入州”、云州“至元二年，州存县废”；卫辉路辉州“至元三年，省苏门县……入本州”、淇州“置县曰临淇，为倚郭……至元三年……临淇县省”；益都路峄州“至元二年，省兰陵入本州”等等。若逐一排比这40个附郭县被裁撤的时间，大致可以看出元廷废除户少诸州治县的政策，在长江以北中原及其周边地区的时空展开过程。简而言之，可以分为三个阶段。第一阶段集中于至元二年，少数迁延到三年；主要涉及中书省上都、永平、真定、卫辉、益都、太原、平阳诸路，以及河南江北行省北部亦即当时黄淮之间的归德、汝宁、南阳诸府。第二阶段是至元四年，以中书省西北部大同路和邻近的陕西行省延安路诸州为代表。第三阶段则是至元七年，撤县诸州基本都集中在陕西行省西部一带。

事实上，蒙元时期在北方中原及其周边地区省并诸州附郭县的数量肯定远不止40个。首先，由于受到蒙金和宋蒙战争的影响，一些州的附郭县早在前四汗时期已被废除或不知所终。例如，原属金河东北路的管州，仅领附郭静乐一县，“太祖十六年（笔者案，1221年），省静乐入本州”。保德州“旧有倚郭县，元宪宗七年（笔者案，1257年）废县”。[①]又如原南宋利州路金州，据《元一统志》曰：“旧领西城、汉阴、洵阳、石泉、平利、上津六县。国朝置为散州。以六县地荒，不复设立”。[②]案

① （清）柯劭忞撰，张京华、黄曙辉点校：《新元史》卷46《地理志一》，第3册，第1203页。《元史》卷58《地理志一》，第1378页。

② （元）孛兰肹等撰，赵万里校辑：《元一统志》，北京：中华书局，1966年，下册，第439页。

西城即金州附郭县。还有如金京兆府路商州，“元以州治上洛县省入”。[①]此外，在至元二年诏令下达前，忽必烈其实已经着手展开省并附郭县的行动。如太原路代州“中统四年，并雁门县入州”，[②]雁门即金代该州附郭县。又如陕西京兆路耀、乾二州，至元元年分别将附郭华原、奉天县省并入州。与之同路的同、华二州附郭冯翊、郑县，史料虽然语焉不详，但很有可能也在同一时期被裁撤入州。[③]

其次，《元史·地理志》对至元初年裁撤附郭县的记载并不完整。例如，靠近大都的顺州，金时设有附郭温阳（旧名怀柔）县，入元后志文仅言“废县存州”；《元一统志》曰“国朝废县而州存焉”；《新元史》亦称“元初省县入州”，皆不载省并的具体年份。[④]又如中书省保定路安肃州，“旧领安肃一县，元初省”。[⑤]再如大名路濬州，金时附郭黎阳县入元后不见载于史，应已被裁撤，元志竟片字未提；《读史方舆纪要》谓：“元初以州治黎阳县省入”，而《新元史》更进一步曰：“至元二年，改隶大名路。旧领黎阳、卫县。后并黎阳入本州。”[⑥]笔者认为，上述诸例很有可能就发生在至元二年或稍后，只是目前无法找到

① （清）顾祖禹撰，贺次君、施和金点校：《读史方舆纪要》卷54《陕西三》，第5册，第2593页。

② 《元史》卷58《地理志一》，第1379页。

③ 《元史》卷60《地理志三》，第1424—1425页。

④ 《金史》卷24《地理志上》，第617页。《元史》卷58《地理志一》，第1349页。（元）孛兰肹等撰，赵万里校辑：《元一统志》，上册，第5页。（清）柯劭忞撰，张京华、黄曙辉点校：《新元史》卷46《地理志一》，第3册，第1173页。

⑤ （清）柯劭忞撰，张京华、黄曙辉点校：《新元史》卷46《地理志一》，第3册，第1180页。

⑥ 《金史》卷25《地理志中》，第652页。（清）顾祖禹撰，贺次君、施和金点校：《读史方舆纪要》卷16《北直七》，第2册，第716页。（清）柯劭忞撰，张京华、黄曙辉点校：《新元史》卷46《地理志一》，第3册，第1185页。

确切的史料依据而已。

最后，尽管至元初年省并部分诸州附郭县的目标已经达成，但后来仍有个别州的附郭县被裁撤。例如，大德八年（1304）二月，陕西行省“并陇干县入德顺州”，[①]陇干即该州（后改静宁州）附郭县。又如同省陇州至元七年并属县陇安入附郭汧源县，直到延祐四年（1317）十一月，才又“并汧源县入陇州”。[②]还有前文表2-3提到的威州洺水县，虽然在元志成书时尚设，但据《明史·地理志》记载，不久即在“至正间”被省并。再如四川成都路彭州，“元末以州治九陇县并入”本州；《新元史》则曰：“至元中，省九陇县入本州”。[③]然而元志却未提及此事。综上所述，元廷对诸州附郭县的调整，除了主要围绕至元初年颁布的官方诏令以外，几乎贯穿整个蒙元时期，谓之常见的地方政区沿革现象显然不算夸张。

在表2-4被废除的附郭县中，也有个别后来得以复置。例如，前述徐州至正八年“负郭之民，置彭城县治之”[④]，从而结束了至元初期以来八十多年由州官兼领治城的状况。然而，徐州之例实有特殊，复设彭城县是因为该州升为总管府路，与徐州本身无关。它如滦州义丰、冀州信都、忻州秀容诸县，被省并后在很短时间内被复置，这都应与当地户口快速得以恢复有关。以蠡州附郭博野县为例，元人王恽《论复立博野县事状》曰：

① 《元史》卷21《成宗纪四》，第457页。

② 《元史》卷26《仁宗纪三》，第581页。

③ （清）顾祖禹撰，贺次君、施和金点校：《读史方舆纪要》卷67《四川二》，第6册，第3149页。（清）柯劭忞撰，张京华、黄曙辉点校：《新元史》卷48《地理志三》，第3册，第1242页。

④ （元）苏天爵著，陈高华、孟繁清点校：《滋溪文稿》卷3《新升徐州路记》，北京：中华书局，1997年，第39页。

> 照得至元三年钦奉圣旨：节该州城畸零去处，不满千户者斟酌改并，民户多者从长定夺，更当冲要驿程不须改并。钦此。今体知得：自去年新抄户后，随路州县往往有至三四千户者，至今依旧合并管领，极有不便当者。略举顺天路祁州博野县并入蒲阴县分是也。其博野县即目诸色人户二千八百余户，中间百姓事不便当者非一。如科着船户补阙蒲阴县弓兵，故将本处上户商坚等六户取充；及拨降一切差役，往往偏向不均。至于送纳赋税，勾摄聚集词讼等事，不惟往复远窎，其沙、溏、磁三河经值秋夏水发，泼漫相接，抵祁州迤东，一概流行，阻滞人难。又兼本县蠡州南至安平界首，相去七十余里，正当冲要驿程，爰自合并已来，节次失过盗贼截劫讫官民财物、致伤人命者，无虑十数。就问得本处人户贾佐等，与所察相同。参详：博野正县，理合依旧复立县事，深为安便。①

尽管废置博野县后，产生了差役不均、赋税词讼往复远窎等民生难题，但事实上，真正促使该县复设的原因，还是户数达到“二千八百余”，从而轶出了千户这一改并标准，以及地当“冲要驿程”的客观实情。显然，王恽所谓至元三年钦奉的圣旨，就是本文讨论的至元二年诏令。恢复博野县之举，可视为省并州县诏令执行中的自我纠偏与调适，②完全符合当初诏文“户数繁庶，且当冲要者，不须改并”的指导原则。

---

① （元）王恽：《论复立博野县事状》，《乌台笔补·事状》（《秋涧先生大全文集》卷89），收入（元）赵承禧等编撰，王晓欣点校《宪台通纪（外三种）》，第435—436页。

② 温海清：《画境中州——金元之际华北行政建置考》，第9页。

3. 从省并诸州附郭县重勘至元二年诏令之本来面目

通过王恽的事状可以看出，省并博野固然与裁撤诸州附郭县密切相关，但背后更为宏观的行政逻辑，乃是当时元廷面对整个北方地区所做出的“户不满千者，可并则并之”的决策。笔者根据《元史·地理志》统计发现，至元二年至七年间北方中原及其周边地区，大约共有200个（次）州县司被省并裁撤。而《世祖纪》至元二年十二月，也就是诏令下达仅半年后即宣称：“省并州县凡二百二十余所”。[①]由此可见，散府诸州被省并的附郭县数大约占到全部被裁撤州县司总数的五分之一。

在这200余个被省并的州县司中，至少有70多个州县经历或长或短时间的消失后，又重新得以建立。就是说，至元初年的省并政策由于一些客观原因，也存在矫枉过正的情况。正如王恽所指出——自去年新抄户后，随路州县往往有至三四千户者，至今依旧合并管领，极有不便当者。各地在短期之内从不满千户恢复到数千户，主要与至元二年诏令所谓“括诸路未占籍户”，以及一些调整分封食邑所带来的人口机械增长有关。这里尤需关注的是，相比全部被裁撤州县中又被复置的比例（三分之一左右），散府诸州附郭县明显偏低（大约只有十分之一）。这说明后者一旦被裁撤，复置的可能性远低于其他普通属县。这些事实，可否有助于我们重新理解至元二年诏令内容的真相呢?

至元初年省并一些北方州的附郭县，是执行裁撤“户不满千”政策的阶段成果。从具体实践回溯诏令原文来看，诸如散府州郡户少者、附郭县止领州府官兼领等内容，都不能简单孤立、就事论事地讨论，而应将其放置到整条诏令构建起来的宏观背景

---

① 《元史》卷6《世祖纪三》，第109页。

中加以理解。正如前文已指出，倘若按照目前的标点理解，“其散府州郡户少者”一句完全是无意义的前缀。因为就元朝制度而言，即便“户数繁庶”的散府州郡录事司或司候司也要裁撤。所以，准确把握整个“其散府州郡户少者，不须更设录事司及司候司。附郭县止令州府官兼领”一段的含义，既要将其置于元初省并州县的大历史背景下，又不能违背元朝的制度规定。

笔者注意到，在表2–4统计的《元史·地理志》所载省并附郭县中，绝大部分都同时记有录事司或司候司亦遭裁撤的事实。例如，信都县与“录事司俱省入冀州”；“省司候司、博野县入蠡州”；恩州历亭“县及（司候）司俱省入州”；弘州附郭“襄阴及司候司，后并省入州”；云州“省（录事）司、（附郭柔服）县入州”；吉州“中统二年，并司候司入吉乡县。至元二年，省吉乡”；颍州“省四县及录事司入州”；宿州“以四县一（司候）司并入州”；兰州“元初领阿干一县及司候司。至元七年并司、县入本州”。此外，还有前文提到的彭城县也是与录事司同时并入徐州等等。

综合以上诸方面有关元初诸州府附郭县、录事司或司候司的省并，笔者认为，至元二年诏令的原文理应标点为：“其散府州郡户少者，不须更设录事司及司候司、附郭县，止令州府官兼领”。只有那些因为户不满千而被省并两司及附郭县的诸州散府，才不得不需要由州官或者散府的长官来亲领治城及其周边乡村。这一特殊情况需要在诏令中特别予以指出，毕竟对于其他被省并的府州属县而言，除非和附郭县一起并入州，否则只是并入周边县份的话，不可能出现由州府官兼领的局面。元人胡祗遹（1227—1295）在《论并州县》一文中曾提出三便二不便之说，反映了时人对元初省并州县行政利弊的考量，据其曰：

州县何为而并也？户口寡而官吏繁，民力不足以供掊克，十羊不足以容九牧也。并州县则其便有三：减禄食、舒民力，一也。每县胥吏、乡司、里正之徒五六十人，并祇候、弓手、足解，不下百余人。每家岁用衣食，钞百贯，举取足于民。今皆废罢，而民免蚕食之苦，二也。每县又得五六十家务本趋农，昔为蠹民之害，而今为纳差之户，三也。其不便者二：县并则辞讼、赋税遥远，一也。巡盗贼，尉司劳苦，二也。二者不难治。平解纠纷，警察寇盗，则委商酒务主之，无致生发，无令起讼。赋税遥远，则仰本县当丝银征纳之际，各就本土置官收受，无令百姓劳苦。如此则省并州县实为善政，不必多论。俟其户口增息，政繁事冗，则量宜复置。①

胡氏支持省并州县，认为利大于弊，也一针见血地指出“户口增息”乃是日后决定复置予否的关键因素。王恽提及的博野县复置之例，即可算是对此的呼应。不过，为何在以恢复户口作为重立诸县的统一标准下，诸州附郭县的复置率却明显低于其他属县呢？②笔者认为，这与胡祇遹所说设置官吏的行政成本，以及处理辞讼、赋税的时间成本等因素密切相关。正是因为附郭县被裁撤后，元廷迫不得已采取了由州府官兼领原附郭县辖境的模式，使治城及周边地区出现上述从正反两个方面推动诸县复置的动力

① （元）胡祇遹：《论并州县》，魏崇武、周思成校点《胡祇遹集》卷23，长春：吉林文史出版社，2008年，第485—486页。

② 案《元史·地理志》统计，在前述200余个州县司调整案例中，单纯撤县至少约有170个，其中复设者60个左右，从复置率来看，甚至比州县司整体的复置比例更高，由此愈发显出附郭县复置率的低迷。

明显减弱——州府官兼领之制在相当程度上发挥了替代的作用。

4. 元代诸州附郭县仍设县官事实初揭

既然前文已经澄清至元二年诏令的真实含义，那么认为元代州府官兼领治城及其周边乡村，还必须借助已经废置的附郭县的观点，自然也应该得到修正。换言之，元代根本不存在州府官兼领附郭县的情况，那些省并入州而被顾炎武称为冗官的附郭县官员，必将陷入皮之不存、毛将焉附的境地，无法摆脱同时被裁撤的历史命运。从这一角度而言，至少在元代诸州府附郭县的范围内，不存在县的建置保留而官吏系统却被裁撤的可能。这也可以印证学界的一般认识，即由官吏人事为核心的行政机构是组成行政区划的必要条件。①

以往学界由于误读了至元二年诏令，故认为元代诸州附郭县皆由州官兼领。事实上，除了那些因为户不满千而被省并者外，后来复置或并没有经历省并的附郭县，仍然都设有完整的县级官吏系统。笔者根据《元史·地理志》的记载，统计而得元代共有122个领县且有附郭县的州，结合目前所能爬梳到的史料，复原这些州的附郭县官员名录，由此制成表2-5，以证明它们当中的大部分仍然设有“县官”，而非如严耕望等先生所言：凡“辖县且有倚郭县”者，附郭县“但以州官兼领”。

表2-5所列诸州中，可以确定89个在元代曾设有附郭县官员，这一数量明显超过元代后期有附郭县之州总数的三分之二（72.9%）。显然，长期以来认为元代诸州附郭县均由州官兼领的看法，纯粹是误读至元二年诏令的结果。

---

① 周振鹤：《中国历史政治地理十六讲》，第29页。案另可参本书中编第五章第四小节的相关讨论。

表2–5　《元史·地理志》载诸州附郭县官员考

省道路名		州名	附郭县	官员名录	资料来源
中书省	大都路	涿州	范阳	尉：某	《元史》卷41《顺帝纪四》
		霸州	益津	尹：张英、张文郁；簿：李璋	《秋涧集》卷87《益津县尹张英非违等事状》、卷88《弹益津县尹张文郁侵使盐价事状》
		通州	潞县	令：于泽；尉：张礼；典：李仁；司吏：孙得荣	《元典章》卷54《刑部一六·杂犯一·违错·县官擅断"官"事》；《至正集》卷34《送牛伯荣主簿序》
		蓟州	渔阳	待考	—
	上都路	保安	永兴	待考	—
		蔚州	灵仙	簿：赵晟	《滋溪文稿》卷11《皇元赠集贤学士赵惠肃侯神道碑铭》
		兴州	兴安	待考	—
	永平路	滦州	义丰	簿：杨塾	民国《滦县志》卷9《人物志甲·爵秩·官秩表》
	保定路	易州	易县	尹：苑大亨	《默庵集》卷5《故承事郎同知绵州事安公墓志》
		祁州	蒲阴	待考	—
		雄州	归信	尹：史去思、王时可	《归田类稿》卷9《归信县尹史君去思碑》；光绪《畿辅通志》卷28《表一三·职官四》
		安州	葛城	尹：杜氏	《滋溪文稿》卷16《真定杜氏先德碑铭》

（续上表）

省道路名		州名	附郭县	官员名录	资料来源
中书省	真定路	赵州	平棘	尹：郑亨	《秋涧集》卷88《弹赵州平棘县尹郑亨事状》
		冀州	信都	尹：冯仲德	《石田文集》卷13《朝请大夫大名路治中致仕冯君先茔碑铭》
		深州	静安	监：□赤； 尹：王瑞、刘氏	《新集至治条例·违枉·枉勘平人身死》；《归田类稿》卷8《济南刘氏先茔碑铭》
		晋州	鼓城	尉：砚续禹	《滋溪文稿》卷7《故元国子司业砚公墓碑》
	广平路	磁州	滏阳	簿：李起严； 尉：李德； 典史：任椿	《紫山大全集》卷16《故磁州安抚使李公神道碑铭》；光绪《畿辅通志》卷28《表一三·职官四》
		威州	洺水	尹：赵简； 簿：徐异、庞氏	《石田文集》卷13《敕赐御史中丞赵公先德碑铭》；《紫山大全集》卷16《大元故元帅左都监曲周县令杜公神道碑铭》；《金石例》卷2《庞氏墓道先德碑铭》（另参表2–3）
	大名路	开州	濮阳	尹：裴氏；另有县官、典史、司吏等	《元史》卷93《食货一·农桑》；《元典章》卷18《户部四·婚姻·夫亡·夫亡听妇守志》、卷20《户部六·钞法·伪钞·纵贼虚指买使伪钞》
		滑州	白马	令：郭侃	《元史》卷149《郭侃传》

（续上表）

省道路名		州名	附郭县	官员名录	资料来源
中书省	怀庆路	孟州	河阳	尹：元子英、范忠	《中州人物考》卷8《元吏部公本》；《大明一统志》卷28《怀庆府·名宦》
	河间路	沧州	清池	簿：王桢、周氏	《滋溪文稿》卷10《秘书少监王公墓志铭》、卷17《元故奉训大夫冠州知州周府君墓碑铭》
		景州	蓨县	监：咬俱；尹：吕思诚、马逵	《元史》卷185《吕思诚传》；光绪《畿辅通志》卷28《表一三·职官四》
		清州	会川	待考	—
		献州	乐寿	尹：李氏	《清容居士集》卷27《朝列大夫同佥太常礼仪院事白公神道碑铭》
		莫州	莫亭	尹：张列	光绪《畿辅通志》卷28《表一三·职官四》
	济宁路	济州	任城	监：玉速不花；尹：侯弼；簿：张伯福	咸丰《济宁直隶州志》卷6《历代职官表》
		兖州	嵫阳	待考	—
		单州	单父	监：忽哥赤	《元典章》卷46《刑部八·诸赃一·取受·验赃轻重科罪》
	—	曹州	济阴	监：拜赤；尹：郝承务；丞：乔巨渊；簿：田秀实	《元史》卷65《河渠二》；《元典章》卷46《刑部八·诸赃一·取受·官典取受羊酒解任求仕》、卷51《刑部一三·诸盗三·失盗·捕劫墓比强窃盗责罚》

（续上表）

省道路名		州名	附郭县	官员名录	资料来源
中书省	—	濮州	鄄城	丞：李氏	《东维子文集》卷5《送李景昭掾史考满诗序》
		高唐	高唐	簿：韩氏、阎氏	《秋涧集》卷60《故将仕郎汲县尹韩府君墓表》；《清容居士集》卷27《翰林学士承旨荣禄大夫遥授平章政事赠光禄大夫大司徒上柱国永国公谥文康阎公神道碑铭》
		泰安	奉符	尹：某	《圣门十六子书·颜子书》卷6《祠墓古迹》
		德州	安德	待考	—
	益都路	潍州	北海	尹：杨仲徽	嘉靖《青州府志》卷9《人事志二·学校》
		胶州	胶西	尹：王郁正； 簿：姬直方	道光《重修胶州志》卷39《考三·金石·加封孔子碑》
		密州	诸城	尹：马天骧	光绪《临朐县志》卷9《艺文·重修关王庙记》
		莒州	莒县	尹：孙思庸	嘉靖《宿州志》卷下《著作·宿州柳子镇巡检侯君去思碑》
		沂州	临沂	监：扎合； 尹：王谊	民国《临沂县志》卷7《职官》
		滕州	滕县	尹：裴氏、陈谌；簿：明安岱尔	《中庵集》卷4《故行中书省参议裴公神道碑铭》《故行中书省参议裴公墓志铭》；《道园学古录》卷8《滕州学田记》《滕州性善书院学田记》

（续上表）

省道路名		州名	附郭县	官员名录	资料来源
中书省	济南路	棣州	厌次	尹：浩公善	《至正集》卷35《仇云轩先生训子诗序》
		滨州	渤海	尹：吴安之	《至正集》卷35《送吴安之赴渤海县尹序》
	般阳府路	莱州	掖县	尹：薛氏	《东维子文集》卷29《送薛推官诗》
		登州	蓬莱	尹：司楫	《燕石集》卷13《司济民画赞》
	—	宁海	牟平	监：塔不花； 尹：孔仕元	同治《重修宁海州志》卷12《职官志》
	大同路	应州	金城	监：乌马儿	《元典章》卷46《刑部八・诸赃一・取受・犯赃再犯通论》
		朔州	鄯阳	令：刘氏	《清容居士集》卷5《送鄯阳刘县令之官宣宁二首》
	冀宁路	汾州	西河	簿：杨致道	成化《山西通志》卷8《名宦》
		石州	离石	儒：呼延凤举	《山右石刻丛编》卷33《重修藏山庙碑》
		忻州	秀容	尹：赵晟、李汝翼、杜承事、马克中	《滋溪文稿》卷11《皇元赠集贤学士赵惠肃侯神道碑铭》；光绪《忻州志》卷21《职官》
	晋宁路	绛州	正平	监：孛兰奚； 尹：邵良弼； 簿：娄永福； 典史：吴弼	《山右石刻丛编》卷36《表临汾令梁轨水利碑》

（续上表）

省道路名		州名	附郭县	官员名录	资料来源
中书省	晋宁路	潞州	上党	监：忽都帖木儿；尹：刘贞；簿：杜尧佐	《山右石刻丛编》卷39《前上党县达鲁花赤忽都帖木儿德政记》、卷28《重修五龙庙记》、卷29《潞州学斯文楼记》、卷30《长治重建文庙记》
		泽州	晋城	监：波罗帖木儿；尹：何天瑞；簿：焦不花	《山右石刻丛编》卷34《天井关孔庙本息记》、卷40《祷雨获应记》
		解州	解县	监：野仙	《山右石刻丛编》卷34《解州重修孔庙记》
		霍州	霍邑	监：斡兀鲁阿思兰；尹：高鸿；簿兼尉：李氏	《山右石刻丛编》卷25《霍邑县杜庄碑》《神泉记》
		隰州	隰川	县尹：刘谦；尉：吉英；典史：贺某	《山右石刻丛编》卷25《尝谷台碑》
		沁州	铜鞮	尹：刘思文；簿：王伯颜；尉：刘良弼	《山右石刻丛编》卷35《麟山孔庙记》
		辽州	辽山	簿兼尉：赵国用	《山右石刻丛编》卷26《辽州宣圣庙碑》
河南江北行省	汴梁路	郑州	管城	待考	—
		许州	长社	监：锁哈歹；尹：马如冀；簿：刘士衡；尉：朱克绍	《金石萃编补正》卷3《元天宝宫碑阴题名》；嘉靖《许州志》卷4《学校志》

（续上表）

省道路名		州名	附郭县	官员名录	资料来源
河南江北行省	汴梁路	陈州	宛丘	待考	—
		钧州	阳翟	尹：杨氏、邢德裕	《至正集》卷62《故正议大夫兵部尚书致仕杨公墓志铭》；《清容居士集》卷27《邢氏先茔碑铭》。
		睢州	襄邑	尹：张玘	《元史》卷14《世祖纪十一》
	河南府路	陕州	陕县	尹：王仔	《元史》卷7《世祖四》、卷93《食货一》
	南阳府	邓州	穰县	监：月鲁不花；尹：雷豫	《金华黄先生文集》卷35《明威将军管军上千户所达鲁花赤逊都台公墓志铭》；《元史》卷170《雷音传》
		唐州	泌阳	待考	—
		汝州	梁县	尹：周尚文；簿：董氏	《大明一统志》卷30《南阳府》；《滋溪文稿》卷12《元故朝列大夫开州尹董公神道碑铭》
		裕州	方城	监：燕帖木儿	《元典章》卷54《刑部一六·杂犯一·违枉·枉勘死平民》
	汝宁府	光州	定城	待考	—
		信阳	罗山	尹：田实	《滋溪文稿》卷4《罗山县三皇庙记》
	归德府	邳州	下邳	待考	—
		亳州	谯县	尹：夏氏	嘉靖《河间府志》卷22《人物志》

（续上表）

省道路名		州名	附郭县	官员名录	资料来源
河南江北行省	襄阳路	钧州	武当	尹：冯景仲	《燕石集》卷7《山中逢武当冯尹景仲入京以诗送之》
		房州	房陵	尹：吴尚辅	《危学士全集》卷10《吴尚辅传》
	庐州路	和州	历阳	待考	—
		无为	无为	尹：彭德荣；簿：李森乡	光绪《庐州府志》卷24《职官表二》
		六安	六安	丞：秦天佑	雍正《六安州志》卷14《名宦》
	安丰路	濠州	钟离	监：哈剌；尹：朱泽；尉：朱氏	弘治《中都志》卷6《名宦》；《滋溪文稿》卷19《元故奉训大夫昭功万户府知事马君墓碣铭》
	扬州路	真州	扬子	丞：匡氏、张氏	《雪楼集》卷5《匡氏褒德之碑》；《东维子文集》卷23《于潜县张侯御寇碑》
		滁州	清流	尉：王毅	《不系舟渔集》卷7《送王公毅清流尉》
		泰州	海陵	尹：林起龙、权氏、韩汝霖；丞：李稷	《安雅堂集》卷11《故嵊县尹林君墓志铭》；《雪楼集》卷22《故翰林待制权君墓志铭》；《滋溪文稿》卷12《元故陕西诸道行御史台治书侍御史赠集贤直学士韩公神道碑铭》；《元史》卷185《李稷传》
		通州	静海	丞：某	嘉靖《永城县志》卷6《艺文·孔子庙碑记》

（续上表）

省道路名		州名	附郭县	官员名录	资料来源
河南江北行省	淮安路	海宁	朐山	尹：孙梦臣	《金华黄先生文集》卷37《嘉议大夫佥宣徽院事致仕孙公墓志铭》
	—	泗州	临淮	尹：蒋氏、王沂	《雪楼集》卷17《临淮县尹蒋君墓志铭》；《待制集》卷4《送翰林书写邵从圣赴临淮尹》；《伊滨集》卷15《送余阙之官泗州序》
		荆门	长林	簿：某	《牧庵集》卷3《紫阳先生文集序》
	德安府	随州	随县	尹：张常道	《伊滨集》卷15《送张常道尹随县序》
陕西行省	—	邠州	新平	待考	—
		泾州	泾川	待考	—
		秦州	成纪	尹：梁时正、梁之才	乾隆《汾州府志》卷23《古迹·冢墓》；光绪《平遥县志》卷11《艺文志·故征行都元帅五路万户梁公神道碑》
		开成	开成	待考	—
		陇州	汧源	典史：侯温	乾隆《陇州续志》卷5《官师志·职官》
	吐蕃宣慰司都元帅府	雅、黎、洮、茂	名山、汉源、可当、汶山	待考	—

（续上表）

省道路名		州名	附郭县	官员名录	资料来源
四川行省	成都路	崇庆	晋原	簿：李孟	《元史》卷175《李孟传》
	广元路	剑州	普安	待考	—
		巴州	化城		
		沔州	铎水		
	顺庆路	蓬州	相如	待考	—
		渠州	流江	尹：刘仲达	民国《渠县志》卷8《官师表》
	潼川府	遂宁	小溪	令：蒲如璋	民国《遂宁县志》卷6《职官表》
	永宁路	筠连	腾川	待考	—
	重庆路	忠州	临江	待考	—
		合州	石照		
	夔路	达州	通川	待考	—
		梁山	梁山	尹：蓝清	光绪《梁山县志》卷7《官师志》
江西行省	龙兴路	宁州	分宁	尹：吴观	嘉靖《宁州志》卷15《宦迹》
	—	梅州	程乡	尹：黎玉瑛	光绪《广州府志》卷32《选举表一》
		南恩	阳江	尹：林淳、刘之邵、李德辉	《宋学士文集》卷2《平阳林氏祠学记》；道光《广东通志》卷18《职官表八》
		新州	新兴	待考	—
		封州	封川	尹：某	《佩玉斋类稿》卷2《帘外官题名记》
		连州	连山	尹：刘兴子	《安雅堂集》卷12《傅先生墓志铭》
		循州	龙川	尹：黄裳	民国《德兴县志》卷8《人物志・儒林》

（续上表）

省道路名		州名	附郭县	官员名录	资料来源
湖广行省	—	归州	秭归	待考	—
		郁林	南流	监：哈剌不花；尹：周翊	光绪《郁林州志》卷10《职官表》
		容州	普宁	监：闾买	光绪《容县志》卷13《职官志·秩官表上》
		象州	阳寿	待考	—
		宾州	岭方	待考	—
		横州	宁浦	待考	—
		融州	融水	待考	—
		藤州	镡津	尹：刘志行	同治《梧州府志》卷12《职官志》
		贺州	临贺	令：孙希武	民国《贺县志》卷3《政治部·历代职官》

四、结语：元代地位重估与明初“东南模式”

本章以蒙廷至元二年诏令为中心，通过制度辨析与行政实践互动的考察理路，重新复原该诏令描述的真实含义，所得结论初步总结如下：

1. 今人标点《元史》及《新元史》之《世祖纪》至元二年闰五月丁卯条诏令，皆存在失误。诏令纪文理应校勘为：“其散府州郡户少者，不须更设录事司及司候司、附郭县，止令州府官兼领。”[①]以上修正，较之以往可谓差之毫厘，谬以千里，由此

① 案止令一词中华书局校勘本《元史》通篇共使用23次，其中21次皆置于句首与前文点断。故从书写通例而言，这里附郭县与止令之间也当以点断为确。

导致古往今来对元代诸州附郭县存废沿革历程的曲解。

研究表明，元代诸州从领属关系的层面可以分为三类：第一类属于标准的县级政区，即无领县之州或所谓纯实土州。第二类虽领县，但无附郭县，由州官亲领实土，辖境包括治城及其周边郊区；这种类型的州，介于统县政区与县级政区之间，同时兼具实土与非实土的双重性质。第三类既领县又有附郭县，是标准的统县政区。在具体实践中，这类州偶尔会存在领县且只有附郭县的极端情况，亦可称为州县同域现象。据《元史・地理志》记载，至少有保安、梁山、唐、宁、梅、新、连等7州属于此种情况。其中，梁山、宁、梅、连等4州都能在表2–5中，找到所属附郭县存有县官的记录。笔者认为，它们仍应被视作标准的统县政区，州官本身并不亲民，自然无法领有实土。

2．元代根本不存在所谓“附郭县止令州府官兼领”的现象。只要附郭县建置尚存，其县官系统就仍得以保留并正常运转，州府官不可能绕过制度规定，跨越附郭县而直接管辖治城及其周边乡村。如果从唐宋诸府州皆领县且有附郭县的角度看，金朝诸州、散府实行由录事司或司候司管理治城的体制，随着元代领县但无附郭县之州的大规模出现，逐步呈现出一种部分州府由其长官直接管理行政治所的新模式。

李新峰先生曾提出，元明时期行政区划制度的基本理念，是由蒙元植入而被明代继承发扬的“直隶/分管模式”。即表面上虽由行省、宣慰使司、路/府、州等多个中间层级构成复杂的格局，但其实是以路作为中央政府与县之间的主要中间层级，以行省、宣慰使司、州作为分管机构。[1]就是说在看似纷繁芜杂的表

① 李新峰：《明代卫所政区研究》，第216页。

象下，元代中书省/行省、行省/宣慰使司、路/散府等不同层级的行政区划，事实上皆由简约的直隶/分管模式所构成。他又指出“除中央政府、行省、路府之外，宣慰使司和州内部并无直隶/分管模式”。通过本章论述可知，元代一些领县但无附郭县之州亦符合直隶/分管模式，它们在本州之内实行直接“越级”向下的亲民之制，而周边领县则属于分管状态。要言之，“州与本州辖区之间”存在州官直接亲民的越级管理现象，[①]早在元初就已具备一定的普遍性，并非晚至明初才全面呈现在世人面前。总之，本章结论可以进一步充实与修正李新峰先生关于元明行政区划制度采用“直隶/分管模式”的理论解释架构。

3. 在金蒙战争进行的过程中，诸州附郭县已出现消失的迹象。进入至元初年以后，伴随忽必烈迫切恢复中央集权的雄心，稍显特殊的诸州附郭县被裹挟在按照统一标准，大规模裁撤州县司的行政体制改革浪潮中。结果就是在蒙古统治的北方中原地区，大约至少有50个附郭县被裁撤，影响不容忽视。尤为重要的是，经历至元初年省并废置的诸州附郭县，后来重新设立的概率，无论与其他属县相较，还是参照绝对数量，都明显偏低。从某种意义上说，随着唐宋以来诸州在行政层级中的地位下降，直到元初一部分州的附郭县又被省并，自此开启了随后数百年间诸州行政层级地位不断下沉的历史序幕。

进而言之，认为诸州附郭县直到明朝洪武初年，才在很短的数年间全部消失的看法，完全是没有弄清至元二年诏令的真实含义所做出的错误判断。事实上，朱元璋正是站在前人忽必烈的肩膀上，将元末遗留下来的诸州附郭县尽行予以裁撤，方奠定了明

---

① 李新峰：《明代卫所政区研究》，第219页。

清以降凡州皆无附郭县的新局面。总而言之，在如何认识诸州完全县级政区化或具有县级政区属性的问题上，无论如何也不应忽视蒙元时期制度沿革所发挥的重要作用。如果将上述过程谓之始于蒙元而成于明清，理应是比较客观的结论。

为了更准确地把握元代在推进诸州县级政区化过程中的普及程度，笔者统计《元史·地理志》正文361个州的分类归属，得到如下结果：无领县之州183个、领县而无附郭县之州56个（见表2-3）、领县且有附郭县之州122个（见表2-3、2-5）。上述三类州所占比重分别为50.7%、15.5%、33.8%。由此可见，无领县之州在元代中后期已占到全国州数的一半，而无附郭县之州合计已达239个，约占全国州数的三分之二（66.2%）。在领有属县的州中，无附郭县者占到31.5%，接近三分之一。这充分显示了元朝在推广诸州县级政区化过程中所扮演的重要历史角色。

进入至元中期以后，随着宋朝的灭亡与大一统局面的形成，元朝对诸州建置的历史样貌又呈现出另外一番景象——在原南宋统治地区，如江浙、江西和湖广行省，领县但无附郭县之州的数量极为稀少（见表2-3）；甚至在以江南为核心的江浙行省，竟然在元末没有一个领县且有附郭县的州存在。我们可以看到，在这些地区占统治地位的州，几乎都是无领县之州——江南各地诸县因户数繁多而升州者，既不再领有他县，更不会设置附郭县。从某种意义上讲，仅就州的建置趋向而言，元朝在上述南北方之间本已呈现显著差异的基础上，似乎又在设置附郭县的问题上，展示出某种历史巧合般的内在相通性、整体性与统一性，这显然是一个值得继续深入讨论的问题。

李新峰先生在论及明初地方行政建设时，认为“朱元璋部早期控制区内的元朝诸州，绝大多数为实土州，实土州遂原封不动地成为朱元璋政权中州的普遍形式”，“明朝按东南模式，取缔了所有州的附郭县，州领实土遂为明清时期的常态”。[①]按照这一概括性的结论，明朝地方诸州建置的大模样，实属所谓“东南地区的简明模式”向北方中原地区推广的结果。换言之，明初在北方地区撤销所有州的附郭县的做法，受到朱元璋在建国前辖境内诸州——几乎全是实土州（即无领县之州）的影响。只不过因为北方诸路辖境相对广大，各州多为辖县之州，故而倏忽间不能完全复制东南模式，彻底剥离诸州的领县。

在笔者看来，明初立国进程中，有关地方行政区划建置的“东南模式”普及问题，固然颇具一定鲜活的解释力。但若结合本章的研究结论而言，由南向北推进的东南政区简约模式，似乎更应解读为按照由北向南推进的“中原传统”，特别是当我们的视野充分将元初这一时段纳入考察范围时，这种由北向南的时代推进感，俨然更为明显和强烈。

辽金时期虽然已经出现较少的无领县之州和无附郭县之州，但这类州在辽朝主要分布在今东北地区或北方草原一带，汉人相对集中的南京道（甚至西京道部分）诸州则皆领县并设有附郭县。[②]金代除了外围如绥德州和葭州等地外，在整个传统中原地区的诸州建置，同样基本延续唐宋以来的领（附郭）县传统。直到金蒙战争爆发，双方都在这一期间进行了一些“违背”传统州县统辖关系的调整措施。其中最为突出的表现之一，就是大量州的滥置。据温海清先生研究，金元之际仅在传统中原汉地

① 李新峰：《明代卫所政区研究》，第210—211页。

② 《辽史》卷40《地理志四》，北京：中华书局点校修订本，2016年，第561—570页。

（华北地区）即有46个县被升为州，“很多不领县；即便领有县者，所领县数亦少”。[①]迨至至元初年，中原地区出现的实土州一方面承自金元之际的政治遗产，另一方面则与至元二年省并州县诏令有关，是两者合流之后的结果。以东南模式为代表的实土州，出现的时间明显晚于这一历史阶段。其中尤以成宗元贞元年（1295）江南一次性升置44县为州之事最为著名。进而言之，朱元璋建国前后所继承的元末长江中下游地区实土州建置，本质上反映的是元初“中原传统”南下植根于江南地区所呈现的样貌。

正如本章所论，至元初年在北方黄河流域已经通过大规模省并州县，至少产生出50余个领县但无附郭县之州，相对明初以降所有州都被撤销附郭县的遭遇，与其说是后来朱元璋移植东南模式的结果，倒不如追本溯源，视其为延续中原传统的顺应之举。

① 温海清：《画境中州——金元之际华北行政建置考》，第200—201页。

第三章 “属州视县，直隶州视府”：明清州制新解

在第二章提及所谓元代形成“直隶/分管模式”的基础上，明代对元代看似混乱的地方行政区划格局，进行了整齐划一的调整，不但保留元朝中央政府、（路）府的直隶/分管形式，而且将布政使司和州亦彻底改造为直隶/分管模式。[①]在经历洪武初年裁撤所有诸州附郭县的措施以后，明代的州只剩余两种类型：一是纯粹的实土州，不别领任何属县；一是虽然领县但已无附郭县的州。自此以后，不论诸州被上级统辖的关系如何发生变动，它们向下统领的关系直至清末再未轶出以上两种类型的范围。

明清时期的州，因亲领编户至少具有部分程度的实土性质，故皆拥有所谓的县级政区属性。不过，不少州仍然领有数量不等的属县，可被看做统县政区。认识这一阶段诸州作为地域行政单位存在和运转的机制，需要从行政区划和地方制度的层面加以解读。前者体现州作为地理单元在行政体系中层级、隶属、幅员、边界等要素的组成与变动，后者则注重依托于州的官僚系统，在政治生活中的权力分配、运作以及上下级关系的表达与互动。

层级变迁是以往古代行政区划体系研究的重要内容，集中体现了中央集权与地方分权之间此长彼消的过程。元至民国时期的地方行政区划层级，经历了由多级制向二级制简化的历史进程，是所谓“两千年三循环”演变中的最后一个轮回。明清时期作为

---

① 李新峰：《明代卫所政区研究》，第216、219页。

其中一段，实现了将复式三、四级政区层次简化为单式的三级制。[①]在改变行政区建置的具体操作中，以上宏观结论背后的实践到底如何在国家的版图内得以展开，其实直到近年来随着清初属州问题被逐渐揭示和解决，方才具有趋向澄清的可能。[②]

明承元制，延续行省之设，不久改曰承宣布政使司，使其成为高层政区。同时，又改路名府，从而形成布政使司“统府州县，州县俱隶府，县或又隶州，州或直隶省”[③]的格局。及至清代雍正年间以后，这种兼有三、四级政区层次的复式体系已然转变为省—府（直隶州）—（州）县单式的三级制。实现这一由繁入简的关键，就是明代隶府领县的属州层级的消亡。总之，州在明清地方行政区划体系中，从静态建置的角度，居于承上启下的重要地位；从动态演变的角度，则是分析行政区层级简化的突破口。

相较以往从行政区划层面考察明清时期的州制问题，《明史·职官志》谓：“知州掌一州之政。凡州二：有属州，有直隶州。属州视县，直隶州视府，而品秩则同”的记载，[④]亦常常作为基本史料而广被史家征引，成为透视明清州制的另一重要依

---

① 周振鹤：《中国地方行政制度史》，第58—84页。

② ［日］真水康树：《雍正年间的直隶州政策》，《历史档案》1995年第3期；收入氏著《明清地方行政制度研究——明两京十三布政使司与清十八省行政系统的整顿》，北京：燕山出版社，1997年，第85—101页；林涓：《清代统县政区的改革——以直隶州为中心》，《中国历史地理论丛》2000年第4辑；傅林祥：《清初直隶州的推广与行政层级的简化》，《历史档案》2010年第4期；华林甫：《清前期“属州”考》，收入刘凤云、董建中、刘文鹏编《清代政治与国家认同》，北京：社会科学文献出版社，2012年，上册，第169—214页。

③ （明）申时行等修：万历《明会典》卷15《户部二·州县一》，北京：中华书局，1989年，第90页。

④ 《明史》卷75《职官志四》，第1850页。案明代文献无直隶州之说，可参下编第八章第一小节论述。

据。以往学界基于这段志文给出的释读，特别是有关“属州视县，直隶州视府”一句的理解，不仅存在诸多不同看法，而且似乎往往未能切中肯綮。以至于有研究者甚至对志文本身的叙述，是否符合事实亦产生怀疑。[①]有鉴于此，本章将在前人不懈探索的基础上，重新寻找解析这条基本史料的途径，希望借此对深化明清两代州制问题的认识能够有所助益。

一、旧解与疑惑

《明史》卷七十五《志第五十一·职官四》州条曰：

> 知州一人，从五品，同知，从六品，判官无定员，从七品。里不及三十而无属县，裁同知、判官。有属县，裁同知。其属，吏目一人，从九品。所辖别见。
>
> 知州掌一州之政。凡州二：有属州，有直隶州。属州视县，直隶州视府，而品秩则同。同知、判官，俱视其州事之繁简，以供厥职。

这段志文，首先描述了明代知州和他的佐贰官、属官建置以及对应品秩级别，然后又就知州所掌州政，从属州与直隶州的差异出发，进行了一番描述性地区分。其中，最易令今人产生分歧和困惑之处，就在于“属州视县，直隶州视府”一句。其余者则因语意明确，甚少标新立异之说。为了进一步引申分析，这里姑且将

---

① 周振鹤：《中国地方行政制度史》，第189页。李新峰：《明代卫所政区研究》，第207—209页。

以往对“属州视县、直隶州视府”一句的各种释读，先行梳理归纳为如下三种观点：

第一种：照搬志文原文而置之不论且不加解释者。例如，有研究者认为：州分属州与直隶州。“属州视县，直隶州视府。”直隶州知州，从五品。属官有同知，从六品，判官，从七品，无定员。吏目一人，从九品。属州与县相同。[①]又如州有两种，即直隶州和属州，直隶州视府，属州视县。直、属州知州品秩相同，均为从五品。[②]再如州在明清两代一般而言也就是县……与明代相同，清代的州也有直隶州与属州两种。直隶州等同于府，属州等同于县。[③]复如，州在明朝则分为散州（亦称属州）、直隶州。“属州视县，直隶州视府，而品秩则同。”……州官职掌与府或县相同。[④]

第二种：主张属州与直隶州（知州）地位（待遇）不同说。例如，有研究者认为州分为两种：一种是直接隶属于布政使司的州，称为直隶州，其地位大体上相当于府；另一种是隶属于府的州，称为府属州，简称属州，其地位大体上相当于县。[⑤]又如，州有二种，即属州和直隶州。属州的待遇与县同等，直隶州的待遇与府同等，但品秩相同。知州有两种：一为直隶州知州，其

① 孔令纪、曲万法等主编：《中国历代官制》，济南：齐鲁书社，1993年，第309页。

② 李治安主编：《唐宋元明清中央与地方关系研究》，天津：南开大学出版社，1996年，第264页。

③ 万昌华、赵兴彬：《秦汉以来基层行政研究》，济南：齐鲁书社，2008年，第175、179页。

④ 王天有：《明代国家机构研究》，北京：故宫出版社，2014年，第249、251页。

⑤ 程幸超：《中国地方行政制度史》，成都：四川人民出版社，1992年，第221页。

地位稍低于知府；另一为散州的知州，其地位与知县相同。[①]又如，直统于布政司的州为第二级行政区划，地位相当于府而略低；隶属于府的州为第三级行政区划，地位相当于县而略高。[②]再如，州分为直隶州、散州（属州）两种，《明史·职官志》云直隶州地位视府，散州视县……州的地位介于府县之间，分为直隶州和属州（又称散州）。直隶州由省直辖，地位视府；属州下辖于府，地位视县。实际上属州也多辖县，地位略高于县。[③]复如，州在明朝分为直隶州和属州两种，但不成为一级行政机关。从级别来说，直隶州直辖于布政司，管辖一县或数县，地位相当于府而低于府；属州则辖于府，地位相当于县而略高于县。[④]最后，则如明代的州分为两种：一是直隶于京师或者是布政使司的，称为直隶州，地位与府大体相同，其下或者辖县，或者不辖县；一种是隶属于府的，称为属州，地位与县大体相同。但多数属州也领有县，实际上这种属州的地位介于府与县之间。[⑤]

第三种：误认为属州与直隶州知州品秩有别说。例如，有研究者认为：州有二种：散州与直隶州是也。散州属于府，而直隶州则直属于布政使司，此其大别也。州置知州，散州之知州其品秩视县，直隶州则视府。州与府之区别，在知州于治县事外兼辖其旁之县，而府则仅辖散州与诸县，不直接治县事，故府之附郭

① 陈茂同：《历代职官沿革史》，上海：华东师范大学出版社，1988年，第492、683页。

② 柏桦：《明清州县官群体》，天津：天津人民出版社，2003年，第45页；柏桦：《明代州县政治体制研究》，北京：中国社会科学出版社，2003年，第56页。

③ 何朝晖：《明代县政研究》，北京：北京大学出版社，2006年，第7、11页。

④ 方志远：《明代国家权力结构及运行机制》，北京：科学出版社，2008年，第327页。

⑤ 李晓杰：《疆域与政区》，南京：江苏人民出版社，2010年，第185页。

有县而州则否。[①]

在上述三种说法中，第一种只是照抄史籍原文，并不能成为后人针对“属州视县、直隶州视府”一句的解说。而第三种将此句解作知州的品秩分别视如府、县，则与志文“品秩则同”的记载明显有所矛盾。因此，目前较为通行的理解，多以第二种说法为代表，即从知州待遇、地位或者不同的州拥有不同行政等级的角度，对上述志文加以认识。然而，即便是抛开诸说中一些类似“州就是县”“州不成为一级行政机关”这样的极端表达不谈，只需稍加考究仍可察觉，无论从属州、直隶州正印官待遇和地位的不同，还是两种州行政等级具有高下之分的说法，都无法合理地解释将它们各自视如府县的根本原因。

就正印官待遇而言，明朝品官正式薪俸中禄米和俸钞的发放，都是严格按照官员品秩高低区别对待。按照洪武二十五年（1392）“更定百官禄”后的规定，正四品知府的月俸米是二十四石，从五品直隶州、属州知州同是十四石，而正七品知县只有七石五斗。也就是说，知府的月禄米几乎是知州的两倍，而知县的月禄米仅约为知州的一半。同样，俸钞也是按照类似的原则按级发给。[②]显然，将“属州视县、直隶州视府”解作州的正印官所受待遇犹如府县之别，既不符合明代官员薪俸制度的规定，也不合常理。由此而说直隶州知州地位稍低于知府、属州知州地位等同于知县，匪夷所思。就官阶品秩而言，知府的正四品远高于知州的从五品，知县的品级又远低于知州。总之，上述第二种解释似是而非，缺乏基本的史实依据。

---

① 顾颉刚、史念海：《中国疆域沿革史》，第193页。

② 《明史》卷82《食货志六》，第2002页。

另一方面，从直隶州、属州行政层级的角度解析上述志文的尝试，也会遇到无法自圆其说的尴尬。将“直隶州视府”说成是直隶州地位相当于府而略低，从两者同隶于布政使司和下领有县的角度看，尚且通畅；而将“属州视县”解释为属州地位相当于县而略高，则断然无法弥合其与如下事实之间的矛盾：属州与其所领县之间至少存在名义上的上下级隶属关系。正因为此，无怪乎有学者指出：“明代的州有两种：一直隶于布政司，为直隶州；一隶于府，为属州。绝大部分直隶州与属州都辖县，少数不辖县。故明代的州应视为统县政区。《明史·职官志》说‘属州视县，直隶州视府’，无论从领县的角度看还是从官阶的角度看都不大符合事实。”[①]还有学者认为：“《明史》以明代‘直隶州视府’，或说地位介于府与散州之间，尚未允当”，“清修《明史》详载明代各州统县的情况，却又称‘属州视县’，与同样管理实土的直隶州强行区分开来，不免以今拟古之嫌。”[②]

有鉴于《明史·职官志》中如此常用的记载，迄今仍无令人信服的可靠结论，郭润涛先生撰以长文全面探讨明朝州的建置来源与历史特点，专就如何解读“属州视县”提出了不同于以往的新认识。他通过对志文中“视”字的理解，将明朝府、直隶州、属州及县之间的关系分解为相同与不同两个层面。他认为，所谓直隶州视府，是说两者上下隶属的行政体制（上隶布政司，下领县）或者所处的行政层级（介于省与县之间）相同，而在行政建置的类型上，一为府一为州，又不完全相同。至于属州视县，因属州下领有县，所以两者差别不言自明，关键的问题是如何阐发

① 周振鹤：《中国地方行政制度史》，第189页。

② 李新峰：《明代卫所政区研究》，第208、209页。

属州与县之间到底具有怎样的相似性。而这也恰恰应是志文使用“视”字表达直隶州与属州特征的用意所在。就此，郭润涛先生提出两种新的理解。其一，他套用直隶州视府所体现出来的直隶州与府皆直隶于布政使司的相同特点，认为“与此一致，‘属州视县’，意指属州与县为（隶于府的——引者案）同一行政层级”。在此基础上，他进一步指出，明代属州存在“无所属县分者”，也就是有不领县的属州。在这种情况下，地方行政体系形成“司—府—州”的层级结构。如此一来，与明代大量存在的“司—府—县”结构相对应，便可以认为属州视县了。其二，不论直隶州、属州，也不论其是否领县，它们都拥有“本州”这一亲领编户的直辖区域。在此范围内，从直接面对民众成为基层政府的角度，属州与县都是一级基层政权的设置。[①]

毫无疑问，郭润涛先生建立在实证分析基础上的研究结论，特别是有关理解“属州视县”的新观点，是目前针对这一问题最为全面而可靠的学术回应。然而，疑问似乎并未因此完全消解。忖之《明史·职官志》中“属州视县，直隶州视府”的描述，理应是指一种普遍状况，或是通行的看法与惯例。而郭润涛先生在第一种新的解释中，恰恰指出的是一种少数特例。也就是说，明代隶府却不领县的属州固然存在，但数量不多且分布集中。据《明史·地理志》记载，两京十三布政使司共有216个属州，其中领县属州135个，占比达到62.50%。换言之，明代后期在除福建以外的14个省直当中约建置有81个不领县的属州。不过，这些

① 郭润涛：《明朝“州”的建设与特点》，王天有、徐凯主编《纪念许大龄教授诞辰八十五周年学术论文集》，北京：北京大学出版社，2007年，第120、141、142页。案下文同引皆出此文，不再注明。

不领县的属州仅在云南、广西就有63个之多。其他12个省直一共只设有18个无领县属州。从另一个角度看，如果将分布在云南、广西的12个领县属州从全国合计的135个领县属州中去掉，再从216个属州中减去上述两布政司所全部拥有的75个（63+12）属州，在占据全国绝大部分疆土的12个省直范围内，领县属州将占到全部属州数量的87.23%（123/141）以上。[①]显然，郭润涛先生所谓的“司—府—州”这种层级结构，在明代绝大部分疆土的“司—府—州—县”体系中所占有的比重，不过十分之一略多而已。很难想象，志文“属州视县”一语，乃是有特别针对这些属州而言的可能性。至于第二种理解，若果真是因为属州拥有亲领编户的本州辖区，故才称属州视县的话，那么为何直隶州亦有本州亲领编户却要视之如府呢？这似乎是在同一逻辑下，仍然不易解释的问题。

由此可见，虽然以往对《明史·职官志》直隶州、属州条的解读，为我们提供了进一步理解这些记载本意的诸多可能，但也仍存在这样或那样难以令人信服的观点。一般来说，先通过辨明府、直隶州、属州及县四种建置类型在行政区划体系中所处层级的异同，再解析“属州视县，直隶州视府”的做法目前在学界较为通行。然而，也有学者注意到上述记载乃是出自《职官志》“知州掌一州之政”的客观事实，故而尝试从正印官职掌的角度对其加以解释。例如，前引王天有先生在征引志文原文后就认

① 案在12个省直中不领县的10余个属州包括诸如：凤阳府亳州、太原府保德州、平阳府霍州、大同府浑源州、凤翔府陇州、临洮府河州、平凉府固原州、庆阳府宁州、南昌府宁州、襄阳府均州、长沙府茶陵州、遵义府会理州等等。关于明代属州数量的统计，可参下编第八章第一小节。

为："州官职掌与府或县相同。"[①]可惜的是，他并没有就此展开论述。显然，同样立足于职官层面，从职掌的角度，无疑要比从待遇、地位等方面更加具有说服力，也更符合《职官志》记述内容的文本属性。

二、从雍正时期属州调整看州政实践的制度缺陷

在现有的明人著述中，不易找到能够更加清楚明白地解释类似《明史·职官志》"知州掌一州之政"条确切含义的相关记载。明末时人鲁论在所撰《仕学全书》中曰："凡州务，直隶州上视府，府属州下视县。若州属于府而所属又有县，则在府视县而在县。"[②]这与后来《明史·职官志》的说法已经十分接近。不过，其中可能有助于理解各州视如府县背后真相的后一句话，特别是"在府视县而在县"一语，却同样不易索解。郭润涛先生认为，此句当有手民误植的嫌疑，正作应为"在府视县而在州"，即"意思是属州所领之县，在府看来也是本府的属县，但归属于所属之州领辖"。这样的校正和解读本身似乎无可指摘，但若将其还原回鲁论"凡州务"条的全句来看，语境前后则有明显的突兀之感——本来全句所述的对象是指向正印官执掌的州务，却为何要在其后补缀州领之县亦属于其上之府的话呢？如果说"直隶州上视府，府属州下视县"，是因不同于一般意义上的理解而需要重点强调，那么又说那些隶府而领县的属州所领之县也隶于府而归州辖，难道不显得晦涩而繁复吗？由此可见，这种

① 王天有：《明代国家机构研究》，第251页。

② （明）鲁论：《仕学全书》下编卷10《各省文官考·省直府州县》，《四库全书存目丛书》第262册《史部·职官类》，济南：齐鲁书社，1997年，第208页下。

从政区层级隶属关系的角度，试图分析有关州政或者州务的相关记载，事实上很难做出令人满意的通畅解读。可以料想，对于明代官场之人而言，事关州务的所谓属州视县、直隶州视府，可能无须过多解释，因此史料才不会留下相关的记载。

顾炎武在《日知录》中有言：“县之隶于州者，则既带府名，又带州名，而其实未尝管摄于州，（原文注：惟到任缴凭，必由州转府，尚有饩羊之意。）体统乖而名实淆矣。”[①]顾氏所说的这种明代属州对其领县徒有其名的管摄方式，应该与清初方志提及的“虚辖”状态相近。据华林甫先生的研究结论表明，明代行政区划体系中大量存在的隶府领县之州，事实上在清初绝大部分都得以延续，尚有“饩羊”名义的州县关系仍以虚辖的方式继续存在。及至雍正时期，清廷调整地方行政区划，大规模将继承自前明的属州进行裁撤。所采取的方式主要有两种：其一，彻底剥离属州与其领县之间的虚辖关系，使属州成为仅有本州辖区的基层政区，与原领县一道同时直接隶属于府；其二，反其道而行之，即将属州与其领县之间的上下统辖关系彻底坐实，使属州成为脱离先前所隶之府，而与以往隶属于布政使司的直隶州相同的新直隶州。在此期间，有些新升的直隶州又降为府属之州，从此便会成为彻底不再领县的基层政区。而有些直隶州则进一步得到升府的机遇，成为一批新设之府的前身。由此至乾隆初年，清朝基本将承自明代的属州裁撤殆尽，整个地方行政区划体系实现了从复式三、四级制向单式三级制的转变。

以往释读《明史·职官志》的州政部分，主要是对制度条

---

① （清）顾炎武撰，严文儒、戴扬本校点：《日知录》卷8《府》，第1册，第351页。

文的生搬硬解，缺乏政区实践层面的动态分析，所以无法深入挖掘州政运作的具体状况。前述针对属州的第一种改制途径，即剥离属州与县原有虚辖关系的历史过程，文献几乎没有留下任何记载，故难以对其展开讨论。而在雍正年间将属州升格为直隶州的大规模调整中，却留下了不少详细论述改制前因后果的珍贵史料，适可揭示明清州制的某些重要制度面相。

清廷大规模升格属州，肇始于山西。早在康熙末年，晋省州县的钱粮亏空现象已颇为严重。雍正皇帝即位后，派遣亲信诺岷担任巡抚，大力稽查钱粮亏空，力图扭转恶化的地方财政状况。雍正元年（1723）五月诺岷到任后，限期追缴各州县亏空，撤换欠银严重的州县官员，甚以参拿治罪。[①]他一面采取措施，提出改革地方财政制度的具体建议；一面对部分府州县进行实地巡查，酝酿进一步杜绝钱粮亏空的有效手段。雍正二年二月，诺岷在给雍正皇帝的奏折中写道：

> 山西省九十余州县内，平阳府统管三十四州县，太原府统管二十五州县。因州县太多，地方辽阔，原任知府等不能亲临详查州县仓库，是以州县均有亏空。今钱粮银虽封于柜内，不令州县官员私自开启，但天长日久，又另生弊端难以预料，且仓粮均皆收储于州县地方易生弊端。臣之愚意，既然钱粮关系重大，不可不敢定分别查看之例。臣看得地方志，先前，州县或与府一并兼管，或分别归直隶州另行管辖，均届时为裨益事务酌情而办。历代定例不同。今既然分

① 《山西巡抚诺岷奏报赔补亏欠未完钱粮人员暂缓参革缘由折》（雍正元年七月二十七日），中国第一历史档案馆译编：《雍正朝满文朱批奏折全译》上册，合肥：黄山书社，1998年，第256页。

别查看仓库钱粮甚是重要，则照分县归直隶州另行管辖之例办理外，另无可行之例。

臣看得地方情形，平阳府所属襄陵、太平、稷山、河津、万泉五县地方，与绛州临近；安邑、夏县、平陆、芮城四县地方与解州临近；临晋、荣河、万泉、猗氏四县地方与蒲州临近；蒲县、乡宁二县地方与吉州临近；大宁、永和、汾西三县地方与隰州临近，既然如此，将此十八州县由平阳府分开，分归绛州、解州、蒲州、吉州、隰州管辖，就近易于不时查看仓库钱粮。

太原府所属繁峙、五台、崞县三县地方与代州临近；定襄、静乐两县地方与忻州临近；乐平、盂县、寿阳三县地方与平定州临近；兴县、河曲两县地方与保德州临近。既然如此，将此十县与太原府分开，分归代州、忻州、平定州、保德州管辖，以便就近不时查看仓库钱粮。如此，平阳、太原两府均余十一州县，亦便于查看仓库钱粮。

但管县之直隶州亦各有仓库、刑罚事务，原本因无专查之上司，有亏空钱粮之弊亦难预料，是以，将由平阳府分出之绛州等五直隶州仓库之钱粮，就近交付河东道员不时查看。将太原府分出之代州等四直隶州之仓库钱粮，交付雁平道员不时往查，将原有泽州、辽州、沁州三直隶州之仓库钱粮交付粮台道员不时查看。倘若失察，照知府议罪新例治罪。如此，无需增补官员糜费钱粮，而且各州县仓库钱粮各自不时往查，免生亏空之弊。[①]

---

① 《山西巡抚诺岷奏陈加强地方防务分查仓库钱粮折》（雍正二年二月初一日），中国第一历史档案馆译编：《雍正朝满文朱批奏折全译》上册，第638页。

事实上，诺珉发现了一个导致亏空频发的重要地方制度性缺陷，这就是太原、平阳两府所辖州县太多，作为知府分身乏术，无法对州县官员进行有效监管。他由此提出唯一可行的解决方案是将先前的九个属州升格为直隶州。于是各直隶州知州便可就近“不时查看”属县的仓库钱粮，以前因为知府无法做到县县兼顾的困局顿时得到缓解。他又指出，直隶州知州本身也有直接面对百姓收缴仓库钱粮的责任，在加强知州巡查属县力度的前提下，也应该安排知州的上司道员，对其加以专查。最后，诺岷强调无论新升还是原有的直隶州知州，如果对属县亏空负有失察之责，会参照知府巡查下属不力之罪加以惩治。

诺岷的出发点，是希望通过加强吏治和来自上级官员的监管，防范和杜绝各县贪污亏空现象的滋生。他提出将属州改设直隶州的解决方案，应该就是为实现上述目的而采取的一种制度性保障。从他的奏陈中可以清晰地辨明直隶州知州在履行查看仓库钱粮这一州政时，所表现出来的两个重要特点。首先，知州须如知府一样，不时巡查属县仓库钱粮的征缴情况，监督属县官员不得私自开启钱粮柜。其次，由于直隶州知州在本州内亦亲领编户，所以在无法保证其绝对廉洁自律的前提下，只能再安排上司官员诸道对他们施以巡查。在这两个直隶州知州施政过程所体现出来的特点中，诺岷更为看重或者说他的初衷，是希望这些知州发挥犹如知府一般巡查监督属县官员的职能。至于增派道员巡查各直隶州本州，则是在此基础上的完善与补漏措施。

诺岷在山西计划同时升格九个属州为直隶州，如此针对属州的大规模调整，自清朝入关以来前所未有。他如此看重直隶州所带来的制度性保障作用，从一个侧面深刻反映出类似的需求，正是以往设置属州远远无法满足之处。也就是说，直隶州知州具备的以巡查属县之责为重的施政特点，恰是属州知州明显缺失的。这一由设置直隶州而反向推及的结论，与清初顾炎武谈到的属州领县只是形式上的管辖，以及清代方志所谓的虚辖若合符契。对山西太原、平阳两府进行过实地考察的诺岷，必然发现了属州知州与其属县之间，早已形成的这种虚弱的隶属关系。一方面，山西的一府之地异常辽阔，知府无法面面俱到、处处关照；另一方面，名义上领县的属州知州，却又几乎没有巡查属县的行政规定和义务。在缺乏上级有效监管的制度弊端下，属州之县的官员发生侵挪钱粮、贪污亏空的可能性自然大大增加。可以说，不将这些游离于体制之外的县级官员有效纳入地方政府的监管体系，诺岷在山西展开的地方财政改革，就有中途夭折的风险。

诺岷先以奏折的形式单独向雍正帝提出上述建议，在得到“拟本具奏”的朱批后，正式向朝廷提出在山西改设直隶州的方案。清人蒋良骐在《东华录》中，对此留有比编入《清世宗实录》相应内容更显丰富的记载，今录于此：

> 三月，山西巡抚诺岷疏言：太原、平阳二府所辖州县，居通省三分之二，地方辽阔，经年不能周其地，是以从前亏空，知州毫无觉查。今细察舆图，莫若照直隶州之制分辖，请将太原府属之乐平、盂县、寿阳分隶平定州，定襄、静乐分隶忻州，五台、崞县、繁峙分隶代州，河曲、兴县分隶保德州。平阳府属之临晋、荣河、万泉、猗氏分隶蒲州，安邑、夏县、平陆、芮城、垣曲分隶解州，太平、襄陵、稷山、河津分隶绛州，蒲县、乡宁分隶吉州，大宁、汾西、永和分隶隰州。一经分理，则太原、平阳所隶州县各止十一，地近则易周，粮少则易核，不惟亏空之弊可杜，即刑名词讼

> 亦简而易理。至直隶州各有仓库，向无专责，恐致侵挪。请将蒲州、解州、吉州、绛州、隰州钱粮，就近令河东道盘查，平定、忻州、代州、保德州钱粮，令雁平道盘查。其旧设之泽州、辽州、沁州钱粮，令粮驿道盘查。如通同隐匿失察，照议处知府例处分。①

诺岷在奏折中，表达了改设直隶州的起因与缘由。如果说府境辽阔属于客观原因，那么“知州毫无觉查”以致亏空，就不得不承认应该是制度设计出了问题。这里诺岷提到的知州和引起亏空的对象，是“从前”发生的，所以毫无疑问指的是属州知州及其本该由他们虚辖统领的各县官员。属州知州在管辖属县官员的过程中，竟然表现出“毫无觉查”的状态，完全可以印证他们本身已不将巡查下属各县作为州政实践和运作的主要内容。这应该正是清初方志称之为虚辖的关键原因。

雍正时期，不仅在山西发生了上文提及大规模升格直隶州的行为，诸如直隶、河南、山东、陕西、江南等地也有类似大量行政区划调整的案例，对此学界已有系统地讨论，本文不拟赘述。但需要提及的是，在《清世宗实录》留下的有关改设直隶州的记载中，往往都会提及府境辽阔，统辖动辄即有二三十个州县的情形，也会说“知府实有鞭长莫及之虞”和“直隶知州，照知府之例”“直隶州稽查各县钱粮案件，俱照知府之例处分”等几乎完

① （清）蒋良骐撰，鲍思陶、西原点校：《东华录》卷25雍正二年三月，济南：齐鲁书社，2005年，第387—388页。案《清世宗实录》卷19雍正二年闰四月己卯将“户部等衙门议覆”的诺岷上奏系于该日。核之前引《东华录》所记，可知其如“经年不能周其地，是以从前亏空，知州毫无觉查。今细察舆图”、“一经分理，则太原、平阳所隶州县各止十一，地近则易周，粮少则易核，不惟亏空之弊可杜，即刑名词讼亦简而易理”等句皆被省略。

全近似的用语。这都表明，至少在北方地区，从顺应地方财政制度改革的角度出发，将辖境较大而统摄州县较多的府，分设出直隶州的过程，基本与山西的情形类似。从分析直隶州、属州知州职能的角度而言，或许还有更多史料可以说明前文得出的初步认识，但山西作为最早掀起改设直隶州浪潮的策源地，无疑更具有鲜明的典型意义。

三、以州政之别再释“属州视县，直隶州视府”

通过前文对雍正年间山西太原、平阳二府改设直隶州的个案讨论可知，从知州所要面对的州政角度，可以很容易理解诺岷采取改设直隶州措施的原因，是要发挥直隶州知州近乎等同于知府一般，具有巡查属县、监督下属的职责功能与任务。这也正是志文所谓“直隶州视府”一语试图要表达的关键内涵。当然，直隶州毕竟还领有本州，正如前引史念海先生所言“于治县事外兼辖其旁之县”。故知州在本州范围内亲领编户，作为最直接的亲民之官，构成了他与知府在职责层面的最大区别。

关于对属州领县的认识，以往多来自于《明史·地理志》、明朝地理总志、《大明一统文武诸司衙门官制》、《大明清类天文分野之书》以及类似前文提及的《明会典》这类官方政书类文献。它们都明确将属州隶府、其下领县的状态，以一种几乎可称为政区层级体系的方式分别记载在各自的内容之中。这种多来自于地理类文献所产生的印象，对今人的影响不宜低估。而面对明人鲁论在《仕学全书》中提到的州务和《明史·职官志》谈到的知州掌一州之政时，所涉府、直隶州、属州及县的关系，就往往很容易被人从政区层级的角度孤立地加以释读。

事实上，“属州视县，直隶州视府”为今人提供了认识明清州制及其演变特征的另一个侧面。尽管从政区层级角度理解的州制，与这种从官僚职掌角度所呈现出来的州制之间，具有密切的联系，但毕竟因为地理与职官的微妙差异而显示出彼此的不同。作为领县之州，在同为统县政区的地理层面无法显示的差异，却可以通过直隶州、属州职官所掌州政的不同得以具体呈现。而两种知州所掌州政的不同，同样可以反映府与直隶州皆隶于布政司的层级特征。总之，正是地理与职官层面所反映出来的，既有联系、又有区别的明清州制双重面相，使得以往单纯沿用政区层级体系的视野分析两种州视如府县的问题，总是若即若离，却始终不得要领的根本原因。

属州虽然从层级的角度看领有属县，但本文提供的史实，可以进一步证明这种被称为虚辖的状态，在职官所掌州政的层面，具体表现为几乎丧失作为上司巡查、监督属县知县的职能。然而，与直隶州相同，属州也拥有亲领编户的本州。在其境内，知州直接亲民，履行一切犹如知县的刑名钱谷之责。由此来看，属州视县一语绝非妄言，它正是属州知州为官一任进行州政实践的基本原则。姑且用“视”字来表达其中的曲折与原委，可能还是与顾炎武所说“到任缴凭必由州转府，尚有饩羊之意”有关。

如果一定要将《明史·职官志》知州所掌州政一段中的“属州视县、直隶州视府”一句，用更加直白的语言加以描述，可以这样认为：属州（知州）虽领有（知）县，但因尚隶于（知）府，故其所掌州政主要面向本州内亲领编户，从牧民之官的角度可视与知县相埒。而直隶州（知州）因径隶于布政司（布政使），故其州政主要是对所领各（知）县的（巡查）管辖，从牧官之官的角度可视与知府相仿。

正是由于直隶州与属州知州，各自兼有犹如知府和知县政务的缘故，所以在《明史·职官志》的原文中才会出现详于一府、一县之政，却只字未提一州之政的特殊现象。[①]而明人鲁论“若州属于府而所属又有县，则在府视县而在县”的说法，完全可以从不轻易改动其现有原文的前提下，做出大致通畅的解释：属州之县的管理已非所在州的正印官职责所能涵盖，上司知府纵有巡查之责，但往往因境阔僚众、分身乏术、鞭长莫及，故一切县政只能任由这些属州之县自行裁决、万事尽皆“在县”而已。要言之，鲁论之言反映的正是明代属州领县制度潜在的弊端与问题。

可以引为思索的是，在厘清《明史·职官志》知州掌一州之政的真相之后，又该如何来理解《清史稿·职官志》中所谓“知州掌一州治理。属州视县，直隶州视府。唯无附郭县”的记载。显然，在经历了雍正时期的政区调整历程后，同样的“属州视县，直隶州视府”语境已与明代及清初有所不同。清代中期以降政区层级单式的三级制确立后，属州已完全不再领县，变为纯粹的实土性质的县级政区，与亲民之县本质相同。而直隶州之制，则继承延续明代的传统，层级上直隶省部，职官施政亦需遍及属县。由此而言，《清史稿·职官志》的说法理应更为接近清代中期以后的实际状况，而之所以仍旧沿用前志所谓“视”者，大概更多的是强调州与县在建置类型和正印官品秩上的直观差异。有趣的是，前后相继载于史籍的“属州视县，直隶州视府”一句，虽然经历了明清地方行政制度的重大变革，但仍能大致如实反映各自所对应时代州政运作的基本职能与状态，同时亦能如实对此间明显不同的行政区划体系层级与结构有所展现。不得不承认，

① 《明史》卷75《职官志四》，第1849—1850页。

在不同的历史阶段下，即使是相同的文献记载，也会呈现出完全不同的历史真相。

四、结语

本章对《明史·职官志》“属州视县，直隶州视府”一语的真实含义提出了新的解释，可供学界进一步讨论。事实上，类似的政区建置状况在近现代地方行政制度的发展演变中，还存在相近的表现形式，兹不妨列举一例以供比较。

中华人民共和国成立以后，根据省、县两级《人民政府组织通则》的规定，各地确定成立行政专员公署，作为省、自治区人民政府的派出机关，代表省、自治区人民政府领导和监督属区各县。[①]1978年，根据宪法规定将其改称为地区公署。1983年，中央决定试行市领导县的地方体制。于是，在各省、自治区政府与所属县之间，开始出现并存地区公署和市人民政府两种组织机构的局面。此后，市的建制数量快速增长，不少地区开始撤销地区公署，转而成立市人民政府。在制度上，地区公署是省政府的派出机构，而市人民政府则是法定的一级政区组织。在采取市领导县的体制前，我国的市普遍可视为由城区和少量郊区组合而成的“点”，地区则是包括若干县的“面”。市领县体制铺开后，市的行政区域也由点变成了面，从而与地区之间只剩下一个是否拥有“市辖区”的差别。就在地、市并行局面形成以后，理论上

---

① 案中华人民共和国成立后所采取的行政专员公署体制，通常被认为承自民国时期在大部分省区业已大量设立的行政督察区。有关后者的建置演变，可参傅林祥、郑宝恒著《中国行政区划通史·中华民国卷》，上海：复旦大学出版社，2017年第2版，第110—121页。

讲，省县之间的地级市和自治州机关与地区机关是平级的行政单位，但在当时的行政管理运作中，实际的情况是，地级市往往侧重城市工作，自治州侧重民族自治工作，地区侧重农村工作。[①]换言之，尽管市政府已代管一些县份，但其行政工作的侧重点仍在市辖区之内，而地区公署本就侧重在各县开展工作。

在笔者看来，20世纪80年代这种地、市机关针对各自工作区域分别予以侧重的行政现象，虽不能说与明代直隶州、属州的州政施展模式完全相提并论，但的确存在一定程度上的相似性。时至今日，历史已经给出其选择的答案，即地区公署被地级市体制所取代。但是由市管县模式而导致产生的行政成本提高、效率降低，[②]以及盲目偏重城市经济、"小马拉大车"等问题仍然存在，迄今仍未从根本上得到解决。从历史的维度来看，明清时期的直隶州不仅数量不多，而且在雍正以后由属州升格成的直隶州中，有不少很快又升格为府，从这个角度而言，地区公署体制的没落似乎不无预示，而愈发接近于明清时期府制的当今地级市体制，竟在持续不断的质疑声中得以延续，这不能不说存在可供总结的经验，值得思考。

---

① 孙学玉：《公共行政学论稿》，北京：人民出版社，1998年，第97—103页。

② 案由于市是一级法定的政区，故在确立其代管县的体制后，我国的地方政区层级转变为省、市、县（区）、镇（乡）四级制，而地区公署作为省政府的派出机构，尽管驻于省内各地，但其行政层级体系仍维持省、县（市）、镇（乡）三级制。随着行政组织层级的增加，信息传递的速度、效率必然降低，客观上增加了行政管理的成本。从历史上来看，当下对地级市体制的诟病，与其确立后形成上述三、四级混合或趋向单式四级制的地方行政体系之间，具有一定的因果联系。

中　编

概念重构

第四章　金代诸府政区等第问题新探

有关金代诸府等第之分，一般认为有京府、总管府和散府之别。因元袭金制，故亦将元代诸府分为路总管府和散府两类。[①]事实上，金代的总管府既属路级也属府级政区的官署机构，是路、府两级政府以近乎一套官员、合署办公的场所。因此，长期将总管府羼入金朝诸府等第的讨论，似有可供商榷的余地。鉴于此，本章希望申述对金代诸府分等研究的初步看法，进一步探索相关问题，澄清金府等第划分的模糊领域，并为考察金元时期的路制转型补充新的视角。

学界对金代诸府在地方行政体系中地位及分等问题的认识，有一个逐渐清晰的过程。20世纪80年代初，张博泉先生指出金代"设京、路、府、州、军县。诸京设留守司，留守带本府尹兼本路兵马都总管……路治所在的府称为总管府，由兵马总管兼任总管府的称府尹，不兼总管府事的只称府……京、路、府、州、军的军事、行政统由各京、路官员管理，这是在采用汉制的同时，还保持女真军政一体的习俗"。[②]他虽提及诸京留守带本府尹衔，但只将府分为路治所在的总管府和府尹不兼总管府事的府。周振鹤也先生认为："府在金代有两种，一是总管府，为各路治

① 李治安：《元代行省制度》下册，北京：中华书局，2011年，第695页；李治安、薛磊：《中国行政区划通史·元代卷》，第12页。

② 张博泉编著：《金史简编》，沈阳：辽宁人民出版社，1984年，第130、164页。

所，不兼总管府的则称散府。”[①]

还有研究者认为：五京各领一路，设留守司，长官留守带本府尹兼本路兵马都总管；路治所在的府称总管府，府的行政级别相当于州，地位略高。每路除路治所在府外，还有一些府的设置。又如：金朝地方区划第一级是路、府，第二级是州，第三级是县，“路并不是一级地方行政单位，而是军事单位……各路首府设总管府，分为上、中、下三等……散府府尹亦为正三品，主要管民政”。[②]以上结论似有矛盾之处。程妮娜先生以原辽和北宋地区为别，分金府为京府、路治府和一般府。[③]张金铣先生亦分“京府、总管府、闲散府”。[④]近来，李昌宪先生复提出金府“分为三等，即京府、总管府、散府，各等之中又有上、中、下之别”。[⑤]余蔚先生亦指出：“金代沿辽、宋之制，首都、陪都置府，称为‘京府’；非首都、陪都所在而为一路都总管所治处，亦置府，称‘总管府’；无上级机构入驻者，则称‘散府’”，“同一阶序的统县政区，内部又有等第的高下之分。同是府，有京府、总管府、散府。”[⑥]这些观点基本代表了目前学界的主流。

总之，关于金府分等大致可以归纳为两种意见：一是分总管府（或曰路治府）和散府（或曰府、一般府或闲散府）；二是分

---

① 周振鹤：《中国地方行政制度史》，第182页。

② 李锡厚、杨若薇、白滨：《中国政治制度史》，天津：天津人民出版社，2016年，第633页。李锡厚、白滨：《中国政治制度通史·辽金西夏卷》，北京：人民出版社，1996年，第271—275页。

③ 程妮娜：《金代政治制度研究》，第78—85页。

④ 张金铣：《元代地方行政制度研究》，第212页。

⑤ 李昌宪：《金代行政区划史》，第84页。

⑥ 余蔚：《中国行政区划通史·辽金卷》，第589、593页。

京府、总管府和散府，各类内部又有上、中、下三等之别。两者差异主要在京府，至于总管府和散府异议甚少。核实而论，讨论诸府等第理应有两个前提：一是诸府指行政区划意义上的府；二是同属于一个政区层级，不存在相互间的隶属关系。由此可见，京府、总管府以及散府是否属于完备的统县政区，应是讨论它们之间等第关系的重要基础。

一、总管府行政属性剖析

所谓等第涉及的金代总管府，亦称“路治所在的府”或“一路都总管所治处”，这里的路指兵马都总管府路。《金史·地理志》载有19个这样的总管府路，它们之下开列有首府、节镇、防刺州、县等行政及猛安谋克组织等内容。除都、京所在路还有宫殿、衙署、山川的记载外，其余诸路多简述沿革及所辖府节镇防御州县镇数量。各路首记一府，故合计19府，此即总管府路治所在的府，简称路治府，亦即等第涉及之总管府。显然，总管府路与路治府两者无论从政区层级、幅员，还是行政功能、属性方面，都具有显著的差异。

《金史·地理志》序曰：“袭辽制，建五京，置十四总管府，是为十九路。”[①]谭其骧先生曾以总管府为题，梳理了金代所有总管府路的沿革。[②]张帆先生亦指出总管府和转运、提刑、统军诸司都是路级机构，较之北宋，金路“主要代表是总管府而非转运司”。[③]可见，无论史料记载还是今人研究，都有将总

---

① 《金史》卷24《地理志上》，第589页。

② 谭其骧：《金代路制考》，《长水集》下册，第290—293页。

③ 张帆：《金朝路制再探讨——兼论其在元朝的演变》，《燕京学报》新12期，第99页。

管府视同总管府路的倾向。这无疑与总管府在金府等第研究中特指路治府的情况形成反差。之所以会出现这种既代表总管府路，又被界定为路治府的现象，与总管府长官施行“府尹兼领兵马都总管”之制有关，体现了张博泉先生所谓“女真军政一体的习俗”。总管府路长官除担任执掌路治府庶政的府尹外，还兼领管辖全路治安、军事职责的兵马都总管。类似于唐代都督兼任治所州刺史、北宋安抚使兼领首州知州的体制。总管府由此具备路级官署的行政功能，同时成为低一等级的路治府的民事办公场所，路、府两级政府呈现由一套官员、合署办公的特点。

既然总管府具有兼跨路、府两级地方政府的属性，那么仅将其视为金府之一纳入等第讨论，自然会忽略它作为路级机构和拥有相应辖区的行政意义，淡化了它具有路府合署办公的军政一体特征。事实上，金代总管府主要为满足地方高层政区路的运作而建置。即使不设总管府，“路治”所在的府也会如节镇州一样形成完备的统县政区，政府官员和散府相同，只是不带有“总管”字样而已。由此可见，使用总管府指代路治府，显然泛泛而论不够贴切。

笔者认为，等第所涉总管府的标准称谓应是总管府路治府。强调总管府，因为金路机构尚有转运、提刑诸司，它们的驻地有府有州。程妮娜先生曾提到的“路治州”，[①]想必即指后者。金初著名的平州（今河北卢龙县）就是钱帛司和转运司治所。[②]理论上，非总管府的路级机构入驻之府也可名为路治府，但张博泉、程妮娜等先生只称其为府或一般府，意在突出地位不如

① 程妮娜：《金代政治制度研究》，第79页。

② 《金史》卷24《地理志上》，第617页。

总管府重要。至于“无上级机构入驻”的府，余蔚先生称为“散府”。其实，散府亦有上级机构入驻。例如，凤翔路平凉府即陕西西路转运司和东西路提刑司的治所。[①]无上级机构入驻的府确实是散府，但散府未必皆无上级机构入驻，只是不设总管府而已。程妮娜先生所说的一般府就是散府，如《金史·百官志》“诸府谓非兼总管府事者”。

以总管府和散府为别划分等第，还忽视了两者在辖区方面存在隶属关系的事实。诸路府尹兼兵马都总管负责治安、军事职能的辖区，包括所领散府。[②]这种隶属纵使不如州县之间的领管关系纯粹，但也足以挑战两者属同一政区层级的前提。因此，在金府分等问题上采用总管府之说并不严谨，标准称谓应是总管府路治府。至于史料中提到的散府，当是非总管府路治府的习称。相较以往，上述说法略显拗口。但学术概念的科学运用，似不应让位于文字表达的简练与否，也不能迁就于原始词汇的多义性。

二、释“京府”

在以往金府等第认知中，京府具有重要地位。顾颉刚、史念海先生之《中国疆域沿革史》曰：“金源疆域之区划以路为最高，合五京府与十四总管府为十九路。”[③]此说当据前引志文“建五京，置十四总管府，是为十九路”。兹将“五京”转写为

① 《金史》卷26《地理志下》，第692页。

② 案路治府与散府无政区隶属关系。这与金代节度使虽“掌镇抚诸军防刺，总判本镇兵马之事”（《金史·百官志三》，第1398页），但节镇州辖区不含防刺州同理。（见李昌宪《金代行政区划史》，第93页。）

③ 顾颉刚、史念海：《中国疆域沿革史》，第176页。

“五京府”，实质未变，仍指五京路或五京路总管府，从而符契十九路说。张帆先生指出“广义上总管府亦包括京府”，[①]取意相同。可见，在不论及金府等第时，学界对京府的释读往往倾向于京路，即作为京路总管府的简称。不过，此说有似是而非之嫌。

诸京路官署分两种情况：一是京师所在中都路，办公机关称中都路兵马都总管府。二是陪都所在路，长官留守带本府尹兼本路兵马都总管，办公机构称诸京留守司。《金史》谓大兴府尹兼中都路兵马都总管如遇“车驾巡幸，则置留守、同知、少尹、判官”，[②]说明金帝如春水秋山时，其官亦会改称中都留守。[③]质言之，包括中都路总管府在内，诸京留守司才是京路官署机构的正式称谓。所谓京路总管府更接近于今人泛泛而论的一种认识，并非金代长期存在的官方名号。[④]顾、史二位先生以京府视其简称，不免稍欠严谨。

金府等第之京府，显然不是金志记载和今人抽象的“京”与“京府”概念。作为等第语境下行政区划意义的京府，只能是诸京路的首府，即京路治府，如大兴、会宁、辽阳、大定、大同、开封以及短暂存留的临潢诸府。如果只是今人约定俗成，且无视“广义上总管府亦包括京府”之说的存在，那么认为京府是京路治府简称的看法，似乎未为不可。但是，由于金代史料尚存颇多“京府”的实际用例，故在认同上述结论前，确有必要讨论文献

---

① 张帆：《金朝路制再探讨——兼论其在元朝的演变》，第101页。

② 《金史》卷57《百官志三》，第1390页。

③ 《金史》卷104《高霖传》，第2426页。

④ 案《金史·兵志》曰天德二年改诸京兵马都部署司为本路都总管府（第1073页）。不久即更置留守司。

中的京府是否指向京路治府。

表4-1 《大金国志》所列官署机构及政区等第分类

官署机构分类名称	上等	中等	下等
京路六留守司5处	中都大兴府、南京开封府	北京大定府、东京辽阳府 西京大同府、上京会宁府	—
总管府14处	平阳府、真定府 益都府、东平府 京兆府、太原府 大名府	河间府、庆阳府 临洮府、凤翔府	延安府、咸平府 临潢府
散府8处	河中府、济南府	归德府、河南府 平凉府	广宁府、兴中府 彰德府
总计	京府州军179处		

说明：志文还列有五类不分等的官署：都转运司1处、转运司13处、统军司3处、招讨司3处和提刑司9处；另有节镇39处、防御21处、刺史75处及16军改作州者，内各有上、中、下分等。

有研究者据《大金国志》的记载，佐证金府分京府、总管府和散府。[①]为考察京府一词的真实含义，兹以该书卷38“京府都镇防御州军等级”所列官署机构制成表4-1。由此可知，所谓“都镇防御州军”指都转运诸司和节镇防御刺史州及军等，“京府”则囊括京路、总管府和散府。京府州军总计中的“京府”除6处京路外，还应包括22处总管府和散府，否则合节镇诸州及军改州者不及179处。故在《大金国志》的文本语境中，京府不可

① 李方昊：《金朝府州研究》，吉林大学2016年博士学位论文，第59页。

能仅指京路治府，而应还包括诸京留守司、总管府及散府。它更像是一个由京、府并列构拟的合成词，[1]而非按照“京府总管府散府”体系理解的偏正结构。下文以《金史》为对象，进一步辨析京府的含义。据《地理志》曰：

> 袭辽制，建五京，置十四总管府，是为十九路。其间散府九，节镇三十六，防御郡二十二，刺史郡七十三，军十有六，县六百三十二。后复尽升军为州，或升城堡寨镇为县，是以金之京府州凡百七十九，县加于旧五十一，城寨堡关百二十二，镇四百八十八。

金代前后两阶段“京府州”数量的变化如下：前有京5、总管府14、散府9、节镇36、防御22、刺史73、军16（合数175）；后经诸军尽升为州，京府州数达到179。若将之前京、总管府、散府和节镇防御刺史军的数量之和175，减去消失的16个军，可知后来所置新州之数约为20个。从175到179几乎没有变化可以推知，后来的京府州数几乎就是原先京、总管府、散府、节镇防御刺史及军数之和。而节镇防御刺史和军无疑对应后来的州，若将其减去，则京府对应的即是之前京、总管府和散府三者之和。显然，这与分析《大金国志》的结论一致。

与京府州连用类似，《金史》常见涉及京府用例者尚有“京

① 案据《金史》卷58《百官志四》曰：“天寿节设施老疾贫民钱数，在都七百贯，宫籍监给。诸京二十五贯，此以下并系省钱给。诸府二十贯文，诸节镇一十五贯文，诸防刺州军一十贯文，诸外县五贯文。”（第1441页）可见，都、京、府、节镇、防刺州、军之等差一目了然；京与府上下有别，彼此独立，前者指京路治府，后者指总管府路治府及散府。

府节镇”。此外，还有京府州县、[①]京府统军司节镇、京府运司节镇、京府镇州、京府诸司、京府节度州、京府运司等。兹以京府节镇和京府州县为例，说明京府一词在系统史料中的通行含义。据《金史·宣宗纪》兴定二年（1218）九月乙未条曰：

> 设随处行六部官，以京府节镇长官充尚书，次侍郎、郎中、员外郎；防刺长官侍郎，次郎中、员外郎、主事；勾当官听所属任使。州府官并充劝农事，防刺长官及京府节镇同知以下充副使。

朝廷安排行六部诸官，以地方京府节镇职事官充任。京府若仅指京路治府，则诸路总管府长官必被排除。而节度州长官尚可充任尚书，无由将地位更重要的兵马都总管置之事外。因此，京府长官必包括京路、总管府及散府长官在内。

又如《金史·兵志》曰：

> 河东三虞候顺德军及章宗所置诸路效节军，京府节镇设三十人，防刺设二十人。掌同弓手者也。

《金史·食货志一·户口》曰：

---

① 案零散史料亦有如京府节镇和京府州县的用例。如罗福颐校录《满洲金石志》卷3载金人韩长嗣撰《兴中府尹改建三学寺碑》（大定七年）曰：“方今京府巨镇棋布天下，设三学者有数”（1937年刊本影印）；又《山右石刻丛编》载金人张邦彦撰《河中府万泉县重修宣圣庙记》（泰和三年）曰：“本朝自有天下几及百年，京府州县皆有学校，彬彬之教可谓布行邦域之内矣”。（胡聘之《山右石刻丛编》卷22《金四》，光绪二十七年刻本）忖之用意与《金史》一致，不会仅指京路治府。

京府州县郭下则置坊正，村社则随户众寡为乡置里正，以按比户口，催督赋役，劝课农桑。

《金史·选举志三》曰：

又命京府州县及转运司胥吏之数，视其户口与课之多寡，增减之。

《金史·百官志四·百官俸给》曰：

（贞祐）二年八月，始给京府州县及转运司吏人月俸有差。旧制惟吏案孔目官有俸，余止给食钱，故更定焉。

《金史》的类似记载充分表明京府绝非仅指京路治府一隅，而是至少包括京路和总管府路在内。对此，比较典型的例子还有《金史·选举志》的一条记载，据其曰：

凡医学十科，大兴府学生三十人，余京府二十人，散府节镇十六人，防御州十人，每月试疑难，以所对优劣加惩劝，三年一次试诸太医，虽不系学生，亦听试补。

金人使用"京府州县"泛指较大的疆土范围，起源可能颇早。据《金史·高丽传》记载：

天辅二年十二月，诏谕高丽国王曰："朕始兴师伐辽，已尝布告，赖皇天助顺，屡败敌兵，北自上京，南至于海，其间京府州县部族人民悉皆抚定。今遣孛堇术孛报谕，仍赐马一匹，至可领也。”[①]

金初辽朝尚存，京都及总管府制度远未成型，但在对外正式诏书中已使用京府州县一语，足见其渊源颇早。此或为是说沿袭辽、宋之证据。

中华书局本《金史》有将“京府州县”逐一点断的情况。如《河渠志·黄河》篇曰：御史台言“自来沿河京、府、州、县官坐视管内河防缺坏……令沿河京、府、州、县长贰官皆于名衔管勾河防事”。随之提及如下政区：南京府和归德、河南、河中三府及部分属县，怀、同、卫、徐诸州县，合计“四府十六州……四十四县”。[②]显然，这里将京府点断，前者指南京开封府，后者指归德等三个散府，适可说明二字非能以偏正结构解之。

当然，《金史》京府所指也非尽如前述宽泛，有极个别用例可能特指京路治府。如《移剌窝斡传》曰：“完颜思敬献俘于京师，窝斡枭首于市，磔其手足，分悬诸京府。”移剌氏虽身首异处，但似惨不致被分悬于诸京及众总管府治。又《仪卫志》载从六品外任官从已人力“统军、都转运司、京府、总管、散府等判官、京推官，九人”。[③]有论者以兹京府、总管、散府之谓同时出现，可证金府分为三等。按是说当有误。志文提到从六品判官，严格讲只能是路总管府的“总管判官”，故专写“总管”

① 案另见《金史》卷60《交聘表上》，第1479页；又见《与高丽文孝王书》（阎凤梧主编：《全辽金文》中册，太原：山西古籍出版社，2002年，第917—918页），然皆未见京府州县一说。

② 《金史》卷27《河渠志·黄河》，第718—719页；另参卷8《世宗本纪下》、卷9《章宗一》（第220、231页）等处记载，不一而足。

③ 《金史》卷42《仪卫志下》、卷133《叛臣·移剌窝斡传》，第1032、3017页。

而非总管府。[①]散府不设判官，只有从六品的府判，既然出现散府，可能散府府判即指判官。若此则总管府从六品的府判似亦可纳入。至于从六品推官，总管府和散府皆正七品，只能指向诸京留守司推官，故志文特于前标注“京”字以示区别。可见，此处京府唯指诸京留守司，不宜以纯粹的政区对待。所谓京府、总管和散府的排序或许只是巧合，与政区等第无关。

或有学者以为《金史》之京府只在京府州县和京府节镇这类用例的情况下，方指向京路、总管府路及其治（或散）府的合称，而单独出现时多指京路治府。事实上，也非如此。如《世宗纪》言：大定十六年“诏京府设学养士，及定宗室、宰相子程试等第”。又《选举志》曰：“府学亦大定十六年置，凡十七处，共千人。”[②]可见兹所谓京府绝不仅限于京路治府。总之，京府指京路治府的用例在《金史》中颇属罕见，谓之孤例似非妄言。

综上所述，在《金史》这类有关金朝通史的系统史料中，京府一词在绝大多数情况下，并非指府级政区京路治府，而是被用作指代诸京路、总管府路和散府（及其官署机构），或至少包括京路和总管府路在内的诸治府。今人等第研究中的“京府”本指京路治府，但与《金史》取义脱节，故而更像是一种主观认定。那么，是何原因导致这一现象的产生呢？这与套用北宋的京府概念有关。北宋加京号于开封、河南、应天和大名四府之上，虽然它们分别隶属京畿、京西北、京东西和河北东四转运使路，但四京只对应四府。此在元人《宋史·地理志》中有清晰的表达。[③]

---

① 案中都路总管府总管判官和府判、诸京留守判官和都总管判官均为从五品。（《金史》卷57《百官志三》，第1390—1391页。）

② 《金史》卷7《世宗纪中》、卷51《选举志一》，第182、1211—1213页。

③ 《宋史》卷85《地理志一》，第2097、2103—2105页。

然而，《金史·地理志》加京号于路，形成六个京路。若秉承北宋京府概念，将六京路的治府称为京府似无不可。但是，这与《金史》通篇所记之京府含义差异显著。正是由于上述思维惯性，使得《金史》相关记载长期未能受到应有的重视。

三、诸府等第的两个体系及其划分标准

以往区别京府、总管府和散府等第时，往往在其内部再分为上、中、下三等，从而流露出将两种阶序嵌套整合的倾向。这样的认识似乎缺乏直接的史料依据，与一些史实也存在抵牾，颇有杂糅不同等第划分体系之嫌。下文以京路治府、总管府路治府、散府和上、中、下等第体系为对象，初步讨论两者划分的标准及其关联。

从行政区划的角度，京路治府、总管府路治府和散府均属府类统县政区。其长官府尹（知府事），无论诸京留守兼兵马都总管，还是诸路兵马都总管和“非兼总管府事者”，秩皆正三品。要言之，诸府差别主要取决于入驻的路级机构。京师中都所在大兴府和诸陪都治府在该体系中等第地位最高，诸总管府路治府居中，最末者无疑是散府。前文在分析京府含义时，所引个别史料已能看出诸府行政地位的差异，兹不赘述。唯在大兴府和诸陪都治府间，会出现细微的高下之别。例如《金史·礼志》提到“臣下拜赦诏仪”时专列中都，记载如何在宫城“应天门外”实施赦诏授受的礼节，并说“其降诸书，礼亦准此，惟不称‘万岁’”。至于外郡，则“尚书省差官送赦书到京府节镇”云云。[①]

① 《金史》卷24《地理志上》、卷36《礼志九》，第613—614、899—900页。

除政区分等外，诸府差别往往还体现在长官的行政地位上。一般而言，诸府尹会按政区等第享受不同的政治待遇。例如，傔从方面支应官员“私家之役”的“从己人力”数，诸京留守和大兴府尹同为50人，诸路兵马都总管则为45人。[①]其中，在大兴府尹和诸京留守之间，也存在类似于政区的尊卑之别。如《金史·仪卫志》记官员仪从规格，置大兴尹于从一品官下，定其“引接十人、牵拢官四十人”；而正三品诸府尹兼本路兵马都总管及留守“牵拢官五十人”，外任诸府尹兼总管“牵拢官四十五人，公使七十人”。引接一职属专门配给内官从四品以上者，而诸京留守不得与配，可见大兴尹仪从总数虽与诸京留守相同，却体现出更为靠近权力核心的优越性。至于诸路府尹所配公使，属专为外官正三品以下“从公家之事”而设，在此并不能彰显其地位。[②]不知何故，《仪卫志》未载散府尹的仪从规格。据前《选举志》引文显示，散府有时和从三品的节镇并列。所以，从政区和长官品秩看，总管府路治府与散府同级，但从长官是否兼具军事职能看，路治府尹还是比散府尹更加重要。

上述由金府等第造成政区乃至长官行政地位的不同虽是客观事实，但不宜夸大其层级内部的差异幅度。《金史·完颜孛迭传》所记对此或有参考：海陵王完颜亮猜忌宗室子弟，对太宗诸子尤甚。出于拉拢和防范的目的，他重用完颜宗弼子孛迭，命其为真定府尹兼河北西路兵马都总管及中京、东京留守，后改咸平路广宁（今辽宁北镇市）府尹。传文曰：孛迭“初除广宁，诸公主宗妇往贺其母徒单氏，太祖长女兀鲁曰：‘孛迭虽稍

① 《金史》卷42《仪卫志下》，第1031页。

② 《金史》卷42《仪卫志下》，第1028—1031页。

下迁，勿以为嫌，国家视京、府一也，况孛迭年富，何患不贵显乎’。”[①]兀鲁指出孛迭从留守到广宁府尹“虽稍下迁”的事实，但又强调没有本质差别。所谓“视京、府一也”，体现了女真统治阶层对京、府地位趋同的认知。[②]李锡厚先生曾指出：诸留守相较大兴府尹“实际的重要性却差得多”。[③]但若以此例为证，留守和散府尹差异之微尚且如此，诸府等第之别似更宜谨慎对待。

除以入驻机构为标准外，尚未发现可供讨论上述诸府分等的其他依据。对此，也体现在该体系与上、中、下分等之间是否具有关联性的问题上。笔者注意到，以往学者论及宋代府州等第时，区分所谓“等者”和“格者”的不同序列。前即京府、次府、上、中、下州诸等，后为节度、防御、团练、军事（刺史）州四格。有学者进而将上述等制与格制引入金代诸州等第的讨论，并明确指出两者“并无关联性，各有一套升降机制”。[④]相较而言，京路治府一系的分等与金代诸州格制还是存在一些差异。例如，诸州长官节度、防御使及刺史品秩分别为从三品、从四品和正五品，而诸府尹则一律正三品。因此，金代诸州等、格制间并无关联的认识不能贸然移植，金府两个等第体系的关系仍有待于讨论。

表4–2依据《金史·地理志》各府级政区泰和七年（1207）

---

① 《金史》卷77《完颜宗弼附完颜孛迭传》，第1869页。兹将京府二字点断，与校本不同。

② 案有研究者认为此事可证“京府地位明显高于散府”，似欠稳妥。（李方昊《金朝府州研究》，第58页。）

③ 李锡厚、白滨：《中国政治制度通史·辽金西夏卷》，第273页。

④ 聂崇岐：《宋史丛考》，北京：中华书局，1980年，上册，第98—108页；温海清：《画境中州——金元之际华北行政建置考》，第189页。

的版籍户数，按照由多到少降序排列，并分别对应各自入驻上级机构所分之格制，以及相应上、中、下之分等，借此考察等制与各府户数、两种等第划分之间的相关性等问题。由表可知，难以在路治府、散府和上、中、下分等之间找到明显的规律性对应。例如，上京会宁府等制仅为下；而济南、河中诸府，等制却属上。要言之，金代诸府格制与上、中、下分等之间是相对独立的等第体系。

表4–2 《金史·地理志》载诸府户数与两个等第系统之关系比较

府名	路 名	领县数	泰和户数	格制归属	等制归属
大名	大名府	10	308 511	总管府路	上
济南	山东东	7	308 469	散 府	上
大兴	中 都	10	225 592	京 路	上
太原	河东北	11	165 862	总管府路	上
开封	南 京	15	1 746 210	京 路	上
真定	河北西	9	137 137	总管府路	上
平阳	河东南	10	136 936	总管府路	上
益都	山东东	7	118 718	总管府路	上
东平	山东西	6	118 046	总管府路	上
河中	河东南	7	106 539	散 府	上
大同	西 京	7	98 444	京 路	中
京兆	京兆府	12	98 177	总管府路	上
延安	鄜 延	7	88 994	总管府路	下
中山	河北西	7	83 490	散 府	无
德兴	西 京	6	80 868	散 府	无
彰德	河北西	5	77 276	散 府	下

（续上表）

府名	路 名	领县数	泰和户数	格制归属	等制归属
归德	南 京	6	76 389	散 府	中
临潢	临潢府	5	67 907	总管府路	下
大定	北 京	11	64 047	京 路	中
凤翔	凤 翔	9	62 303	总管府路	中
咸平	咸 平	8	56 404	总管府路	下
河南	南 京	9	55 635	散 府	中
庆阳	庆 原	3	46 171	总管府路	中
广宁	北 京	3	43 161	散 府	下
兴中	北 京	4	40 927	散 府	下
辽阳	东 京	4	40 604	京 路	中
河间	河北东	2	31 691	总管府路	中
会宁	上 京	3	31 270	京 路	下
平凉	凤 翔	5	31 033	散 府	中
临洮	临 洮	3	19 721	总管府路	中

说明：（1）开封府户数必误。刘浦江先生认为，泰和末河南户数仍远未恢复到北宋末年的水平。[①]本文对刘浦江统计的15组数据（对应北宋末15府州，参刘著第135页表1）进行匡算，发现河南府州在泰和末的户数平均约为崇宁初年的61%。查《宋史·地理志》开封府16县（泰和末为15县）崇宁户数为261117户，61%即159281户，此数为本表开封府排序之依据。[②]（2）中山、德兴二府无等，应与其设于大安以后有关。

---

① 刘浦江：《辽金史论》，北京：中华书局，2019年，第134—136页。

② 案有学者复经推算，认为泰和末年开封府的户数当有30万上下，或认为约有29万余户。（吴松弟：《中国人口史》第3卷《辽宋金元时期》，上海：复旦大学出版社，2005年，第212—213页；韩健夫：《〈金史·地理志〉开封府户数再考》，《中国史研究》2019年第4期。）笔者以为，该结论与金代开封府户数始终未能超过北宋鼎盛时期的一般看法之间，存在明显的矛盾，兹暂且采用笔者修正之数据。

金代诸府上、中、下等第的划分标准是什么呢？众所周知，政区意义上的府最早出现于唐代开元年间，为尊崇首都和陪都所在州而改称为府。事实上，可以认为这是在诸州“辅雄望紧上中下”等第序列中，又加上了一种更高等第的政区。[①]当时划分诸州等制，延续了北朝按照户数多寡进行鉴别的传统。迨至北宋，尽管分上、中、下诸等的做法依然存在，但并没有记载划分标准的直接史料。学界通常认为“户口多寡显然是其划分等第的重要依据”。[②]这在划分金代诸府州上、中、下等第的问题上同样存在，即只能通过《金史·地理志》看到分等结果，却找不到明确的划分依据。后来，元代虽然对诸府不再分等，但凭借《元史》的明确记载，可以清楚看到诸州区分上、中、下等第的具体户口标准。从这一角度看，金代诸府等制之分似仍应以户数多寡为据。

通过表5-2泰和七年诸府户数与上中下等第的对应关系可知，几乎全部上府的户数皆超过10万，仅京兆府例外，但亦达到98000户以上，相差不大。有理由相信，上府与户数超过10万之间的对应现象绝非偶然，必定具有相关的制度背景。所有上府呈现出的地理分布，集中在中都、大名府、山东东西、河东南北和河北西诸路。这与金人赵秉文所说：大定初年“中都、河北、河东、山东，久被抚宁，人稠地狭，寸土悉垦”的情况基本吻合。[③]事实上，诸如河间府虽然仅有3万余户，等第为中，但其领

---

① 《旧唐书》卷4《高宗纪上》永徽七年九月癸酉、卷44《职官志三》，北京：中华书局点校本，1975年，第76、1917—1919页。

② 温海清：《画境中州——金元之际华北行政建置考》，第188页。

③ （金）赵秉文：《保大军节度使梁公墓铭》，阎凤梧主编：《全辽金文》中册，第2235页。

县也仅有2个，在诸府中最少。假如该府领县稍多，户数恐怕同样会接近上府的标准。

10万户以上诸府，无一例外皆属上等，一方面表明按照户数解读等第划分的标准有迹可循，另一方面也可以推测，由于不设户数的上限，所以这类户数大府的数量总体上相对比较稳定。与之相对，在10万户以下的诸府中，泰和户数与中、下等第之间基本不具备对应关系。一些6—8万余户的路治府和散府仅是下府，而区区不到2万户的临洮府竟是中府，类似错位不一而足。笔者认为，造成这种户数与等第之间对应紊乱的原因，主要是由于两者各自产生的时间断限不同所致。

有关《金史·地理志》诸府户数的系年问题，据刘浦江先生考订，由于《地理志》诸府沿革的时间断限在泰和八年，而金代户口三年一籍，故诸府户数只能取自此前最新版籍。检核《食货志》可知，共记载了大定初、大定二十七年（1187）、明昌元年（1190）、明昌六年和泰和七年5个年份的户口数字。因此《地理志》诸府户数应源于泰和七年的版籍记录。[①]那么《地理志》中的诸府等制，是否是依据泰和七年的版籍户数而定的呢？结论显然是令人失望的。如前所述，表4-2中诸府等制与泰和七年版籍户数之间，在10万户以下时未体现出明确的对应关系。余蔚先生认为，金府等制的确定必在此之前，但《地理志》仅保留“泰和八年”的分等记录，其间变迁不详，[②]故只能就这一“瞬时”等第进行考察。

---

① 刘浦江：《金代户口研究》，《中国史研究》1994年第2期；收入氏著《辽金史论》，第139—140页。《金史》卷46《食货志一·户口》，第1109—1110页。

② 余蔚：《中国行政区划通史·辽金卷》，第615页。

“泰和八年”诸府等制与几乎同时的版籍户数无法对应，表明其确定的时间必早于此。至于划分结果是否存在动态调整，亦难证明，否则《地理志》中的等制与户数为何不能因应呢？笔者认为，金朝确定诸府等第的时间很可能在世宗大定末至章宗明昌三年（1192）之间。理由如下：明昌三年十一月相州升彰德府。[①]《地理志》标注其为“下等”散府，这说明金代对诸府等第的划分至晚在明昌三年业已完成。事实上，如果能够找到与“泰和八年”诸府等第相对应的户口分等数据，进而揭示该户口数所产生的时间背景，那么便很可能借此复原金代诸府等第确定的大致时间。

表4-3　大定二十九年诸府学生数量与诸府等第对照

诸府额设学生数及分等	府名	泰和七年户数	政区等制
60	大兴	225 592	上
	开封	（159 281）	上
	平阳	136 936	上
	真定	137 137	上
	东平	118 046	上
50	太原	165 862	上
	益都	118 718	上
	［河中］	106 539	［上］
40	济南	308 469	上
	大名	308 511	上

① 《金史》卷9《章宗纪一》明昌三年十一月戊寅、卷25《地理志中》，第245、650页。

（续上表）

诸府额设学生数及分等	府名	泰和七年户数	政区等制
40	京兆	98 177	上
	大定	64 047	中
	河间	31 691	中
30	辽阳	40 604	中
	归（彰）德	76 389	中
25	（河中）	106 539	（上）
	庆阳	46 171	中
	临洮	19 721	中
	河南	55 635	中
20	凤翔	62 303	中
	平凉	31 033	中
	延安	88 994	下
	咸平	56 404	下
	广宁	43 161	下
	兴中	40 927	下
合计［905］880人	24 府	—	—

说明：（1）学生数根据《金史·选举志》（第1213页）。（2）志文曰共计24府，905人，但实际为880人；《金史》点校修订本引施国祁《金史详校》之说，认为应缺归德府，故参照大名、京兆之数，以40名员额补入，从而将数据校订为25府920人。（第1234页）按彰德府明昌三年方设，显系归德府之误。故仍应为24府。本文认为，原文所少25人当是上府河中归类失误所致，若将该府置于匹配其户数的等第之中，则其员额当在40或50人之间。若为50人，则直接合于905之数。（3）开封府户数参照表4–2而得。

表4-3显示大定二十九年（1189）全国设立的24处府学，及其各府额设学生数量。当时确定各府学生人数的参照标准是“计州府户口”。[1]根据金代户口三年一籍的规定，可知大定二十九年各府学生数量的确定，按照《食货志》的记载，应是最新版籍产生的大定二十七年。以额设学生数量进行分等，虽然不是直接获取各府户数，但它在相当程度上，可以反映出比泰和七年早整整20年的各府户口“差等”。可见，凡兹所列的各府学生数量分等，完全能够比较客观地反映大定后期诸府户口的相对等级规模状况。

由表4-3可见，以户口数为依据确定的各府学生员额数量，与上、中、下等第体系之间的对应近乎完美。其间略有差异者，体现在额设40和20名学生的等级上，前者既有上府，也有中府；后者既有中府，亦有下府。不过，若虑及上中和中下等第的诸府都尚且跨越两个（60和50人），甚至三个（40、30和25人）府学员额的等级，这种同一员额级别存有不同等第诸府的现象并非不可接受，甚至反而更加符合实际情况。最例外的河中府依据户数无疑属于上府，但在《金史》中却仅分得25名员额的学生人数，甚为可疑。《金史》修订本引据施国祁之说，针对《选举志》的相应记载，从府数、学生数，再到各府所分之员额数皆有改动，风险颇大。其实以表4-3观之，无须改动原文至此，只要将河中府按照其等第上府对应的员额等级归类，整条史料便无明显的疏漏。

根据大定二十七年版籍“计州府户口”而得的诸府学生员额等级，与记录在《地理志》中断限于“泰和八年”的诸府等第之

① 《金史》卷51《选举志一》，第1213页。

间，呈现出近乎理性的规律性对应关系。从而使人有理由相信，金代诸府等第的划分很有可能来自于大定二十七年的版籍数据。笔者之所以肯定，一个关键的原因是：从大定初年到大定二十七年之间，金代户口数量从"天下户才三百余万"，增长到"天下户六百七十八万九千四百四十九"。[①]即在20余年的时间中，户口数量的增长达到一倍之多。由此可知，表4–3揭示借助学生员额数量反映的户数等级与诸府等第之间的对应关系，并不具有长期持续的客观环境。结合明昌三年方设下府彰德之事，笔者认为，金朝确定诸府等第的时间，可以初步确定在世宗大定末年至章宗明昌三年之间。

总而言之，基本可以证实金代诸府的等制划分，主要以户口多寡为标准。这进一步揭示出上、中、下分等与京路、总管府路治府和散府构成的等第体系之间，彼此具有独立性，后者以入驻上级机构军政地位的重要性作为考量因素。

四、结语：从府路分等看金元路制的发展演变

前文讨论了京府和总管府不能作为金府等第术语的原因，所得结论可以概括如下：

1. 在《元丰九域志》《宋史·地理志》中，京府无疑指开封等四府，与所隶诸转运司路无关。《金史》京府则全部指向诸京路、总管府路甚至散府及其官署机构。因此，尽管金代存在类似于北宋四京府的诸京路治府，但由于金袭辽制加京号于路，遂使《金史》京府完全不同于《宋史》京府概念。可以说，拿北宋

① 《金史》卷46《食货志一·户口》，第1109页。

京府移用在金府等第体系上，无法实现概念与史料的互洽。为何不能根据金代文献的实际状况，专门命名诸府的规范性术语呢？

2．总管府是路治府的官署机构，将其命名为路治府本身，似乎未为不可。但总管府同时也是诸路的官署机构，学界习惯将其对应的路称为总管府路。按此逻辑，总管府作为路治府对应的辖区，则可称为“总管府府”。作为专业研究者，将等第体系中的总管府默认为此，似属不刊之论。但从名词运用的科学性而言，颇有泛泛之嫌。金代诸京和诸路的治府以及散府，在地方行政制度的层面与唐宋以来作为统县政区的诸府一脉相承，而总管府则是女真人为坐实诸“军事路”的行政架构所进行的制度嫁接。其目的自然是因应路级政区的调整，以实现“女真军政一体的习俗”。如果总管府真可以指向诸路治府，为何在《金史》中几乎找不到使用诸府专名称呼某某总管府的用例呢？

3．诸京留守司一般不习称为总管府，但若虑及诸留守亦带府尹衔的实际情况，把它们纳入广义的诸路总管府，或许可以接受。这也提示今人留意，一些学者之所以主张将金府分为2等，自有其道理。不过，不管是否将所谓京府纳入等第讨论，以往的主流看法总给人以按照不同行政机关入驻的角度区分诸府的印象。进而言之，总管府和散府其实主要指向官署机构而言，并非纯粹的行政区划。需要追问的是，今人基于不同入驻机构所区分出来的各种府，其真正的行政等第意义到底是什么？如果说对诸府上、中、下等第的划分，源于金朝统治者对全国各处地情民情了解的原始诉求，那么，以京师、陪都、总管府等符号标注的诸府，难道只是为了宣示行政地位的高下等差吗？倘若真是出于这种考量，又为何将三种官署机构的长官品秩划一为正三品呢？也就是说，至少从品秩的角度而言，京师兵马都总管兼府尹、留守带府尹衔、诸军事路兵马都总管兼府尹和散府府尹，似乎在官员选任和晋升方面并没有明显的等级差别。

总之，以往将金代诸府分为京府、总管府和散府的做法，看似凝练且带有尊重原始文献的用意，实则似是而非，不但缺乏行政区划层面的依据，还与金代史料记载的真实含义明显不符。而将治府和散府体系与上、中、下分等相混淆的观点，也不利于更为清晰地认识上述两个相对独立的等第体系之间各自设置的内在行政逻辑。

元世祖至元初年，“罢诸侯世守，立迁转法”并设置“各路总管府”后，诸路一改宋金以来的单一职能性质，摇身而变为完备的地方行政区划。在这重要的历史转折点，元路因层级下移成为统县政区，从而导致出现等第之分。“十万户之上者为上路，十万户之下者为下路”，因地“当冲要”，“虽不及十万户亦为上路”。[①]一般而言，高层政区不会分等，路从金代不分等到元代出现等第之别的事实，进一步反映出诸路正式成为统县政区的转变。

不仅如此，元路实现这一变化的另一重要特征，就是取消了原来金代诸总管府路在行政区划意义上设置的治府或首府，从而导致之前由这些府统领的诸县，成为诸路直接管辖的“亲领之县”。[②]随着金元之际大部分治府的消失，以及原先一些散府演变为路，元初只有为数不多的以原治府和散府为基础而保留的府得以延续。[③]由此出现一个有趣的现象：诸府作为金朝地位最高的统县政区，入元后所存者虽然绝大部分仍领有县，但在史料中已不见其

---

① 《元史》卷91《百官志七》，第2316页。

② 《元史》卷58《地理志一》，第1346页。

③ 李昌宪：《金代行政区划史》，第89—90页；李治安：《元代行省制度》（下），第696—697页。

具有政区等第划分的记载。学界更多从这些府“与不同上司间的隶属关系，造成了其内部的高下等差”的角度，来认识它们之间的“等第”之别。[①]然而，这种观点可能也面临诸府处于不同政区层级事实的挑战。由金代路不分等、府分等，到元代府不分等、路分等，同样的一套政区通名在金元两朝发生了如此明显的反转变化，既有时代演变的外在推进逻辑，也存在各政区层级转换的内在促发机制，不得不说这是一个值得继续深入探索的话题。

最后，需要说明一下金代的次府问题。在《金史·地理志》中，有河间府“正隆间升为次府”、真定府“正隆间依旧次府”、太原府“国初依旧为次府”、平阳府“本晋州，初为次府”的记载。[②]次府本是北宋相对京府的一种府，或曰与京府构成北宋诸府的等第体系。然而入金后，四京府荡然无存，次府亦失去了存在的政治基础。如果金初的太原、平阳仍属次府是总管府路制度确立前对宋制短暂沿用的话，那么河间、真定府至正隆年间仍有次府的说法，就显得十分突兀。重要的是，相关记载均有明显漏洞，舛误在所难免。[③]李昌宪先生认为真定府正隆间仍

① 李治安：《元代行省制度》（下），第698页；严耕望：《中国政治制度史纲》，第217页。

② 《金史》卷25《地理志中》、卷26《地理志下》，第644、647、675、680页。

③ 案《金史·地理志》河北东路河间府条曰：“天会七年置总管府。正隆间升为次府，置瀛州瀛海军节度使兼总管，置转运司。后复置总管府。”（第644页）所述内容极为混乱，不忍卒读。河北东路总管府自天会七年（1129）设立后未被废置，故复置说似无从谈起。而置转运司事亦在天会七年，绝非在正隆以后。至于瀛州瀛海军节度使之说，更属匪夷所思。瀛州本北宋防御州，大观二年（1108）“赐军额”升河间府（《宋史》卷86《地理志二》，第2123页）。据明人刘基等撰《大明清类天文分野之书》卷23河间府条曰：“金天会中升为次府，属河北东路。”（《续修四库全书》史部地理类，第586册，第316页。）又真定府条言：“正隆间依旧次府，置本路兵马都总管府。”（第647页）该路总管府设于天会七年，不会晚至正隆间。可见，地理志此二府沿革叙述错乱混淆颇甚，不足为据，或审慎对之。

属次府与海陵改制有关，然而又语焉不详，未予深论。笔者认为，该说限于史料阙略、疑点颇多，故暂且不宜据之以论，尚有待于深入研究。

第五章 明代延绥巡抚始设与辖区辨析

——兼论巡抚定设的标准

国内外学界有关明代巡抚已有诸多深入研究。[①]概而言之，取向大致有二：一是从政治制度史的角度，对明代巡抚整体发展演变的过程进行梳理、概括和总结；二是爬梳史料，考证复原各处巡抚始置定设的时间、驻地变化及其辖区盈缩等重要史实。其中，对诸巡抚定设之始的争论及其辖区变动的探索，一直是研究的热点和焦点问题之一。

明代九边延绥镇地处国家西北边疆，是屏藩腹里、抵御北虏的重要军事防区。朝廷设总兵官镇守，掌统兵及征伐重任，同时派遣文臣巡抚，掌辖区民事、监察之权兼理军政，两者合称“镇巡官”。延绥巡抚作为驻边文臣，在与军镇总兵官配合守疆的过程中，为巩固边防、安定地方、抵御外侮发挥了举足轻重的作用。有关该巡抚的始设时间与辖区范围，前贤已有颇多研探，取

---

① 如［日］栗林宣夫：《明代の巡撫の成立について》，《史潮》第11卷第3期（1942年1月）；奥山憲夫：《明代巡撫制度の變遷》，《東洋史研究》1986年第3期；林乾：《论明代的总督巡抚制度》，《社会科学辑刊》1988年第2期；方志远：《明代的巡抚制度》，《中国史研究》1988年第3期；关文发：《试论明代督抚》，《武汉大学学报》（社会科学版）1989年第6期；刘秀生：《论明代的督抚》，《中国社会科学院研究生院学报》1991年第2期；张哲郎：《明代巡抚研究》，台北：文史哲出版社，1995年；靳润成：《明朝总督巡抚辖区研究》；赵中男：《明代巡抚制度的产生及其作用》，《社会科学辑刊》1996年第2期；唐立宗：《明代南赣巡抚辖区新探》，《历史地理》（第19辑），上海：上海人民出版社，2003年；胡丹：《明代巡抚制度形成之初的若干史实问题》，《古代文明》2010年第1期。

得了丰硕的成果。然而回顾以往，此间观点尚多歧异，且仍有史料未能详加利用，以致结论无法完全令人信从。

本章拟对延绥巡抚始设时间与辖区变动的历史重新加以厘定和辨析，借此检讨以往形成的固有成见，并回应学界基于本研究所提出的商榷意见，特别是针对通过“道”的设置推测（延绥）巡抚定设之始的普遍标准，进一步申述己见，以供今后相关问题继续深入讨论。

一、引言：众说纷纭的始设时间

明代延绥巡抚始置定设的时间，除古史文献的记载外，今人也进行了不少探索。然而，所得观点却颇有不同，往往令人莫衷一是。据万历年间编修的《国朝列卿纪》在《巡抚延绥左右副佥都御史年表》显示，以陈镒为延绥巡抚首任，云其“正统二年，以巡抚陕西右副都兼督延绥，六年代还，九年升右都御史再任，十年代还”。此后，该书又在《巡抚延绥左右副佥都御史行实》中曰：陈镒“宣德十年，以都察院右副都御史镇守陕西，正统二年命兼督延绥、宁夏等处边备，正统六年回理院事，九年再命整饬陕西并延绥、宁夏、甘肃等处军务……升右都御史，十年代还。”[①]万历《延绥镇志》也以陈镒为是抚首任。今案陈镒是在和都督同知郑铭一起镇守陕西的任上，开始兼督宁夏、延绥等处边备的，换言之，他并非专抚延绥。晚出康熙《延绥镇志》对前

---

① （明）雷礼撰：《国朝列卿纪》卷128《巡抚延绥赞理军务》，台北：文海出版社，1970年，影印明万历间刊本，第11册，总第6807、6816页；《明史》卷159《陈镒传》，第4331—4332页。

志总结道：延绥巡抚“正统时则有陈镒、王翱、马恭，景泰时则有陆矩、曹琏，天顺时则有徐瑄、徐廷璋”。[①]总之，以上文献都视陈镒为延绥巡抚之始，时间是正统二年（1437）。

万历重修《大明会典》是一部重要的官撰典章制度汇集，具有一定权威性。据其载称：“巡抚延绥等处赞理军务一员：宣德十年，遣都御史出镇，而无专设。景泰元年，以都御史参赞军务，遂为定制……隆庆六年，加赞理军务。”[②]清修《明史·职官志》也说：“巡抚延绥等处赞理军务一员。宣德十年遣都御史出镇。景泰元年专设巡抚加参赞军务……隆庆六年改赞理军务。”[③]这是在照录《大明会典》的同时，加以修订而成（详见下文）。前引康熙《延绥镇志》虽以正统初陈镒为巡抚之始，但又认为：“巡抚之出自宣德始。然事平则已，犹无定员也。延绥巡抚设于景泰间，可知矣。”[④]可见，以《大明会典》和《明史·职官志》为代表的文献，认定延绥巡抚始设于景泰元年（1450）。[⑤]

古史文献尚且如此，后人研究可想而知。近人吴廷燮（1865—1947）撰《明督抚年表》历来为学界所重。内中延绥条

---

① 万历《延绥镇志》卷2《建官·巡抚延绥都察院》，据国家图书馆藏万历三十五年刻本；康熙《延绥镇志》卷3《官师志·文职》，据乾隆年间增补康熙十二年本。

② （明）申时行等修：万历《明会典》卷209《都察院一·督抚建置》，第1041页；（明）徐学聚：《国朝典汇》卷55《吏部二十一·督抚建置》，四库全书存目丛书编纂委员会编：《四库全书存目丛书·史部·政书类》第265册，济南：齐鲁书社，1996年，第350页上。

③ 《明史》卷73《职官志二》，第1777页；案清人万斯同撰《明史》（续四库全书本）及王鸿绪纂《明史稿》（敬慎堂刊本）皆同，惟参赞军务写作参赞机务。

④ 康熙《延绥镇志》卷3《官师志·文职》。

⑤ 案景泰元年疑为四年之误，详见本章第二小节之讨论。

以正统七年为始，后在正统九年条下引录《明大政记》云：“九年正月，右都御史王文巡抚延安、宁夏。”[①]检核《实录》，此处记为：“命都察院右都御史王文巡视延安、宁夏边境。”[②]吴氏年表随后征引《实录》，在正统十年条下云监察御史马恭在彼协赞延绥军务。综上，吴氏有视正统九年（1444）王文巡边为延绥巡抚始设之意。

台湾学者张哲郎先生著《明代巡抚研究》爬梳史料、缜密考证，指出“从正统九年（西元一四四四）以来，马恭就一直在延绥协赞军务。不过，马恭在正统九年的任命，是往宁夏协赞军务，可是后来实录中之记载却记成‘协赞延绥军务监察御史’。也许实录把‘延绥’误作‘宁夏’，也许马恭之任务后来扩大至延绥地方。但无论如何，正统十一年六月时，实录中却很清楚记载着：‘敕右佥都御史马恭往延绥，协赞都督佥事王祯等军务。’马恭在延安协赞军务约七年，景泰四年（西元一四四六—一四五三）去任。所以正统十一年才是延绥创立的年代”。[③]故此，他以正统十一年（1446）马恭为巡抚首任。

靳润成先生是较早系统研究明代巡抚置罢与辖区的大陆学者。他根据万历《大明会典》和《明史·职官志》记载指出：延

---

① 吴廷燮撰，魏连科点校：《明督抚年表》卷3《延绥》，北京：中华书局，1982年，第249页。

② 《明英宗实录》卷112，正统九年正月甲寅，第27册，第2247页；案《明史·王文传》作“出视延绥、宁夏边务”（卷168，第4516页）。

③ 张哲郎：《明代巡抚研究》，第58页；案《实录》马恭“卒传”称：“正统二年除陕西道监察御史，八年奉命往陕西巡边，寻又奉命协赞延绥等处军务，九载任满，升都察院右佥都御史，仍理前事。景泰二年，以杀贼功升右副都御史。恭在边十余年，军政修明，下人悦服，四年以老疾致仕”（《明英宗实录》卷334，天顺五年十一月乙丑，第38册，第6843页）；另卷230景泰四年六月甲午，仍记载马恭为“协赞宁夏军务右副都御史”（第33册，第5027页）。

绥巡抚“景泰元年自陕西巡抚析置”。对此，不少学者持有相同的看法。[①]

相较而言，艾冲先生的观点稍显例外。他认为：“天顺二年，明英宗再度恢复各镇巡抚的建置。延绥镇虽属新立，亦遣监察御史徐瑄巡抚其地……要而言之，延绥镇实际形成于明英宗正统二年（1437），镇守总兵官则定设于天顺二年（1458）。延绥巡抚亦于是年增设。”[②]赵现海也持类似观点。[③]其实，吴廷燮、张哲郎、靳润成等学者并非忽视该年设立延绥巡抚的事实，只是皆以此为复设时间。事缘天顺元年（1457），刚经历夺门复辟的英宗，在石亨和郭登等武将的建议下，罢天下文臣兼事军务之责，或召回、或致仕、或转任，时任参赞延绥军务的大理寺左少卿曹琏转任广东惠州知府。然而，各边自“革去文臣巡抚，十分狼狈，军官纵肆贪暴，士卒疲惫”，连英宗亦对李贤说“今乃知其谬”。除各地武臣难制外，安抚地方的确需要文臣总理，如巡视灾情、赈济灾民、征收税粮、督理屯田等，以致天顺二年四月英宗不得不重新派遣文臣，“俱以京官巡抚其地”，[④]遂升监察御史徐瑄为都察院右佥都御史巡抚延绥。

明史专家张德信先生所著《明代职官年表》堪称力作。他在

① 靳润成：《明朝总督巡抚辖区研究》，第53页；关文发、颜广文：《明代政治制度研究》，北京：中国社会科学出版社，1995年，第65页；肖立军：《九边重镇与明之国运——兼析明末大起义首发于陕的原因》，《天津师大学报》（社会科学版）1994年第2期；范中义：《明代九边形成的时间》，《大同高等专科学校学报》（综合版）1995年第4期。

② 艾冲：《明代陕西四镇长城》，西安：陕西师范大学出版社，1990年，第4页。

③ 赵现海：《明代九边军镇体制研究》，东北师范大学2005年博士学位论文，第195—196页。

④ （明）李贤：《天顺日录》，收入（明）邓士龙辑，许大龄、王天有点校《国朝典故》卷48，北京：北京大学出版社，1993年，中册，第1115—1116页。

《巡抚年表》中，以正统二年陈镒巡抚“宁夏、延安、绥德”为始，至正统六年三月召还止，此后直到天顺二年，方系徐瑄就任延绥巡抚。若以宁（夏）延（安）绥（德）不同于延绥论，张德信先生似以徐瑄天顺二年任延绥巡抚方为其始。而与前述学者最不相同的，是《明代职官年表》将诸如马恭、陆矩、曹琏等人统统归入《镇守总兵官年表》中，[①]不免稍令人费解。此外，还有一些学者持不同观点，但多偏差较大，或许另有标准。例如日本学者田村実造认为延绥镇巡抚设于成化九年（1473）驻扎榆林卫之后。[②]

总而言之，诸家有关延绥巡抚始设之说颇为迥异，且多自说自话，缺乏彼此回应。张哲郎先生指出《大明会典》所谓“景泰元年，以都御史参赞军务，遂为定制”的说法不正确；[③]赵现海先生也认为《明史·职官志》“景泰元年，专设巡抚，加参赞军务”的记载与《实录》不符，[④]但都没有深究其因。而在前引《明督抚年表》中，开篇即引诸上《会典》原文，但在此后“景泰元年”条下却没有征引任何史料，对于景泰元年说到底是否采信，似乎模棱两可。以上这些重要探索和研究已经存在的疑点，一直没有引起学界足够重视，以致有关延绥巡抚始置定设的结论流于纷纭，难以达成一致。

---

① 张德信编著：《明代职官年表》第3册《巡抚年表》《镇守总兵官年表》，合肥：黄山书社，2009年，第2532—2554、2964—2976页。

② ［日］田村実造：《明代の北辺防衛体制》，载氏编《明代満蒙史研究》，京都大学文学部，1963年，第102页；转引自赵现海《明代九边军镇体制研究》，第195页。

③ 张哲郎：《明代巡抚研究》，第58页。

④ 赵现海：《明代九边军镇体制研究》，第196页。

二、从差职到地理：行政区划视野下的延绥巡抚定设

延绥巡抚始设时间的争议，本质上首先是如何界定延绥巡抚的问题。换言之，需要认定谁是延绥巡抚的首任。这又取决于学界如何认识和研究明代的巡抚及其制度。

1. 双重标准：制度梳理与个案复原的比较

与明初创设的许多制度出于人为设计不同，巡抚的出现并非制度层面的刻意而为。巡抚早期只是一种差遣，具有很强的临时性，事毕复命。在祖制的限定下，授权中央官员对地方事务的干预也只能通过这种方式完成。巡抚只是被中央派往地方完成各种特殊职责和使命的一种称谓，此外尚有诸如出巡、抚安、巡视、镇守、抚治、整饬边备、提督、参赞、赞理、协赞、参谋军务等，以及总督税粮甚至办理文书等。这些委任也不仅是文臣的专利，武将、内官皆在其列。因此，有学者指出："在宣德时期，'巡抚'既非专职，更非官称，其名义宽泛而不固定……'巡抚'最初的性质，与它后来由文官专任、成为定制之后，是完全不同。"[①]从中央官员临时委任地方的角度论，早期巡抚与巡视、镇守、整饬边备、提督和参赞军务等性质相似，但作用和职责却完全不同，主要是"抚循地方"。正统以后，巡抚渐有与其他诸多职责合流之势，并最终成为得以保留的少数几个官方称谓之一。

以镇守为例，正统初年许多地方出现巡抚与总兵同称的局面，后来在天顺二年复置巡抚的过程中，出于"镇守既有总兵，又有内监"的考虑，故文臣出镇"不复有镇守之称，但称巡

---

① 胡丹：《明代巡抚制度形成之初的若干史实问题》。

抚”。[①]又以参赞军务为例，据《万历野获编》载曰：

> 今天下称赞理军务者，惟巡抚一官，俱在边方，盖以挂印总兵既称总镇，故稍逊其称以亚之。如正统间，金濂以刑部尚书，同宁阳侯陈懋等征闽寇，尚称参赞军务是也。然国初又有不然者。洪熙元年，以武弁不娴文墨，选方面部属等官，在各总兵处总理文墨、商榷机密，仅称参赞军务。其事寄非抚臣比。此外，又有参谋军务、协赞军务之名。若洪熙间，命山东左参政沈固往大同总兵郑亨处书办；则又出参谋、协赞之外，此后不再见。至景泰中，大同则有参政沈固，宣府则有参政刘琏，山东则有参议周颐，广西则有副使刘绍，而刘清等又以郎中、给事中，称参赞军务。

显然，沈德符对参赞军务“事寄非抚臣比”和“今天下称赞理军务者惟巡抚一官”的描述，揭示了参赞军务与巡抚职责起初各异，后来方归于边方巡抚的变化过程。其他部分职责的称谓后来亦归于巡抚，大致和上述两例的轨迹相同。这也是巡抚最终能够权倾地方，兼有治民、治吏、治军大权，俨然方面之首的重要原因。

令人疑惑的是，诸上认识虽已被学界探明，可一旦涉及各处巡抚始设的具体认定时，不少学者却又使用双重标准，忽略了

① （明）沈德符撰：《万历野获编》卷22《督抚·巡抚之始》，北京：中华书局，1959年，第552、553页。案前文疑惑张德信先生将马恭、陆矩、曹琏等人归入《镇守总兵官年表》的做法，今核明人沈德符之言似可解释缘由，盖马、陆、曹等人虽为协赞军务文臣，但也被视为镇守边地，故后世以镇守作为追溯总兵官缘起时，遂统统将他们纳入。

制度的发展成型乃是经历了一个相对长期的过程。张哲郎先生在《明代巡抚研究》中这样阐述对巡抚的界定：

> 要言之，明代之巡抚官与“参赞”、“赞理”、“协理”、“总督”、“整饬”、“经理”、“抚治”甚至“参谋”军务或其他事务之文臣，本来是不同性质的官职，后来因实际上的需要，以巡抚加“提督”、“参赞”、“赞理”军务等头衔，遂使巡抚之名渐渐与“提督”、“参赞”及“赞理”等名称混在一起。嘉靖以后，几乎所有的巡抚都加有“提督”、“参赞”及“赞理”军事等头衔。追溯以往，我们遂把宣德末年以来所成立的“提督”、“参赞”及“赞理”等非巡抚文臣，也视为巡抚了。

此后他又说道：

> 正统年间（西元一四三六——一四四九），地方兵乱频繁，屡用文臣“提督”、“参赞”、“赞理”、“协赞”、“参谋”、“总督”军务，这些职位本与巡抚无关，其后因需要有巡抚加“提督”、“参赞”、“赞理”、“协赞”、“参谋”等军务之头衔。反过来说，这些“提督”、“参赞”等军务之文臣，也因事实之需要加巡抚头衔。追溯以往，所有以前非兼有巡抚性质之“提督”、“参赞”、“赞理”、“协理”、“参谋”等军事文臣，亦视为巡抚了。[①]

① 张哲郎：《明代巡抚研究》，第30、33页。

靳润成先生也有类似的观点：

> 明朝督抚官名不规范（尤其在早期和末期）。如巡抚类有“抚治”、“巡视”、“镇守”、“参赞军务”、“都御史”、“督治”等等；总督类有“总制”、“总理”、“提督”、“经略”、“督师”等等。名目虽多，但性质基本相同，故本书一律以总督、巡抚视之。[1]

到底是明代早期督抚官名不规范？还是这些所谓不规范的官名之间本就存在职责上的不同？显然应是在确定什么是巡抚之前，有必要讨论的概念问题。

2. 制度史视野下延绥巡抚建置史料辨析

回到延绥巡抚始设的问题上来，先从辨析前引诸家之说和古史记载开始。以万历重修《大明会典》和《明史·职官志》为依据的景泰元年说，似乎是目前学界较为普遍接受的观点。其实以往吴廷燮、张哲郎、赵现海等先生对此均有所异议。为便于分析，下文将《大明会典》中与延绥情况相近的宁夏、甘肃和陕西巡抚相应内容一并抄录如下：

> 巡抚延绥等处赞理军务一员：宣德十年，遣都御史出镇，而无专设。景泰元年，以都御史参赞军务，遂为定制。成化九年，徙镇榆林。隆庆六年，加赞理军务。
>
> 巡抚宁夏地方赞理提督一员：宣德六年，命侍郎理陕西、甘肃、宁夏屯政。十年，命都御史镇守陕西、延绥、宁

① 靳润成：《明朝总督巡抚辖区研究》，第14—15页。

夏等处，未有专职。正统元年，以都御史镇抚宁夏地方、参赞军务、整饬边备，遂为定制。天顺元年，革。二年，复设，去参赞军务。隆庆六年，加赞理军务。

巡抚陕西地方赞理军务一员：宣德间，命尚书、侍郎出镇。正统间，命右都御史出入更代镇守。景泰三年，改都御史巡抚，遂为定制。成化二年，加提督军务，后改赞理军务。

巡抚甘肃等处地方赞理军务一员：宣德十年，命侍郎镇守甘肃地方。正统元年，甘凉多事，命侍郎参赞军务出镇。于是甘肃以文臣参赞，遂为定制。景泰元年，定为巡抚都御史。至隆庆六年，改赞理军务。

比较同为地处西北边疆的宁夏、陕西、甘肃三镇，《大明会典》有关巡抚延绥等处赞理军务的记录明显模糊。例如，其他三处将巡抚和参赞职责的沿革基本理清，而延绥却令人不知所云——不仅没有说明巡抚何时成为定制，而且在参赞军务定制后，又云“加赞理军务”，至于参赞职责何时改称或者革去不得而知。针对“宣德十年都御史出镇”之事，张哲郎先生曾申述道：“宣德十年十月，升河南道监察御史郭智为都察院右佥都御史往绥德、延安，同守备都指挥佥事整饬边备。郭智的整饬边备，任务近似巡抚。但郭智在延绥三个月后召还，不能视为延绥巡抚设置之始。”①

《明史·职官志》相应记载与万历《大明会典》基本一脉相承，稍有不同者在于，巡抚延绥等处赞理军务一员：宣德十年

① 张哲郎：《明代巡抚研究》，第58页。

遣都御史出镇。景泰元年专设巡抚加参赞军务……隆庆六年改赞理军务。这里有两处改动，首先将景泰元年确定为专设巡抚的起始；然后又将“加”修订为“改”。如此一来，初读《大明会典》时给人留下的疑惑顿时化为乌有，看似存在的纰漏也被弥合得天衣无缝。

尽管如此，《会典》和《明史》仍然留有两处疑点：一是比照其他文献诸说皆有首任巡抚名目，此二者并无具体指认；二是迄今未见其他史料佐证景泰元年之说；例如《明督抚年表》在该年下即无任何征引。那么，《会典》所说“景泰元年以都御史参赞军务遂为定制”到底是怎么回事呢？笔者认为，这很有可能与陈镒的建议有关。据《国朝列卿纪》载曰：

> （陈镒）又奏，延安、绥德地方相接，东抵山西（保）德州，北通东胜、察罕脑儿，西接宁夏板儿沙漠，遇冬黄河结冻无阻，以至达贼扰边。乞命武臣总戎，文臣参赞。虽当时未行，至正统末年设之。[①]

陈镒的乞命当在正统初年。据《实录》正统二年五月记载：“敕镇守陕西右副都御史陈镒曰……卿所奏设墩堡及委官巡督方略，其再相度可否。可即行之，毋俟再奏。”[②]这里“委官巡督”和乞命的性质基本一致，两者理应同指一事。从陈镒在陕西的作为来看，文臣参赞并未及时施行，或许英宗授予他的“毋俟再奏”

---

① （明）雷礼撰：《国朝列卿纪》卷127《巡抚陕西行实》，第10册，总第6743—6745页。

② 《明英宗实录》卷30，正统二年五月乙卯，第23册，第605—606页。

之权，陈镒没有贸然专擅。[①]不管怎样，文臣参赞的局面最终肯定还是得到了实现，唯独是否如《国朝列卿纪》所言发生在“正统末年”，目前似乎尚未有直接的史料依据。按照张哲郎先生的整理，在正统九年至景泰四年间，延绥协赞军务者是马恭。据本章下文梳理，马恭去任后的接替者陆矩和曹琏，在《实录》中均有明确称其为参赞军务的史料证据。因此，如果《大明会典》揭示景泰元年就是将在边的协赞军务文臣正式改为参赞军务的时间节点的话，那么必定应当指向马恭本人。然而，《实录》只有马恭作为协赞军务的明确记载，并未见到他被授予参赞军务职责的任何蛛丝马迹。

由此可以做出两点推断：一是《国朝列卿纪》所说正统末年设置文臣参赞一事，很可能是后人将早期边方的协赞军务等同于晚出参赞军务的结果。二是万历《大明会典》及后来《明史·职官志》所谓景泰元年参赞军务成为定制的说法，理应是景泰四年的误写。此时应是巡抚官改授都御史的标志性年份，靳润成先生在研究中早有提及。[②]

明晰上述结论，可以绕过《会典》和《明史》带给后人一些有关具体年份之间彼此歧异的困惑。也就是说，上述两种文献所代表的明清官方对延绥巡抚“遂为定制”的判断标准，本质就是将参（协）赞军务文臣的出现视为始设的开端。只不过《职官志》经过修订，完全将《会典》的本意挑明，从而在“加”参赞

① 案下文研究，从正统二年七月至九年十二月，在陈镒的建议下，先后有周廉、陈斌等人以按察司副使身份前往延绥协助武将兼理边务、协赞军务。行实所说正统末年设文臣参赞，应该未将周、陈等人算入。这反映了明人对文臣参赞的判断标准。

② 靳润成：《明朝总督巡抚辖区研究》，第4—5、17、53页。

军务之前正式声称从此专设巡抚。这既体现了清人对明人巡抚观念的继承，也是其所处时代巡抚制度发生变化的一种必然反映。[①]前引《国朝列卿纪》和万历《延绥镇志》所呈现出来的各种观点，其实从根本上讲，也与以《会典》为代表的判断标准一脉相承，只不过在首任巡抚人选的认定上稍有差异而已。

再看张哲郎先生对景泰元年的质疑，应该属于在具体史料层面深入挖掘和整理的结果，本质上没有研究理路方面的新看法。当然，他以更为可靠的《实录》为依据详加考订，发现早在正统年间，朝廷已派驻文臣协赞延绥军务，职责与后来的参赞军务相同。因此提出正统十一年六月，都察院右佥都御史马恭被派往延绥，应是该抚首任。以上探究的确从史料的可靠和精准程度上，较之以往有显著推进，但仍然未能挣脱将协赞军务和巡抚地方混为一谈的窠臼。又如吴廷燮在《明督抚年表》中认定的首任巡抚王文，也是将其差职"巡视"等同于巡抚的判断结果。总之，至晚到明代后期，除了像沈德符那种能够意识到早期参赞军务"事寄非抚臣比"的文人之外，明朝官方普遍秉持将参赞军务这类官员的差遣职任，视为与巡抚性质相同的另一种称谓。

明代官方文献首次出现任命巡抚延绥差任的记录，在天顺二年（1458）四月。因为后来的古史记录和今人研究皆视参赞军务与巡抚性质相同，故往往以此时为该抚复置的证据。核实而论，明代巡抚在嘉靖、隆庆年间才普遍将职责中的参赞军务改称为赞理军务。从明人的角度而言，由于存在这一客观情况，因而视早期参赞军务与巡抚性质相同的观念，本身似乎无可厚非。何况通过万历《大明会典》的记载可知，明人事实上就是如此来解决如

① 案可参中编第六章第三小节的相关论述。

何认定延绥巡抚始设问题的。

总而言之，明人以正统、景泰年间出现的文臣参赞延绥军务作为延绥巡抚定制的判断标准，是客观存在的历史事实。今人在此基础上，将更为早期出现的协赞延绥军务作为该抚始设的源头，看似否定了明人的结论，其实只是更进一步承认了文臣出使与后来巡抚地方之间的内在逻辑一致性。可以说，从这一角度而言，以张哲郎为代表的今人研究，秉持的立场仍然属于历史的回归，与明人的看法并无本质不同。然而，仅仅从史料爬梳的层面而言，这种沿着参赞军务顺藤摸瓜上溯至协赞军务的做法，仍然留有可供补充的余地。

3. 从差职到地理的转变：延绥巡抚定设标准的新探索

事实上，马恭并非正统年间奔赴延绥守边的首位协赞军务文臣。除前贤已指出的自宣德十年短暂前往绥德、延安整饬边备的郭智以外，尚有多人在彼协助武臣。如正统二年七月，由陈镒推荐，周廉以行在广西道监察御史升任陕西按察司副使。①虽然《实录》没有解释这次迁调的目的，但从数月后周廉的举动看，他已赶往延绥协助都指挥同知王祯"兼理边务"。②《实录》说："葭州、府谷等县并延、绥二卫官员军民散牧牛马，为贼探知，累来抢掠。宜敕王祯及副使周廉等每年九月初，尽数拘入烟

① 《明英宗实录》卷32，正统二年七月辛卯，第23册，第626页；案正统元年，朝廷"命监察御史章聪督边备于延安、绥德，以备边，都指挥王永奏请也"（卷24，正统元年十一月丁未，第23册，第481页）；章聪何时被召回，《实录》未载，但至少正统三年七月仍在延绥（卷44，正统三年七月甲辰，第24册，第860页），并至晚到正统四年六月已离开（卷56，正统四年六月丁丑，第24册，第1065页）；可见，章聪与周廉作为文臣，同在延绥的时间有所重叠。

② 《明英宗实录》卷76，正统六年二月戊辰，第25册，第1481页。

墩一二百里内牧放。”[①]据陈镒奏报，周廉在边起到了“官军畏法莫敢轻犯”的积极作用。不过，他在正统三年即被调离。[②]此后，延绥官军“大肆贪婪酷暴”，陈镒不得不再次乞命推选副使“往与祯相兼莅事”。到正统六年（1441）二月，行在兵部任命陕西按察司副使陈斌“协赞延安、绥德军务”。[③]《实录》有时也称陈斌是在延绥“赞理军务”。[④]

正统九年（1444）十二月，陈斌因与守备延安、绥德署都督佥事王斌互参“贪虐脏污”，被调至湖广按察司，[⑤]从而结束了他在延绥的协赞军务差遣。继任者正是马恭，抛开《实录》是否真将延绥误为宁夏，至少从正统十年五月起，他已成为“协赞延绥军务”之人。[⑥]马恭为官甚是用力，深得人心，官声渐传，甚至在任“扶病视事”。在不长的数年间，已从赴任时的监察御史累迁至右副都御史。景泰四年（1453）十一月，朝廷派遣都察院右佥都御史陆矩接替久任的马恭，往延安、绥德等处参赞军务。[⑦]不到两年，陆矩卒于任上，又以陕西按察司副使曹琏升大理寺左少卿参赞军务。[⑧]天顺元年（1457），英宗撤文臣兼军务事，曹琏转任广东。至二年复遣文臣出，遂又以徐瑄为巡抚“延

---

① 《明英宗实录》卷39，正统三年二月己卯，第23册，第762—763页。

② （明）姚镆：《巡抚延绥都察院题名记》，万历《延绥镇志》卷8《艺文下·杂文》。

③ 《明英宗实录》卷76，正统六年二月戊辰。

④ 《明英宗实录》卷84，正统六年十月戊寅，第26册，第1675页。

⑤ 《明英宗实录》卷124，正统九年十二月丁巳，第27册，第2476页。

⑥ 《明英宗实录》卷129，正统十年五月庚辰，第28册，第2568页。

⑦ 《明英宗实录》卷235《废帝郕戾王附录》第53，景泰四年十一月甲寅，第34册，第5121页。

⑧ 《明英宗实录》卷250《废帝郕戾王附录》第68，景泰六年二月壬午、己亥，第34册，第5406—5407、5421—5422页。

安、绥德、庆阳等处”右佥都御史。[①]

以上大致梳理了从宣德末年到天顺初年，延绥地区守边文臣的演变过程。从陈斌开始，“协赞延绥军务”的差职称谓已经开始使用，若按先前的研究思路，纵使郭智不算延绥巡抚首任，至少周廉、陈斌不应被草率忽视。正是由于以往对什么才算真正的延绥巡抚这一问题的看法各有不同，从而导致该抚始设问题的众说纷纭。事实上，包括张哲郎等人在内，也承认参赞军务等“职位本与巡抚无关”；更有前引学者指出，巡抚最初的性质与它后来由文官专任、成为定制之后完全不同。那么，这种认为巡抚在发展演变中存在“质变”的观点，到底要强调巡抚在前后不同时期存在怎样的差异呢？

笔者认为，可以从朝廷对陈斌、曹琏等人赴任的敕命，考察从参赞军务到巡抚地方职责性质的转变。任命陈斌是因周廉去官后，延绥地方“止存都指挥王祯在彼督守，事多专制，人情稔熟，以致指挥郑宣等大肆贪婪酷暴。乞仍推选副使或佥事一员，往与祯相兼莅事”。[②]可见，陈斌协赞军务的主要目的是和守边武将“相兼莅事”，发挥牵制的作用。陈斌并无统兵之权，尽管他曾奏请“各寨官军旗舍余丁五百名，与臣随操巡哨，若遇贼寇，臣与祯分头督兵剿杀”，但英宗没有应允而只命令他：“只依原敕赞理军务，若遇巡边，拨军防护，回日仍前操练。”[③]监督之外，陈斌的职责多在上报军情、整理军屯和分明赏罚等。继任的马恭和陆矩，从《实录》的记载来看，基本没有轶出陈斌之

① 《明英宗实录》卷294，天顺二年八月癸亥，第36册，第6273页。

② 《明英宗实录》卷76，正统六年二月戊辰。

③ 《明英宗实录》卷84，正统六年十月戊寅。

处。景泰六年（1455），曹琏参赞延绥军务，朝廷在对他任命的敕文中曰：

> 延安、绥德实西北之要边。先命右都督王祯镇守地方，及命都指挥佥事樊青协同守备。今特命尔往彼参赞，凡彼务有未便者，会议停当，从长处置。遇有贼寇，率军剿杀，屯田士卒时常巡视。务使军威振肃，边境清宁。尔其钦承朕命。[①]

从陈斌请兵被拒，到允准曹琏可以“率军剿杀”，可知参赞延绥军务本身也存在前后职责范围的变化，这应与当时边境所处的军事斗争形势密切相关。但不论怎样，曹琏及其前任始终都是围绕“参赞军务”的要求履职，并未超越这一限定。

天顺二年，按照《天顺日录》“俱以京官巡抚其地”的说法，徐瑄被派往延绥，对于他的任命其实与曹琏等人已发生明显变化。之前均以参赞军务为核心，实质就是委派文臣以参谋的身份监督武臣，并没有明确的行政管辖地域。尽管在任命敕文中提及延安、绥德二卫，[②]且二卫具有准实土卫所的性质，[③]但曹琏仍应以辅佐军务为主要职责。徐瑄的巡抚任命则大大不同，《实录》中说是“延安、绥德、庆阳等处”，《国朝献征录》则简称

---

① 《明英宗实录》卷250《废帝郕戾王附录》第68，景泰六年二月己亥。

② 案《明实录》此处延安绥德一词，从王祯的角度看，应指延安、绥德二卫。明代绥德州属延安府辖，如若指行政区划，似无必要将两者并列而书，但作延安即可。

③ 郭红、于翠艳：《明代都司卫所制度与军管型政区》，《军事历史研究》2004年第4期。

“巡抚延绥、庆阳诸处。”[①]虽有理由认为上述三地仍然指卫所而言，但史料证明徐瑄的巡抚实际已加入对延安、庆阳二府“有司民事”的掌控：

> 惟榆林一边，先因密迩沙漠，镇、巡等官驻扎绥德，遥制军务，故延安、庆阳二府亦在节制之内，事体不一，有司莫知适从。[②]

虽然延绥巡抚对延、庆二府的掌控，造成当地“有司莫知适从”的后果，但这不仅意味着驻守延绥边疆文臣管辖范围的空间扩大，更昭示着此番任命使这一文臣角色完成从武臣参谋向独当一面的地方官员的重要转变。要言之，从徐瑄起，驻守延绥的中央官员（都察院堂官）开始领有地方行政区划单位，即延绥巡抚开始具有相对固定的辖区。

徐瑄巡抚的同时，是否在敕命中有赞理军务的职责，各种史料的说法不同。按《国朝献征录·徐瑄墓志铭》说，他有“兼赞理戎务”的使命。而《实录》却对此只字不提，即便后来如卢祥、王锐、余子俊等人，也都不加赞理军务的名号。这不禁使人回想万历《大明会典》中，延绥巡抚晚至隆庆六年（1572）方“加”赞理军务的记录。换言之，《会典》云景泰中事或不可靠，但晚近至隆庆则似乎不应再有过分偏差。从前文分析看，之所以加赞理军务，或许正是天顺元年革去参赞军务后，又增设

① （明）商辂：《中宪大夫右佥都御史徐公瑄墓志铭》，收入（明）焦竑编、周骏富辑《国朝献征录》卷63《都察院十·巡抚》，台北：台湾明文书局，1991年，第112—178页。

② 《明孝宗实录》卷35，弘治三年二月丙午，第52册，第763页。

文臣巡抚地方时，未再加入参赞军务职名的缘故。万历《延绥镇志》的记载也能证实这一推测："去参赞军务，巡抚绥德，徙镇榆林自徐公瑄始。"[①]此外，正德末年巡抚姚镆也说："命徐公瑄为右副都御史，身临边制之，改参赞为巡抚。"[②]在笔者看来，《天顺日录》描述天顺二年英宗恢复文臣巡抚的内容，是作者李贤记录与英宗的对话，其中没有提及参赞或赞理军务，只云巡抚地方，应该较为可信。又辅以《实录》及《延绥镇志》佐证，可以确定此番任命巡抚的同时，没有加入赞理军务的职责。《国朝献征录》中商辂所作《墓志铭》，很可能是当时巡抚虽未正式加入"赞理军务"职名，但在后人看来不可避免地含有这一职责所致。

从文献记录看，徐瑄任延绥巡抚的职责范围并不清晰，但可以初步肯定的是，他已具有管理地方民政的权力，即执掌"延、庆二府有司民事"。徐瑄作为文臣巡抚，俨然地方首要，与后世所理解的巡抚已别无二致。有趣的是，与朝廷在沿边设置文臣监督武将的初衷一样，徐瑄并未因没有兼参赞军务的使命，而降低其对沿边军事事务的干预和对总兵官的监督作用，后来所谓"三边军马，巡抚各边者主之"[③]即是明证。成化二年（1466），徐瑄去职，卢祥接任，"奏选延安之绥德州、葭州，庆阳之宁州、环县民丁之壮者，为土兵训练之"。[④]显然，奏选土兵是当时延绥巡抚掌控延、庆二府的直观体现，也是此前参赞军务文臣根本

① 万历《延绥镇志》卷3《纪事》。

② （明）姚镆：《巡抚延绥都察院题名记》。

③ 《明孝宗实录》卷35，弘治三年二月丙午。

④ （明）雷礼撰：《国朝列卿纪》卷128《巡抚延绥左右副佥都御史行实》，第11册，第6818—6819页。

无法想象所能具备的地方行政权力。

总而言之，天顺二年任命的延绥巡抚，与此前的整饬边备、兼理边务、协赞军务、参赞军务等文臣已有本质差别，这种质变主要体现在前者具有相对固定的以地方行政区划为基础的管理区域，并在辖区内具备普通地方行政长官所掌握的治理民事之权。这时的巡抚开始摆脱原先文臣作为武将配角的次要地位，而逐渐成长为统驭一方的行政首脑。延绥巡抚始设的确定，笔者认为应以天顺二年为始，此前诸任仅能视为派遣文臣守疆或参与军务的开始。由此看出，以往对巡抚之始的讨论，将整饬边备、参赞军务、总督税粮、镇守等称谓一律认定为巡抚源头的做法，不免稍显草率，经不起推敲。

三、延绥巡抚辖区的变动过程

延绥巡抚的始设时间与辖区范围的确定，是两个看似彼此孤立，其实内在相联的重要问题。天顺二年，延绥巡抚确定辖区，不仅是该抚设立的主要标志，也是区别此前诸任文臣守疆的关键尺度。至此，后世所理解的具有地方行政意义的巡抚方在延绥得以确立。比较学界对延绥巡抚始设问题的争论，其辖区变动过程的探索似乎有些平淡。然而，梳理古史文献和今人论著可以发现，其中仍有不少值得深入研究之处。万历《大明会典》“巡抚延绥等处赞理军务”条对其辖区的记载较为详细，大致可以勾勒出管辖地域：

> 靖边兵备一员：驻扎定边营。东至延绥西路旧安边起，西至宁夏萌城。各营堡、仓场边务，俱听经理，及大盐池盐

法兼分巡、屯田。

神木兵备一员：管理榆林东路，兼分巡建安、高家、柏林、大柏油、永兴镇等城堡，并葭州、神木、府谷、吴堡四州县。

榆林兵备一员：管理榆林中路，兼分巡双山、常乐、镇城、保宁、响水、波罗等堡，并榆林二卫、绥德、米脂、清涧三州县，并清平、威武、怀远三堡边墙。

分守河西道一员：驻扎庆阳。分理延、庆二府所属州县，兼管督修就近所属城堡，分管庆阳卫、并环县千户所各屯田、驿递。[①]

核实而论，《会典》此处记载有重大疏漏，靖边兵备一条纯属误植，所述应为“定边兵备”的地域范围。隆庆二年（1568），总督陕西侍郎王崇古设“定边兵备兼盐法副使”，“东起延绥西路旧安边，西至宁夏萌城，听其经理，专管大小二池盐法及修饬边事”。[②]万历九年（1581），总督陕西右都御史郜光先以该道“地属两镇，事多掣肘”为由，将“所遗边墙、城堡、盐法事务，属延镇者归并靖边，属宁镇者归并宁夏各管理”。[③]故定边兵备仅存13年。据万历《延绥镇志》云：

榆镇东抵偏关，西接宁夏，绵亘千八百里，辖卫四，城堡三十七。起黄甫川，抵双山十二营堡为东路，神木道：葭

① （明）申时行等修：万历朝重修本《明会典》卷128《兵部十一·镇戍三·督抚兵备》，第662页。

② 《明穆宗实录》卷18，隆庆二年三月壬戌，第93册，第508页。

③ 《明神宗实录》卷108，万历九年正月乙亥，第101册，第2079页。

> 州暨府谷、神木、吴堡三县隶焉；起常乐，抵清平十堡为中路，榆林道：绥德州暨米脂、清涧两县隶焉；起龙州，抵盐场十五营堡为西路，靖边道：保安、安定、安塞三县隶焉。延安州县，则属河西分巡道；庆阳州县，则属河西分守道。直指东西，地悬如尾与首应；横指边腹，区异如齿以唇附，而分摄监司，又总摄于镇之中丞。台镇在三路之中，檄令所往，朝发暮至。[①]

据此可补《会典》所阙之靖边兵备条：管理榆林西路，兼分巡龙州、镇靖、靖边、宁塞、安边、定边、盐场等营堡，并保安、安定、安塞三县。

靖边兵备驻地在靖边营（原靖边县新城乡），万历十九年（1591）朝廷接受王世扬的建议，移该员夏秋驻定边营（今定边县）御虏，春冬还驻以理庶务。[②]《会典》中提及的“驻扎定边营”，应指定边兵备的驻地。因为从《会典》成书时间判断，[③]此处与靖边兵备因为防秋而暂驻定边营无关。由于定边道存在的时间较为短暂，因此其他文献的相关记载甚为稀少。从《实录》记载看，定边兵备极有可能归“总督陕西三边军务”所领。《会典》将定边兵备的分巡区域误植于靖边兵备条下的原因，从《会典》始修于万历四年（1576），而定边道裁撤于九年（1581）这一情况猜测，可能是时间重叠导致的疏忽大意。

---

① 万历《延绥镇志》卷1《舆图·延绥镇图说》。

② 《明神宗实录》卷243，万历十九年十二月甲寅，第107册，第4543页。

③ 原瑞琴：《〈大明会典〉研究》，北京：中国社会科学出版社，2009年，第106—107页。

《会典》与万历《延绥镇志》的记载略有差异。志云：“延安州县，则属河西分巡道；庆阳州县，则属河西分守道”，而《会典》言：“分守河西道一员：驻扎庆阳。分理延、庆二府所属州县”，又同在《督抚兵备》一节总督陕西三边军务一员下记曰：“延安兵备一员，兼管分巡，专在鄜州驻扎，及督修延、庆所属城堡兼屯田”。显然，《会典》的延安兵备就是《延绥镇志》的河西分巡道。按《会典》之意，延绥巡抚应与陕西总督在对延安、庆阳二府的掌控上略有叠置，而《延绥镇志》则将庆阳、延安二府分属河西守、巡二道，“总摄于镇之中丞”即延绥巡抚。由于论题所限，对此本章不拟深究。[①]

无论如何，延绥巡抚领有延、庆二府应无疑议，但这还不是该抚辖区的全部。延绥镇东、中、西三路，分别由一千余里边墙、众多墩台和三十余座营寨城堡组成，沿边一线非属郡县所辖，但却同样总摄于镇之中丞。此外，与延、庆错壤而置的庆阳、延安、绥德三卫及沿边榆林一卫，虽按国家定制，应属陕西都司所领，但实际由于御虏的需要，屯田、练兵等诸要务也应归延绥巡抚所领。

吴廷燮或许注意到《会典》在延绥巡抚与陕西总督辖区间的重叠，故云：

> （延绥巡抚）统靖边兵备、神木兵备、榆林兵备、河西分守四道，陕西布政司之庆阳一府，延安府绥德、葭二州，肤施

① 案嘉靖四十五年（1566）时任巡抚王璘言，所谓守、巡河西二道“非臣所专属”（《量复城堡官员疏》，康熙《延绥镇志》卷6《艺文志·疏》），可见《会典》所言较为可信；另可参傅林祥《晚明清初督抚辖区的“两属”与“兼辖”》，《安徽大学学报》（哲学社会科学版）2010年第5期，第112—121页。

> 等县，陕西都司之榆林、延安、庆阳、绥德等卫所城堡。[①]

吴氏的折中处理，是将陕西总督治下延安兵备驻扎的鄜州（领洛川、中部、宜君三县）剔除。[②]对此，笔者以为似乎略显草率。

《陕西通史·明清卷》以《会典》为据复原延绥巡抚辖区，未能检出靖边兵备一条之误。[③]靳润成先生则以《国朝列卿纪》所载成化初年卢祥在延、庆二府拣选土兵事，推测该抚辖区为"延安、庆阳二府"。[④]周振鹤先生指出：延绥巡抚"驻榆林卫，辖陕西布政司延安、庆阳2府，陕西都司榆林等卫"。[⑤]虽兼顾郡县与卫所，但仍稍嫌粗略。

1. 盈缩与兼辖：延绥巡抚辖区之变动

尽管万历《延绥镇志》和《会典》对延绥巡抚辖区的记录比较明确，但只能代表万历时期的状态。前引诸位前贤研究多囿于《会典》或其他史料的间接推测，尚未及留意该抚辖区前后存在的变动过程。

对此，张哲郎先生深入爬梳史料，在《明代巡抚研究》中说：

> 延绥巡抚设立之后，以马恭为协赞军务，位低权轻，只

---

① 吴廷燮撰，魏连科点校：《明督抚年表》卷3《延绥》，第248页。

② 案秦晖、韩敏、邵宏谟著《陕西通史·明清卷》（西安：陕西师范大学出版社，1997年，第77页）；赖建诚：《边镇粮饷：明代中后期的边防经费与国家财政危机（1531—1602）》（杭州：浙江大学出版社，2010年，第425页）采取同样的处理方法。

③ 秦晖、韩敏、邵宏谟：《陕西通史·明清卷》，第77页。

④ 靳润成：《明朝总督巡抚辖区研究》，第53页。

⑤ 周振鹤：《中国地方行政制度史》，第132页。

> 负责榆林地区之军马，其他有关钱粮及民政等巡抚事务皆由陕西巡抚负责。这种情形并不因天顺二年复设之后而有所改变。嘉靖九年，以李如奎为延绥巡抚，延安、庆阳二府地方之民政及钱粮事务，才脱离陕西巡抚之统辖，改由延绥巡抚负责。[①]

张氏研究的功绩，在于已然察觉延绥巡抚辖区前后发生过较大的变动。依据《实录》记载，指出嘉靖九年（1530），该抚开始领有延、庆二府，并视之为辖区扩大的起点。翻核《实录》：

> 升都察院右佥都御史李如圭为右副都御史，巡抚延绥兼理赈济。先是，延绥巡抚缺，已推左布政使胡忠，有成命矣。御史王仪言：忠非应变材，乞行改任。都给事中夏言因言：皇上忧悯元元，发帑赈贷，但所司往往虚费，恶不下究，臣闻延绥都御史旧止管该镇军马，权力甚轻，一应钱粮俱仰给陕西巡抚处置，坐是略无储备，故狼狈至此，乞特敕廷臣一人赍帑金赴该镇，设法和籴，务济时难。因荐如圭有经济才可用，吏部请即令如圭巡抚以事权，兵部复请兼理延、庆二府有司民事，诏悉从之。[②]

显然，张氏所说的李如奎就是李如圭，而万历《延绥镇志》作如桂，[③]姑且不论。总之，嘉靖九年时延绥巡抚加入了对延、庆二府的掌控。至于此番变化的原因，张著没有说明。而据前文分析

① 张哲郎：《明代巡抚研究》，第59页。

② 《明世宗实录》卷112，嘉靖九年四月癸未，第76册，第2672—2673页。

③ 万历《延绥镇志》卷2《建官·巡抚延绥都察院》。

可知，延绥巡抚设立之初，已开始领有延安、庆阳二府之地。那么，后来又是何时何故发生变化，以致嘉靖初年又重新敕命李如圭领有二府民事的呢？据《实录》云：

> 陕西地方，内分八郡，外列三边。八郡钱谷，巡抚陕西者主之；三边军马，巡抚各边者主之；事体归一。惟榆林一边，先因密迩沙漠，镇、巡等官驻扎绥德，遥制军务，故延安、庆阳二府亦在节制之内，事体不一，有司莫知适从。今巡抚延绥都御史已移镇榆林，宜令专治榆林军务，其延、庆二府有司民事，不宜复有干预。兵部覆议，从之。[①]

弘治三年（1490）二月巡按陕西监察御史陈瑶的上奏，说明自此延绥巡抚辖区仅限榆林卫沿边一带。陈瑶得到批准的建议针对的是延、庆二府的民事，延绥巡抚“不宜复有干预”。事实上，延绥沿边一带的延安、庆阳、绥德、榆林诸卫虽属陕西都司所领，但却受到拥有便宜行事权的延绥镇总兵官的节制，特别是在军事征伐方面。至于军屯，延绥巡抚理应对这些卫所负有不可推卸的监督打理之责。正如前文所述，沿边卫所具有鲜明的准实土性质，与延安、庆阳二府辖境多有错壤，除榆林卫外，其余三卫治所皆属府卫或州卫（绥德）同城。换言之，即便延绥巡抚交出二府的民事管辖权，转于陕西巡抚治下，二府辖境内的许多卫所屯田仍应归属延绥巡抚掌管。在史料暂阙的情况下，很难使用一种闭合的界线在地图上将当时两者的彼此范围区分开来。由此，延绥巡抚的辖区应当主要集中到延绥镇沿边一线的城墙、

① 《明孝宗实录》卷35，弘治三年二月丙午。

墩台以及营寨城堡和各卫所屯田上。从另一层面而言，陈瑶的上奏其实并非严格的地域划分，而是一种针对边疆地区军民分治的手段。

弘治三年的调整，使延绥巡抚辖区呈现萎缩。盖因巡抚已常驻榆林，无兼管延、庆二府之必要。正统、景泰间，参赞军务与镇守同驻绥德州城，遥制北边（其时尚无边墙）。天顺二年，始设延绥巡抚和总兵官备冬榆林，事毕仍还驻绥德。成化五年（1469），巡抚王锐奏添榆林卫，沿边军事力量得到加强。八年，巡抚余子俊“大缮营堡墙堑”，[①]榆林城的防御能力得到提升。九年六月，延绥镇治迁往榆林，自此镇、巡诸官常驻于彼，遂成定制。

可见，嘉靖九年延绥巡抚辖区并非简单扩大，而是恢复到弘治三年前的状态。究其原因，据当时户部与兵部所会商的巡抚延绥都御使责任曰：

> 弘治以前兼理延、庆二府民事，体统一而政令专，军民俱受其惠。自陈瑶建议纷更，管军者但知责钱粮于有司，而不问民之便否。治民者但知以姑息为小惠，而不念边饷之缺乏。近来民屯、税粮拖欠日积，该镇官军饿死大半，由此故也。况榆林至二府不过五六日，而行文陕西镇城复还，动有一月。司府州县官视延绥都御史势同宾主，难以行事。合无将延绥巡抚责任悉复其旧，二府民事与凡屯田、备荒、水利，该镇税粮俱听便宜整理。一切事干该镇者，呈详该镇巡抚，而陕西巡抚则呈照验。若事关陕西巡抚，听其径呈照

① 万历《延绥镇志》卷3《纪事》。

> 详，该镇巡抚但呈照验，彼此有行，两镇务要从公会处，不得彼此乖违等因。嘉靖九年四月二十六日题。奉圣旨：是准议行，钦此。[①]

朝廷重新调整延绥巡抚的辖区，与沿边荒歉、边饷匮乏，“官军饿死大半”有关。同时，明代中期以来军屯日益废坏致使屯田产量下降，无疑加大了边镇对腹里州县民屯、税粮的需求。二府拨入延绥巡抚治下，有利于统一指挥、划一政令，保证边镇的军粮供应，从而直接发挥维护国家边疆稳定的积极作用。

通过嘉靖九年的调整，延绥巡抚辖区一直维持到万历年间，大致与前引《会典》和万历《延绥镇志》所述之状态吻合，此后再未有大的变化。[②]需要提及的一点是，既然延绥巡抚管辖延安府，那么前引吴廷燮将延安府南部所属鄜州（兼领洛川、中部、宜君三县）剔除在外的做法，笔者并不赞同。不过按照当时陕西巡抚“兼辖全省”的说法，[③]恐怕鄜州属于陕西巡抚和延绥巡抚的同辖政区，或者说鄜州两属于这两个巡抚。傅林祥先生研究指出，不仅对于鄜州而言如此，就是整个延安、庆阳二府，至少在万历年间也都两属于陕西和延绥巡抚。[④]此点十分重要，有助于我们全面理解之前所讨论的延绥巡抚辖区的整体性质。

---

① 北京图书馆古籍出版编辑组编：《嘉靖事例·覆议延绥抚臣条陈二事》，《北京图书馆古籍珍本丛刊》第51册《史部·政书类》，北京：书目文献出版社，1998年，第13页。

② 案清初史料显示，延绥巡抚仍至少负有管辖延安府之责，参《延绥巡抚王正志启本》，载国立中央研究院历史语言研究所编刊《明清史料》丙编第6本，上海：商务印书馆，1936年，第562页。

③ 《明穆宗实录》卷44，隆庆四年四月丙午，第94册，第1107页。

④ 傅林祥：《晚明清初督抚辖区的“两属”与“兼辖”》，第113、118页。

2. 延绥镇与延绥巡抚辖区

以往对延绥巡抚辖区的梳理，很少涉及与延绥镇地域关系的探讨。谭其骧先生主编《中国历史地图集》的《陕西一·万历十年》图幅中，在延安、庆阳二府之北，沿边墙走向，绘有榆林卫辖区，而在与其范围几乎完全相同的地区标注有延绥镇。[①]从该镇的位置看，似乎说明其主体依托于榆林卫，只有东北部很小的一部分楔入府谷、神木和葭州境内。显然，该图显示的延绥镇范围与前文讨论的万历年间延绥巡抚的辖区之间，存在一些差异。

《中国历史地图集》对延绥镇位置的标注，表达了学界长期以来对该镇范围确定的基本认识，也流露出认为延绥镇与延绥巡抚辖区之间不存在完全对应关系的倾向。事实上，目前有关延绥镇的研究，多是从军镇本身进行考量，很少涉及延绥巡抚及其辖区。[②]笔者以为，这似乎对边镇研究有过分强调以总兵为首的武将系统，而忽略以边方巡抚为首的文臣体系之嫌。明人魏焕《皇明九边考》有云："镇戍莫重于将臣……夫将才所须，本将战阵，况于边方杀贼之外，岂有别事？"又云："镇戍莫重于巡抚，余皆待其人而后行耳。"[③]可见，文臣巡抚与武将总兵是构成边镇缺一不可的两个重要组成部分，将臣之于边方自然举足轻重，但文臣巡抚却有"余皆待其人而后行"的无比尊严。正德十六年，姚镆任都察院右副都御史巡抚延绥，据其称：

> 夫都御史，台官之长也。明初专以司纠察、伸理冤抑，

---

① 谭其骧主编：《中国历史地图集》第7册《陕西一》，第59—60页。

② 胡凡：《明代九边形成及演变研究》，北京：高等教育出版社，2021年，第155—163页。

③ （明）魏焕撰：《皇明九边考》卷1《镇戍通考》之《巡抚》《将领》，嘉靖刻本。

> 其职独雄于诸曹。其后用为巡抚，则于事无所不理，而所谓纠察与伸理者，固在也。及用之以弹压边镇，则地方之安危，尽系之。得其人则一边尽治，外却戎翟，内奠军民，其于锁钥之寄，视内地愈重矣。[①]

姚镆的描述或有自夸之嫌，而学界已有研究也认定巡抚自始至终并无节制总兵之权。[②]据万历《延绥镇志》载："榆镇……直指东西，地悬如尾与首应；横指边腹，区异如齿以唇附，而分摄监司，又总摄于镇之中丞。台镇在三路之中，檄令所往，朝发暮至，第冲险甚于甘宁，而辽阔倍于宣大。"[③]一般而言，边镇巡抚与总兵处于一种文武相济，各有所统的状态。但事实上，巡抚的地位无疑略高，《皇明九边考》论及延绥巡抚责任时云："一应军务事情，悉听从宜处置。该与镇守总兵官公同者，公同从长计议而行。"[④]显然，巡抚所具备的从宜处置之权颇为可观，这从另一个层面反映了明代镇巡官间存在的以文驭武之态。

延绥巡抚作为构成延绥镇边防体系的重要组成部分，其辖区似乎也应纳入延绥镇的范围。换言之，在笔者看来，正是因为延绥巡抚是延绥镇正常运作不可或缺的组成，所以，以往将延绥镇作为一个地理概念进行讨论时，也很难与延绥巡抚辖区自然分割。事实上，从整个延绥镇军事补给、后勤管理、屯田督理乃至土兵拣选等角度看，巡抚辖区已与其俨然成为一个整体，无法拆分。至于《中国历史地图集》依托榆林卫所绘之延绥镇区域，更

---

① （明）姚镆：《巡抚延绥都察院题名记》。

② 赵现海：《明代九边军镇体制研究》，第199—208页。

③ 万历《延绥镇志》卷1《舆图 · 延绥镇图说》。

④ （明）魏焕撰：《皇明九边考》卷7《榆林镇 · 责任考》。

多反映的是单纯从武将总兵官沿边镇戍的角度所划分的结果。

四、确定辖区与设置诸道：再议延绥巡抚的定设标准

以上有关延绥巡抚定设时间的结论发表后，①引起一些学者的关注，特别是韩健夫先生撰就《明代延绥巡抚建置问题再探》一文，系统评述相关延绥巡抚建置研究的学术史，并主要以拙文为对象展开讨论，得出不同于拙文的看法，主张延绥巡抚建置问题没有一个准确时间节点。②上述研究（以下简称韩文）大致在如下两个层面对拙文提出商榷：一是认为应当"通过各'道'设置时间来推测延绥巡抚在何时开始拥有兼理民事之权，真正从名完成向实的转变"；二是指出拙文对关键史料之一——《明孝宗实录》弘治三年二月丙午条的相关记载——存在误读，并进一步对其他一些史料的运用也提出了完全不同的意见。

在韩文的商榷中，来自第一个层面的解构，不光涉及延绥巡抚，还牵扯如何认定明代所有巡抚何时设立的宏大论题，学术意义已超出仅就延绥个案讨论的局限。鉴于兹事体大，笔者愿意在此与韩文一道，共同分析采用"道"的设置考察巡抚定设问题的内在学理。当然，因为韩文主要以延绥巡抚为例运用这一具备"普遍意义"的判断标准，故而本节同样就事论事只针对延绥巡抚展开回应。至于来自韩文第二个层面的不同意见，笔者也将检讨以往研究尚且存在的缺陷，开诚布公地与韩文交换意见，孰是

---

① 李大海：《明代九边延绥巡抚始设与辖区新探》，《中国边疆史地研究》2012年第4期。

② 韩健夫：《明代延绥巡抚建置问题再探》，《历史地理》（第32辑），上海：上海人民出版社，2015年，第99—109页。

孰非，自由读者裁定。

1. 略论以道的设置考察巡抚定设问题的先验性

需要首先申述的是，笔者之所以将延绥巡抚的始设与辖区问题并置研究，基于一个长期以来形成的固有观念：一个行政区划形成和存在的必要条件包括拥有一定的地域范围、有一定数量的人口和存在一个行政机构。[①]明代巡抚之所以能够被纳入历史地理学，或者说进入历史政区地理研究的学术视野，与其辖区（即巡抚的施政范围）逐渐成为代替省级政区的体系密不可分。[②]在本章的研究中，延绥巡抚是否开始具有相对固定的辖区，是它能否被视为形成一个行政区划的必要条件。而延绥巡抚的辖区是否可以作为行政区划的问题，又是从历史政区地理开展相关研究的基本前提。

或有学者认为，如此强调延绥巡抚辖区是否构成行政区划，似乎过分凸显了当下学科的本位意识，容易脱离学术研究的历史立场。核实而论，在有关如何认识明代巡抚性质的问题上，始终存在历史和今人研究的不同立场，这一直以来都是客观存在的事实。在万历《大明会典》中，诸布政司府州县被成体系置于户部之下，而所谓“督抚兵备”的内容则被置于兵部之下。显然，与今天历史地理研究早已习惯将巡抚辖区看作行政区划的做法不同，明人自有其考察历史现象的基本认识。再比如，由前引万历《大明会典》和《明史・职官志》的记载可知，官方对明代巡抚

---

① 周振鹤：《行政区划史研究的基本概念与学术用语刍议》，《复旦学报》2001年第3期；收入氏著《中国历史政治地理十六讲》，第29页。案成为行政区划的充分条件是它处于一定的层级中、有相对明确的边界、有一个行政中心、有时有等第之别以及立法结构。

② 周振鹤：《〈明朝总督巡抚辖区研究〉序》，收入氏著《明朝总督巡抚辖区研究》，序第3页。

性质的界定，始终秉持由后及前的处理方式，将前期参赞军务与后来巡抚地方文臣一视同仁，前者遂顺理成章被纳入巡抚年表、行实、建官以及官师志等文献。如果按照这样的思路研究下去，无论是张哲郎，还是笔者，都能再向前追溯，找出更多与参赞军务文臣性质相近且带有各种理边名号的文臣，从而形成更多聚散纷纭的说法，延绥巡抚出现的时间仍有前推的可能。然而，这对于历史地理学者而言，又能实现怎样的学术意义和问题意识呢？

正是基于上述观念，笔者将延绥巡抚何时拥有相对固定的辖区，作为判断其是否真正成为具有行政区划意义上的巡抚的标准。本章前述诸如“延绥巡抚始设时间与辖区范围的确定，是看似彼此孤立，其实内在相联的问题”以及“延绥巡抚确定辖区，不仅是该抚设立的主要标志，也是区别此前诸任文臣守疆的关键尺度”的表述，或许并未引起韩文重视，故在其学术史回顾中，将笔者的观点归入“将延绥巡抚的职权扩大与稳定作为判断其开始的标准，其中是否监理民事作为一个重要的指标被提出”一类。[①]事实上，笔者强调延绥巡抚对民事系统的干预，完全是由于认为该抚在天顺二年将延安、庆阳二府纳入管辖的缘故。倘若忽视巡抚辖区出现这一判断标准，转而认为笔者以是否监理民事作为分析巡抚定设与否的尺度，恐怕至少曲解了拙文研究的出发点。

韩文几乎没有回应拙文以辖区为标准的讨论是否成立，转而引据靳润成先生的结论，指出巡抚“集所抚地区民政、军事、监察之权于一身的目的，则主要依靠统辖所抚地区的‘道’来实

① 韩健夫：《明代延绥巡抚建置问题再探》，《历史地理》（第32辑），第101—102页。

现”。[①]进而提出“通过各‘道’设置时间来推测延绥巡抚在何时开始拥有兼理民事之权”的研究思路。换言之，韩文以道的设置为标准，来自巡抚通过道实现管理民事权力的前人观点。也可以认为，韩文是把延绥巡抚是否具备民事管辖权，作为判断该抚始置定设的标准。在巡抚和诸道关系的讨论中，靳润成先生强调的是巡抚依靠诸道得以将自身民政、军事和监察权力具体实现，但并没有将诸道的设立与巡抚定设之间进行逻辑上的因果勾连。甚至对上述结论的概括，他也是基于“以督抚制度发展到较成熟阶段为例”。他还特意指出，“虽然各道辖于各巡抚，但是各巡抚辖区的地域范围仍然是以布政司及以下的府、州、县或实土卫所等正式行政区域为单位划定的”。由此可见，靳润成先生有关道和巡抚关系的论述，其实具有前提和限定——督抚制度发展成熟以后和构成巡抚辖区的表象性。

靳氏所谓督抚制度发展成熟的阶段，主要针对万历《大明会典》中出现的督抚兵备内容，这是之前正德《大明会典》所未曾有过的。在这部分《会典》的记载中，正如本章第三小节所展示的延绥巡抚下辖诸道一样，明人为后人展示了一个比较标准的以督抚和下辖诸兵备道为层级体系构建起来的“督抚—兵备”架构，从属于镇戍系统。笔者认为，以延绥巡抚为例，类似这样的规整结构，其形成时间大约从隆庆年间方才开始。例如，康熙《延绥镇志》就记载曰：“东路兵备道一员，设自隆庆。”由此可见，靳氏上述结论的适用时间，或者说得出这些结论所概括的对象存在时间，主要是明代中后期的状态。按照万历《大明

---

① 郭红、靳润成：《中国行政区划通史·明代卷》，第714页。案下文同引均出于此，恕不另注。该说最早见于靳润成《明朝总督巡抚辖区研究》一书。（第3页）

会典》督抚兵备的记载模式，各个巡抚确由下辖诸道组成。[1]但是，巡抚辖区最终还是要通过府州县及卫所来进行圈定和落实，甚至必须时要精确到县才能真正有所明晰。

行文至此，有两点需要指出：一是通过各道的设置推测延绥巡抚定设的考察方法，与靳润成先生的研究结论无关；甚至以早期各道的设置考察巡抚拥有民事权力的肇始，也并非其本意。二是巡抚是否借助诸道实现自身权力，与通过诸道设置判断巡抚定设之间，俨然属于两个不同层面的问题，没有必然的联系。而韩文呈现的研究逻辑是，因为晚期巡抚诸种权力的施展需要通过各道实现，所以早期诸道的出现可视为巡抚具备民事权力的象征，而是否拥有这种民事权又是划分巡抚发展阶段的重要标志，以此可以观察巡抚性质的演变。

在靳润成先生的论著中，找不到他针对巡抚权力依靠“道”实现这一结论的实证过程，可能只是初步的结论，还谈不上确凿的定谳。由此，笔者认为通过对道的设置判断延绥巡抚是否掌握民事权的标准问题，恐怕还难以达到以之为据进行演绎的程度。

2. 史料再辨：延绥巡抚定设问题的反思与期待

对于来自韩文第二个方面的批评意见，兹先从《明孝宗实录》弘治三年二月丙午条谈起：

> 陕西地方，内分八郡，外列三边。八郡钱谷，巡抚陕西者主之；三边军马，巡抚各边者主之；事体归一。惟榆林一边，先因密迩沙漠，镇、巡等官驻扎绥德，遥制军务，故延安、庆阳二府亦在节制之内，事体不一，有司莫知适从。今

① 案学界历来认为明代巡抚没有自己的部属，与清代有所不同（参张哲郎著《明代巡抚研究》，第4页）。

> 巡抚延绥都御史已移镇榆林，宜令专治榆林军务，其延、庆二府有司民事，不宜复有干预。兵部覆议，从之。

前文在研究中，由于认定天顺二年徐瑄担任延绥巡抚时，延安、庆阳二府已被纳入管辖，因此将上述实录作为该抚辖区包含二府的史料依据。韩文敏锐地发现其中存在的纰漏，指出“‘先因’在时间上十分模糊，从天顺二年徐瑄以‘巡抚’之名上任至成化九年延绥镇治迁至榆林之间，均可”。随后就引出道的设置问题，从而考察延绥巡抚职权的具体落实时间。[①]从天顺二年（1458）到成化九年（1473）的15年间，按照上述实录的记载，确如韩文所说，其中任何一年都有成为延绥巡抚节制延、庆二府开端的可能。当然，包括韩文在内，学界普遍以发生在成化元年至二年期间，延绥巡抚卢祥奏延安、庆阳二府民壮选为土兵之事，作为该抚权力已经覆盖二府民事的有力证据。[②]也就是说，上述可能性的实际发生时段，应是从天顺二年到成化二年（1466）之间的8年。

基于上述认识，韩文“考证延绥镇中各兵备道的设置时间，便可大致推断延绥巡抚职权扩大，开始监理民事的时间起点”。（案韩文第107页）于是依据万历《大明会典》和康熙《延绥镇志》对延绥巡抚下辖三个兵备道的记载，分别探讨它们早期设官之起源。例如，韩文发现中路榆林道最早在成化二年由白侃出任按察司副使，[③]西路靖边道最早在成化三年由李进出任按察司佥

① 韩健夫：《明代延绥巡抚建置问题再探》，《历史地理》（第32辑），第105—106页。

② 靳润成：《明朝总督巡抚辖区研究》，第53页。

③ 案《明宪宗实录》卷19成化元年七月庚午条记载，白侃此时已就任（第40册，第390页）。

事。遂据此认为，“通过对延绥巡抚下辖之兵备道设立时间的考述，大致可以推测出弘治三年陈瑶上奏中所言的‘先’应指代成化二年设立榆林兵备道以后，至陈瑶奏中所论‘今巡抚延绥都御史已移镇榆林’的成化九年之前这段时间。其间才应是巡抚职权在实上发生本质变化的时段”。

韩文在上述环节的讨论中，存在一些不够深入和客观的分析，令人难于接受。首先，无论万历《大明会典》还是康熙《延绥镇志》，所记均反映明代后期甚至清初延绥巡抚下辖诸道的情况，这与天顺、成化时期不可同日而语。比如，万历年间被称为榆林、神木（东路）和靖边（西路）的三个兵备道，隆庆之前实际并不存在。韩文援引台湾学者谢忠志的考证，认为靖边兵备道设于成化年间，但经笔者核实，谢氏专书似乎并无此说。[①]其实，在正德《大明会典》中，只有陕西镇守总兵之下，才领有所谓延绥西路和延绥东路之说，[②]尚未有兵备道的建置。韩文指出成化初年陕西按察司副使白侃和佥事李进等人在延绥“承担监理边镇的各项事务，任务繁重”。诚然，白侃和李进其人与差职的确存在无疑，但他们是否就是后来延绥三道形成以后，中路和西

---

① 案韩文引用谢忠志《明代兵备道制度：以文驭武的国策与文人知兵的实练》（新北：花木兰文化出版社，2011年）第157页的内容为证，然而核之无所据。另据何朝晖、李国祁等人的研究可知，明代兵备道的普遍出现基本在嘉靖以后，多由分巡道演变而来。（何朝晖《明代道制考论》，《燕京学报》新6期，北京：北京大学出版社，1999年；李国祁《明清两代地方行政制度中道的功能及其演变》，《“中央研究院”近代史研究所集刊》1972年第3期）明人沈德符在《万历野获编》卷22整饬兵备之始条曰：兵备官之设，始于弘治十二年。尽管谢忠志不赞同沈德符的说法，但似乎也没有提出有力的证据加以反驳。总而言之，明代兵备道的设置整体比较滞后，靖边一道无由早至成化初年即有，这是基本可以确认的。

② （明）李东阳等修：正德《明会典》卷110《兵部五・镇戍》，日本国立国会图书馆藏正德六年刻本。

路相对应的早期官员建置起源则颇可存疑。从《实录》对白侃任职的记载来看，并没有证据表明他就任的是“榆林道”，至于李进《实录》几乎没有提及。不能根据诸如万历《延绥镇志》这样晚出的文献，将白侃、李进等人对号入座归入榆林道和靖边道的建官名录，[1]就简单地以为在成化初年，他们担任副使和佥事可以代表上述二道的成立。

按照《实录》的说法，白侃的主要职责是协助处理延绥沿边的词讼与边储。[2]而李进则是因为白侃监督二十五处仓储“不能周”，故由浙江巡按御史升任，以替白侃分担边储事宜。核实而论，学界一般将明代诸道分为管辖某地的守、巡道，和管理某项专门事务的道，如提学、清军、盐法等。兵备道出现较晚且多兼有分巡道之特点。显然，白侃、李进等人不可能是兵备道，而更接近负有专门职责的所谓专职道。[3]他们也不像韩文所说，能够监理边镇的“各项”事务。因此，随着“成化初年兵备道的出现”，延绥巡抚能“通过统辖各道，便可将其职权扩大到监理民事之上”的结论，至少从个案实证的层面来看，理由还远不够充分，无法使人信服。

其次，韩文注意到在康熙《延绥镇志》中，称西路（靖边）兵备道“设自天顺中”。可是，由于他只能考证出最早的任官李进在成化三年就职，于是竟武断地认为该志记载“有误”。事实上，《实录》在成化二年十月记载称，接替白侃分理边储的是一个叫做刘瑄的人，进士出身，此前曾任御史、佥事等职，后因事

---

① 万历《延绥镇志》卷2《建官·榆林道》《建官·靖边道》。

② 《明宪宗实录》卷16，成化元年四月辛卯，第40册，第351—352页；卷19，成化元年七月庚午。

③ 柏桦：《明代州县政治体制研究》，第53页。

牵连降为延安府同知。[①]而万历《延绥镇志》在靖边道下也将名叫李茂的“江西庐陵县人”，排在“直隶保定府清苑县人”李进之前，表示李茂就任该道的时间早于李进。[②]因此，轻易否定康熙《延绥镇志》关于西路兵备道设自天顺年间的结论，明显过于唐突。而白侃的任职时间，如果根据《实录》的记载仔细梳理，至少也应提前至成化元年七月，而非韩文征引《兰台法鉴录》所说的成化二年。

最后，韩文通过系统考察，从白侃、李进等人的任职，以及卢祥奏选延、庆二府民壮事件的时间，得出“弘治三年陈瑶上奏中所言的‘先’应指代成化二年设立榆林兵备道以后，至陈瑶奏中所论‘今巡抚延绥都御史已移镇榆林’的成化九年之前这段时间”的结论。也就是说，韩文把从成化二年（1466）到九年（1473）的7年，作为延绥巡抚实现节制延安、庆阳二府有司民事权力的发生时段。客观来说，类似不符合史实的推断有违常识和逻辑。按照《明孝宗实录》弘治三年二月丙午条的记载，自成化九年起，延绥巡抚明确不再兼有延、庆二府的民事管辖权，如果参照韩文的研究思路，恐怕延绥“巡抚职权在实上发生本质变化的时段”，至晚已非成化九年之前，还可以再晚推到弘治三年了。

为了彻底否定徐瑄天顺二年掌控延安、庆阳二府有司民事的可能性，韩文完全不承认徐瑄巡抚的地域包括“延安、绥德、庆阳诸处”的事实。据《明英宗实录》天顺二年八月的记载显示：

> 先是，延安、绥德、庆阳等处总兵官彰武伯杨信，与巡抚右佥都御史徐瑄联名同奏，求边城军器。上以瑄宜别奏，

---

① 《明宪宗实录》卷35，成化二年十月丙午，第40册，第693—694页。

② 万历《延绥镇志》卷2《建官・靖边道》。

不宜阿依会奏，敕责瑄，至是瑄输罪，工部复请逮治。上宥之。[①]

韩文认为以上史料中的“‘延安、绥德、庆阳等处’所指为修饰‘彰武伯杨信’之词，并非徐瑄官名”。这样的结论着实令人无语。既然杨、徐二人是联名同奏，徐瑄巡抚的范围倘若不和总兵官一样包括延安、绥德、庆阳等处，又会是哪里呢？总不能苛求实录在巡抚二字之后，再写一遍“延安、绥德、庆阳等处”几个字吧？

不仅如此，韩文还针对本章引用《国朝献征录》中商辂（1414—1486）为“同年”徐瑄所撰墓志铭留下的“巡抚延绥、庆阳诸处”一语，认为“墓志铭乃是一种悼念式文体，其中多少会参入些许夸大、赞颂的成分”，从而否认其真实性。笔者无法想象，作为入则都察院堂官、出则巡抚的要员，死后在由大名鼎鼎的商辂所撰写的墓志铭中，竟然要对其曾经巡抚过的地域进行夸大和赞颂。如果韩文留意本章所引万历《延绥镇志》“去参赞军务，巡抚绥德，徙镇榆林自徐公瑄始”一句，[②]不知又该如何否认绥德一词的真实性。退而言之，即便天顺二年徐瑄没有完全掌控延、庆二府，但类似于延安、绥德、庆阳这种准实土卫所，也必属其管辖范围之内。故此笔者仍认为徐瑄的巡抚延绥，开启了该抚具有相对固定辖区的历史，延绥巡抚从徐瑄开始，真正具备了施展权力的“一定的地域范围”。

综上所述，确如韩文所质疑，不能完全依靠《明孝宗实录》

① 《明英宗实录》卷294，天顺二年八月癸亥。
② 万历《延绥镇志》卷3《纪事》。

弘治三年二月丙午条的追记，就断言徐瑄巡抚的地域包括延安、庆阳二府，但笔者认为，对此也不能矫枉过正，人为将延绥巡抚始设的时间向后推至成化二年到九年之间。也就是说，笔者虽然接受韩文对天顺二年结论唯一性的修正建议，但仍坚持认为相对而言，在从天顺初年到成化初年这样一个不算太长的时段内，延绥巡抚基本实现了向后世所理解的定制形态的过渡，完成了行政区划意义上的转型。笔者还认为，这样一个不到十年的“短暂”时光，相对于延绥巡抚一直存至康熙时期而言，谓之“一个比较准确的时间节点”并非无稽之谈。事实上，一项制度的发展固然需要经历一个历史的过程，但不宜为了刻意追求某种过于平稳的渐变演化形态，便轻易忽视或放弃对过程中质变状态的把握。明人将参赞军务视为巡抚地方的肇始，并以此界定巡抚“遂为定制”的时间节点，其实和本章的看法有异曲同工之处。总而言之，否认延绥巡抚建置问题存在一个相对准确时间的看法，既与回到历史的立场不能并存，也与今人研究的问题意识存在显著矛盾。

由于本章内容以及讨论对象的限定，有关延绥巡抚设置过程的分析还远不够充分和深入，对此仍有大量的工作值得继续开展。相对于延绥的个案而言，正如明人沈德符所说：今天下称赞理军务者，惟巡抚一官，俱在边方。也就是说，边方巡抚的出现是否存在共性与差异，造成这些异同的原因又是什么，类似的问题还有很多。何况明代巡抚远不止边方诸处，如有学者划分出所谓省域巡抚和区域巡抚之别。[①]总之，笔者希望通过尽可能多的个案研究，归纳历史经验、总结规律，从而为全面认识明代的巡抚制度，特别是历史政区地理视野下的巡抚辖区研究，提供扎实

① 傅林祥：《晚明清初督抚辖区的“两属”与“兼辖”》，第112页。

可信的史实依据与理论概括。站在这样的学术十字路口上，笔者深感前贤研究的无比厚重与面向未来挑战的多种可能。

五、结语

学界有关明代延绥巡抚始设的不同认定，本质是对如何认识巡抚，特别是延绥巡抚持有不同的观点所导致。本章研究认为，以往对延绥巡抚在正统、景泰年间始设的追溯，从文臣守边的角度看无可厚非，反映了明人的基本认识取向。但站在今人的立场上，如借此即认为是后世巡抚之源，则颇可商榷。换言之，早期文臣守边，看重的单纯是以文驭武的监督效果，而天顺二年的徐瑄出抚，虽然对此仍有继承，但却开启了文臣抚循延绥地方，包括延安、庆阳二府以及沿边诸卫所的肇始。究其所蕴含的本质转变，就是守边文臣辖区的相对定制化，从而也揭示了参赞军务与巡抚地方之间的差别。正是基于此，本章认为延绥巡抚始设宜认定为天顺二年（1458）。当然，笔者也在韩健夫提出商榷意见的基础上，将上述延绥巡抚定制的时间放宽到一个相对不长的时段之内，即天顺二年至成化二年之间。

或有学者认为上述结论有割裂历史脉络之嫌。笔者以为，从郭智到曹琏的诸任，虽不能认定为后世所理解的延绥巡抚，但也不能忽视和否认他们作为文臣，特别是各类宪职纠察武将、协助守边、督理边备的历史事实和功绩，尤其是从同为文臣出守这一角度，无疑可将之视为延绥巡抚始设的前奏而加以探究。然而，这些仍不能与具有固定辖区的巡抚相混，也就自然与后来的巡抚虽然有涉，但却本质不同。

从本章所及史料以及结合前贤的研究看，还只能初步认定万历《大明会典》延绥巡抚始设于景泰元年的记录，应属景泰四年之误，产生这一误差的原因尚有待厘清。可以断定的是，《明史·职官志》对《会典》的改动，丝毫未有助于清晰延绥巡抚的始设过程，而且在何时“加”赞理军务的问题上，有徒生混乱之嫌。当然，这同样反映了清人对明人巡抚制度的基本理解，此间既有继承又有差异，值得重视。

延绥巡抚的辖区经历弘治三年（1490）和嘉靖九年（1530）的两次变动，要之在于延安、庆阳二府有司民事的取舍之间。嘉靖九年，二府重归延绥巡抚统辖，体现出沿边军镇与腹里郡县之间所具有的密切联系。或有学者认为，弘治三年延绥镇辖区萎缩至沿边一线的现象，可作为否定本章以辖区定制来判断巡抚始设观点的案例。笔者以为，此时已非彼时，这次看似辖区层面上变动，其实只是军民分治的手段。换言之，绥德、延安、庆阳三个准实土卫所的存在，使得延绥巡抚的辖区无法从根本上脱离腹里的范围。从另一个层面而言，也应关注延绥巡抚与陕西巡抚在辖区上的相互重叠现象，对此已有学者进行过深入研究，并强调类似前者辖区的变动过程，不宜简单以此盈彼缩而解释。[①]相关具体结论，兹不重复。要言之，本章更多的是从延绥巡抚的本位出发，考察其辖区的变动过程。

延绥巡抚始设于天顺二年（1458），至明末崇祯十六年（1643）罢，治理明代西北边疆延绥沿边一线近乎两个世纪。清初自顺治二年（1645）起复置该抚，并前后延续六任，至康熙元

① 傅林祥：《晚明清初督抚辖区的“两属”与“兼辖”》，第120页。

年（1662）缺裁，又历18年。[①]

本章对延绥巡抚始设与辖区的分析，只是极为初步的探索，许多针对文献的分析还需进一步收集史料深化和论证。尽管如此，笔者认为，延绥巡抚始设的个案讨论，有利于深化对整个明代巡抚制度，特别是边方巡抚的研究。学界以往对巡抚之始的个案讨论，一般受到明人视野的影响，过分关注于文臣出使的层面，忽视早期的文臣差遣与后世所理解的巡抚地方存在本质差别，从而不免有所成见，以致在具体巡抚溯源的探索中略显激进，掩盖了此间各个阶段背后所发生的实际变化。有学者又以后来督抚之既定概念，套用于前世，指摘早期巡抚官名“混乱不统一”，则或可视为削足适履之举。

总而言之，探索明代边方巡抚的始设与辖区，宜摆脱固有成见，具体问题具体分析，既重视巡抚作为一种制度摸索而渐进成型的演进过程，又需把握各抚定设的本质转变，以此方可更为接近历史之真相。

---

① 康熙《延绥镇志》卷3《官师志·文职》。案靳润成认为，延绥巡抚自“崇祯十六年被农民起义军攻克后未曾复置”，应指有明一代而言。（参氏著《明朝总督巡抚辖区研究》，第53页。）

第六章　清代“北五省”地理概念考释

“北五省”作为一个完整的词汇，曾经较多出现在清代的官文书中。通过本章研究发现，该词成为一个专用的地理概念有它自身形成的历史演变过程；而其内涵即区域指代所涉及的地理范围，理应包括当时的直隶、山东、山西、河南、陕西和甘肃等六省直，之所以会出现如此“名不副实”的现象，原因值得深入讨论。借此不仅有助于理解这一区域地理概念产生的历史文献背景，还能为相关问题的思考提供新的线索。这包括诸如清朝初期的分省过程、行政文书中所谓旧省名长期沿用的现象、南北方区域社会发展差异的文化影响，以及我国北方区域地理概念的形成与接受史等问题。

一、官文书中“北五省”地理概念的形成

管及所见，北五省一词尚未在雍正年间以前的文献中被作为地理概念使用。清人王庆云（1798—1862）在其私家笔记《石渠馀纪》中曰：康熙“六十年，以各省积贮虽报称数千百万，州县侵蚀，存仓无几，令平粜北五省常平，直隶一百六十万、山东四百七十余万、河南百三十余万、山西四十余万，并陕西散赈”。[①]这似乎表明早在康熙时期北五省就已作为一个完整的地

① （清）王庆云：《石渠馀纪》卷4《纪常平仓额》，北京：北京古籍出版社，1985年，第172页。

理概念在使用。但作为道咸时人，王氏之说值得勘验。检《康熙朝汉文朱批奏折汇编》未见相关谕旨，[①]又核《清圣祖实录》可得如下记载：

> 户部等衙门遵旨议奏，直隶、山东、河南、山西、陕西被旱，除陕西已差大臣赈济外，查常平仓米谷，直隶一百六十万五千二百七十石零，山东四百七十三万石零，河南一百三十四万七千石零，山西四十八万二百石零。应令四省抚臣遣官分赈并平价粜卖。[②]

然其中未见北五省踪影。因此，并不排除王氏是将后来出现的地理概念追用于前，故仅据此条史料恐难立论。笔者在梳理有关文献时发现，北五省概念在雍正年间经历了一个从偶见到逐步被认同使用的接受过程，现拟就此初步讨论如下：

《世宗宪皇帝朱批谕旨》[③]（下文简称《朱批谕旨》）中记有多处北五省，兹引数条于下，如卷二十三上山东巡抚黄炳于雍正元年六月初八日奏：

> 如果臣言可采，并请通饬北五省一体遵行，则穷民之苦累永除，而感沐洪恩永垂不朽矣。雍正帝朱批：摊丁之议关系甚重，岂可草率从事？尔将一省内之刑名、钱谷、案件，

---

① 中国第一历史档案馆编：《康熙朝汉文朱批奏折汇编》第8册，北京：档案出版社，1985年。

② 《清圣祖实录》卷292，康熙六十年五月庚寅。

③ 据影印文渊阁《四库全书》本第416—425册《史部·诏令奏议类》，台北：商务印书馆，1983年。下同。

> 循规蹈矩一一秉公料理尚恐有所未协，何得于事外越例搜求？况赋税出自田亩，连年北五省率皆薄收，正供维艰，何堪再有更张之举？[①]

又如，朱批：

> 览滇省雨水米价情形，朕怀深慰。近畿数省自去冬今春以来微缺雨雪，昨于三月三日普雨沾足，中外庆幸，不知是日云南曾有雨否？查奏以闻。兹四月初十日正在盼雨之际，又得甘霖透足，北五省麦秋大有可望矣。[②]
>
> 朱批：阅奏大慰朕怀。北五省今岁苗稼亦好，目下时雨溥遍，秋收可望。[③]
>
> 朱批：今冬北五省皆得盈尺瑞雪矣，似此分寸沾濡恐无济于事，当竭诚修省，黾勉吏治，务有以感召天和，获蒙春雨接续，方可冀来岁丰登之庆也。[④]

诸上奏折朱批始于雍正元年，迄于雍正六年末，都径直使用“北五省”一词而无需解释，故可认为该词作为专有地理概念此时已大体得到官方认可，从而在行政文书中加以运用。不过，此论仍似草率，因为一个词汇的出现或许有随意的成分，但若要成为一个约定

---

① 《四库全书》第417册，第388页。

② 《朱批谕旨》卷176雍正二年二月二十九日云贵总督臣高其倬谨奏，《四库全书》第423册，第637页。

③ 《朱批谕旨》卷4雍正二年闰四月二十二日湖广总督臣杨宗仁谨奏，《四库全书》第416册，第186页。

④ 《朱批谕旨》卷223雍正六年十二月十一日署理江苏巡抚臣尹继善谨奏，《四库全书》第425册，第818页。

俗成的地理概念则必须得到使用者的广泛接受和认同，这往往要经历一段接受的过程。而前引北五省作为地理概念的大量使用，似乎过于直接，令人颇感疑惑。故其之源起，尚需谨慎考察。

事实上，《朱批谕旨》自雍正十年开始编选，当年即成，次年刊布，乾隆三年又续出新刻本。冯尔康先生指出，“它所汇集的奏折和朱批虽是根据原始文献刊刻的，但在编选时，雍正和他的助手对原文作了一些改动”。[①]至于这些改动，“业经修饰增删，与朱批奏折之原件颇多歧异”。[②]换言之，前引出现北五省概念的史料本身可能存在问题，其书并非原件，而是曾经雍正十年至乾隆三年的重新编订。因此，据之定论恐怕仍嫌说服力不够。中国第一历史档案馆编《雍正朝汉文朱批奏折汇编》（下文简称《奏折汇编》）一书，是汇集该馆所藏原件并台北故宫博物院辑《宫中档雍正朝奏折》合编而成，具备较高的原始性和可信性。故参照前引《朱批谕旨》，将《奏折汇编》的相应部分逐一检出示下，以便对读：

> 黄炳奏：如果臣言可采，并请通饬北五省一体遵行，则穷民之苦累永除，而感沐洪恩永垂不朽矣。朱批：此等大事业是如此草率，□举□你只将眼下的事循规蹈矩、秉公竭力料理，尚恐不能。此等事外之事不□□寻，况北四省连年歉收，哪里当得起此等大更张之举？[③]

---

① 冯尔康：《清史史料学》，沈阳：沈阳出版社，2004年，第88页。

② 中国第一历史档案馆编：《雍正朝汉文朱批奏折汇编》第1册《编辑说明》，南京：江苏古籍出版社，1989—1991年，第2—3页。

③ 《奏折汇编》第1册山东巡抚黄炳奏请按地摊丁以除穷民苦累折·雍正元年六月初八日，第498页；□为笔者无法辨识之字，下同。

朱批：览奏甚慰朕怀。都近数省冬春少乏雨雪，三月三日普雨沾足，中外庆幸，不知此日云南可雨否？查明奏来。四月初十正又望雨，又下一天透雨，北省麦秋大有望矣。[①]

朱批：大慰朕怀。北数省今岁亦甚好，目下时雨普降，秋收有望。[②]

朱批：北五省皆得赢尺瑞雪矣，此寸余之雪想未济于事，来春雨泽，当竭诚□□□勉吏治。[③]

将《奏折汇编》和《朱批谕旨》相应内容比较后，不难发现明显的“修饰增删”痕迹，前者中雍正帝朱批多为白话，而后者则基本是书面文言。不过，笔者以为最关键的不同在于北五省一词的使用。两者除黄炳所奏皆用北五省概念外，在后者一律为北五省之处，前者朱批则分别写作“北四省”“北省”和“北数省”等称谓。由于《奏折汇编》为原件影印，故知诸上称谓其实是后来编修《朱批谕旨》时方才加以改动的。那么，为什么《朱批谕旨》要将原件中的诸多不同称谓一律改为北五省？这样做又说明了什么呢？

上文引雍正帝君臣之间的奏折朱批，都是有关于地方日常重要（赋税、农业）事务的呈报和批复，故基本可将《朱批谕旨》进行改动的目的是出于政治斗争考虑的可能性排除。《朱批谕旨》对原件的改动主要集中在朱批部分，而内容多是文字形式上的重加修饰。例如将许多口语白话改为书面文言等。倘若如此，则将北四

① 《奏折汇编》第2册云贵总督高其倬奏报雨水米价折·雍正二年二月二十九日，第646页。

② 《奏折汇编》第2册湖广总督杨宗仁奏报雨水收成粮价折·雍正二年闰四月二十二日，第972—973页。

③ 《奏折汇编》第14册署江苏巡抚尹继善奏报地方得雪日期折·雍正六年十二月十一日，第186页。

省、北省和北数省等语一律为北五省便可视为较大的改动，特别是如改四为五就地理概念而言，实属前后明显“歧异”者。不过有趣的是，此番修改的为首者正是当年朱批的本人雍正皇帝，其中如此多处的地理概念皆被改为北五省，想必没有经过他本人的认可是无论如何也说不过去的。此外，《朱批谕旨》以北五省替换原件中的地理概念时并非一对一的改动，而是成为一类地理词汇的替换概念。换言之，此番改动并非偶然，而是有着统一的标准。还有一点值得注意，《朱批谕旨》的改动虽有强制使用北五省这一地理概念的显著趋势，但却并非最早使用者。笔者发现，在《奏折汇编》中，北五省不仅早在雍正元年时就已被黄炳使用，后来在雍正六年末的朱批中也再次出现了这一地理概念。

综合诸上分析，笔者以为尽管在雍正君臣的奏折朱批中早已偶见北五省一词的使用，但开始时其并未成为一个公认的地理概念；雍正十年至乾隆三年编订《朱批谕旨》时，以雍正帝为代表的官方将原本许多不同表达的称谓统一改为北五省，这极有可能是该词开始成为官方认可的地理概念的标志之一，否则我们将很难解释此番改动的原因。而从一个地理概念形成的角度分析，这样理解也有利于打消《朱批谕旨》带来的疑惑。当然，这仅仅是对《奏折汇编》和《朱批谕旨》进行比较的结果，还不能作为最后的结论。笔者在翻检《康熙朝汉文朱批奏折汇编》的过程中，并没有发现北五省这一地理概念的使用，而《奏折汇编》所载的雍正君臣早年对该词的使用也确实流露出随意的特点，并且就目前学界掌握的清代汉文奏折来看，基本是出现于康熙中期以后。[1]换言之，北五省即便在雍正年间以前的奏折朱批中偶尔

① 中国第一历史档案馆编：《康熙朝汉文朱批奏折汇编》第1册《编辑说明》，第2—3页。

出现，也不会早于这一时期，作为一个公认使用的地理概念的可能性也非常小。除了奏折外，在检索《清历朝实录》的过程中可以发现，北五省一词是在乾隆年间方才出现并随之使用日益增多的。[①]显然，这一结果与前面的结论是不谋而合的。可以肯定的是，北五省一词的广泛使用至晚应开始于乾隆初年。故综而论之，笔者认为该地理概念是出现并形成于雍正年间，以雍正末年到乾隆初年是其中的关键阶段。

二、“北五省”地理概念的区域范围

使用一个地理概念的价值在于运用它所具有的区域指代作用。表面上，北五省的范围包括哪些地区似不难确定，只要找出对应的北方五个省区，其区域之和即是答案。下文研究中遇到的资料表明，这个问题远比人们想象得复杂，本应有五个省区对应的北五省，却因甘肃的加入而成为“六省”，尝试解释这一名不副实的现象就成为确定北五省范围的关键。还是先从史料说起：

> 沈廷芳……又称北五省连岁有荒歉之处，民病正剧，士女仳离，流转载道。强者鹿铤，弱者填壑。伊岂不知上年直隶、山陕俱属丰收而捏造此无稽之语乎？[②]
>
> 朕思……边省暨北五省庶吉士类然。翰苑中江浙人员较多，而远省或致竟无一人者，非所以均教育而广储才也。嗣

---

① 案《清高宗实录》中有关北五省一词的使用，下文讨论还会引用，兹举笔者见到的最早一例，即卷42乾隆二年五月丙申条。又见《清会典事例》第2册卷168《户部一七》乾隆二年谕（北京：中华书局，1991年影印本，第1132页）。

② 《清高宗实录》卷197，乾隆八年七月下乙巳。

> 后云南、贵州、四川、广东、广西等省庶吉士，不必令习清书。直隶、山东、河南、山西、陕西等省，亦视其人数，若在三四员以上，酌派年力少壮者一二人。①
>
> 禁止烧锅一事……朕屡次所降谕旨及孙嘉淦所奏与王大臣、九卿等所议，悉行抄录交直隶、山东、河南、山西、陕西等省督抚各抒己见。……烧锅一事，上廑宸衷，屡颁谕旨，令王大臣、九卿确议；又命北五省督抚各抒己见。②
>
> 北五省最重麦田……豫省河以南南阳、汝宁、陈州、光州等府州属南阳、汝阳等州县亦于初五日得雪二三四五寸不等，盖以地近江南，故得雪之日亦同。而河北卫辉等三府尚未得雪……至山东、山西、陕西、直隶等省近日俱未奏报得雪。③

诸上史料虽未明说北五省到底包括哪些省区，但根据语境不难推知有直隶、山东、河南、山西和陕西。这些省份皆在北方且数目对应，似与北五省所指若合符契，故区域范围即可划定，问题便可解决。然而，最令人不解的是，也有类似如下的记载：

> 河南巡抚硕色奏称……朕思北五省情形大率相近，即州县中无额设公费。而伊等原奏皆有酌量兴修之处，何以不能依限完竣？著将硕色此折，再行钞寄山东、山西、陕西、甘

① 《清高宗实录》卷390，乾隆十六年闰五月上甲戌。

② （清）尹会一：《健馀奏议》卷2《河南上疏一》，《四库禁毁书丛刊》（史部）第40册，北京：北京出版社，2000年，第27页。

③ 《乾隆御制诗五集》卷76《两江总督书麟报雪诗以志事》（乾隆壬子冬）诗中注，《四库全书》第1311册，第134—135页。

肃等省督抚阅看。[①]

议立北五省烧锅屣麴禁令。各省督抚覆奏，大抵以开行兴贩着宜禁，而本地零星酿造宜宽；歉岁宜禁，而丰年宜宽。惟陕西省奏称：秦俗本俭，民间祭祀庆吊，不得已而用酒，若禁烧酒，用黄酒专需细粮，转于民生不便。且边地兵民藉以御寒，势难概禁。甘省则以本非产酒之区，勿庸设禁，乃令因地制宜，并定违禁律。[②]

北五省：直隶、河南、山东、山西、陕西均奏报于五月得雨优渥，只甘肃未据报到。而江南今据萨载、吴坛、闵鹗元先后驰报通省甘霖大霈，处处沾足，秋成可期，一律丰稔云云。[③]

以上史料多次提及甘肃，而众所周知陕甘早在康熙六年即已“分省”。难道明明是六省，却偏要称为“五省”吗？矛盾背后，到底是何原因？有鉴于此，对北五省的区域范围，尚需做出更为深入的讨论。

作为地理概念，指代范围具有弹性并不难理解，学界对“江南”概念的厘定便是其中一例。[④]然而，北五省却不能套用惯例，这与其特殊性有关。该词是依行政区划构造出来的，政区又是人为划定的施政区域，此与划分江南原则的多元性特点迥然有别。换言之，其一旦作为专有地理概念得到公认，对应省区即应

① 《清高宗实录》卷307，乾隆十三年正月下戊申。

② （清）王庆云：《石渠馀纪》卷5《纪酒禁》，第267页。

③ 《乾隆御制诗四集》卷75《山中》（乾隆庚子六月）诗下注，《四库全书》第1308册，第518页。

④ 冯贤亮：《明清江南地区的环境变动与社会控制》，上海：上海人民出版社，2002年，第2—8页。

确定，区域也就随之划定。因此，这里不能以指代范围具有弹性来寻求解释。

问题的关键在于甘肃是否应纳入北五省的范围，只有对清代甘肃及相关省份行政区划的变迁过程进行梳理，方有可能为解答提供思路。陕、甘二省原统于明代的陕西布政司，后经康熙六年陕西分省，甘肃始自成一区。学界多将陕西与同时期的江南、湖广相提并论，认为三者的分省是“由旧省制向新省制的改革过程”。[①]但相比之下，对江南、湖广分省过程的关注要远多于陕西分省，[②]其中涉及的一些问题也始终是讨论的热点，诸如史籍记载分省年份的差异和旧省名长期沿用的原因等。有趣的是，两点中对于陕西分省除前者稍有争议外，后者却从未引起类似的疑问。而所谓旧省名长期存在的问题是指分省后，实际意义上的“江南省”“湖广省”已不存在，但其称谓却在官方文书中沿用至清末。笔者以为，学界从未就陕西分省的旧省名沿用问题提出质疑，并不意味着不存在类似的现象。其实，稍做分析便可发现陕西与另外两省的细微不同。江南、湖广省一分为二，分得江苏、安徽、湖北、湖南，两个原省称谓本应“实亡名亦亡”，陕西省一分为二得陕西、甘肃，陕西之名并未消失而是沿用下来。

---

① 傅林祥：《江南、湖广、陕西分省过程与清初省制的变化》，《中国历史地理论丛》2008年第2辑。

② 谭天星：《湖广分省时间小议》，《江汉论坛》1986年第5期；季士家：《江南分省考实》，《中国历史地理论丛》1990年第2辑；王社教：《安徽称省时间与建省标志》，《中国历史地理论丛》1991年第1辑；王亮功：《安徽建省考析》，《安徽史学》1992年第1期；刘范弟：《湖南建省考疑》，《湖南社会科学》1992年第2期；公一兵：《江南分省考议》，《中国历史地理论丛》2002年第1辑；张建民：《湖广分省问题述论》，《江汉论坛》2003年第12期；侯杨方：《清代十八省的形成》，《中国历史地理论丛》2010年第3辑；段伟：《清代江南、湖广、陕甘分省标准的异同》，《中国地方志》2013年第4期。案以往似无专文论及陕甘分省。

清人魏源对此间微妙差异曾有洞悉，据其云：“本朝又分十三省为十七省，若湖广为湖南、湖北，江南为江苏、安徽，陕西之西为甘肃，直隶关外为奉天。”[①]前曰陕西分得陕西、甘肃，说法别扭且有失严谨，魏氏已然察觉，故才有如是说法。换言之，甘肃从陕西分出后，新陕西省虽与原来的陕西省在地域范围上迥然有别，但其称谓却完全一样。如此便会产生一个问题，即倘若在陕西分省后的官方文献中仍然出现陕西实指原来的情况，我们却无法辨别而只能将其理解为分省后的新陕西。这或许就是学界从未对陕西分省是否存在旧省名沿用现象投以关注的原因。事实是否果真如此，还需引用史料继续讨论：

> 朕前因直隶、山东、河南三省有老瓜贼一种，狠毒异常，大为行李之害，是以特颁谕旨，令地方官设法查拏。近又闻得此种老瓜贼北五省皆有，而陕省固原州等处尤多。每于春月空身而出，俱走潼关，分散各处谋劫。及至秋冬，各挟赃物而回。[②]
>
> 北方五省，惟甘肃尤为贫瘠。（乾隆）二十一年以后叠免连年额赋。[③]

以上二条史料不难理解，但所用地理概念却稍有些前后矛盾。前者固原州在陕甘分省后一直属于甘肃，乾隆皇帝本人却在此处云属“陕省”，后者则意指甘肃为北方五省之一。其实，留

① （清）魏源撰，韩锡铎、孙文良点校：《圣武记》附录卷12《武事馀记·掌故考证》，北京：中华书局，1984年，下册，第500页。

② 《清高宗实录》卷159，乾隆七年正月下壬午。

③ （清）王庆云：《石渠馀纪》卷1《纪蠲免》，第16页。

意一下其他官文书和文人笔记的记载，类似情形并非孤例。难道时人在如实录这样的官文书中也会疏误至此吗？笔者以为，原因绝非一言可蔽之。此处的陕省只有在实指分省前的陕西时，云“陕省固原州”于理方通。反言之，这正表明陕西（省）一词在分省后的官文书中存在旧省名沿用的现象。同样，甘肃被纳入北方五省，只能用其在地域上归属分省前的陕西省范围来加以理解方能成立。总之，承认陕西分省后也存在旧省名沿用的现象是我们对这一系列矛盾产生背后的唯一合理解释。据此便可对前文甘肃是否应纳入北五省的问题进行回答了。

史料在出现甘肃的情况下，北五省中的陕西当是指分省后其所对应的区域范围，即与今日之陕西省境相近。而未提及甘肃的史料，北五省中的陕西则无法判断其是指分省前后的哪一个辖境范围。如果是指分省前的陕西，那么显然就应当属于和江南、湖广省类似的旧省名沿用。如果是指分省后的陕西则会面临一个问题，即甘肃这一区域面临遭到排除。因此，很有可能正是要顾及甘肃，故才出现前面提及该省的情形发生，但如此一来却不免造成北五省领有六省的“名不副实”现象。如果不承认陕西省存在旧省名长期沿用的问题，那么上述这些在研究北五省范围过程中出现的矛盾便无法得到圆满解释。而在陕西分省后，官文书中并没有就前后两个陕西在区域上存在的差异做出说明，实际上也不可能有这样的说明，因此并不能先入为主地认为清初以后文献中的“陕西”一词便一定是指分省后陕西的区域范围。

在史料中，笔者无法辨别随距离分省时间的久远，官文书中因意识到此时陕西已非过去陕西而刻意提及甘肃有所增多的趋势，也就无法从时间划分的角度对文献中不同区域范围的两个陕西省做以区别。行文至此，面对官方文书中一面口口声声在使用的北五省一词，另一面所指却有六省的矛盾便可豁然解决了，北五省所谓的“五省”包括直隶、山东、山西、河南、陕西，其中陕西在地域上实指分省前的陕西省，也就是分省后的陕西和甘肃两省的范围。陕西（省）一词在清代文献中和江南（省）、湖广（省）一样都存在旧省名长期沿用的现象，提及甘肃正是为了避免因为新陕西的出现而遗漏指代区域的问题。

上文研究认为，北五省是雍正末年逐渐被官文书认同并正式作为统一的地理概念开始使用的，但陕西分省却早在康熙初年。对此可以从两个方面来理解，即北五省概念的出现是基于康熙初年以前北方地区省级行政区划的情况，或者说，尽管在今天看来康熙初年陕西分省似乎是无可辩驳的史实，但实际在清代很长的一段时间内，陕西和甘肃仍可合而为一视之。其实这也说明，从明代以来北方地区即已形成的五个高层政区对后世的深远影响，对此下文还会讨论。

三、“北五省”概念产生的历史地理背景

北五省没有任何对应的行政机构产生，为何要叠床架屋的使用范围如此之大、又无对应行政机构管理的地理概念呢？下文拟就其产生的历史地理背景进行简要分析。

1. 明清高层政区的不断调整变迁

省自元代始成为高层政区，其划分历有争议，周振鹤指出“其作用主要不在行政管理，而在军事殖民”，遵循犬牙相入，而非山川形便，特别是“历来与划界密切相关的几条最重要的山川边界——秦岭、淮河、南岭、太行山——的存在，使得任何一

个行省都不能成为完整的形胜之区”。[①]此外，多数省的幅员异常广袤。如中书省、河南江北行省都坐拥后世数省之域，幅员之恢宏为历朝所不逮。明代改其为布政使司（习称省）并加以调整，总的趋势是缩小幅员，如分中书省为北直隶及山东、山西，河南从河南江北行省中分出。尽管其时北方地区由五个高层政区构成的格局已经出现，但北五省的称谓却并无出现的可能，一方面因布政使司是高层政区的正式称谓，另一方面也和明代的两京制不无瓜葛，其中南、北直隶是有别于一般布政司的高层政区，纵使其与其他布政司并列，也不习称为省。[②]换言之，北直隶并无与山东、山西、河南、陕西等省并称北五省的可能。

清代高层政区幅员继续缩小，如分陕西西北部为甘肃。在此基础上，改两京十三布政司为十八个高层政区，之所以无正式称谓，盖因当时将总督、巡抚辖区调整与原先布政司重合，并使之成为最高长官，原来省所对应的行政长官——布政使——反成为其下属，此时若再称高层政区为省就不免牵强。起初确实如此，但后来情况又有改变，人们逐渐接受督抚辖区成为高层政区的事实，并将过去对高层政区的俗称——省——沿用过来，官方文书中的使用遂又增多。北直隶入清后改为直隶，成为十八个高层政区之一，官方文书中直隶称省亦习以为常，此方为北五省的出现提供了客观可能。

---

① 周振鹤：《中国地方行政制度史》，第220、241页。

② 案明人的一些说法可资佐证。如万历时王士性在《广志绎》中以卷分区，云：“两都”、“江北四省”、“江南诸省”、“西南诸省”，以王氏之见解足窥时人对全国大区划分的基本认识。而晚明徐光启在《辽左阽危已甚疏·守辽事宜》（陈子龙等选辑：《明经世文编》第6册卷488《徐文定公集一》，北京：中华书局，1962年，第5382页）中有云：“推举重臣二员，总理江南十省直、江北五省直及各边选练事务，委任责成。”虽以“五”冠之，但仍称省直者，亦可为证。

尽管从地理词汇的角度，北五省本身可能要晚至康熙年间以后方能出现，但从上述分析中不难看出，我国长江以北、长城以南的所谓北方地区，基本由五个高层政区组成的行政空间格局却由来已久，以此为基础产生的北五省，是具有深厚历史积淀的地理概念。

2. 南北方经济社会发展的区域差异

对以自然地理为基础导致的我国南北方区域差异的认知，自古有之。唐宋以降，以江南为代表的南方，凭借优越的自然环境、发达的经济基础使区域社会的发展总体大大超越北方，而区域发展不平衡，又扩大了原本就已客观存在的区域差异性。这一差距在明清时期并未缓解，反而日益拉大。对此，无论从中央到地方政府必然都会在行政管理的层面有所认识和应对，前引提及北五省庶吉士习清书事和并举北五省、江南雨水情况的描述，都是类似区域差异性的侧面反映。类似的史料还有许多，再引几例如下：

> 朕六十年来，留心农事，较量雨旸，往往不爽。且南方得雪有益于田土，北方虽有大雪，被风飘散，于田土无益。今岁山东得雨，河南、山西、陕西未甚得雨，备荒最为紧要，不可不豫为筹画。若直隶、山东、河南已难料理，至山西、陕西其补救尤难。①
>
> 今定以入学一名，州县取六十名，府取三十名。如大县入学二十五名，则州县应取一千五百名，府取半之。在北五省尚恐不及此额，仍无可为去取。南省如福建、江西、江

① 《清圣祖实录》卷292，康熙六十年四月己酉。

南、浙江则一州县儒童，常至盈万，少亦数千。[①]

至北五省之民于耕耘之术更为疏略。其应如何劝戒百姓，或延访南人之习农者以教导之。[②]

诸上史料在使用北五省这一地理概念时，皆以之与南方地区进行比较，这实际反映出时人对南北方区域差异性及其社会发展不平衡性认识的不断深入。对于明清时期长江以南的地区而言，江南是地理概念中最具独立性和特色的一个。除清代行政区划意义上的江南省外，经济、文化意义上的江南指苏南浙西地区，对此时人已有以五府或七府的政区划分方法来进行界定。[③]后者在地理范围上日益受到重视和区分现象的本身就反映出其在全国范围内地位的突出。北方似乎一直缺乏类似江南一类的用来描述自身范围的地理概念，北五省的运用或许可以被认为是在一定程度上弥补此种缺失的表现。

此外，还有一些可能促发北五省地理概念产生的因素。比如美国学者施坚雅就曾指出："大部分中国人想到中国的疆域时，是从省、府和县这一行政等级区划出发的。根据行政区域来认知空间在明清时甚至更为显著。"[④]尽管施氏得出该观点是为了引出对"另一种空间层次认识"需要的讨论，但这足以提醒我们应当对明清以来行政区划体系在整个社会发展中的重要影响保持充分的重视，特别是在政府管理的层面更应注重各级政区从中发挥

---

① 《清高宗实录》卷230，乾隆九年十二月上丁巳。

② 光绪《清会典事例》卷168乾隆二年谕，第1132页。

③ 冯贤亮：《明清江南地区的环境变动与社会控制》，第4页。

④ ［美］施坚雅主编，叶光庭等合译，陈桥驿校：《中华帝国晚期的城市》前言，北京：中华书局，2000年，第1页。

的作用。显然，在时人日渐以行政区划来进行空间认知的背景下，北五省一词的出现无疑会更容易被社会，特别是政府管理部门所接受和认同。

四、北五省地理概念的消亡

前文对北五省这一地理概念考察的依据，主要基于官文书或地方官员的奏议、笔记等。民间文献中的类似记载笔者虽收集到一些，但总体而言数量不多且与本文欲解决的问题并无直接联系。而从另一个角度分析，北五省作为一个宏观的地理概念主要为官文书所用并不难理解，其实也只有从国家这样一个更为宏观的角度观察地方，才会在描述中国北方的过程中构造出北五省一词。随着清末民初政治形势的改变，该词没有被沿用下来，而是最终退出了历史舞台。

北五省是一个具有浓重行政意味的地理概念，由清代北方设立的五个省共同组合而成，它具有十分广大的区域范围，可以说是为了满足当时国家对地方进行有效管理而构造出来的。当支撑这一地理概念使用的政治基础消失后，其逐渐淡出人们的视线也就成为必然的历史发展趋势。进入民国时期，政府官方文件中已经很少使用北五省一词，其他文献中也已不多见。[①]除与政治基础的变动有关外，北五省概念的消失可能还与民国初年北方地区省级区划的调整有关。在清末奉天、新疆、台湾建省以前，

① 参见民国《华阴县续志》卷1《地理志·交通》。另著名水利专家李仪祉先生曾于民国十年发表论著《北五省旱灾之主因暨其根本救治之法》，针对当时直隶、河南、山东、山西、陕西五省灾情提出治灾之策（参中国水利学会、黄河研究会编《李仪祉纪念文集》，郑州：黄河水利出版社，2002年，第43、214页）。

直隶、山东、河南、山西、陕西等省在当时全国设立的十八个省中确实位于北部，[①]并且涵盖了长江以北、长城以南的大部分地区。因此，合而称之为北五省并无不妥。但实际上，清代的国土疆域范围却远比所谓的十八省之境大得多，到民国初年不仅新疆、奉天、吉林、黑龙江等已建省，热河、察哈尔、绥远等原本是以少数民族为主体的地区也成为与省平级的特别区域，它们纷纷组织省制促进会，发表宣言，积极推动改省，并终于到南京政府时期实现了设省之议。[②]此时如果再翻开地图来观察北五省在全国省级政区中所处的地理位置，那么显然其称谓与实情之间已经有了不小的差距。总之，政治基础的崩溃和随之而来的省级政区调整都应是造成北五省概念消亡的根本原因。

北五省一词虽然日渐淡出，但整个社会对于寻求一个指代中国北方地区的地理概念的努力却并没有消失。华北地理概念的出现，显然使之得到满足。据张利民研究，16世纪末以后，来华传教士使用“North China”或“Northern Provinces of China”来描述中国北方。后者常出现在传教士撰写的报告或文章的题目中，一般被译作“北方诸省”。到1891年，美国基督教会在北京创办中文期刊《华北月报》，其英文刊名中包括“North China”。20世纪初，由“North China”汉译而来的华北一词“成为人所共知的有一定空间范围的地域名词”。[③]换言之，北方诸省和华北两词的英译皆可作为传教士描述中国北方的地理概念。笔者以为，北方诸省与本文讨论的北五省颇具神似，至少在使用几个省

① 案清代所谓十八省之地，大抵可看做是承明代两京十三布政使司而来，如《清史稿·地理志》有云：“世祖入关翦寇，定鼎燕都，悉有中国一十八省之地。”

② 傅林祥、郑宝恒：《中国行政区划通史·中华民国卷》，第37、65—66页。

③ 张利民：《“华北”考》，《史学月刊》2006年第4期。

级区划来共同描述中国北方这一层面，两个分别被外来传教士和清政府官文书使用的地理概念具有相当的一致性。当然，这不意味北五省和华北之间存在着某种历史发展过程中的前后替换关系，华北地理概念自有其出现、形成、传播和认同的演变过程。本文只想强调，华北一词成长为地理概念的过程如此顺利，以至于北五省水到渠成般地在不知不觉中淡出了人们的视线。因此，新地理概念的出现虽然不是导致北五省一词消失的根本原因，但却在客观上推动了这一过程的发展，可以将其看做是外部因素。

五、结语

以上所论北五省一词在雍正和乾隆初年间的转变，基本可将此地理概念出现的时间过程勾勒出来。至于区域范围，本文倾向于说明这样的逻辑关系，即只有承认官文书中的“陕西（省）”，也和“江南（省）”“湖广（省）”一样存在旧省名长期沿用的现象，才能对史料中出现北五省对应六个省的抵牾问题作出合理的解释。同样，相信史料中出现的抵牾绝不是偶然疏误的结果，其背后必然蕴涵着可以解释的深层次原因，又是支持陕西（省）存在旧省名沿用现象的基础。二者可谓互证关系，缺一不可。该研究的结论提示我们，在使用清代文献中的陕西（省）一词时，应对其指代的区域范围做具体的分析，以往持有的片面认识应有所修正，同时也应将其纳入到对清初分省过程的系统研究中，改变过去认为陕西分省“过程简单”的成见。学界对江南省、湖广省称谓长期存在的原因已有深入而合理的讨论，其中之一就是明确提出“‘省’不但是省级行政区划的俗称，也是总督、巡抚、布政使司等省级官员和衙门的通称”。[①]换言之，是江南、湖广总督的长期存在，方在一定程度上使得前述两省名称得以沿用。陕西分省的结果稍与之不同，乾隆初年陕甘总督之设成为定制以后，[②]我们并未找到“陕甘省”的称谓，文献中沿用旧称的陕西省恐怕还是指作为区域概念的省级行政区为主。省这一概念在清代作为习称，可能更具弹性，江苏、安徽可以各称为省，合在一起仍可称为江南省，同样，陕西、甘肃各称为省，合在一起也可称陕西省，尽管在制度层面上，这并不符合概念条理化的逻辑，但在当时却是约定俗成的使用。甘肃出现在北五省的范围内，或许只是对此的小小修正。

北五省作为地理概念，包括的范围十分广阔，几乎涵盖了当时中国长城以南的北方全部地区，它具有较浓厚的行政色彩，多在官方文书中出现也说明该词主要是出于方便行政管理的需要。其特殊性还表现在，是由数个高层政区组合在一起形成的，这似乎也是省制以来并不多见的情形。更为重要的是，北五省的出现，可以视为是当时社会对北方区域整体趋同性认知的反映，这种认知既有来自区域内部自身的整合力量，也有区域间经济社会发展差异性日益加大的客观推动。在明清以来我国内部地区经济社会发展差异日益明显的背景下，从一个区域对应地理概念的形成史角度出发，北五省概念还是我国传统意义上北方区域概念形成发展过程中的重要一环，不论成熟与否，其毕竟在清代中后期

① 傅林祥：《江南、湖广、陕西分省过程与清初省制的变化》。

② 案康雍至乾隆初期，围绕川、陕、甘三省总督的设立异常繁复，总的来看，四川总督和陕甘总督的分合主要取决于军事形势，和平时期两者并立的趋势比较明显。康雍时期陕甘总督实际一直称为陕西总督，后来至乾隆时才改为陕甘总督。有趣的是，将陕西总督改为陕甘总督的原因或许可以从本章的结论中获得启发。

成为那个时代官方指代北方区域最为常用的地理词汇。由于支撑其使用的政治基础的崩溃以及民国时期省级政区的不断调整，它最终逐渐淡出人们的视线，消失于历史的舞台。但大的历史环境并没有改变，华北一词不仅在客观上推动了北五省概念的消亡，而且最终成为全社会接受认同并在政治、经济、文化各个领域广为使用的地理概念，这不能不说是一种历史发展的必然。

后记：近日拜读陈章先生大作《清代“北五省”与“南五省”地理概念探源》[①]一文，颇为受教，深感相关问题值得继续加以探索。陈章先生认为北五省和南五省“两词因科举而生，亦因之而废”的看法，对于进一步修订本章的研究结论具有极大的启发和指导意义，值得感谢和重视。

不过，文中引用《大清会典事例》乾隆元年之记载谓：奉天、直隶、山东、河南、山西、陕西编北皿字号。江南、浙江、江西、福建、湖广、广东编南皿字号。谨案，广东一省于乾隆六年改入中皿。据此认为至乾隆六年北、南、中皿各定型为五省，为此后清代官修文献中南五省、北五省两词之出现提供了制度依托，并主张北五省源自北皿，南五省来自南皿。在得出此结论的前提下，陈章先生认为雍正六年朱批已有北五省一说的原因，[②]是北五省所依托之北皿自康熙年间便已定型。然而，定型一说似不具有绝对的说服力，因为康熙中期将直隶、山东称为北左、将河南、山西、陕西称为北右之制推行时间较为短暂。所以，无论从顺治后期将直隶八府，延庆、保安二州，辽东、宣府、山东、

① 发表于《中国史研究》2022年第1期，第166—176页。

② 案本章引山东巡抚黄炳在雍正元年的上奏中也已使用北五省一词。

山西、河南、陕西、四川、广西编为北皿字号，还是乾隆元年将奉天、直隶、山东、河南、山西、陕西编为北皿字号，事实上北皿都不完全是五个省，或者说由五个省组成的“北皿”内部仍有细分，并不完如整体。

假设康熙后期依托北皿果真衍生而出北五省的概念，那么无论黄炳用其论述摊丁入亩之事，还是雍正帝以之寄望春雨，其实已显示出该词不仅适用于科举领域，而且轶出运用于其他经济社会诸多领域，正如陈章先生所言，这是科举制度影响地理概念的一大案例得以实现的重要标志。不过，这似乎和直到乾隆六年才定型的北、南皿各为五省的前论，以及《朱批谕旨》在雍正十年至乾隆三年的已经编订完成的时间之间并非完全符契，何况较为特殊的奉天一“府”也并未从乾隆六年起便从北皿中被剔除。

总而言之，北五省一词是因科举而生、因科举而废，还是为科举所用、为科举所弃，或者说北五省是因科举制度影响了地理而产生的概念，还是因地理影响了科举制度而产生的概念，可能在没有十分确凿的史料之前，还不能做出决然非此即彼的判断。本章的探索必然是初步的，关于相关问题的讨论仍然值得继续挖掘和坦诚地交流。

下　编

政区考证

第七章　《类编长安志》载金元关中地理沿革辨正

《类编长安志》是由元代临潼人骆天骧纂集汇编而成的一部关于古都长安的地理专著。它成书于元成宗元贞二年（1296），上承北宋宋敏求的《长安志》和南宋程大昌的《雍录》，下接晚出元人李好文附著于《长安志》所作的至正《长安志图》，以近乎类书新志的形式，赓续记载了古代长安及其附近地区自汉唐至元代的主要历史地理面貌和变迁过程。[①]

一、增补金元地理沿革史料及其评价

古文献学家黄永年先生曾在20世纪80年代受中华书局约请，负责点校《类编长安志》一书。工作完成后，他发表专文，深入而精辟地论述和总结了该志在史料学意义上的诸多优劣之处，迄今仍是学界认识和评价此著最为专业的学术文献。[②]在谈及该志保留下来具有价值的史料时，黄永年先生认为重要的体现在于《长安志》“记述至五代、北宋而止”，《类编长安志》“则增

---

① 辛德勇：《宋金元时期的西安历史地理研究》，收入氏著《旧史舆地文录》，北京：中华书局，2013年，第337—338页；李大海：《元人骆天骧仕官历职考略》，《元史及民族与边疆研究集刊》第33辑，上海：上海古籍出版社，2017年，第67—76页。

② 黄永年：《述〈类编长安志〉》，《中国古都研究》第1辑，杭州：浙江人民出版社，1985年，第102—123页；后收入《类编长安志》点校本《前言》，西安：三秦出版社，2006年。

补到金、元”。他继而举例援引该志卷一《管治郡县》金元地理沿革一节所载，指出其“即与《金史》卷二六《地理志》所记有详略异同”。从史料增补的角度而言，他对《类编长安志》承续《长安志》地理沿革部分的记载，应当持有嘉许之意。

或许正是有此前论，今人刘安琴先生在总结评价《类编长安志》时，认为其“研究价值主要是对金元时期长安史料的增补，这也是一直为学术界所称道的、最具创意的重大成就”。[①]为了进一步说明这些“重大成就”的具体表现，刘著专列《对金元时期京兆府史料的增补》一节，就《类编长安志》中涉及金元时期关中地理沿革的记载，给予了初步释读与评论，并根据志文描述的政区建置状况，认为“元代较金朝行政区划管理更为合理”。

核实而论，相较于记事止于北宋的《长安志》而言，黄永年先生对《类编长安志》有关金元地理沿革记载的肯定，主要来自于文献学意义上晚出编纂成书者，对后世史料的汇集和保留之功。至于这些得以保存下来的金元史料本身，是否具有可信的史实价值，则并未展开论述和加以求证。后来刘安琴先生在解读志文有关金元地理沿革记载的基础上，进一步肯定其所具有的史实意义，以此佐证当年黄永年先生有关与正史地理志详略异同的说法，且就此对金元关中地区的行政区划管理水平做出了高下之分的判断。如果刘氏对志文的释读足以令人信服，并且能够发掘出与正史地理志所记之间存在怎样的史实关系。那么，不仅可以推进今人对金元之际关中地理沿革真相的把握和认知，也会证明《类编长安志》中这些增补的金元史料，确实是它留给后人的重

---

① 刘安琴：《长安地志》，西安：西安出版社，2007年，第144—155页。案下文同引皆出此文，不再标注。

大成就，足以引起人们的重视。

然而，刘氏的解读既未参考金元时期相关的其他重要史料，也未就志文所载做出细致深入的解析，与正史地理志的相参比较更有模糊之嫌。甚至志文明确所说贞祐时期（1213—1217）京兆府路方得以形成的"八州十二县"管辖格局，在其著中竟被讹为"金初分为8州12县"。[①]至于何以得出元代关中行政区划较之金代更为合理的结论，亦令人茫然不知所据。因此，针对《类编长安志》所补金元地理沿革史料价值的评判，事实上依然停留在20世纪80年代后期黄永年先生重要研究结论的水平上。这不仅无益于厘清金元之际关中行政区划的实际变化过程，也不利于今天对《类编长安志》史料价值的进一步认识与挖掘。有鉴于此，本章拟就《类编长安志》有关关中金元地理沿革的记载，稍做考正辨析，并与正史地理志相参互校，以揭示所谓"详略异同"之真相。

二、金元地理沿革辨正

《类编长安志》卷一分前后两处，各载有关于金元时期关中地理沿革的内容。[②]前者列于《杂著·总叙》条目下，据其文曰：

宋亦曰京兆永兴军。金初，分陕西为五路，京兆为陕

---

① 案又如志文中明确说至元十四年（1277）以后，安西路只管5州11县，而刘著仍言皇庆元年（1312）以后，该路"辖8州12县"。

② 案本文所引《类编长安志》内容均由黄永年点校，三秦出版社2006年出版。

西东路，初管五州十二县。贞祐，管八州十二县。圣朝初，仍旧。至元十四年，降三州为县，又并四县，改京兆为安西府，管五州十一县。

后者则列于《管治郡县》条目金元时期，兹亦引其叙述地理沿革部分之内容如下：

金（新添）

《新说》曰：金初，分陕西为五路，京兆为陕西东路，凤翔为陕西西路，延安为鄜延路，庆阳为环庆路，临洮为熙河路。京兆先管商、华、同、耀、乾五州十二县，贞祐元年，分凤翔、鄠县、盩厔来属，又改韩城县为贞州，鄠县为鄠州，盩厔县为恒州，始为八州十二县。又置镇防猛安千户五十四寨以镇西川五十四州。京兆府尹兼统军宣权元帅左都监，为军民都总管。县令兼军民镇抚都弹压。

大元

《新说》曰：已下八州十二县，系圣朝初管京兆路州县。至元十四年，改京兆府为安西路总管府，又降恒州复为盩厔县，鄠州为鄠县，桢州为韩城县，并栎阳入临潼县，云阳入泾阳县，下邽为渭南县，美原入富平县，好畤入醴泉县。今安西府见管五州一十一县。下列旧名，取其易考。有并者下细注之。

上引《管治郡县》一节文后，皆列有金京兆府路和元安西路领属各州县名目。因下文仅拟就地理沿革部分进行辨正，故未赘引。不难看出，志文《杂著·总叙》中的描述，其实正是概括后文

《管治郡县》中新添金元史料而成。因此，相较《长安志》，《类编长安志》沿革部分增补添益的内容，主要出载于《管治郡县》。

从上述引文来看，《类编长安志》对金元时期关中地理沿革的记载，几乎全部来自于所谓《新说》一书。在该志卷前《证题·引用诸书》所开列各书名单中，有曰《骆氏新说》者。今人所辑《宋辽金元方志辑佚》认为，志文《管治郡县》里引用的《新说》，正是其《引用诸书》中提及的《骆氏新说》一书。而所谓《新说》之骆氏，“疑即《类编长安志》之纂修者骆天骧”。[①]由于这部《骆氏新说》早已散佚，无法核对。因此，认为《骆氏新说》即《管治郡县》中的《新说》一书，以及《骆氏新说》就是骆天骧本人所撰的观点，目前仍是最为符合常理推断的结论。要言之，《骆氏新说》一书至晚当成于世祖时期，而且是在《类编长安志》汇纂编辑完成以前。

《类编长安志》引《骆氏新说》，言金初分陕西为陕西东、西、鄜延、环庆、熙河等五路，各路治所又依次置于京兆、凤翔、延安、庆阳、临洮等处。据《金史·地理志》京兆府路条下曰：“皇统二年省并陕西六路为四，曰京兆，曰庆原，曰熙秦，曰鄜延。”[②]案皇统二年即1142年，金朝此前不久刚确立在关中的有效统治，并与宋签订了边界和议。可以说，《金史》所记四路完全应该是所谓“金初”陕西诸地建置的情形。然而，这与《类编长安志》五路的说法却大相径庭，不仅路数不同，而且建

① 刘纬毅、王朝华、郑梅玲、赵树婷辑：《宋辽金元方志辑佚》下册，上海：上海古籍出版社，2011年，第1071页。

② 《金史》卷26《地理志下》，第687页。

置称谓差别更大，正所谓有“详略异同”。那么，两者到底孰是孰非呢？

事实上，《金史·地理志》所载包括陕西四路在内的金境十九路，是以总管府路（或曰都总管路）为断。金人宇文懋昭所撰《大金国志》和南宋人范成大所撰《揽辔录》亦载有与金志相同的内容，可以为证。[①]金初的陕西四总管府路，承自北宋及伪齐政权曾经在此建置过的六个（经略）安抚司路。《宋史·地理志》虽以转运司路为断，将陕西分为永兴军和秦凤两路，但仍记有这六个（经略）安抚司路之名。其中，永兴军为安抚司路，鄜延、环庆、秦凤、泾原及熙河等五路为经略安抚司路。[②]这里安抚司与经略安抚司的差别，表面体现在长官题衔中是否注有“经略”二字。实际按照宋制，安抚使“止于安抚”内地，而经略安抚使则在沿边地区负有“绥御戎夷”的责任，两者职能面向稍有不同。[③]以北宋陕西诸路经略安抚司的设置来看，的确能够显示出上述制度规定的地理特点。当然，不少文献往往对此不加细分，一概称为六路经略安抚使，亦属习以为常。[④]

---

① （金）宇文懋昭撰，李西宁点校：《大金国志》卷38《京府州军》，济南：齐鲁书社，1999年，第281页；另参谭其骧《金代路制考》，收入氏著《长水集》下册，第295页。案《大金国志》记有京兆府路、鄜延路、庆原路、熙河路、秦凤路，今人已指出兹所谓熙河、秦凤二路名目为北宋旧称，金已改为临洮、凤翔府路，且其时尚未设凤翔府路，故可知秦凤路一名当为误衍。（余蔚《中国行政区划通史·辽金卷》，第511页。）

② 《宋史》卷87《地理志三》，第2143页。

③ 《宋史》卷167《职官志七》，第3960页。

④ 案戴扬本先生认为，后人所谓的陕西六路，实为五个沿边经略安抚司路与永兴军转运司路相混合之后的认识，而其中秦凤一路既为经略安抚司路，亦为转运司路之名，故未重复计入。（参见氏著《北宋转运使考述》，上海：上海古籍出版社，2007年，第157页。）今案此说恐非允当。

北宋灭亡后，伪齐政权接管陕西，继设六路安抚司。[①]天眷二年（1139，即绍兴九年）宋复领陕西地，仍设六路。直到皇统二年金廷终并六路为四路，各置都总管府。新并诸路中，庆原路合宋、伪齐泾原路东部、环庆路大部置，熙秦路合伪齐熙河及泾原、秦凤路西部置。而秦凤路辖境，入金后较宋时少南部半路之地，故省并于临路。[②]因此，《骆氏新说》所谓金初陕西五路中的环庆、熙河二路，乃是北宋安抚司路名目，不可能在经历金初并路以及各路辖区整体萎缩的情况下，仍然存在使用。

那么，《骆氏新说》提及的陕西东路和陕西西路又是怎么回事呢？核实而论，有金一代，以陕西东、西路之名称谓者，多就转运司路而言。[③]据《金史·地理志》京兆府条下曰："天德二年置……陕西东路转运司"。平凉府条下曰："后置陕西西路转运司、陕西东西路提刑司。"[④]因金志此处仅言西路转运司"后置"于平凉府，而未明确其建置的准确时间，故过去学者多以为其时应与东路转运司分设同时，即在天德二年（1150）。对此，今人康鹏经过缜密考证，指出金初承袭宋制，置陕西路转运司，以后分东、西二路应该是在海陵王后期或大定初年。余蔚和李昌

---

① 李昌宪：《试论伪齐国的疆域与政区》，《中国史研究》2007年第4期，第153—154页。

② 余蔚：《中国行政区划通史·辽金卷》，第552页。

③ 案泰和八年（1208）至贞祐三年（1215）之间，金廷始分陕西东西路按察司为二，即陕西东路和陕西西路按察司，以与两路转运司对应。其时当已属金后期，绝不可能是"金初"之制。（参谭其骧《金代路制考》，收入氏著《长水集》下册，第298页；余蔚《中国行政区划通史·辽金卷》，第585页。）

④ 《金史》卷26《地理志下》，第692页。案中华书局点校修订本已将此条中的"东西"二字点断（可参照旧校本第646页）。盖金代提刑司路初置于大定二十九年（1189），承安四年（1199）改提刑司为按察司，泰和八年以后，方将陕西东西按察司一分为二。故陕西提刑司路未曾被分为东、西二路，此犹河东南北、山东东西诸提刑司诸路相同者。

宪等先生同样认为天德二年之说不足信，但前者主张分路于世宗大定十年（1170），后者则以为在大定二十二年前后。[①]由此可见，若言金初便设有陕西东、西转运司路，绝非严谨之说。

明晰陕西东、西二路的性质与由来，便可发现《骆氏新说》开篇所言“金初，分陕西为五路”的说法，显然是将金代的总管府路与转运司路混为一谈，并且竟又在其中窜入了北宋安抚司路之名目。如此混乱的描述，似乎再无以能出其右者。[②]不过，退而言之，若不纠缠于“金初”的特定阶段，单看陕西五路的说法，却也并非毫无根据，只是其形成的时间更晚而已。对此，谭其骧先生早有深论可参。据他研究，自皇统二年并旧宋及伪齐六路为四以后，至大定二十七年（1187），金廷又改原四总管府路之一的熙秦路为临洮路，复增置凤翔路。该路领2府4州，其中凤翔府旧属京兆府路，平凉府旧属庆原路，秦、陇、德顺、镇戎四州旧属熙秦路。[③]经历此番调整以后，在原北宋陕西6个安抚司路的基础上，金代陕西进一步由初期的四路改为五总管府路，即京兆府、凤翔、鄜延、庆原及临洮，这一大定末年形成的格局一直维持到金哀宗末年。

《骆氏新说》在叙及五路之名的同时，还指出其各自路治所在。按照其记载的顺序，依次对应为京兆、凤翔、延安、庆阳、

---

① 康鹏：《金代转运司路研究》，中国社会科学院历史所隋唐宋辽金元史研究室编《隋唐辽宋金元史论丛》第2辑，上海：上海古籍出版社，2012年，第333—334页。余蔚：《中国行政区划通史·辽金卷》，第563页；李昌宪：《金代行政区划史》，第74—76页。

② 案立于贞祐二年（1214）的《金太一观十七路醮首姓名碑》，记有秦凤路、熙河路、庆原路、京兆路、鄜延路（光绪《新修南阳县志》卷10《艺文下·金石》，台北：台湾成文出版社，1976年，第988页），除顺序颠倒外，似与前引《大金国志》所载如出一辙。尽管如此，碑文只是窜入宋时旧名，尚与转运司路无涉。

③ 谭其骧：《金代路制考》，收入氏著《长水集》下册，第290—291页。

临洮五府。今核以《金史・地理志》陕西五总管府路的治所，与《骆氏新说》完全相符。即金志载京兆府路治京兆府、凤翔路治凤翔府、鄜延路治延安府、庆原路治庆阳府、临洮路治临洮府。由此结合前文叙述，大致可以看出《骆氏新说》所谓新添金代地理沿革部分的第一句话，至少有三方面的疏误。第一，在“分陕西为五路”的基础上，将金代的转运司路与总管府路混淆，从而以陕西东、西二路代替了京兆府路和凤翔路。按照金志及《大金国志》的记载，陕西西转运司路的治所一直在平凉府，而不在凤翔府。第二，诸路中环庆、熙河之名，是北宋和伪齐时期陕西六个安抚司路中的二路，绝非金制，此处窜入应该纯属谬误。忖之此二旧名本该写作庆原、熙秦二路。第三，金代陕西四总管府路的形成当在熙宗皇统二年（1142），后因增置凤翔路而达至五路的格局，则在大定二十七年方才定型。故《骆氏新说》所谓之“金初”，叙事涉及的年代显然不仅限于此。

在叙述完陕西分路情形后，《骆氏新说》又言：“京兆先管商、华、同、耀、乾五州十二县，贞祐元年，分凤翔郿县、盩厔来属，又改韩城县为贞州，郿县为郿州，盩厔县为恒州，始为八州十二县。”[①]今案，黄永年先生在点校本中，将凤翔与郿县之间点断，似为不妥。贞祐前后，郿县属凤翔路凤翔府领。[②]而凤翔路在大定二十七年新设后，及贞祐元年（1213）仍置。因此，这里既不可能将整个凤翔路与其下属郿县同时割隶京兆府路，也不可能把凤翔总管府路的路治所在地凤翔府与郿县一并改隶。《骆氏新说》此处的本意应是指“凤翔（路或府）之郿县”，两

① （元）骆天骧撰，黄永年点校：《类编长安志》卷1《管治郡县》，第19页。
② 《金史》卷26《地理志下》，第691页。

者间不宜点断。

骆氏所言京兆府路在贞祐年间（1213—1217）领有八州十二县的格局，是金元之际关中核心地区行政区划建置的重要变革阶段。后来直到元宪宗三年（1253），朝廷命杨惟中任“陕右四川宣抚使”时，仍有关中“八州十二县”之说。[①]依骆氏之意，所谓八州包括贞祐以前京兆府路所领的商、华、同、耀、乾五州，以及贞祐以后渐次添设的桢（贞）、鄜、恒三州。不过，无论骆氏以五州十二县来概括京兆府路“先管”州县，还是以八州十二县作为贞祐元年以来的建置，都显得过于粗疏而漏洞百出，与相关史实相去甚远。

首先，贞祐元年以前，京兆府路并非仅领商、华、同、耀、乾五州，而是还辖有位于潼关以东的虢州和关中西部的凤翔府及醴州（天德三年改乾州）、邠州，形成管辖二府七州的格局。[②]上述领属关系并非全部始自金代，而是早在北宋设置安抚司路时即已埋下伏笔。当时永兴军安抚司路领有京兆、河中二府，并陕、同、华、耀、商、解、虢七州。[③]金承宋制而稍有更易，最大的区别在于一改北宋以转运司路为重的局面，转以在安抚司路基础上改制的总管府路为主。故金京兆府路大体承自宋永兴军安

① 《元史》卷146《杨惟中传》、卷159《商挺传》，第3468、3738页。案温海清先生据元人元明善《清河集》卷6《参政商文定公墓碑》（《元人文集珍本丛刊》本，第5册，第196页上）误作“八州十三县”，原文为“八州十二县”。（氏著《画境中州——金元之际华北行政建置考》，第53、56页。）又元末苏天爵称之“八州诸县”。（苏天爵辑撰，姚景安点校《元朝名臣事略》卷8《左丞姚文献公》，北京：中华书局，1996年，第159页。）

② 《金史》卷26《地理志下》，第688页。案除凤翔府外，还有京兆府，详见下文。

③ 李昌宪：《中国行政区划通史·宋西夏卷》，第61页；及氏著《宋代安抚使考》，第182页。

抚司路而来，只是在领属上东部缺少了位于河东的河中府、解州和今属河南的陕州两地，西部则增加了凤翔府和乾、邠二州。所谓五州十二县中的十二县，指由京兆府直接领属的县份，五州之下，又各自还有领县，而当时凤翔府亦领有九县。因此，在皇统初年至大定二十七年的近五十年间，京兆府路共管辖二府七州二十一县。这里的二十一县仅是由京兆、凤翔二府所直接管辖的县份。若按照《骆氏新说》的文例笔法，则金初京兆府路当领有七州二十一县。逮至大定二十七年，凤翔府从京兆府路割出，成为新设之凤翔路治，邠州亦改隶庆原路。从此，直到贞祐二年虢州改隶南京路（原汴京路）以前，京兆府路实领有一府六州，即同、华、耀、乾、商、虢六州十二县。

其次，金宣宗贞祐年间，随着蒙古大军不断南下进攻，金廷不得不迁都南京（开封），从而使得金在关中地区的行政建置，随着军事形势的变化而发生急剧调整。这主要表现在两个方面，其一是金军为抵御蒙古军队从陕西进入河南，故在潼关进行防守，因此原本隶属于关中京兆府路管辖的潼关以东地区，便随之被金廷改隶为路治设在开封府的南京路管辖。例如虢州的改隶。其二，在与蒙古及南宋军队作战时，金廷着意提升部分州县的行政等级，以突出其军事弹压的重要性。例如韩城和盩厔诸县的升州即是如此。贞祐二年（1214），金廷将虢州“割为陕州支郡，以备潼关”。[①]京兆府路由此在金代第一次形成管辖“五州十二县”的局面。然而这一情形仅仅维持了不到一年的时间，

---

① 《金史》卷26《地理志下》，第688页。案金代州尚分节度、防御、刺史诸等级。节度州可领刺史州，后者即为其支郡，防御州则自立而不领刺史州。陕州金初原为防御州，至贞祐二年升节度州，虢州为刺史州，故此时领之以防蒙古军队东侵。

即因贞祐三年金廷将同州韩城县升为桢州（领郃阳县），而重新回到大定末年以来的六州格局。更为剧烈的变化则是，贞祐四年金廷复将商州改隶南京路之陕州，京兆府路领属第二次呈现五州的状况，相距前次竟又不到一年的光景。两年后的兴定二年（1218），蒙军退去之后，金廷再次恢复先前的领属关系，将商州归属于京兆府路，使该路又领有六州之地。[①]然而，随着蒙军再次入侵，到元光二年（1223），金廷为统一行政全力抵抗，终将商州归于南京路。这便使得京兆府路的领属第三次恢复到华、同、耀、乾、桢五州。这一局面一直维持到金亡。[②]

再次，贞祐四年（1216）时，金廷出于伐宋的考虑，将凤翔路凤翔府盩厔县升为恒州，“以盩厔、终南、鄠县隶焉”。[③]不过，并没有史料显示该州由此即改隶于京兆府路。有鉴于《金史·地理志》仍系其于凤翔路凤翔府下，表明改隶的可能性不大。[④]所以，言金末或贞祐以降，恒州即属京兆，只能姑且暂为一说。

最后，《骆氏新说》提及鄠县升州亦在贞祐时期的说法，还缺少其他史料的进一步佐证。以恒州设立时尚领有鄠县忖之，后者升州的时间不早于贞祐四年。今案《大明清类天文分野之书》及《大明一统志》等文献的记载，皆言鄠县升为鄠州并非金末，

---

① 案《金史·地理志》曰：商州“贞祐四年升为防御，寻隶陕州，兴定二年正月复来属，元光二年五月改隶河南路”（第688页）。即贞祐四年至兴定二年（1218）商州尚有两年隶属陕州。

② 余蔚：《中国行政区划通史·辽金卷》，第870—872页。

③ （明）刘基等撰：《大明清类天文分野之书》卷13《秦分野》西安府建置沿革盩厔县条，第133页；又见《金史》卷26《地理志下》，第691页。

④ 余蔚：《中国行政区划通史·辽金卷》，第879页。李治安、薛磊：《中国行政区划通史·元代卷》，第147页。

而是在蒙元之初[①]。另据《参政商文定公墓碑》记载，至晚到元宪宗六年（1256）时，鄜州已设。[②]因此，贞祐时期鄜县升州的说法也很值得商榷。

总而言之，无论如何，金宣宗贞祐元年都不可能形成京兆府路领有八州十二县的局面。退一步说，即便是在贞祐以降的整个金末，京兆府路也几乎不可能领有八州。各种史料记载的诸多迹象表明，所谓的京兆八州十二县，理应是在关中地区进入大蒙古国时期以后才形成的政区领属格局。

不过，《类编长安志》援引《骆氏新说》的这些记载，并非完全没有引起后人的关注。例如，正德、嘉靖之间编纂成书的《雍大记》就对其颇有援引。在描述鄜县升州一事时，该记曰："金贞祐元年隶京兆府，升鄜州太守。元宪宗辛亥仍为鄜州。至元中改为县。"[③]在当时不难看到《金史》《大明一统志》等资料的前提下，《雍大记》作者仍然执着地引述《类编长安志》的相关记载，很能说明明代地方志书的纂修者往往具有优先利用本地先前志书进行编写的惯例和传统。

---

① 案据《大明清类天文分野之书》卷13《秦分野》凤翔府建置沿革鄜县条曰："元初升鄜县为州，至元元年省鄜州为鄜县，六年以属西安（笔者注：疑应作安西）路"（第140页）；又如《大明一统志》曰："金初属恒州，后属京兆府路。元初升为鄜州，至元初复为县。"参见（明）李贤等撰是书卷34《凤翔府·建置沿革》鄜县条，收入《四部丛刊·四编》（史部），据国家图书馆藏明天顺五年内府刻本影印，北京：中国书店，2016年，第80册，第2373页；（清）顾祖禹撰，贺次君、施和金点校：《读史方舆纪要》卷55《陕西四》，第5册，第2647页。案，该州于至元元年（1264）复为县（据前引《大明清类天文分野之书》，又见《元史·地理志》，第1424页）。

② （元）元明善：《清河集》卷6《参政商文定公墓碑》，第196页上。

③ （明）何景明纂修，吴敏霞等校注：《雍大记校注》卷4，西安：三秦出版社，2010年，第39页。案《雍大记》对《类编长安志》金元地理沿革的参考，尚有多处。如卷2西安府、盩厔县条（第5、11页）。

《骆氏新说》继言“又置镇防猛安千户五十四寨以镇西川五十四州”一句，虽与沿革地理关系不大，却也颇值玩味。盖宋金经过绍兴和议，商定以大散关为国界后，金廷再未染指西川。在关中设置的军事单位猛安千户五十四寨，对应于南宋四川地区的五十四州，似乎是金廷驻扎在这一地区，为将来进军四川或是抵御宋军的女真军事组织。《类编长安志》卷八《辨惑》“百家神”条下引《新说》曰：“咸宁县鸣犊镇风凉原上有百家神庙，其像真武。金初，陕西东路立五十四猛安千户镇防军寨，以镇西川五十四州。每一寨前，必立真武或天王殿，以壮军威。鸣犊镇立二猛安寨，共真武庙于原上，以壮军威，为北极神庙。语讹为百家神。”[①]从《类编长安志》管治郡县和辨惑两节，引用《骆氏新说》五十四猛安千户镇防军寨的具体内容来看，后者对《骆氏新说》原文的保留似乎更为全面。换言之，可以认为管治郡县所说引用自《骆氏新说》的猛安千户一句，很可能又经历了《类编长安志》的编排改写。而之所以将其置于沿革部分，应与其中的“金初陕西东路”有关。

《类编长安志》引《骆氏新说》在金代部分的最后说道：“京兆府尹兼统军宣权元帅左都监，为军民都总管。县令兼军民镇抚都弹压。”今人在点校嘉靖《雍大记》时，将统军宣权元帅与左都监点断，作“左都监为军民都总管”，[②]显然是不了解金末元帅府的建置造成的。因此，这里还是有必要对上述《骆氏新说》中的官职名目进行解读。金京兆府路的长官称兵马都总管，然而却不专设，与金境诸总管府路一样，是由路治所在府的府尹

① （元）骆天骧撰，黄永年点校：《类编长安志》卷8《辨惑》，第251页。
② （明）何景明纂修，吴敏霞等校注：《雍大记校注》卷1，第1页。

兼领，全称作京兆府尹兼兵马都总管，此即《金史》所谓“府尹兼领”之制。[①]“府尹的职掌首先是处理本府辖区内的民政，其次才是作为‘兵马都总管’负责一路（不仅包括本府辖区）的军务和治安。”[②]本来元帅府是金初中央最高军事主管机构，后改为枢密院，复因宋金战事而复立。王曾瑜先生指出，“金朝后期，在枢密院仍作为中央军事机构的情况下，元帅府的身价便大为降低，各地滥设的行元帅府不可胜数，实际上降为最普遍的、级别不高的、一州或数州以至辖区更小的军区司令部”。[③]也就是说，金后期的京兆府尹开始兼任这种类似地方军区性质的行元帅府左都监一职。按品级而论，金制府尹和都总管皆为正三品，而元帅府都监则低一格为从三品。“军民都总管”其实是指向京兆府尹而言，与左都监并无瓜葛。此处《骆氏新说》犯了一个明显的错误，即军民都总管实际上根本不是金代的称谓，而是“大蒙古国”语境下的习称，用以替换金代路治府尹所兼任的“兵马都总管”一称。其背后的本质原因则是，蒙元政府开始将金代府尹兼都总管的军、政合一的地方管理模式，逐渐改为单一的民政管辖，而军事权收归驻扎在各地的蒙古军都万户府或万户府来掌控。至于县令所兼的“军民镇抚都弹压”，与一县长官同时任县境军事总管的性质差不多，事实上也并非金制，亦是大蒙古国时期及元初的称谓。对此，有一块现保存于西安市文物保护考古所的至元十二年《大元故京兆路镇抚军民都弹压曹公墓志铭并序》

① 《金史》卷57《百官志三》，第1396页。

② 张帆：《金朝路制再探讨——兼论其在元朝的演变》，《燕京学报》新12期，第102页。

③ 王曾瑜：《金朝后期的军事机构和军区设置》，《河北学刊》1993年第5期，第100页。

的墓志铭，可资证明。[①]总而言之，这里《类编长安志》对《骆氏新说》的援引，仍然杂糅了大蒙古国及元初的沿革地理情形，而并非纯粹的金制。

《类编长安志》引用《新说》对元代京兆、安西路沿革的描述，虽然已是撰著者所生活的时代，但事实上仍有个别与其他史料记载的明显歧异之处。在中统年间以前，京兆路所领诸州，即同、华、商、耀、乾、恒、鄜、桢8州。京兆府领诸县即咸宁、长安、咸阳、临潼、兴平、鄠、蓝田、泾阳、高陵、栎阳、云阳及“在山不立”的乾祐等12县。以上8州12县之名目，《类编长安志》所记当与实情相符。而据《元史・地理志》记载，至元元年（1264），元廷废鄜州和桢州，并原鄜州所领柿林县入鄜县，以该县隶属于京兆府，桢州复为韩城县，仍隶同州。与此同时，又“并云阳县入泾阳，栎阳县入临潼，终南县入盩厔”。[②]也就是说，在至元初年，元廷曾对关中诸州县进行过一次相对较大规模的调整。

从前述可知，这些州县的废置时间大致是清楚的。唯有恒州的情况，还不易确定。盖因《元史・地理志》本身所记亦前后留有疑问。据凤翔府条下曰：“元初割平凉府、秦、陇、德顺、西宁、镇宁州隶巩昌路，废恒州，以所领盩厔县隶安西府路。寻立凤翔路总管府。至元九年，更为散府。”从元初废恒州，到此后至元九年更凤翔府为散府的叙述来看，恒州理应在至元初年与鄜州、桢州等一样遭到废弃。可是，《元史・地理志》又说废恒州所领的盩厔县归隶于安西府路。而后者的设立事实上已晚至至元

① 余华青、张廷皓主编：《陕西碑石精华》之《曹世昌墓志》，第237页。

② 《元史》卷60《地理志三》，第1423、1424页。

十六年十二月。[①]笔者推测，金末贞祐四年所设的恒州，按理不应存在到至元十六年以后，而的确应当与鄌州、桢州类似，早在至元初年便被裁撤。《元史》中出现“安西府路”一语，恐怕是将京兆路改名以后的称谓误植于此的缘故。也就是说，鄌、桢、恒三州的废弃，栎阳、云阳二县的省并，以及鄠县与盩厔因州废而被拨隶于京兆府，皆非如《类编长安志》所云在至元十四年以后。[②]也唯有如此，《类编长安志》的安西府“见管五州一十一县”，[③]才能成立。从《骆氏新说》上述内容可以看出，其记载的时间下限大致当在至元中期。由此推及，这也应当是《类编长安志》对元代关中沿革地理记载的时间下限。

三、结语

通过对《类编长安志》增补的金元时期关中地理沿革记载的考正辨析，前述章节简要地回顾了金元之际陕西地方行政区划的大致建置与变化情形，重点对《类编长安志》所引述的《骆氏新说》中的沿革内容，进行了初步的解读和分析。笔者认为，尽管《骆氏新说》一书今已散佚，但通过比较仍可以发现，《类编长安志》在引用该书的过程中，对其还有所改编，并非完全意义上地照录。《类编长安志》金元地理沿革部分的记述，总体而言，叙述过于粗略，谬误甚多，张冠李戴、时序错置的现象比较明

① 《元史》卷10《世祖纪七》，第218页。

② 案《元史·地理志》载美原入富平在至元元年、好畤入奉天（后改醴泉）在至元五年，当与云阳、栎阳及终南三县的省并在同一时期。惟下邽入渭南之时，史籍未明载，忖之亦应在此时。

③ 案兹所谓安西府，当指安西路总管府。详见上编第一章第三小节。

显，与历史真相往往相去甚远。如果不能细加考察辨析，很容易据之得出错误的结论。以往认为这部分的记载可视为《类编长安志》中最有价值和成就的史料的观点，忽视了对它们本身所具有的史实意义的细致解析，从而并不利于真正从学理的层面理解和利用《类编长安志》中的相关记载。

黄永年先生指出，与宋敏求《长安志》的学术性相比，骆氏之书更像是一部后世的旅游指南性质的一般读物。骆天骧本人的学识并不太高，可又偏偏要对地志施以分类编纂，工作存在很多缺陷便也就不难理解。事实上，他对《类编长安志》金元部分所增补史料的认可，更多是基于文献学角度，对晚出史料记录和保留下来先前发生的历史状况的肯定。而对具体的史实层面，则并未做出过多评述。这是今天当我们重新认识《类编长安志》的史料价值时，尤其应当加以注意的方面。从这一层面而言，《类编长安志》即便是引用增补了所谓金元时期的记载，它的史料价值也仍然难以摆脱该著整体取材于成书而复经剪裁汇编的历史局限。

造成《类编长安志》上述记载史实价值缺失的原因，固然还有金元之际战乱频繁、社会持续动荡不安，从而影响到史料的保存与传承等方面的客观原因。但不可否认的是，元代的政府以及知识分子群体在舆地之学方面可谓整体学识不高、能力有限，同样会影响到志书的编纂水准。无怪乎清人钱大昕在讥讽元人不擅地理时说道："修《元史》者，皆草泽腐儒，不谙掌故。一旦征入书局，涉猎前史，茫无头绪，随手挦撦，无不差谬。"[①]编纂前朝正史尚且如此，作为地方士人私修的《类编长安志》便更可想而知了。

---

① （清）钱大昕著，杨勇军整理：《十驾斋养新录》卷9元史不谙地理条，第176页。

第八章　从领县调整略论明代属州层级变动的趋向

本书上编第三章解析《明史》所谓“属州视县，直隶州视府”一句的含义时，曾经指出正是通过以往学者对清初属州存续问题的深刻揭示，[①]方使学界对明清时期从复式三、四级政区层次简化为单式三级制的原因，有了能够合理阐释的可能。事实上，在此之前，学界似乎并没有充分意识到清代，特别是雍正时期，实现政区层级简化的关键是承自明代的属州发生调整乃至消失的缘故。[②]

日本学者真水康树在《雍正年间的直隶州政策》一文中，尝试从冯尔康先生所总结的“增设府县，提升直隶州”的概括出发，考察雍正时期出现大量直隶州建置的原因。通过文本分析，真水氏认为：“直隶州是为了创建作为财政收入源最理想的府—县系统的试验阶段被设置的。在王朝建设走向相对安定局面的雍正朝，国库收入的稳定在政策上继续增加其重要性。70个直隶州是作为带有升为府的试验模型被创建的。”[③]他将这一调整称为

---

① 华林甫：《清前期“属州”考》，收入刘凤云等编《清代政治与国家认同》上册，第169—214页。

② 冯尔康：《雍正传》，北京：人民出版社，2014年，第252—255页。案冯尔康先生指出，雍正时期地方行政机构改革主要体现在“增设府县，提升直隶州”方面，并未提及属州的变动情况。又《雍正传》一书初版于1985年，各版相关内容基本一致。

③ ［日］真水康树：《明清地方行政制度研究——明两京十三布政使司与清十八省行政系统的整顿》，第99页。案上编第三章的分析同样可以支持真水氏的上述结论。

雍正帝的“直隶州政策”，以强调其地方财政意义。在此后的研究中，有关直隶州大量出现的事实，逐渐成为解释明清政区层级简化的落脚点。例如，林涓认为，清代“在简化层级的同时实现了府的幅员的缩减，进行这一改革的主要手段就是增加直隶州的设置”。[①]她在博士学位论文中，进一步指出“将明代原有的复式的三、四级政区层次简化成单式的省—府（直隶州）—县三级制……直隶州的大量设置与调整起到了关键性的作用，既有效地缩减了府一级统县政区的幅员，并简化了政区层级，这也是加强对地方的行政管理的一个举措。”[②]

对此，傅林祥先生虽然承认“有些地区因为设置直隶州使得隶属关系发生了改变，使行政层级相应减少”，“增设直隶州客观上实现了对府的幅员的缩减，但主观上并没有简化行政区划层级的打算，也不存在先设直隶州、再升为府的长远规划”。由此可见，他已察觉将清代政区层级简化的原因归结于增置直隶州，似乎存在逻辑上的漏洞。他追问道：雍正年间仍有相当一部分府没有析置直隶州，这些府的州何时开始不领县？[③]显然，这些原本领县又属于“府的州”也是清代继承明代属州当中的一部分。进而言之，倘若不能对这些州在清代如何失去领县的资格与职能

---

① 林涓：《清代统县政区的改革——以直隶州为中心》，《中国历史地理论丛》2000年第4辑，第80页。

② 林涓：《清代行政区划变迁研究》，复旦大学历史地理研究中心2004年博士学位论文，第107页。另可参见林涓著《政区改革与政府运作（1644—1912）》（昆明：云南大学出版社，2016年）一书第四章相关表述（第107、114页）。

③ 傅林祥：《清初直隶州的推广与行政层级的简化》，《历史档案》2010年第4期，第63、64页。案傅林祥先生不同意真水氏的结论，认为“雍正年间析置直隶州的目的很简单，只是为了让知州盘查属县的钱粮，并不是所谓的‘创建作为财政收入源最理想的府—县系统的试验阶段’”（第60页），并指出真水氏的“这一说法，存在着对史实的某些误解”（第64页）。

加以说明，那么学界以往对雍正时期政区层级简化的认识，恐怕就很难完全令人信服。即便如此，在新修订出版的《中国行政区划通史·清代卷》中，当涉及地方政区层级简化的重大问题时，相关概括总结似乎仍然看不到更多有关清初属州调整与裁撤的系统论述，给人留下的印象依旧停留在诸如“直隶州政策得到推广”“在直隶州推广过程中，府属州不再辖县”等泛泛而论的表述。[①]事实上，直隶州的增置只是层级体系变动所引发的直接后果之一，它和傅林祥先生提到的那些并未升置直隶州且反而悄无声息地失去领县功能的属州，性质完全一样。也就是说，清代实现地方单式三级政区体制的途径，至少既包括属州升置直隶州，也包括属州降格为不领县的所谓散州。要言之，上述重大转变的关键枢纽性对象在于领县属州的消失，而非直隶州的增设。

随着华林甫先生对清初保留大量属州事实的充分复原与分析，[②]雍正时期实现政区层级简化的关键是由于属州消失的结论，其实已经昭然若揭。属州作为明代乃至清初政区层级体系中的一类重要单元，在拥有相当数量、广泛设置的前提下，从14世纪后期（甚至更早）一直延续到18世纪前期，直至雍正年间转变为直隶州、不领县的散州（包括先升直隶州再降为散州的情况）或县，其身为统县政区的特征与性质从此湮没于历史舞台。从这

---

① 傅林祥、林涓、任玉雪、王卫东：《中国行政区划通史·清代卷》，第53、54页。案傅林祥等先生虽然否定真水康树的结论，但却在自己的论述中仍然沿用“直隶州政策”的说法，这似乎有必要加以澄清，然而笔者未能找到相关的解释，兹且引用原文，暂不深究。

② 案华林甫先生的考证可知，绝大部分属州领县职能的消失发生在雍正年间或稍前，极少数在乾隆时期，最晚一例是山西朔平府朔州马邑县，于嘉庆元年省入本州。（参见《清前期“属州”考》，收入刘凤云等编《清代政治与国家认同》上册，第174—198页。）傅林祥先生亦持有相同的结论。（参见《清初直隶州的推广与行政层级的简化》，第65页。）

一角度而言，至少可以认为雍正时期是实现上述行政管理体制转变的关键节点。

然而，倘若仅将考察属州变动的时空视野局限在其消失的历史“瞬间”，那么很有可能就会忽视它们在此前三个半多世纪里的漫长变化过程，从而导致孤立和片面地看待雍正年间裁撤府属领县之州的重要行政举措。如果将雍正皇帝彻底剥夺属州管辖诸县的权力视为一种质变，那么学界对此前特别是明代属州领县的动态调整迄今可谓知之无多，这显然不利于从整体上将属州的消失，投放到长时段政区演变的历史考察之中。有鉴于此，本章将在华林甫先生针对清初属州变动梳理的基础上，继续向前追溯并以有明一代的属州为对象，梳理、复原和分析它们领县数量及其隶属关系的动态变化，尝试从量变的角度，更加深入地审视和理解清初乃至雍正年间属州消失的政治过程与行政机制。

一、属州概念与明代属州领县调整的时空分布

所谓明代属州，一般从向上的隶属关系角度指隶属于府的州。它们既有领县，也有不领县的情况。本章讨论的对象主要针对领县属州，至于不领县的诸州，在行政层级上已是县级政区，故不纳入讨论的范围。明代属州源自元代路或散府所辖之州，或由元代直隶省部或宣慰司之州降格而得，亦有明代新设置者。如果说雍正时期的属州经历了从有到无的丕变，那么有明一代属州及其领县的置废改易，就可视为导致上述结果的前期量变过程。

属州作为标示行政区划单位的通用名称，最早至少可以追溯

到《新唐书》，意指唐代诸道节度使驻扎的治所州以外的道内其他各州。华林甫先生引用宋元间人胡三省注《通鉴》的讲法，认为“节镇为会府，巡属诸郡为支郡”，即主张《新唐书》和《资治通鉴》等文献里记录的属州是支郡的意思，并认为这样的“词义与后代迥异”。基于此，学界一般多认为属州一词始常见于晚出的《元史·地理志》[①]，或者可谓属州在元代正式出现。当时州有直隶省部（或行省、宣慰司）者和所谓属州的区别。例如《元史·地理志》腹里中书省下记曰：“路二十九，州八，属府三，属州九十一，属县三百四十六。”[②]这里的前一个州字自然指前者，而属州则应指隶属于路总管府及散府的州。

迨至明代，整个地方政区层级体系得到简化，除在布政使司下的直属州外，其他凡属于府的州，都可谓之属州。在明代官方文献中，有时对上述这两种州的记载并不加以名号上的区别。例如，万历《明会典》曰：“国初沿元制，立行中书省于外，以统府州县。州县俱隶府，县或又隶州，州或直隶省。”显然，隶府和隶省的州在这里的称谓并没有差异。该会典记录各布政使司的州县名录，也只有诸州的数量及相应建置名称，既无元代所谓的属州之说，也无清代直隶州和属州的分别。[③]例如，京师并直隶地方下辖“府八，州一十九，县一百二十六”，在诸州中的延庆、保安2州，就不是隶属于府的州，而是直隶京师。不仅如此，在这部分的政区名录表中，上述两种州还被归入同格，即

① 华林甫：《清前期“属州”考》，收入刘凤云等编《清代政治与国家认同》上册，第169—170页。

② 《元史》卷58《地理志一》，第1347页。

③ 案正因为此，本章下文在提及明代直属于省直的州时，一般从严谨的角度不称其为“直隶州”。

两者均按比府低一格的标准起书。不过，万历《明会典》对两者的记录体例，也有差异之处。凡直隶两京及布政使司的州均在其名下记有具体的领县数字和县名，如“延庆州领县一。旧为隆庆州，隆庆元年改。永宁县”。[①]这一书写体例与诸府相同，而属州则不记领县数，仅开列具体辖县名录。由此可见，明朝官方并非完全无视上述两种州在隶属关系上的显著不同。

明代文献不尽如万历《明会典》，有些也将属州一词作为固定称谓提出。例如，《明经世文编》收录《桂文襄公奏议·湖广图序》记载道：“湖广古荆州地，襄、邓抗其头颅，蕲、黄引其肘腋。”原文在“蕲”字之后有小字注曰“黄州府属州”。其后又在正文“沅”字后小字注曰：“辰州府属州。”[②]又如嘉靖《广平府志》有云：“升洺州为广平府，磁、威属州如故。”[③]再如清初《读史方舆纪要》曰：“安吉，湖州府属州”“磁州，今彰德府属州”“赵州，今真定府属州”等等，[④]类似之例在在可见、不胜枚举。总之，像《会典》这类官方文献虽未明确区分属州概念，但不妨碍其称谓在明代已属常见用法。

1. 明代属州建置概况

根据《明史·地理志》记载可知，两京十三布政使司除福建未有建置外，共设属州216个，其中领县属州135个，占比62.50%。不计无领县属州，可供本章讨论的135个属州共辖284个

① （明）申时行等修：万历《明会典》卷15《户部二·州县一》，第92页。

② （明）桂萼：《湖广图序》，（明）陈子龙辑《明经世文编》卷182《桂文襄公奏议四》，第3册，第1864页。

③ 嘉靖《广平府志》卷2《郡县志·表》，天一阁藏明代方志选刊本。

④ （清）顾祖禹撰，贺次君、施和金点校：《读史方舆纪要》卷9，第1册，第369、372页。

县，占明末全国1173个县的24.21%，[①]几近四分之一，诚不可谓之无足轻重。在设有属州的各省直中，江西数量最少，仅有1个且无领县；广西、云南的属州数量合计达到75个之多（占全国属州总数的34.72%），但大多数均无领县（63个，占两司属州总数的84.00%）。核实而论，领县属州主要分布在京师（北直隶）、山东、陕西、四川、山西、河南、湖广、南京（南直隶）等地，浙江、贵州、云南则明显偏少。表8–1显示明代（领县）属州在各省直的分布情况，可供参考。[②]

表8–1 《明史・地理志》（领县）属州在各省直的分布

省直名称	属州数	领县数	州均领县数	省直名称	属州数	领县数	州均领县数
京师	17	45	2.65	南京	12	18	1.50
山东	15	38	2.53	广西	7	13	1.86
陕西	16	33	2.06	广东	8	12	1.50
四川	16	30	1.88	云南	5	7	1.40
山西	13	29	2.23	贵州	2	4	2.00
河南	11	29	2.64	浙江	1	1	1.00

① 案所谓明末1173县的说法来自《中国行政区划通史・明代卷》（第11页），下文所取府数亦来自于此。另外，《明史・地理志》总序部分记县有1138个（第882页）。又卷75《职官志四》曰“计天下县凡一千一百七十有一”（第1851页），已与今人所说几无差异。

② 案华林甫先生统计明万历年间属州省际分布情况，认为属州为154个，领281个县。（《清前期“属州”考》，第208页）今疑其所谓属州数可能混入部分“直隶州”。如南京，据《明史・地理志》显示，共有12个领县属州、1个不领县属州及4个直隶州，而志文在南京开头小序中则曰：“直隶州四，属州十七”（第910页）。对此记载，施和金、庞乃明等先生皆曾有所指正。（参庞乃明著《〈明史・地理志〉疑误考正》，北京：社会科学文献出版社，2012年，第50页。）

（续上表）

省直名称	属州数	领县数	州均领县数	省直名称	属州数	领县数	州均领县数
湖广	12	25	2.08	福建/江西	0	0	0
总 计				/	135	284	2.10

资料来源：《明实录》（参见本章下文详引）；《明史》卷40《地理志一》至卷46《地理志七》；靳润成、郭红：《中国行政区划通史·明代卷》。案本表可与华林甫《清前期“属州”考》一文表1“清初‘属州’沿革”进行比较，从中看出明末到清代雍正时期近百年间各省（司）属州数量的变动状况，详论可参本章结语部分。

需要指出，在京师、山东、四川、河南、广东等处，领县属州占比都达到该省直属州总数的100%，即凡府属之州皆有领县。陕西、山西、湖广、南京等处，领县属州同类占比亦可达80%以上。在西南一带的广西、云南、贵州等司领县属州占比则在20%左右甚至更低，可见这些地区府属之州以不领县者为主。至于福建、江西则完全是领县属州的空白之区。总之，从地域角度来看，北方领县属州数量颇多，分布广泛，所领县数以京师、山东、陕西、山西、河南等北方中原及其周边地区为核心，总数可达174个，占到全国属州领县总数的61.27%。南方地区领县属州相对较少，除集中于四川、湖广、南京等地的部分区域以外，总体分布趋向分散，不少省份以不领县的属州建置为主。

根据表8-1的统计显示，明代属州平均领县数为2.10个，[①]相

① 案事实上明代135个属州除领有284个县外，还有与本身数量相同的“本州”存在（即州官亲辖的实土范围，详论可参上编第二章），因此它们所领的县级政区数量应为419个，即平均每个属州当领有约3.10个“县”级政区。

较诸府平均直接管理的县数明显偏少。[①]翻检《明史·地理志》可知，明末全国领县最多的属州是京师真定府赵州，其下辖柏乡、隆平、高邑、临城、赞皇、宁晋6县，是《明史·地理志》所载唯一领县超过5个的属州。[②]事实上，领县达到5个的属州在明末也极为稀少，总共只有4例：山东兖州府东平州、山西平阳府蒲州和解州、陕西西安府同州。也就是说，除以上5州和另外11个领县达到4个的属州以外，明末绝大多数属州领县介于1—3个之间。要言之，在135个领县属州中，占比达88.15%的119个属州领县不超过3个。虽然领有五六县的属州确实存在，但一般而言，基本可以通过属州领县数量的普遍状况，揣摩明朝政府对属州这一统县政区管理幅度的潜在制度设定。

2. 划归诸府直辖的属州领县时空分布

关于明代属州领县的层级变动可以分为两种情况，一是原属州领县改直属于府（或直属布政司的州）；二是原直属于府的县改隶属州。至于属州与属州之间领县的相互划拨，由于不涉及层级上的变化，故暂不予讨论。通过梳理属州领县隶属关系的调整，可以进一步分析其改属背后的行政原因，从而深入把握明代属州层级的演变趋向。经过繁琐的考证和统计可知，明代属州领县改直属于府的案例，明显多于府直辖县改隶于属州的情况，即

① 案明代诸府直辖县的平均数量，可按如下数据匡算：全国1173县去掉属州直辖的284县后，尚余889县，再将81个不领县的属州计入，共可得县级政区970个；又《中国行政区划通史·明代卷》统计明末有162个府（含军民府），故每府约统“县”为5.99个。此外，《明史·地理志》总序记县有1138个，府有140个，若依此数据，则每府平均约统县为6.69个。

② 案下文表8-7还会提及作为属州的陕西汉中府金州，该州在正德七年（1512）至嘉靖三十八年（1559）、万历十一年（1583）至二十三年（1595）期间，亦曾领有6县。兹仅以《地理志》所记为据，请读者明鉴。

前者在明代共有132县（次），而后者至少有71县。这显然说明在洪武初年形成标准的属州层级以后，这一政区类型就不断处于调整变动之中，一些看似在时空层面彼此孤立的个案，从某种意义上讲，都可视为清初乃至雍正时期属州大规模调整之前所发生的“前奏性”事件。表8-2以属州所领县被改归为直属于府的变化为对象，初步梳理了明代这类属州领县归府的调整案例及其所系时间，可供参考。

表8-2　明代属州领县划归府直属的时间统计

省直名	县名	原隶府及属州名	直属府州名	调整时间
京师（北直隶）	香河	顺天府漷州	顺天府	洪武十三年
	定兴	保定府易州	保定府	洪武六年
	雄	保定府雄州		洪武七年
	容城			洪武十三年
	献 交河	河间府献州	河间府	洪武八年
	阜城	保定府景州		洪武七年
	任丘	河间府莫州		
	青（清）	河间府清州		洪武八年
	兴济			洪武十三年
	静海			洪武八年（初属北平府，十年属保定府，后改）
	威	广平府威州	广平府	洪武二年
	井陉		真定府	洪武七年
	行唐	真定府定州		正统十三年
	无极			洪武七年

（续上表）

省直名	县名	原隶府及属州名	直属府州名	调整时间
	清丰	大名府开州	大名府	洪武七年
	内黄 滑	大名府滑州		
	东明	大名府开州		弘治三年
南京（南直隶）	仪真	扬州府真州	扬州府	洪武二年（废真州为仪真县，直属府）
	六合		应天府	洪武三年（初属扬州府，洪武二十二年改）
	五河	凤阳府泗州	凤阳府	洪武四年
	虹			洪武七年
	沭阳	淮安府海州	淮安府	洪武初
	庐江	庐州府无为州	庐州府	
山东	陵	济南府德州	济南府	洪武七年（参本表说明）
	齐河			洪武二年
	长清	济南府泰安州		
	曲阜 宁阳 泗水	兖州府兖州	兖州府	洪武十八年（兖州升府）
	滕 邹	济宁府滕州		洪武二年（州废、属济宁府，洪武十八年改）
	单 嘉祥	济宁府单州		
	清平	东昌府高唐州	东昌府	洪武三年
	潍	莱州府潍州	莱州府	洪武十年（州废为县，直属莱州府）
	昌邑			洪武十年（县省，地入潍县，直属府）

（续上表）

<table>
<tr><th>省直名</th><th>县名</th><th>原隶府及属州名</th><th>直属府州名</th><th>调整时间</th></tr>
<tr><td rowspan="3">山东</td><td>昌乐</td><td>青州府潍州</td><td rowspan="3">青州府</td><td>洪武初（潍州洪武九年改莱州府，十年降县）</td></tr>
<tr><td>安丘 诸城</td><td>青州府密州</td><td>洪武二年（州废归府）</td></tr>
<tr><td>蒙阴</td><td>青州府莒州</td><td>洪武二年</td></tr>
<tr><td rowspan="5">山西</td><td>赵城</td><td rowspan="2">平阳府霍州</td><td rowspan="4">平阳府</td><td>洪武三年</td></tr>
<tr><td>灵石</td><td>万历二十三年（改汾州府，四十三年改）</td></tr>
<tr><td>太平 曲沃 翼城</td><td>平阳府绛州</td><td rowspan="2">洪武二年</td></tr>
<tr><td>蒲</td><td rowspan="2">平阳府隰州</td></tr>
<tr><td>石楼</td><td>汾州府</td><td>万历四十年</td></tr>
<tr><td rowspan="7">河南</td><td>睢 考城 柘城</td><td rowspan="2">开封府睢州</td><td>归德府</td><td>洪武十年（睢州降县，与所领二县归开封府，十三年复州，重领二县，嘉靖二十四年改归德府）</td></tr>
<tr><td>仪封</td><td rowspan="2">开封府</td><td>洪武十年（初属南阳府，十三年改）</td></tr>
<tr><td>新郑</td><td>开封府钧州</td><td>隆庆五年</td></tr>
<tr><td>渑池</td><td>河南府陕州</td><td rowspan="3">河南府</td><td>洪武中</td></tr>
<tr><td>卢氏</td><td rowspan="2">南阳府嵩州</td><td>洪武元年（初属南阳府，三年改陕州，弘治四年改直属府）</td></tr>
<tr><td>嵩县</td><td>洪武二年（嵩州降县，直属）</td></tr>
<tr><td>宁陵 鹿邑 夏邑 永城 虞城</td><td>开封府归德州</td><td>归德府</td><td>嘉靖二十四年</td></tr>
</table>

（续上表）

省直名	县名	原隶府及属州名	直属府州名	调整时间
河南	真阳	汝宁府息州	汝宁府	洪武四年（真阳此年省入汝宁府汝阳县，弘治十八年复置）
	新蔡			
	罗山	汝宁府信阳州		洪武十年（成化十一年重归信阳州）
	确山			弘治二年（入明当直属府，成化十一年属州）
	泌阳	南阳府唐州	南阳府	洪武十三年（二年省入州，十三年州废复置属府）
	济源 孟温	怀庆府孟州	怀庆府	洪武十年
陕西	富平	西安府耀州	西安府	万历三十六年
	三原			弘治三年
	醴泉	西安府乾州		嘉靖三十八年（石泉、汉阴二县万历十一年重归金州）
	渭南	西安府华州		
	汧阳	凤翔府陇州	凤翔府	
	沔	汉中府宁羌州	汉中府	
	石泉 汉阴	汉中府金州		
	隆德	平凉府静宁州	平凉府	
	略阳	汉中府沔州	汉中府	洪武三年（此年属府，成化二十一年改宁羌州，崇祯间复归府直属）
	平利 石泉 洵阳 汉阴 白河 紫阳	汉中府兴安州（原金州）	兴安（直隶）州	万历二十三年

（续上表）

省直名	县名	原隶府及属州名	直属府州名	调整时间
陕西	青涧	延安府绥德州	延安府	嘉靖四十一年
	真宁	庆阳府宁州	庆阳府	万历二十九年
四川	彭	成都府彭州	成都府	洪武十年
	崇宁			洪武四年
	梁山	重庆府忠州	夔州府	洪武十年后不久（六年州废县存，直属夔州府，十年拨入重庆府忠州，时由忠州改夔州府）
	新宁	夔州府达州		洪武三年（初属重庆府，十年省，十三年复置，改属夔州府）
	大足	重庆府合州	重庆府	洪武四年
	长寿	重庆府涪州		洪武六年后不久
	江油	保宁府剑州	龙安府	嘉靖四十五年
	石泉	成都府安州		洪武中（直属成都府，嘉靖四十五年改龙安府）
	蓬溪　遂宁	潼川府遂宁州	潼川（直隶）州	洪武九年（降州为县，洪武十年省蓬溪入遂宁，十三年复置；案潼川府洪武九年降直隶州）
	安岳	潼川府普州		洪武九年（普州洪武四年置，九年废）
	乐至	成都府简州		嘉靖元年
湖广	蕲水　罗田	黄州府蕲州	黄州府	洪武十一年
	郧	襄阳府均州	郧阳府	成化十二年

（续上表）

省直名	县名	原隶府及属州名	直属府州名	调整时间
湖广	房	襄阳府房州		洪武十年（州废，直属襄阳府，成化十二年改）
	竹山			洪武十三年（十年县废，时复置，直属襄阳府，成化十二年改；可参表8–6）
	龙阳 沅江	常德府龙阳州	常德府	洪武三年（州废降县直属府）
广东	合浦 石康	雷州府廉州	廉州府	洪武十四年
广西	贺 富川	浔州府贺州	平乐府	洪武十年（直属浔州府，后改平乐府）
	怀集			洪武初（十年改梧州府）
	藤 岑溪	梧州府藤州	梧州府	洪武十年（藤州降县）
	容 北流 陆川	梧州府容州		洪武十年（容州降县）
	罗城 融	柳州府融州	柳州府	洪武十年（融州降县，怀远县废，十三年复置，直属府）
	怀远			
	来宾	柳州府象州		洪武十年
	荔波	庆远府河池州	庆远府	成化十一年（正德元年归州属，参表8–8说明③）
云南	罗次	云南府安宁州	云南府	弘治十三年
	通海 嶍峨	临安府宁州	临安府	洪武十五年
	广通	楚雄府南安州	楚雄府	洪武十五年（后改属）
	定边	楚雄府镇南州		洪武中
	亦佐	曲靖府罗雄州	曲靖府	永乐初

（续上表）

省直名	县名	原隶府及属州名	直属府州名	调整时间
云南	大姚	姚安军民府姚州	姚安军民府	洪武十五年
	南甸	武定府和曲州	武定府	成化十二年（正德元年县省）
贵州	婺川	思州	思南府	永乐十二年（十一年思州升府，改思南府）
	镇远	镇远府镇远州	镇远府	正统三年
合计	132			

说明：（1）资料来源：《明实录》《明史·地理志》《中国行政区划通史·明代卷》。（2）京师大名府东明县，弘治三年改属府；《明史·地理志》又言其"万历中，仍属州"，然据华林甫研究，该县至少清初仍直属于府（参见《清前期"属州"考》，第172页），故笔者认为似无万历时复归州属一事，下文表8-3亦不计入此例。（3）济南府德州陵县沿革稍有复杂。洪武元年，元陵州降为陵县，归济南府直属；二年改属德州；七年，陵县废，德州迁治于该县，十三年陵县在原德州（元安德县）复置，直属府；从陵县在洪武七至十三年间的变化来看，可视为由州属改为府属的过程。而其在洪武二年的调整，则可视为由府属改归州属者，详参本章表8-8。（4）卢氏县洪武元年由嵩州直属南阳府，三年归陕州（案此时陕州当改属河南府；参庞乃明《〈明史·地理志〉疑误考正》，第122页），弘治四年直属河南府（案《明史·地理志》言"万历初"改属，不确；可据《明孝宗实录》卷53弘治四年七月辛卯，第53册，第1044页；另可参见庞乃明《〈明史·地理志〉疑误考正》相关论证，第121—122页）。本表针对洪武元年和弘治四年卢氏直属府的实际情况，兹只按1县（次）计算。（5）陕西汉中府金州石泉、汉阴二县在嘉靖三十八年直属于府，可按2县归府计；万历十一年两县复归州属，直至万历二十三年已改名为兴安州的该州，以辖6县而升为直隶于陕西布政司之州，故按6县归直隶州计。（6）据华林甫考证，陕西略阳县成化二十一年改归宁羌州后，复于崇祯年间直属汉中府（参见《清前期"属州"考》，第172、174页），《明史·地理志》缺载。今案略阳前后两次从不同属州直属于府的调整，姑且按1县计算。

由表8-2可知，明代除福建、江西、浙江因无属州或属州极其稀少而未发生领县改属府的调整之外，其余省直都曾有过数量不等的县份发生相应改属。其中以河南、京师、陕西、山东为代表的北方中原地区案例最多，分别有21、19、18和17个县（次）改直属于府，其次则是广西、四川、云南、山西、湖广、南京等地。毫无疑问，属州领县较多的北方地区也是领县被调整改为归属于府最多的地区。

虽然表8-2显示的变动几乎贯穿有明一代，但最主要的调整时期集中在洪武年间，共有95个县（次）发生隶属关系的变化，占总数的71.97%；其次是嘉靖年间的15县，占总数的11.36%；再次为万历年间的10县，占比7.57%；其他时期发生调整的县次合计12个，占总数的9.10%。由此可见，洪武年间作为明代政区成型的奠基阶段，在继承元代格局的基础上，必然采取了大刀阔斧式的裁革措施，诸如改行省为承宣布政使司、改路曰府，省并各地州县等等，专门针对属州领县的调整自然应属此一时期的题中应有之义。

3. 府直辖县改隶于属州的时空分布

原来由府直辖的县经过改隶被划归属州，虽然少于属州领县划归府直属的情况，但也是县的隶属关系调整中一类非常重要的行政措施。经过初步考证可知，明代共有71例针对县的此类调整事件，分布遍及全国（详见表8-3）。[①]其中以山东、湖广二布

① 案在元明易代之际，有一定数量的元代散州转变为明代的属州，它们往往在元代是属于直隶省部或宣慰司的州，与元代隶属于诸路和散府的州在上级隶属关系上有所差异。这类州进入明代后，使得明代属州的规模进一步加大，但本文一般不将这些州所领的县计入表8-3，而是将这些属州及其领县视为考察明代属州领属关系变动的起点之一。

政司数量最多，分别各有14个县发生隶属变化，其次为广东，有9县，陕西、四川皆有8个县；浙江、云南、南京最少，各仅有1例。相较而言，与州辖县改隶府的地域分布特征明显不同，府辖县改隶属州的案例，在湖广、广东、四川等南方地区有着相对较高的发生频次，这无疑显示上述两种调整趋向在明代除了具有数量上的差距以外，在地域分布上也呈现出南北相对的空间差异。

表8-3　明代府辖县改隶属州的时空分布

省直名	县名	原属府州名	改归属州名	时间
京师	顺义 怀柔 密云	顺天府	昌平州	正德元年
	宝坻		通州	洪武十年
南京	崇明	苏州府	太仓州	弘治十年
山东	陵	济南府	德州	洪武二年（七年县废）
	莱芜		泰安州	洪武二年
	乐陵		武定州	
	定陶 曹	兖州府	兖州府曹州	正统十年（初属济宁府，洪武十八年改）
	嘉祥 巨野 郓城	济宁府	兖州府济宁州	洪武十八年
	馆陶 丘	东昌府	临清州	弘治二年
	潍 昌邑	莱州府	平度州	洪武二十二年
	文登	登州府	宁海州	洪武九年（初属莱州府，时改）
	虞城	济宁府	河南开封府归德州	洪武二年（归德后升府，参表8-7）

（续上表）

省直名	县名	原属府州名	改归属州名	时间
河南	卢氏	南阳府	河南府陕州	洪武三年（弘治四年直属河南府）
	考城 柘城	归德府	睢州	洪武十三年
	涉	真定府	彰德府磁州	洪武二年
	确山 罗山	汝宁府	信阳州	成化十一年（确山县弘治二年复直属，参表8–2）
陕西	镇安	西安府	商州	成化十二年
	石泉 汉阴	汉中府	兴安州	万历十一年(二十三年州升直隶)
	略阳 沔		宁羌州	成化二十一年（沔县嘉靖三十八年直属；略阳崇祯改直属，参表8–2说明⑥）
	庄浪	凤翔府	平凉府静宁州	洪武八年
	文	巩昌府	阶州	洪武十年
	金	临洮府	兰州	成化十三年
四川	资阳	成都府	简州	正德八年
	乐至	潼川（直隶）州		正德九年（嘉靖元年还属）
	安岳		潼川府普州	洪武四年（九年州废）
	通江	保宁府	巴州	正德九年
	梁山	夔州府	重庆府忠州	洪武十年（后改直属夔州府）
	彭水	重庆府	涪州	洪武十年
	珙 筠连	叙州府	高州	正德十三年

（续上表）

省直名	县名	原属府州名	改归属州名	时间
湖广	安乡　石门　慈利	常德府	澧州	洪武九年（三十年改属岳州府）
	长阳　宜都　远安	荆州府	夷陵州	洪武九年
	临武　蓝山	衡州府	桂阳州	洪武十三年
	宁远　江华　永明	永州府	道州	洪武九年
	新宁	宝庆府	武冈州	
	黔阳　麻阳	辰州府	沅州	
浙江	孝丰	湖州府	安吉州	正德二年
广东	封川　开建	肇庆府	德庆州	洪武九年
	河源　和平	惠州府	连平州	崇祯六年
	吴川　石城	高州府	化州	洪武十四年
	石康　钦　灵山	雷州府	廉州	洪武九年（十四年廉州升府，石康直属之；钦县升州，领灵山，属廉州府）
广西	灌阳	桂林府	全州	洪武九年（初属永州府，二十七年改）
	永福　义宁		永宁州	隆庆五年
	思恩　荔波	庆远府	河池州	正德元年
云南	云南	大理府	赵州	洪武十七年
合计	71			

说明：（1）资料来源同表8-2；（2）四川叙州府高州筠连县，洪武四年由筠连州降县，直属叙州府，六年改属成都府绵州，“寻仍属叙州府”（《明史·地理

志》，第1036页）。由于筠连县由府改绵州的时间甚短，故只计该县一次，不再重复；（3）湖广衡州府桂阳州蓝山、临武二县，原属元桂阳路，洪武元年该路改府，九年府再降县，直到十三年复升为衡州府属州，推测蓝山、临武在洪武九年至十三年间，理应直属衡州府。（4）广东廉州府洪武七年降为州，附郭合浦县被省并，仅领石康县；九年四月归属雷州府，似可推知廉州在洪武七至九年间或直隶于广东行中书省（九年六月改布政使司）；故石康县自洪武九年至十四年间，当属由（直隶）州降为属州所涉之县。钦州府洪武七年降为州，省附郭安远县，此时似与廉州类似，直隶广东行省；九年四月再降为钦县，属雷州府廉州管辖，故此时钦县与降县前所领之灵山二县，可视为由（直隶）州辖改为属州管辖所涉之县。洪武十四年，廉州复升府，石康县直属府（参表8–2）；钦县升州，仍领灵山，仍为领县属州的性质未变。

明代调整原直属于府的县改隶属州，在各个时期几乎均有发生。与前述相反变动趋向类似的是，其集中调整期亦主要在洪武年间，共有43个县的隶属关系发生变化，占总数的60.56%；其次是正德年间的11个县，占总数的15.49%；再次是成化年间的6个县，占总数的8.45%；其余各阶段数量相对偏少，总共仅有11个县，约占总数的15.49%。

直属府的县拨入属州管辖和属州领县划归直属府的两种变动趋向，是明代县级政区隶属关系发生调整的常见现象。前者使直属府的辖县改隶于属州，导致属州领县的规模得以扩大，事实上是一种认可和强化属州层级存续和功能的行政举措。后者将属州领县改隶于府，导致属州领县数量减少，甚至变成无领县的州，其结果则是在量的层面削弱属州层级的规模。有鉴于这类现象明显多于前者，因此基本可以初步认为明代的属州已经开始呈现出逐渐式微的趋势。下文将对此两种情形进一步展开分析与考察，以解释上述这些政治过程产生的具体原因，期待能够深入认识明代属州领县调整的内在逻辑。

二、从缩减领县规模论明代属州层级的式微

明代实现属州领县改隶于府（或直隶州）的调整途径主要有三种：第一，在原府、州无层级升降变动的前提下，属州所领之县改隶于上一级的府，这既包括改属本府，也包括改属他府；第二，属州降为县，州原领之县遂与本州所降之县皆直属于府；[①]第三，属州升为府（或直隶于布政司的州），原辖县遂成为府属之县。这类变动导致的后果，显然削弱了属州作为统县政区的行政功能，甚至从后两种途径来看，相当于直接取消了一些属州的建置。经笔者分类统计，明代在上述三种调整中，以第一类最为常见，共计有63个县（47.73%），第二类有50个县（37.88%），第三类最少，仅涉及19个县（14.39%）。[②]下文即围绕上述三种情况，分别予以展开讨论。

1. 属州领县改隶本府或他府

属州领县改隶于上级政区的府，而属州本身并未因此发生层级变化，是明代针对属州所领诸县的行政调整中最为普遍的一种措施。例如，无极县在洪武初年被废，四年七月复置，隶属真定府定州，后于七年四月直“隶真定府”。[③]正统十三年（1448），该州行唐县亦脱离州领而直属真定府。至此定州仅辖新乐、曲阳二县，直至明亡。又如南直隶凤阳府泗州五河及虹县，亦有性质相同的调整经历。洪武二年九月，泗州直隶于南

---

① 案由于明初将当时属州的附郭县全部裁撤，同时有的本州亦直接省入邻县，故这类被省并的本州暂不计入此处的讨论，容下文提及。

② 案在第三类中，陕西汉中府兴安州直属布政司时，其石泉、汉阴二县继在第一类中被计入后，再次被计入。

③ 《明太祖实录》卷67，洪武四年七月戊辰，第3册，第1259；卷88，洪武七年四月辛酉，第4册，第1571页。《明史·地理志》，第894页。

京，五年三月还属临濠府（案即后来之凤阳府）时，五河“借机”直隶于该府，不再归属州辖；洪武七年七月，“以泗州所属虹县直隶中立府。”[①]此外，南直隶淮安府海宁州沭阳县与庐州府无为州庐江县，均在洪武初年直属于本府。

山东济南府德州齐河县、泰安州长清县，在洪武二年七月俱直属于济南府。[②]同年，原直属省部的恩州被降为县，其领县清平改属东昌府高唐州。洪武三年三月该县被省并，不久复置，却不再归属高唐州，而径隶东昌府。[③]又青州府蒙阴县，洪武初归府属莒州，二年七月改直属。山西平阳府绛州太平、曲沃、翼城以及隰州蒲县等，均于洪武二年改直属于府。平阳府霍州赵城县在洪武三年直属于府。灵石县，洪武初年为平阳府霍州属县，万历二十三年（1595）五月改直属汾州府，四十三年六月复归属平阳府；石楼县，则由平阳府隰州改直隶于汾州府，从此未再改易上级隶属。

类似以上隶属关系的沿革过程，史料中还有很多记载，兹不赘述。问题是，产生这种调整的行政机制是什么？本书上编第三章曾涉及雍正年间属州领县被裁撤的直接原因，以往如真水康树、傅林祥和华林甫等学者亦有颇多精辟的归纳论述可供参考。下文拟以明代的类似调整事件为例，尝试说明上述属州领县隶属关系变动的主要内在原因。笔者研究发现，明代属州领县划归府

① 《明太祖实录》卷91，洪武七年七月己丑，第4册，第1599页。案洪武六年九月改临濠府为中立府，七年八月又改称凤阳府。

② 《明太祖实录》卷43，洪武二年七月戊戌，第2册，第851页（案原文作河南府，当为济南府之误；另可参见《明史·地理志》，第938页）。

③ 《明史》卷41《地理志二》，第945页。案元代恩州直属省部且未领县，洪武元年，始领清平县，翌年即降为县，清平改归高唐州领。正因为此，本章不将恩州降县之例归入本小节的第二类情况。

属的关键驱动力，在于府州县之间路途迂远而造成的所谓“稽迟不便”。此外，明初因战乱、灾荒导致人口、户粮锐减，也是使相关属州难以维持统领更多县份的客观影响因素。下文即选取若干典型案例，进一步对这一现象加以分析。

例一：京师真定府无极、行唐二县的改隶。

据《明实录》记载，洪武七年四月“以定州无极县隶真定府”。从地理位置来看，明代无极县位于真定府正东“七十里”，而真定府“东北一百三十里至定州界”，[①]故可知定州“南至真定府无极县界六十里”。[②]也就是说，无极县西至真定府治的距离（70里），与北至定州治的距离（60里）大致相同，而真定府与定州两治所之间的直线路程则至少要130里以上。如果无极县归属定州，那么府中有令下达或县中有事上报则需先北赴州治，再折返南趋该县或府治。这意味着从无极县到真定府的行政运作距离凭空增加两倍——至少130里以上的路程。如此自然会导致无极行差纳粮、刑名案件往来的“稽迟不便”，从而导致行政效率低下。洪武七年的改隶，使无极直接省去了原先到真定府必须先北行绕经定州而需多走的迂远路程。

有关行唐县正统十三年由属州改归真定府的缘由，据《明实录》记载曰：

> 直隶真定府定州行唐县知县金鼎言：本县在府南（引者案当作北）七十里，在州东北（引者案当作西南）九十里，路隔沙河。凡有事赴州，夏月河涨，冬天冰冻，路阻转往新

① 乾隆《正定府志》卷2《疆域》，乾隆二十七年刻本。

② 道光《直隶定州志》卷5《地理·疆域》，台北：台湾成文出版社，1969年。

> 乐县绕行，往返二百余里，动经数日，方得到府。乞将本县径属府辖。从之。[①]

从行唐知县金鼎的奏言，可以揭示制约基层州县隶属关系的关键地理因素——下级与上级政区之间路途沟通的便捷程度。这也从一个侧面证实了前文笔者对无极县归属府辖的原因推断。

例二：河南布政司部分属州领县的改隶。

洪武初年，渑池县由隶属河南府陕州改为直属府辖。对照《中国历史地图集》（第7册）明代河南布政司图幅可知，渑池县恰好位于河南府治与陕州州治之间，河南府在县的正东方向，而陕州则在县的正西方向，渑池县相距州府的路程约略相同，但却东西相向，很容易造成政令传达与公文移交徒劳往返，极为不便。因此，渑池县脱离陕州而直隶于府，与该县和府州之间的相对地理位置密切相关。

表8-4　明代河南属州领县改属府辖举例

属州领县名	直属府名	调整时间
河南府陕州渑池县	河南府	洪武初年
开封府钧州新郑县	开封府	隆庆五年
汝宁府息州新蔡县	汝宁府	洪武四年
汝宁府信阳州确山县		弘治二年

资料来源：《明史》卷42《地理志三》。

① 《明英宗实录》卷171，正统十三年十月戊午，第29册，第3291页。

开封府钧州新郑县与所属府州的相对位置关系，和渑池县极为相似。故《明实录》云："改河南开封府钧州新郑县径隶开封府。以县治去州远，从民便也。"[①]河南府陕州卢氏县划归府直属的理由也几乎完全相同。弘治四年（1491）七月，"改河南陕州卢氏县径属河南府，从民请也"。[②]卢氏从此改为府直辖县，免去了凡事必须绕路先赴上级之州的繁琐程序，有利于县政展开；而陕州仅辖灵宝、阌乡二县，事实上也减轻了行政负担，有助于地方管理。又如信阳州确山县，弘治二年八月，"县民奏本县旧隶汝宁府，近改隶信阳州，路途辽远往返甚艰，请仍旧属府为便。户部覆奏。从之"。[③]理由也是如出一辙。

例三：陕西布政司属州领县的改隶。

陕西布政使司属州之县改为府直辖县的时间，多集中在明代中后期。以耀州三原县为例，据该县晚出方志记载："弘治三年，本县唐村里民巨海赴京承请，以三原隶耀州文移往还稽迟不便。事下户部，移咨陕西巡抚萧正勘明覆奏，改隶西安府。"[④]该府州县三者的地理位置，亦符合三原县治近府而远州的空间关系。

---

① 《明穆宗实录》卷59，隆庆五年七月乙丑，第95册，第1438页。

② 《明孝宗实录》卷53，弘治四年七月辛卯。

③ 《明孝宗实录》卷29，弘治二年八月庚寅，第52册，第645页。案确山改隶信阳州发生在成化十一年（1475），参见本章表8-3。

④ 乾隆《三原县志》卷1《地理·沿革》，乾隆四十八年刻本。案萧正当作"萧祯"，弘治元年至四年巡抚陕西。（参见张德信编著《明代职官年表》第3册《巡抚年表》，第2608—2614页。）

表8–5 《明史·地理志》所载陕西属州领县改属府辖举例

<table>
<tr><th>属州所领县名</th><th>直属府名</th><th>调整时间</th></tr>
<tr><td>耀州三原县</td><td rowspan="3">西安府</td><td>弘治三年</td></tr>
<tr><td>华州渭南县</td><td rowspan="8">嘉靖三十八年</td></tr>
<tr><td>乾州醴泉县</td></tr>
<tr><td>陇州汧阳县</td><td>凤翔府</td></tr>
<tr><td>金州汉阴县</td><td rowspan="3">汉中府</td></tr>
<tr><td>金州石泉县</td></tr>
<tr><td>宁羌州沔县</td></tr>
<tr><td>静宁州隆德县</td><td>平凉府</td></tr>
<tr><td>绥德州青涧县</td><td>延安府</td><td>嘉靖四十一年</td></tr>
<tr><td>宁州真宁县</td><td>庆阳府</td><td>万历二十九年</td></tr>
<tr><td>耀州富平县</td><td>西安府</td><td>万历三十六年</td></tr>
</table>

嘉靖三十八年（1559），陕西布政司有7个州属县同时改直隶于府。据《明实录》称：“诏改陕西渭南、醴泉、隆德、汧阳、石泉、沔县、汉阴七县径隶各府。七县皆州属，以抚按官言其不便，改之。”[①]同样从七县所处府州县的相对位置来看，皆与上述诸例“近府远州”的情形基本相同。

富平县由耀州改直隶西安府的时间最晚，过程稍显波折。[②]万历三十九年（1611）四月，朝廷“诏陕西富平县直隶西安府，一切文书不必再繇耀州转理，其协济本州柴马夫役等银

① 《明世宗实录》卷478，嘉靖三十八年十一月己卯，第89册，第7995页。

② 温娜：《明代富平县改属西安府时间考证》，《中国地方志》2008年第3期。

六百九十一两，岁解如故，以从民便”。[①]兹所谓从民便，恐怕并非仅指富平县民，也还包括仍旧能够得到岁解支援的耀州本州之民。总而言之，由于府州县间路途交通的便捷程度不同，影响到行政效率与运作成本的差异，是导致对县的隶属关系进行调整的关键动机之一。《明实录》的记载印证了属州辖县“近府远州”而造成的“稽迟不便”，是地方行政过程中普遍无法回避的问题，改直属于府无疑是从调整隶属关系的角度化解这一矛盾的有效途径。

前文所列诸例尽管将属州领县直属于府，但这些被改变隶属关系的县仍归原属州所在的府管辖。也就是说，从府的层面而言，这些县并未因摆脱属州而轶出府境。当然，也有个别县份在离开属州管理之后被拨入他府，从而实现在府、州两个层面的同时改隶。例如成化十二年十二月，湖广新置郧阳府，拨襄阳府均州郧县为新府府治。[②]嘉靖四十五年十二月，龙安宣慰司改设龙安府，拨四川保宁府剑州江油县属之。万历二十三年，山西汾州升汾州府，拨平阳府霍州灵石县属之。万历四十年，平阳府隰州石楼县亦改直属汾州府。此类调整的共同背景，均与属州周边设置新府有关，从而导致领县改属他府。

2. 属州降县

属州降为县是直接导致属州减少的另一重要原因。有明一代，这类调整所涉及的县约有50个，占到脱离州领诸县总数的37.88%，其中尤以洪武年间属州降县之例为最多。表8-6所列均为由于属州降县，导致原属州本州及所领县改直属于府的情形。

---

① 《明神宗实录》卷482，万历三十九年四月丙申，第117册，第9082页。

② 《明宪宗实录》卷160，成化十二年十二月己丑，第46册，第2927页。

其中部分县在由州改属府后，经过再次调整又改属它府，兹均按属州降县、原领县直属府之例一并讨论。

表8-6　明代部分属州降县统计

省直名	府州名	属州名	所降县名	调整时间	直属于府的原领县名（含备注）
京师	保定	雄州	雄县	洪武七年	容城县，初废，洪武十三年复置，直属府；
	河间	献州	献县	洪武八年	交河县
		莫州	（本州废）	洪武七年	任丘县；案州附郭莫亭县与州俱废，不计；
		清州	青县	洪武八年	兴济县，初省，洪武十三年复置，直属府；静海县（洪武八年直属北平府，十年改归本府）
	真定	威州	威县	洪武二年	井陉县
	大名	滑州	滑县	洪武七年	内黄县
南京	扬州	真州	仪真县	洪武二年	六合县（洪武三年直属，二十二年改应天府）
山东	兖州	滕州	滕县		（初隶济宁府，所领邹县亦直属之；洪武十八年改）
		单州	单县		嘉祥县（洪武十八年随济宁府降州，见表8-9）
	青州	密州	（本州废）		安丘、诸城县
	莱州	潍州	潍县	洪武十年	昌邑县（省入潍县，地直属莱州府，参表8-3、8-10）

（续上表）

省直名	府州名	属州名	所降县名	调整时间	直属于府的原领县名（含备注）
河南	开封	睢州	睢县	洪武十年	仪封县（初属南阳府，洪武十三年改）
	归德				考城、柘城县（皆省，地直属开封府，十三年复置，参表8-10；嘉靖二十四年改）
	河南	嵩州	嵩县	洪武元年	卢氏县（初属南阳府，弘治四年直属河南府；参表8-8；嵩州洪武二年降县属府）
	南阳	唐州	泌阳县（原附郭县）	洪武十三年	泌阳县（洪武二年省县，十三年州废县复直属，故可计入本表）
	怀庆	孟州	孟县	洪武十年	济源、温县
四川	成都	彭州	彭县		（所领濛阳县同时省入，再未复置，不计入本表）
	龙安	安州	（本州废）	洪武四年	石泉县（初属成都府，嘉靖四十五年改）
	潼川州	遂宁州	遂宁县	洪武九年	蓬溪县
		普州	（本州废）		安岳县
湖广	郧阳	房州	房县	洪武十年	竹山县（初省入房县，洪武十三年复置，直属襄阳府，成化十二年改）
	常德	龙阳州	龙阳县	洪武三年	沅江县

（续上表）

省直名	府州名	属州名	所降县名	调整时间	直属于府的原领县名（含备注）
广西	平乐	贺州	贺县	洪武十年	富川县（初属浔州府，后改平乐府）
	梧州	藤州	藤县		岑溪县
		容州	容县		北流、陆川县
	柳州	融州	融县		罗城、怀远县
合计	50				

说明：（1）资料来源《明史·地理志》；（2）本州废者，除留有附郭县可计入外，余皆不计入。

根据表8–6所列属州降县的时间，可知这类调整均发生在洪武年间。当时降州为县的直接后果，就是借此确立新的行政体系，客观上在一些局部地区实现了简化政区层级、提高行政效率、适应鼎革之际社会变化的效果。此外，由于立国之初刚刚经历了频繁战事的影响，如“河南、四川等布政司所属州县，户粮多不及数，凡州改为县者十二，县并者六十”。[①]其他各地的情况也有类似之处。可见，各地编户、税粮普遍有所缺额，也是导致一些属州领县因州废而转归府辖的重要原因。

3. 属州升为府、直隶州

属州升府或升级为直隶布政司的州，是导致明代属州减少的一个相对次要的因素。这类调整主要发生在明代中后期，所涉地区多分布在山东、河南、陕西等北方诸布政司。由表8–7可知，

① 《明太祖实录》卷112，洪武十年五月戊寅，第5册，第1853页。

这些进行升格调整的属州一般领有较多的县。例如兖州在元代属济宁路，仅领4县，洪武十八年升府后，竟陡然领有4州23县之地，[①]前后变化可谓十分剧烈。归德州原领有5个县，升为归德府后领有1州8县；陕西金州领县曾长期在4—6个之间反复波动，万历二十三年升为兴安直隶州前的十余年，再次增领石泉、汉阴二县，使之在升为直隶州前已领有6县。根据本章表8-1所示，明代属州领县的平均数在2.10个左右，可见根据上述三个升府（或直隶州）的案例显示，它们原本就是领县相对偏多的一类属州。

表8-7　明代属州升府、直隶州统计

省直名	原属州名	新升府州名	改为直属（州）府的县名	调整时间
山东	济宁府兖州	兖州府	曲阜 宁阳 邹 泗水	洪武十八年
河南	开封府归德州	归德府	宁陵 鹿邑 夏邑 永城 虞城	嘉靖二十四年
陕西	汉中府兴安州	兴安直隶州	平利 石泉 洵阳 汉阴 白河 紫阳	万历二十三年
广东	雷州府廉州	廉州府	合浦 石康	洪武十四年
云南	大理路总管府姚州	姚安军民府	大姚	洪武十五年
贵州	思南府思州	思州府	婺川	永乐十二年
合计	19			

说明：（1）资料来源：《明史·地理志》；（2）石康县成化八年省（第1145页）。

① 案明代兖州府领有23县，此外，4个属州还各有一个本州之地，即该州知州的亲辖地，故合计27个县级政区，其幅度几乎是元代的7倍之多。

洪武三年四月，朱元璋封自己的第十子朱檀为鲁王，并在兖州建鲁王府。洪武十八年，朱檀之国兖州，朝廷同时将兖州升府。显然，这一行政变动的直接原因，与鲁王就国密切相关——完全是出于加强藩王对本地控制以及抬高藩王封地行政等级的考虑而采取的调整。从此，济宁府反降为属州，隶属于兖州府。而明初改归德府为开封府下的属州，则与元末此地战事不断，明初人口锐减、经济凋敝有关。然而，归德州毕竟位于通往江淮的交通要道上，极具战略价值。经过百余年的发展，归德州的人口大量增加、经济繁荣，使得当地各项行政事务日益增多，而其领县已达到5个之多。加上整个开封府辖有6个属州，幅员辽阔，对归德州的管理时有鞭长莫及之感。嘉靖二十四年（1545）六月，朝廷决定直接升归德州为府，以便加强有效管辖，处理繁多的行政事务，以适应当地的客观经济社会发展诉求。

万历十一年（1583），汉中府金州更名为兴安州，二十三年升为兴安直隶州。这次政区升格的原因除包括加强政治控制、经济发展、人口增长等基本因素以外，还有更为直接的促动原因：首先，金州与府治相距数百里，路途遥远，山路崎岖，府州之间物资往返运输、政务信息传递耗时费力。其次，兴安州所辖之县的数量逐渐增多，到万历十一年后已达到6县，[①]明显超出了当时绝大多数属州领县的一般情况，从而具备了政区升级的客观基础条件。

综上所述，在明代属州领县规模逐渐式微的总体趋势下，最

---

① 案金州起初领4县，分别是平利、石泉、洵阳、汉阴。成化十三年，白河县自湖广郧阳府来属。正德七年新置紫阳县，故领有6县。至嘉靖三十八年，石泉、汉阴二县直属汉中府，州领县份重回4县。（参见本章表8–2、8–5）万历十一年，石、汉二县复划归兴安（金）州，此州复领有6县，直至12年后升为直隶州。

普遍的情况是属州虽然没有层级上的变化，但其部分辖县改为由府直辖。通过个案分析可以发现，导致此类调整的驱动因素主要是由于县与府州之间的相对地理位置形成“近府远州”的实际状况，从而使得县在与府进行物质、人员、信息交流时出现“稽迟不便”的困境所导致。[①]通过将州领县改为府直属的方式，避免一些县份出现近府远州的尴尬，从而事实上消除了在其之上存在的“属州”层级，简化了地方政区层次数量，节约了行政成本，有助于实现高效的地方管理模式。此外，通过属州层级的升降调整，即属州降县、升府两种情形，也可以实现其领县由州属改为府属，这也是导致属州消失的两种常见途径。属州降县，多发生在明初制度初创期和经济恢复期，以政治上简化政区层级、经济上减免地方行政运转负担为主要考虑出发点。属州升府，则多出现在明代中后期，往往为了克服属州在管辖范围、职掌上的局限，以满足客观上需要升格为府或直隶州，从而加强对地方社会控制能力的需要。

以上各种调整反映了明代属州领县职能不断被削弱、数量逐渐减少的缓慢量变过程。承自元代的属州制度，到明代在一些地方已不能完全适应政治、经济发展的需要，国家不断通过有针对性地减少属州辖县以及属州自身的方式，实现了一定意义上简化层级的客观诉求。

---

① 案华林甫先生在《清前期“属州”考》中，专就雍正前后全国属州消失的原因加以深入讨论，他指出“地里夐远，治理不便”是造成属州消亡的重要原因之一。（第201—207页）这与本章依据明代属州领县调整实例所得结论一致，唯本章所述实例均属“近府远州”之县，而雍正时期所有属州的消亡中，必定有些属县的地理位置处于近州远府的“合理”区位，若仍按照道里远近的标准去考量这些县份脱离州领的原因，解释力仍嫌不够，对此宜继续开展深入研究。

三、大势所趋与因地制宜：府直辖县改隶属州分析

由前述可知，属州领县规模式微的量变过程，是探究明代县级政区隶属关系调整的重要线索之一，也是考察有明一代属州调整的有效途径。然而不可忽视的是，明代还存在不少由府直辖的县改隶属州的情况。这类调整是属州领属关系变动的重要组成部分，同时也是前述属州领县改隶于府的“反向”行政操作。对这两种变动的过程同时给予合理的分析，是充分认识明代属州领属关系调整的前提与关键。

明代府直辖县改隶属州的变化，主要有以下三种不同的实现路径：第一，在原府、州无层级升降变化的情况下，府直辖县改隶于府属之州；第二，府降格为属州，原府辖县遂变为州辖县；第三，由县升格为属州或析地置州后，同时开始领有县份。根据本章初步分类统计，明代在上述三种沿革方式中，第一种涉及21个县（29.58%），第二种亦有21个县（29.58%），而第三种县升属州时所涉及的则有29个县，占比达到40.84%。[①]总体而言，各类数量差别不大，以第三种情况稍多，而以第一、二种现象为辅。总之，这71个县由府改州的结果，是明代属州建置及其领县规模在一定程度上得以继续维持补充的主要方式。

1. 府直辖县改隶属州

府直辖县改隶于府下属州的案例，在明代主要发生在洪武、成化、正德、万历年间。就其普遍程度而言，这类针对县的隶属关系的调整明显少于将属州之县改归府直辖的情况（可参前文第

---

① 案兹所谓案例之数，盖以县数为准。事实上，由于府降、县升而产生的新属州，往往一州不止领有一县，故若以州数计，必应少于以上数据，然为与第一种情况划一统计口径，故有如是算法。

二小节的第一种政区沿革途径）。

表8–8　明代府辖县改隶属州的调整概况

<table>
<tr><th>省直名</th><th>原辖县之府州名</th><th>改后之属州和县名</th><th>调整时间</th></tr>
<tr><td>京师</td><td>顺天府</td><td>通州宝坻县</td><td>洪武十年</td></tr>
<tr><td rowspan="5">山东</td><td rowspan="3">济南府</td><td>德州陵县</td><td>洪武二年（七年县废）</td></tr>
<tr><td>泰安州莱芜县</td><td rowspan="2">洪武二年</td></tr>
<tr><td>武定州乐陵县</td></tr>
<tr><td>济宁府</td><td>（河南开封府）归德州虞城县</td><td>洪武二年至嘉靖二十四年</td></tr>
<tr><td>登州府</td><td>宁海州文登县</td><td>洪武九年</td></tr>
<tr><td rowspan="3">河南</td><td>南阳府</td><td>河南府陕州卢氏县</td><td>洪武三年（弘治四年改直属河南府，可参表8–2说明④）</td></tr>
<tr><td>彰德府</td><td>磁州涉县</td><td>洪武二年</td></tr>
<tr><td>汝宁府</td><td>信阳州罗山、确山县</td><td>成化十一年（确山县弘治二年复直属）</td></tr>
<tr><td rowspan="3">陕西</td><td rowspan="2">汉中府</td><td>宁羌州略阳、沔县</td><td>成化二十一年（沔县嘉靖三十八年直属府）</td></tr>
<tr><td>金州石泉、汉阴二县</td><td>万历十一年（万历二十三年金州升直隶）</td></tr>
<tr><td>平凉府</td><td>静宁州庄浪县</td><td>洪武八年</td></tr>
<tr><td rowspan="3">四川</td><td>潼川（直隶）州</td><td>成都府简州乐至县</td><td>正德九年（嘉靖元年重归潼川州）</td></tr>
<tr><td>重庆府</td><td>涪州彭水县</td><td rowspan="2">洪武十年</td></tr>
<tr><td>夔州府</td><td>重庆府忠州梁山县</td></tr>
</table>

（续上表）

省直名	原辖县之府州名	改后之属州和县名	调整时间
广西	庆远府	庆远府河池州思恩、荔波县	正德元年
云南	大理府	赵州云南县	洪武十七年
合计	21		

说明：（1）资料来源：《明史·地理志》；（2）夔州府梁山县洪武十年改属重庆府忠州，但志文仅曰“后来属”（第1030页），应不久即复归夔州府；（3）庆远府河池州荔波县，初直属于该府，正统十二年改属同府南丹州，成化十一年复直属于府，直至正德元年再属州。本表只按一县（次）计入。

可以表8-8中的莱芜县为例，说明这类府辖县改隶属州的具体过程。明初济南府承自元济南路，幅员明显有所扩大。盖因明朝将元代不隶属济南路的一些（散）州变为属州，拨入该府管辖。例如原直隶中书省的泰安州，洪武元年改隶府，州附郭奉符县被省并（可参上编第二章表2-5），所领莱芜县改直属于府。翌年七月，所领长清县亦改直属于府（参表8-2）。至此，泰安州从元代直隶省部且领4县的格局，转变为除本州（案相当于原奉符县地）外，仅领新泰一县的状况。不过，形势很快发生变化，莱芜在“改属济南府”后，“二年仍来属”州。[①]对此，嘉靖《山东通志》卷2《建置沿革》莱芜县条，称其“三年改属泰安州”。由此可见，把莱芜归入从府属转为州属的讨论范围，其实略有勉强，毕竟该县在元代就一直归属泰安州。与莱芜可作比较的是，长清县改直属于府的过程。从两县分别与府州之间的相

① 《明史》卷41《地理志二》，第940页。

对地理位置来看，可以发现长清位于济南府治西南，近府而远州，改为直属济南府无疑更为合理，而莱芜则位于府治东南，府县两地之间的距离远大于州县距离，且泰安州治的位置大体在府、县之间，由县趋府的过程可以实现“顺路”赴州的目的。总而言之，泰安州长清与莱芜二县在明初隶属关系上的不同沿革取向，都可视为满足各自地方行政高效有序运作的必然选择。

与泰安州、莱芜县相似，地处胶东半岛的宁海州和文登县，在明初也经历了类似的隶属关系调整。宁海州在元代直隶省部，下辖附郭牟平县（可参本书上编第二章表2–5）及文登县。入明后，宁海州先被拨入莱州府，洪武九年与领县文登一同归属登州府。对此，《明史·地理志》文登县条这样记载道：“元属宁海州。洪武初，改属莱州府。九年五月属登州府，后仍属州。”[①]如果从志文记述的表面含义来看，文登应该先直属于莱州府和登州府，后来才“仍属州”。就是说，文登县也应该存在一个由府归州的调整过程。事实上，与泰安州、莱芜县之间关系的性质完全一样，因为文登本在元代就属于宁海州管辖，所以笔者很是怀疑按照上述志文表述而呈现出来的“由府归州”之意，或许并非实质性的存在。由于这一问题稍显复杂，还牵扯到清人在编纂《明史·地理志》时所采取的基本撰述通例和笔法原则，因此本书不拟展开，当容日后继续深入研究。总而言之，文登县由莱州或登州府拨入宁海州的现象，似乎亦留有余味，很难完全判定其为由府改州的典型案例。

相较而言，乐陵县之例更为清晰确凿。该县原属元河间路沧州，洪武元年改拨入济南府，二年七月又由该府划归属州武

---

① 《明史》卷41《地理志二》，第951页。

定（元棣州）管辖。[①]从地理形势上看，乐陵位于济南府最北部边界一带，属于典型的远府近州，且武定州治基本介于府、县之间，故此很容易理解朝廷同意将乐陵划归州管的主要原因。乐陵县的个案表明，当一县面临近州远府的实际状况时，明朝政府同样会因地制宜，通过调整隶属关系，将该县改属就近之州，以为实现高效行政创造基本条件。又如四川布政司彭水县之例。该县洪武四年隶属重庆府，洪武十年改隶于重庆府下的涪州。[②]再如云南布政司云南县，洪武十五年三月由云南州降格而得，初直隶大理府。洪武十七年，拨该县改隶于大理府赵州。[③]

除以上几县属于比较明显的由府归州外，明代还有极个别府辖县改隶它府属州的情况，往往会涉及省级政区的边界调整。例如，洪武二年四月，明廷将京师广平府磁州及所领武安县拨入河南彰德府，同时又调京师真定府涉县归磁州。涉县遂由京师转隶河南，为彰德府磁州所属，地处河南布政司最北端，以太行山脉为区隔与山西、京师交界。河南北部辖境由此径直深入京师腹地，从而形成典型的犬牙交错之势。

总体而言，尽管在表8-8中，笔者开列了21例明代县份由府归州的个案，但细究来看，其中可以确定属于此类情形的隶属关系调整，数量或当少于此数。上述事实表明，明代在府、州建置稳定的情形下，将府下之县拨入属州的行政举措，虽不可谓全无，但也基本处于接近停滞的状态。整体而言，明代的属州层级，很难直接通过增加领县的方式来获得使其规模扩张的途

① 《明史》卷41《地理志二》，第940页。案志文原载洪武元年改属济宁府，此济宁为济南之误。（参庞乃明著《〈明史·地理志〉疑误考正》，第75—76页。）

② 《明史》卷43《地理志四》，第1033页。

③ 《明史》卷46《地理志七》，第1184页。

径，这与之前本章所述颇多县份由州归府的案例，适可形成鲜明对比。

2. 府降为领县属州

府因降级而成为属州，是明代后者数量增加的另一种重要途径。这类调整除亦多发生在明初以后，在地域上往往集中于湖广、两广等南方布政司。其特点是，府级政区一般辖区较小、地方庶事轻简，政务易于处理。诸府降为属州后，并入邻近某府，原本的府辖县从而变为由新属州所管辖。可见，这类县的隶属关系变更，事实上属于被动式的调整。

表8–9　明代府降为属州仍领县情况统计

<table>
<tr><th>布政司名</th><th>新属州领县名</th><th>原所属府名</th><th>新属州隶属及名称</th><th>调整时间</th></tr>
<tr><td>山东</td><td>嘉祥 巨野 郓城</td><td>济宁府</td><td>兖州府济宁州</td><td>洪武十八年</td></tr>
<tr><td rowspan="5">湖广</td><td>安乡 石门 慈利</td><td>澧州府</td><td>岳州府澧州</td><td rowspan="8">洪武九年</td></tr>
<tr><td>长阳 宜都 远安</td><td>峡州府</td><td>荆州府夷陵州</td></tr>
<tr><td>宁远 江华 永明</td><td>道州府</td><td>永州府道州</td></tr>
<tr><td>新宁</td><td>武冈府</td><td>宝庆府武冈州</td></tr>
<tr><td>黔阳 麻阳</td><td>沅州府</td><td>辰州府沅州</td></tr>
<tr><td rowspan="2">广东</td><td>封川 开建</td><td>德庆府</td><td>肇庆府德庆州</td></tr>
<tr><td>石康 钦 灵山</td><td>廉州府 钦州府</td><td>雷州府廉州</td></tr>
<tr><td>广西</td><td>灌阳</td><td>全州府</td><td>桂林府全州</td></tr>
<tr><td>合计</td><td colspan="4">21</td></tr>
</table>

说明：（1）资料来源：《明史·地理志》；（2）有关石康、钦县及灵山，请参表8–3说明④。

以上9个在明代由府降级而形成的属州，共涉及21个县份。其中，湖广布政司就占5州12县，可谓此类变动发生的集中区域。据笔者初步核实，明初仅湖广一地就曾设有多达24个府。洪武九年，明朝开始对湖广诸府展开大规模归并，其中之一便是将其中不少府降为属州，拨入临近诸府。一些府在降州以后，原领县的隶属关系遂发生改变，由隶府变为隶州。就涉及这一变动的全部9个属州来看，各州在降级之前，事实上领县都明显偏少，一般不会超过3个。通过降府为属州的措施，湖广地区无论从府的数量，还是幅员的角度来看，都较之前明显趋向均衡。

3. 县升为领县属州或直接析地置州

以县升州者，最著者莫过于元成宗元贞元年（1295）一次升江南44县为州之事。[①]不过，当时所升之州几乎都不领县。经笔者初步统计，明代共有17县升为属州，所涉领县达到28个。[②]表8-10详细统计了这些县份升州的基本概况，可供参考。上述17个由县升为领县属州的案例，与之前属州领属关系变动多发生于洪武时期的状况明显不同，有高达64.70%以上的调整出现在洪武之后。这显然与适应地方经济、社会的不断发展，以及人口的增长存在必然的联系，也在客观上成为一条扩大明代属州规模的最重要途径。

① 杨晓春：《〈元史〉元贞元年升县为州记载辨析》，《文史》2014年第2辑，北京：中华书局，第285—288、72页。

② 案以上由县升州者，终明一代所领不止于28县，多出之县盖非升州时即有。如湖广桂阳县升州后，初领临武、蓝山二县。后至崇祯十二年，以本州及临武县地析置嘉禾县。（《明史·地理志》，第1090页。）

表8-10　升县为属州情况统计

省直名	原县名	新属州名	调整时间	领县名	领县原隶府州名
京师	昌平	昌平	正德元年	顺义 怀柔 密云	顺天府
山东	曹	曹	正统十年	定陶 曹	兖州府
	临清	临清	弘治二年	馆陶 丘	东昌府
	胶水	平度	洪武二十二年	昌邑 潍	莱州府
河南	睢	睢	洪武十三年	考城 柘城	开封府 归德府
陕西	商	商	成化十三年	镇安	西安府
	阶	阶	洪武十年	文	巩昌府
	兰	兰	成化十四年	金	临洮府
四川	简	简	正德八年	资阳	成都府
	巴	巴	正德九年	通江	保宁府
	高	高	正德十三年	珙 筠连	叙州府
	安岳	普	洪武四年	安岳	潼川（直隶）州
湖广	桂阳	桂阳	洪武十三年	临武 蓝山	衡州府
浙江	安吉	安吉	正德元年	孝丰	湖州府
广东	连平	连平	崇祯六年	河源 和平	惠州府
	化	化	洪武十四年	吴川 石城	高州府
广西	古田	永宁	隆庆五年	永福 义宁	桂林府
合计	28				

说明：（1）资料来源：《明史·地理志》；（2）17个新的属州除领有28个县外，还有17个本州地，也就是说一共由45个县级政区组成。

有明一代几近三百年，全国不过17个县被升为属州，尚不及当初元贞元年江南一地所升州数的五分之二，尽管两者之间存在领县与否的差别，但明朝对升县为州这种扩大属州规模的方式，所持有的谨慎态度，由此可见一斑。区区17个新设的属州初设时仅领28个县，平均每州才管理1.65个县，不但远不如当时诸府平均直接管辖约6～7个县的规模，也明显不及所有领县属州平均管理2.1个县的标准。或许正是由于明廷对添置属州的保守态度，反而说明这些新设各处属州的原因，很可能往往具有一定的特殊意义。下文即对由县升属州诸例稍加剖析，以期能够总结这些属州在明代出现的具体缘由。

首先，昌平县升州之例，可以说明皇家陵寝的选址所在，对当地行政区划建置的影响。昌平县“北有天寿山，成祖以下陵寝咸在”。[①]每年清明、中元、冬至各节承担接待皇家及文武官员祭祀祖先的活动，同时平日还担负着繁重的护陵、守陵任务。虽然朝廷自备夫马、车食、贡品等人力物资，但总不免烦扰县政，使其力所不支。正德元年（1506），南京吏部尚书林瀚在《请改昌平州疏》中言曰：“该县接应艰难，况县小民贫，今又渐增陵户，数多实难供应，如蒙乞救。该部计议，合无将昌平县改作一州，仍以密云、顺义、怀柔三县隶于本州，助其力役，凡有科派、差徭及养马之类，悉皆优免。庶几小县人民拱卫陵寝必无怨叹之声，得遂生养之愿，而宽恤穷困，亦足以慰列圣在天之□矣。”[②]于是朝廷遂在当年七月决定：“改昌平县为昌平州，以密云、顺义、怀柔三县隶之。”[③]不久该州虽遭降县，但正德八年，由县丞张怀复奏始定为州，继续以密云、顺义、怀柔三县

① 《明史》卷40《地理志一》，第887页。

② 康熙《昌平州志》卷23《艺文志五》，康熙十二年刻本。

③ 《明武宗实录》卷15，正德元年七月癸卯，第62册，第478页。

属之，仍隶顺天府，乃成定制。[①]皇陵所在，地位崇隆、事务繁重，这是昌平由县升州的主要原因。这类变动虽然仅限于比较特殊的皇家陵寝之地，但也可以说是完全受到政治因素影响而产生的结果。上述做法绝不仅限于明代，后来清初将直隶顺天府蓟州遵化县升为属州（领丰润县），同样是因为此地被选为顺治皇帝的陵寝所致。

其次，以曹县升州为例，说明地广民稠、难于抚治往往是导致一地政区升级的重要背景。洪武十年五月，曹州因“州县户粮多不及数”而遭降县，其所领定陶“入城武县”，[②]十三年复置。[③]直至正统十年，巡抚大理寺寺丞张骥言：“曹县地广民稠，难于抚治，请割本县黄河南北岸土民十七里，附籍逃民二十三里为曹州，置于黄河北旧土城内。其余土著及附籍三十八里仍属曹县，与附近定陶县俱改隶曹州，且州新建必得旧官，乃能抚驭。曹县知县范希正历练老成，人民信服，乞升为知州，庶民情相安，政务易举，事下吏部、户部咸以为宜。”正统十年十二月正式设立曹州，升曹县知县范希正为知州，“仍谕其用心抚恤新附籍之民，禁戢里胥，毋容扰害”。[④]新设之曹州，从地域而言，可谓由曹县析置而得，曹州自有本州之地，与曹县无涉。定陶和曹县遂由此从兖州府直属，改为归隶曹州。

再次，以漕运枢纽临清升州，说明地处交通要道对政区升级的推动作用。明初临清、馆陶与丘等县均为山东东昌府辖县。

---

① （清）顾炎武：《昌平山水记》卷上，清吴江潘氏遂初堂刻本。《明武宗实录》卷111，正德九年四月己亥，第66册，第2267页。

② 《明太祖实录》卷112，洪武十年五月戊寅，第5册，第1855页。

③ 《明史》卷41《地理志二》，第944页。

④ 《明英宗实录》卷136，正统十年十二月丁未，第28册，第2700页。

弘治二年（1489），朝廷升临清县为州，以馆陶、丘二县隶属之，仍归东昌府。[①]据康熙《临清州志》序言称，该州“西北控燕赵，东接齐鲁，南界魏博，河运直抵京师，水陆交冲，畿南一大都会也”。[②]由于临清州地理位置重要，故州的建置入清仍得以保留，“清源（案即临清县）当升县为州之后，居益蕃，式益廓。我朝因之，不改其旧，屹然为东南一重镇，其殆与畿辅之名胜共相拱卫，传不朽乎。”[③]

明代临清县是漕运枢纽，交通发达。自从海运罢废以后，经由涡、颍等水往来南北的商客行旅都改道运河，“自淮安、清江经济宁、临清赴北京”，[④]使临清的交通地位一跃而上，成为“南北要冲，京师之门户，舟车所至，外连三边，士大夫有事于朝，内出而外入者，道所必由”。[⑤]甚至达到“财赋虽出乎四方，而运输以供国用者，必休于此而后达。商贾虽周于百货，而懋迁以应时需者，必藏于此而后通”[⑥]的程度。临清自身得天独厚的交通地理条件，为当地带来了巨大的经济利益。可见地处交通要道，无疑是促使临清由县升州的最关键因素。

最后，在一些边地山区，为了镇压动乱、消弭盗患、安定社会，明廷往往不乏设县之举，有时甚至还会因地制宜地将新设之县再行升州，这也是明代属州建置中颇为引人关注的一种现象。较为典型者，即明末广东惠州府连平县升州之例。该县于“崇祯六年以和平县惠化都置，析长宁、河源二县及韶州府翁源县地益

① 《明孝宗实录》卷22，弘治二年正月丙戌，第52册，第514页。
② 康熙《临清州志》序，康熙十三年刻本。
③ 康熙《临清州志》卷1《建置沿革》，康熙十三年刻本。
④ 《明宣宗实录》卷107，宣德八年十二月戊辰，第21册，第2399页。
⑤ 乾隆《临清直隶州志》卷1《疆域·河渠》，乾隆五十年刻本。
⑥ 乾隆《临清直隶州志》卷2《建置·城池》，乾隆五十年刻本。

之，寻升为州”。[①]事实上，和平、长宁诸县亦分别新设于嘉靖元年和隆庆三年。[②]设置长宁县，盖因其“地广多盗”之故，而河源等处虽属旧县，亦“皆深山穷谷，屡为盗据，今幸剿平，宜建立县治，以绝祸萌”。[③]连平初拟设县，地在大庾岭东南之青云山脉与九连山脉之间，向来属于“群凶负固之区”。[④]如果延续诸如和平、长宁等县的经验，加强对九连山区的社会控制，明廷只需添设县治即可。

然而，正如当时有识之士所指出的，倘若只设连平县治，则“和平、河源虽得地利，缓急非有应也”。[⑤]为此，上至两广总督熊文灿、南赣巡抚陆问礼以及守、巡诸道官员，下至惠州知府周世盛等人，皆反复商议，甚至亲身踏勘，最终确定“无如设州而以二县为属便”。[⑥]据当时诸人所论曰：“初议设县犹属一官之规，今议设州更联满局之势，盖以一州而辖二县，有指臂相使之势，且旧县而属新州，无秦越相视之迹。”[⑦]又如有所谓：“连平建县，即和平、河源等县耳，画疆而守，痛痒既非同体，应援终是隔藩；惟连平为州，而以和、河两县为属，庶统辖专而事权合”等语。显然，类似的主张已成为官方的主流倾向。于

---

① 《明史》卷45《地理志六》，第1140页。

② 案《明史·地理志》记和平县设于正德十三年（1518），庞乃明认为此属初议报可之时，嘉靖元年（1522）才是命名设官之时，故该县真正设置当取后者。（参氏著《〈明史·地理志〉疑误考正》，第368页。）

③ 《明穆宗实录》卷28，隆庆三年正月辛未，第93册，第752页；《明世宗实录》卷17，嘉靖元年八月癸未，第71册，第522页。

④ 雍正《连平州志》卷1《建置》，雍正八年刻本。案九连山者，“峰峦高峻，林木茂密……凡九县界，因谓之九连山”。（顾祖禹撰，贺次君、施和金点校：《读史方舆纪要》卷103，第10册，第4711页。）

⑤ （明）林一柱：《旧志序》（崇祯年间），雍正《连平州志》。

⑥ （明）林一柱：《旧志序》（崇祯年间），雍正《连平州志》。

⑦ 雍正《连平州志》卷1《建置》。

是，连平几乎在开置县治的同时，便升作惠州府属州，连同属县河源一并归入南赣巡抚管辖。①

在前文讨论属州之县改归府直属时，曾认为这些县份往往面临近府远州的困境，故而朝廷一般会顺其地理之势，而将之改归府直辖。然而，连平州所领的河源县，不仅远较该州距离惠州府更近，而且河源地处东江上游，与位居下游的惠州府联络无疑更为顺畅。既然如此，为何当时的官方共识却一定要将该县归入新设的连平州呢？答案可以从时人所谓的“设州更联满局之势”，以及“统辖专而事权合”的角度来加以理解。也就是说，身处九连山脉深处的连平州，如果单独建县固然可以发挥安定地方的效用，但从长期的历史经验而言，这仍不能从根本上充分发挥行政建置对于加强地方社会控制的作用，换句话说就是“痛痒既非同体”。因此，明廷需要建立一个能够相对整体掌控九连山区，乃至罗浮山区的相对统一的行政区划，一旦其中一县存在动乱不靖的隐患，可以及时调动附近行政力量予以镇压。可以说，通过连平设州及其附着于该州与其领县之间的隶属关系，我们看到了一个属州如何在地方因地制宜地被构建起来的历史过程。显然，这与前文讨论的属州不断式微的主流趋势似乎略显格格不入，但或许正是这类不多的个案，充分显示了属州作为明代一个重要的统县政区类型，即便已时至崇祯年间，依然可以发挥它的行政组织功能，这种因地制宜、发扬政区单元整体性、注重务实效果的政区建置思路，不应被后人所忽视。

---

① 雍正《连平州志》卷1《建置》。案和平县在万历十六年（1588）已归入南赣巡抚辖区。（参唐立宗著《在“盗区”与“政区”之间——明代闽粤赣湘交界的秩序变动与地方行政演化》，台北：台湾大学出版委员会，2002年，第285页。）

与之类似，明中期广西庆远府周边蛮夷环列，土司土官头目叛乱频发，朝廷不得不严防动乱发生。庆远府下辖河池州、南丹土州、东兰土州、那地土州等。其中，河池州原为庆远府属县，弘治十七年（1504）五月升州。此后不久，“镇巡官奏河池初由县改州，孤处东兰、那地、南丹三州间，土地、人民多被侵掠。而二县与河池接壤，改隶以为羽翼，则可互为应援”。于是在正德元年（1506）二月，“改广西荔波、思恩二县隶河池州，仍属庆远府”。[①]由此可见，通过使属州具备领县的职能，或者进一步扩大其领县的规模，是加强属州作为一个相对独立的地方行政地理单元的最直接手段，而促发这一调整的原因，又与平衡当地各种社会势力、满足政府有效施政的实际客观诉求直接关联。

前文所述多是由县升州而导致的属州（及其领县）数量增长，核之表8–3可知，尚有弘治十年（1497）析苏州府昆山、常熟、嘉定三县地所设之太仓州（领崇明县）一例未有涉及。事实上，明代类似于太仓通过剖并多县民地直接创设属州的情形，甚为少见。谢湜对太仓州从设立到存废争议，以及最终得以保留建置的沿革历程，有过深入讨论。他在提及巡抚朱瑄认为应当设立太仓州的六点理由之第五条时，引用朱氏《奏立州治以安地方疏》曰：

> 又崇明离苏州府若干里，太仓城若干里，其民到府必经太仓，而守御千户所又属镇海卫辖，若立州，统领崇明，则远近相制，五也。

---

① 《明武宗实录》卷10，正德元年二月庚申，第61册，第308页。

弘治年间创设太仓州，固然有着诸多复杂的地方社会原因，[①]但通过上述引文可知，无论是巡抚朱瑄的上疏建议，还是从此后该州对崇明县管辖的客观事实来看，[②]明人的选择都会在因地制宜的前提下，结合各县近州远府的实际地理状况，赋予属州领县的相应职能，从而借助调整府州县各级行政区划的上下隶属关系，实现“远近相制”的理想地方行政模式。

4. 属州治下的新县建置

前文分别从“自府改属”、“由府降州”和“以县升州”三个角度，讨论了明代属州领县规模扩大的具体途径。事实上，在属州建置稳定的前提下，由其管内开置新县也可视为属州领县职能的扩充与强化。当然，这类案例相对于有明一代新设县份约在200余个的规模而言，[③]尚属鲜见。表8–11所列数例为笔者粗略统计而得，可供参考。

表8–11　明代属州所置新县举例

布政司名	府名	属州名	新设县名	始设时间	备注
四川	顺庆	广安	邻水	成化元年	——
	重庆	涪	长寿	洪武六年	寻改直属府，可参表8–2

---

① 谢湜：《高乡与低乡：11—16世纪江南区域历史地理研究》，北京：生活·读书·新知三联书店，2015年，第331—357页。

② 《明史》卷40《地理志一》，第920页。

③ 案《明太祖实录》记载，洪武四年全国有县“一千一十三”（卷70，十二月乙酉，第3册，第1298页）；永乐末添设贵州、云南二布政司，据《中国行政区划通史·明代卷》统计，明末上述二布政司共领45县（第11—12页）；又明末全国共有1173个县（据《中国行政区划通史·明代卷》，第11页），故不计贵州、云南所属之县，有明一代至少净增115个县，若再虑及期间多有县份被废，故新设县份当远在此数之上。

（续上表）

布政司名	府名	属州名	新设县名	始设时间	备注
四川	龙安	剑	江油	洪武十三年	洪武十年县省，十三年复置，嘉靖四十五年直属府
湖广	衡州	桂阳	嘉禾	崇祯十二年	——
广西	柳州	融	罗城	洪武二年	洪武十年直属府
云南	大理	邓川	凤羽	洪武十五年	设后寻省

资料来源：《明史·地理志》。

由上表可知，除顺庆府广安州邻水县外，其余五县中虽然江油县隶属龙安府剑州的时间稍久（1380—1566），但也最终难逃直属于府的宿命；至于嘉禾、长寿、罗城、凤羽四县，要么设县之晚已近明末，要么在被纳入属州管理后的极短时间之内，很快又重归府辖，或者复被裁撤。目前所能看到的这几个明代属州治下的新设县，都集中在四川、湖广、广西、云南等地处西南的布政司，而在属州大量分布的北方中原地区，笔者寓目所及尚未发现有在属州之下新建县份的记载。从另一个角度而言，可以认为在明代新设的大量县份中，被直接置于属州治下的案例极为稀少。事实上这也表明，至少在针对新设诸县的管理问题上，明朝政府基本不再依靠属州这一层级来实现其上的“统县”职能。

四、结语

本书上编第二章的研究结论表明，中国历史上诸州附郭县的裁撤并非一系列仅发生于明初的大范围政区省并事件。早在元世祖至元初年，元廷即已在北方地区展开有序而颇具规模的裁撤诸州附郭县的举措。完全可以推想，上编第二章表2-5所列元代中后期120余个辖有附郭县的州，进入明洪武时期以后，其附郭县应当基本被省并殆尽。虽然从属州统领“县级政区”数量的角度而言，这种裁撤并不会带来结构上的明显变化，但是对于那些属州亲辖地或曰本州来说，其向上隶属的行政层级将会因此而导致产生一定程度的简化。[①]进而言之，在明初大规模调整地方行政区划的历史背景下，至少百余个附郭县及其组织机构、官员群体等被一刀切式地直接废除了。笔者以为，这种自上而下的强势行政变革所造成的后果，可以视为明初加强中央集权在地方行政体制层面的一种展现。[②]

明初彻底裁撤诸州附郭县，并不能简单地视为出于削弱属州领县职能的考虑，毕竟那些直属于布政司的州，附郭县也同样遭遇了省并的命运。因此，对于明初属州层级在开始阶段即已“损失”多达百余个领县的认识问题上，似乎更应当从千年尺度考察诸州在地方行政层级体系中规律性变动的角度，去寻求更为深入合理的阐释。不过，诸州附郭县在此时此刻的整体消亡，毕竟使属州的统县政区特质发生转折性变化，无疑为此后州这一名号本身最终湮灭于历史舞台悄然拉开了序幕。

本章研究的结论倾向于认为，早在清代雍正年间彻底取消属州领县的行政职能之前，这一式微的历史过程已在明朝建国之初

---

① 案作为县级政区的诸州附郭县而言，原本的政区上下层级体系是省—府—州—县，而其被裁撤后则实际转变为省—府—（本）州。

② 案从理论上讲，地方层级越多，政令不易贯彻，下情不易上达，因此以中央集权的角度看，要求尽量减少层次。（参见周振鹤《中国地方行政制度史》，第58页。）

便已展开，并在此后不断地通过调整县在府州之间的隶属关系，以量变积累的方式逐渐趋向“未来”最终的结果。事实上，诸位读者在上编第三章的讨论中，已经注意到顾炎武《日知录》所谓属州“未尝管摄”其辖县，以及一些清代方志“虚辖”的说法。如果简单孤立地看待这些观点，本章研究的结论无疑能够发挥相应的佐证作用。然而，正如华林甫先生在《清前期“属州”考》一文中所揭示的，清初仍然存在大量属州，其目的是“酌地里之逆顺、轸百姓之劳逸，从利释害耳”（第171页）。也就是说，尽管从历史发展的大趋势而言，诸州附郭县的省并裁撤似乎不可避免，但如果具体到每一个仍在国家体制内正常运转的属州，则它们都应当具有或多或少存在的现实原因，这很可能就是清人所谓从利释害的权衡原则。即便采用“历史惯性”的角度审视属州的这种勉强存在，或许也不能回避它长期存在的历史渊源与客观合理性。

本章表8-1统计显示，明末有135个领县的属州，分布在两京十一布政使司（即十三布政使司不含福建、江西）境内。而华林甫先生在《清前期“属州”考》中开列的《清初“属州”沿革》表，共列有150个领县属州。也就是说，如果从数量的角度而言，完全可以据此得出清初比明末设置了更多属州的结论。笔者比较了上述两表，发现在清代多出的15个属州中，有地处直隶的遵化州，和盛京、广西、贵州的各3个属州以及云南的5个属州。盛京之地原本不在明代疆域的统计范围之内，故可置之不论。遵化州的出现前文已述，乃是由于顺治皇帝陵寝所在之故。由此可见，清初比明末真正多出的11个属州，全部位于广西、贵州和云南的西南少数民族地区。笔者发现，其中除了像清初广西思恩府的西隆州，可以确定其下属西林县是康熙五年（1666）设置的以外，其余10个属州又可分为两种情况。一种是在《明史·地理志》中明确记载所辖县份已经直属于府，但在清初文献中却又显示依然隶于属州。这到底是由于这些县在明末清初再次发生了府州之间的改隶过程，还是清初史料本身记载的问题，目前难以定论。另一种是《明史·地理志》根本没有记载这些属州还有领县的情况，而清初史料则有相应记录。换言之，这些州很有可能是在明末清初才转变为领有县份的。

虽然迨至明末，属州领县的职能似乎已经徒有虚名，但是在清初相当长的时期内，依然延续了这种“虚辖”的状态。其间可能的解释是，维持这种上下级之间的隶属关系仍旧可以在某种程度上继续发挥其从利释害的行政功能。否则，我们很难想象，在王朝鼎革之际，属州与其领县维系的脆弱关联能够在中央集权体制的政治操控下幸免于难。当然，有论者可以认为这正体现了清初对明制的继承，不过上述州县隶属关系绵延存续的现象本身，其实仍然值得我们更加深入和辩证地思考。

本章谈及崇祯年间广东惠州府连平州的设立个案表明，属州领县职能的体现或许不止于上下级的隶属这一垂直关系的表达，也包括属州作为一个相对独立的行政单元，展示由其内部一致性所构建起来的行政统一性与完整性。我们似乎可以把后者所释放出来的州县关系，表述为一种基于地域分异的水平结构。事实上，影响构建这种完整行政单元边界与范围的因素，主要来自于连平州及和平、河源二县所处九连山区的特殊自然、社会环境。进而言之，正是由于需要系统和整体地因应当地长期以来形成的社会控制矛盾，在两广总督、南赣巡抚等人的反复讨论中，连平并没有像之前附近地区采取升县的终极解决方案，而是迅速升为统辖和平、河源二县的属州。显然，如果我们把上述州县隶属关系的整合视为一种构建，那么明朝政府最为迫切需要的正是其所形成的，这种以整体姿态应对山区实际状况的行政功能。我们从中看到的是属州建置的因地制宜，看到的是所谓“从利释害”总原则的发挥，看到的是属州发挥行政功能的实际运作。由此，尽管受制于篇幅，本章无法对清初在广西、贵州、云南诸地添设的属州逐一加以具体而微地讨论，但明末广东连平州之例，或许可以给我们从一个侧面提供展开类似考察的启发与视角。

第九章　《中国行政区划通史·明代卷》陕西布政司献疑

由郭红、靳润成两位先生合著的《中国行政区划通史·明代卷》（复旦大学出版社，2007年第1版），依据《明史》《明实录》《明会典》《大明一统志》《寰宇通志》等史书及大量方志、文集、笔记等资料，对明代布政司系统和都司卫所以及总督巡抚设置、辖区的动态变迁进行了详尽的考证，是目前国内关于明代地方行政区划复原研究领域中，最为权威和系统的学术成果。是著共分三编，第一编由郭红撰写，对明代各布政使司及其所属府州县的沿革过程，作了较为系统和全面的梳理。全编以两京十三布政使司为章（另有概论、交阯布政司及明初辽东都司地区的府州县三章），各章下以府、直隶州为纲，统以州县，分别叙述各级政区有明一代沿革变化的来龙去脉，并对相应的政区治所今址进行了说明。从各章内容及其叙述顺序推测，其依据可能主要来自《明史·地理志》和《明实录》。

上述各布政使司府州县的沿革过程纲目清晰、系统全面，不少论述较之《明史·地理志》更加清楚明白，尤引《明实录》为据，无疑大大增加了结论的可信程度。但或许因为本编并非两位作者所专攻（第二编都司卫所，由郭红撰写；第三编总督巡抚，由靳润成撰写），故也存在极个别问题。诸如体例不一、叙述欠妥、今地不确、误读史料乃至考证疏漏，等等。本章兹以该书第七章陕西布政司为例，试拟就诸上问题整理若干条建议，姑且献疑。又因内中多涉及《明史·地理志》相应内容之叙述，近已有庞乃明所著力作《〈明史·地理志〉疑误考正》，其中专就陕西布政司考证出“疑误”即达94条之多，[①]故复参以庞著，凡同意其考正者，本章不再赘述；如有其未指出或认为“疑误”有欠妥者，则一并提出并说明缘由，抑或可供《明史·地理志》下一步修订校勘参考。

（1）第88页：加上邠州成化十四年四月析置的三水县和万历十一年三月析置的长武县，明末西安府下有14直辖县、6州、17州辖县。[②]

案：兹言“加上邠州成化十四年四月析置的三水县”，疑有不确。据同书第90页：三水县，成化十四年四月癸卯析淳化县地置。核《明宪宗实录》卷177成化十四年四月癸卯曰：“析陕西淳化县为三水县”（第46册，第3194页）。又《明史·地理志》则云：“成化十三年九月析淳化县地置。”是三水县应以淳化县地析置，非邠州本州。而同书第90页：长武县，万历十一年三月乙巳以邠州宜禄镇置。核《明神宗实录》卷135万历十一年三月乙巳载：“复陕西宜禄镇为长武县。”（第102册，第2525页）又《明史·地理志》言：“万历十一年三月以邠州宜禄镇

① 庞乃明著：《〈明史·地理志〉疑误考正》，第131—167页；案本章所用之《明史·地理志》为中华书局1974年点校本。

② 案本章原文稿所引《中国行政区划通史·明代卷》之页码，对应其2007年版，后于2012年发表在《历史地理》第27辑（上海人民出版社，2012年，第83—95页）。2017年《中国行政区划通史·明代卷》第2版问世，仍由复旦大学出版社出版。故本章所献诸疑，凡在第2版中业已修订者，均加注明，凡未注明者，乃其仍袭第1版未改者。又案《中国行政区划通史·明代卷》前后两版的对应页码未变。

置。”是长武县应以邠州本州地析置。明代淳化县虽属邠州所领，然此处似仍宜作“邠州成化十四年四月由所领淳化县析置的三水县”。

又，《明实录》记载淳化县析置三水县的系年，存两说。一是前引成化十四年四月癸卯，另一则是成化十三年九月庚辰，据后者实录云：“析陕西淳化县复置三水县……时陕西守臣奏，淳化县三十六里在元时为三水县，今民稠赋繁，道路辽隔，请割大义等十六里仍旧额立一县，以分治之……事下户部覆奏，从之。”[①]实录何以将析县之事系于两年，尚待探究。[②]《明史·地理志》取更早的时间以为是。下文论及河州降县、宁羌卫改州以及兰县复州诸例，皆与此案相类似，详参本章第（6）、（8）、（19）三条之论述。故后文第90页：三水县，成化十四年四月癸卯析淳化县地置。似不应回避成化十三年九月析置说，或可为之并存，以待今后继续研究。

（2）第89页：华阴县，治在今陕西华阴市华阴。

案：此句最后的“华阴”二字疑为衍文，似可删去。今陕西华阴为渭南地级市下所属之县级市，古今治所未变。

同页：朝邑县，治在今大荔县朝邑。

案：第二个“朝邑”后宜添“镇”字。如第90页云：“武功县，治在今陕西武功县西北武功镇”，可供划一参考。又，第

① 《明宪宗实录》卷170，第46册，第3084—3085页。

② 案黄云眉先生（1898—1977）亦主成化十四年四月之说，而不取《明史·地理志》成化十三年九月析置说（参氏著《明史考证》第2册，北京：中华书局，1980年，第333页），是未见到实录十三年九月庚辰条的记载，还是另有原因，尚不得而知。

90页云："永寿县，治在今陕西永寿县西北永平"，亦可于"永平"后添"乡"字。[①]又，第92页云："安定县，治在今陕西子长县西安定"，"安定"后宜添"镇"字。

（3）第89页：商南县，成化十三年三月置，治于层峰驿，在今陕西商南县南。不久迁治沭河西，即今商南县。

案：《明史·地理志》商南县条云："成化十三年三月以商县之层峰驿置，寻徙治于沭河西。"亦未言何时徙治。据乾隆《直隶商州总志》卷一云："黄俨《县碑记》'成化十七年，巡抚余子俊创建兹邑。'……大抵原（引者注：杰）创置县于层峰驿，余（引者注：子俊）徙治于沭水西。"故所谓"不久"迁治，似可据此碑记定于成化十七年。[②]又《明史·地理志》云："以商县之层峰驿置"，不确。案《明宪宗实录》卷164成化十三年三月丁亥载："户部再议抚治荆襄右都御史原杰所奏事宜：一、湖广荆、襄等府、安陆等州流民俱已有田产家业，宜编户籍附入州县当差，所种田地山场照例征纳粮草；一、陕西新设山阳县附籍流民十有二里，其地界有距县治三百余里者，与商县属地名'木河'者相接，宜别立为商南县。商县旧属西安府华州，去府亦远，宜升为商州。以辖镇安、洛南、山阳及商南四县，而仍属西安。"（第46册，第2977页）故商南县似应以山

① 案《中国行政区划通史·明代卷》经第2版修订后已添加"乡"字，与本章建议一致，唯该乡今已改为永平镇。详情可参宋亮《陕西永寿县治迁移考》，《中国历史地理论丛》2019年第4辑，第158—160页。

② 《中国行政区划通史·明代卷》经第2版修订后，采信成化十七年商南县迁治沭河西之说，与本章建议相同。

阳、商二县地析置，其治初设于原商县层峰驿（是否即实录所谓“木河”者，暂不宜定）。是则《明史·地理志》“置”字之后似当补入“析山阳县地益之”七字。故此，前述《中国行政区划通史·明代卷》商南县条，可作“成化十三年三月置，以商县之层峰驿置，析山阳县地益之，成化十七年，余子俊徙治于沭河西”。

（4）第89页：镇安县，景泰三年置，直隶西安府，治在今陕西柞水县南夜珠坪，天顺七年（1463）二月迁治谢家湾，即今陕西镇安县。[①]

案：明景泰至天顺初年，镇安县治位于今陕西商洛市柞水县下梁镇明星村的夜珠坪古城。“夜珠坪”即《明史·地理志》所谓“野猪坪”，雍正《镇安县志》同。光绪《镇安乡土志》又作“野珠坪”。

（5）第89页：白水县，治在今陕西白水县。[②]

案：洪武初年，白水县治曾有迁徙。据《明史·地理志》白水县条云：“南有故城。洪武初，徙于今治。”依庞乃明考证，《明史》谓“南有故城”不确，其址尚待考。[③]今案《明史·地理志》无误。据乾隆《白水县志》卷二《建置志·城池》载曰：

---

① 《中国行政区划通史·明代卷》在第2版修订时，补入“成化十三年改属商州”一句，从而使隶属关系沿革更为完善，体例更为划一，此与本章建议无关。

② 《中国行政区划通史·明代卷》经第2版修订，改为“洪武二年治在今陕西白水县古城村，洪武四年迁治于白水县”，与本章建议相同。

③ 庞乃明：《〈明史·地理志〉疑误考正》，第138页。

“县城，原方四里……元末兵乱荡为坵墟。明洪武二年，主簿丁华营建于南临川，有进士渭阳石希仁碑记。四年，知县张三同至，以其地阻河傍谷，遇时雨骤降，河水泛溢，居民输挽不便，乃复还今治。筑土城周四百一十丈，计二里三分有奇……旧志云旧城北门在大十字街口，东门在御史行台巷东，惟南门是仍旧处。今邑民皆称内城为新城，对古城言之也。”又《建置志·市镇》称：“南河（案原文小字注：旧名临川）镇，在县南五里。”又《建置志·古迹》言：“南临川城，俗称古城，离县五里。旧志：元同佥陆大用筑，经乱废。明主簿丁华创修，越二年改迁，今城址尚存。”

再据该志卷四《艺文志》马理《肇修东北二郭铭》（嘉靖三十三年三月）知其有云：“白水邑城厥方四里，肇于洪武癸丑六祀（案即六年）。肇城者谁？张侯三同。自是历年百八十，终中城庐稀，北关民稠，东关亦然。辑房以鸠，关有井甘，繘缾云集，中城则亡，咸于此汲。有虑闭城，内外俱凶，外无郛郭，内靡飱饔。幸值清时，四海晏然，内外苍生安居有年。嘉靖癸丑（案引者注：即三十二年），虏蠢朔方，侵及延鄜，宜君有戕……于时邑宰仪封温侯登城御寇，被甲执矛，□民襁负，就城弗容，虏未远遁，民咨困穷。侯用焦劳，思城外郭，曰是不城，民何倚著。谋及师生，如身厉疹。白请宪司抚按俱允。乃兴版筑，乃濬池隍。自彼北城亥隅，雉翔翔为方郭，东亦如之。二郭言言五里，其基自是中城，出汲弗怖，二关有郭，敌来守固，城郭无患，民社永吉。贤哉！”又据该志石希仁《创修县治记》（洪武三年三月）和张三同《创复县治记》（洪武六年四月）所载，[①]可知洪武二年七月，主簿丁华

① 案可详参庞乃明《〈明史·地理志〉疑误考正》，第138页；乾隆《白水县志》卷4《艺文志》，台北：台湾成文出版社，1976年，第362—367页。

莅任白水，时因县城残破，故在其南白水河对岸地名南河，旧名临川者，[①]“不数月”内建成土城，周二里三分余。洪武四年，知县张三同莅任，与县民商议将县治迁回白水河以北。不久即因“今年夏秋颇获，遂卜以九月庚戌创复旧治”，城内“不三月而市成”。故洪武二至四年，白水县治设于白水河以南的南河（临川）镇，俗称古城。此后迁回河北，恢复旧治。因县城内无水源，故民多到城北、城东外有井处汲引，遂使东、北二关人烟渐稠，城内人反稀少。嘉靖三十二年（1553），因北虏南下，局势渐紧，二关民多反无城郭庇护，于是修筑外郭城，将所赖之井源圈入，遂在洪武初年张三同创复的城池外又修筑有新城。因此时修筑的外郭城主要在原城之东、北二面，故建成后，旧城相对于新旧城墙所圈之全城而言，稍偏西南。不过，《明史·地理志》中所谓“南有故城”，实指丁华所营之白水河以南的古城，并非张三同所复之内城。之所以称内城，是因要与嘉靖年间所添的外城相对。[②]而且，张三同之内城在当地被称为新城，以与河南之古城对应。《明史》所谓“故城”，今址在白水县城关镇白水河以南的古城村。

（6）第90—91页：汉中府 原属于四川行省的沔州改

---

① 案南河或曰临川地当在白水河以南，有同名之镇。据张三同《创复县治记》云：“临川阻河傍谷，侧近蒲城，遇时雨骤降，则西有山水冲激，溢里巷，倾栋宇，而士民不便于所止；东有河水泛滥，激巨石，走原野，而乡民不便于转输”。案白水河流经今白水县城南，呈西北、东南走向，故临川城必定不在该河以北。又临川城，当地俗称古城。今白水县城关镇白水河以南有古城村，临川城当即在此。

② 案乾隆《白水县志》卷2《建置志》所说“旧志云旧城北门在大十字街口，东门在御史行台巷东，惟南门是仍旧处”，可知张三同复建之内城，事实上是在元人陆大用所筑城池基础上将北墙和东墙内缩而形成。由于元城在元末已“荡为坵墟”，故嘉靖中修筑之北、东二关与元城北、东二面之关系，尚不易知。

属于本府，其下附郭的铎水县省入州，略阳县则改直隶于府。①

又，第91页：沔县，洪武三年沔州属汉中府，附郭的铎水县省入州，略阳县改直隶于汉中府。②七年七月丁卯州降为县，十年六月丁卯省沔县入略阳县，后复置。

又，第92页：略阳县，洪武三年略阳县由隶沔州改直隶汉中府。③

案：“洪武三年略阳县由隶沔州改直隶汉中府”，似有不确。《明史·地理志》汉中府宁羌州略阳县条载：“元属沔州。洪武三年属府。成化二十一年六月改来属”；又沔县条言：“洪武三年改属汉中府”。若据此以为沔州改属汉中府之际，其下所领之略阳县即直隶汉中府，则误。据《雍大记》卷七《考易》略阳县条下云：“国朝仍为略阳县，初属沔州。洪武七年八月，改沔州为县，与略阳县俱隶汉中府。”④嘉靖《略阳县志》卷一《建置沿革》同。故知从洪武三年至洪武七年，沔州仍领略阳县，而非略阳县直隶于汉中府。直至洪武七年，沔州降为县，略阳方直隶汉中府。盖《明史·地理志》云洪武三年属府，是因沔州其时亦属汉中府，故仍可谓略阳县属府。后人不察，乃有此误。又如《陕西地理沿革》一书云：“略阳县：今略阳县地。初

① 《中国行政区划通史·明代卷》经第2版修订，写为“略阳县则随州改隶于府”，与本章建议一致。

② 《中国行政区划通史·明代卷》经第2版修订，已将“略阳县改直隶于汉中府”改为“略阳县仍隶于州”，与本章建议一致。

③ 《中国行政区划通史·明代卷》经第2版修订，改洪武三年为七年，与本章建议一致。

④ （明）何景明纂修，吴敏霞主编，吴敏霞等校注：《雍大记校注》，第92页。

属沔州，明洪武三年（1370）改属汉中府。”[①]另如《明代政区沿革综表》云：“洪武三年（1370）分四川广元府属沔州、略阳县来属府。”[②]还如《陕西省志·行政建置志》云：“略阳县，元故县，明初属沔州，洪武三年（1370）改属汉中府”[③]等等，不一而足，皆承《明史·地理志》而来，然与前同，极易使人误会。

据庞乃明先生考证，《明史·地理志》言沔州在洪武“七年七月丁卯降为县”有误，应以《明太祖实录》和《国榷》所记“洪武八年二月乙卯”之时间为是。[④]核《明太祖实录》卷91洪武七年七月丁卯条云：“改汉中府沔、凤二州皆为县。”（第4册，第1593—1594页）又前引《雍大记》云沔州降县在“洪武七年八月”，又嘉靖《陕西通志》亦云沔州降县在洪武七年。[⑤]可见，《明史·地理志》此处言而有据，未可轻易厚此薄彼。故庞著在此疑误，仍可待而论之，唯因实录记载过于简略，使其背后真实原因一时不易措手妄测。相同案例可参第（1）（8）（19）等条讨论。

洪武十年六月省沔县，寻复置，其时尚待考。考索诸籍，多无沔县前省后复之事，故推之省县不久即当复置。[⑥]又据《明

① 吴镇烽著：《陕西地理沿革》，第482页。

② 牛平汉编著：《明代政区沿革综表》，北京：中国地图出版社，1997年，第57页。

③ 陕西省地方志编纂委员会编：《陕西省志》第2卷《行政建置志》，第475页。

④ 庞乃明：《〈明史·地理志〉疑误考正》，第144页。

⑤ （明）赵廷瑞修，（明）马理、吕柟纂，董健桥总校点，李之勤等校点：嘉靖《陕西通志》，西安：三秦出版社，2006年，第341页；案是志点校本同页“略阳县”条下云：洪武“十七年，改沔州为县，以略阳隶宁羌州”，显误。洪武七年，略阳县应直隶汉中府，宁羌州于成化末年设置后，该县方属之。

⑥ 案与沔县同废寻复者，尚有褒城、洋县、汉阴、平利诸县，皆不得其复置之时，存之俟考。

太祖实录》卷245洪武二十九年三月己亥之记载（第8册，第3560页），知此时已重有沔县，故复置时间至少在洪武二十九年前。

（7）第91页：沔县……洪武三年沔州属汉中府，附郭的铎水县省入州……治在今陕西勉县西北老城。①

案：明初沔州治所曾有迁徙。据《肇域志》载："沔州旧址，在县东二十五里。"②又康熙《勉县志》卷二《地理志·城池》云："今之城也，倚山据平地，垣堞以土。明洪武四年知州王昱更新之……至今基址未改。"雍正《陕西通志》卷五《建置四》言沔州"洪武四年知州王昱移于今治，旧治在今县东二十里，置铺"。光绪《勉县志》卷二《建置志·城池》亦说："洪武四年知州王昱由沔州迁治于西山谷口，比白马故城稍移而西，即今城也。"洪武三至四年间，沔州治所尚未移出元代旧址。治所西迁二十（五）里后，该地改设立铺舍，即曰旧州铺。今址在勉县勉阳镇旧州村，距离县城所在地勉阳镇街道社区已近在咫尺。明代沔县（州）治所，地在今县城西武侯镇莲水村，即所谓西北老城。

（8）第92页：宁羌州 成化二十二年七月辛酉置，属汉中府，领略阳、沔2县。

① 《中国行政区划通史·明代卷》经第2版修订，有关明代沔县新旧治所今址定位，与本章结论相同。

② （清）顾炎武撰，谭其骧、王文楚、朱惠荣等校点：《肇域志》第4册，上海：上海古籍出版社，2012年，第2811页。

案：《明史·地理志》云："成化二十一年六月置州。"按照庞乃明先生考证认为，此说虽有《明宪宗实录》（卷267）成化二十一年六月乙巳记载为据，但仍不如（卷280）成化二十二年七月辛酉可靠，故《明史·地理志》恐误，该州设置宜定为成化二十二年七月。[①]黄云眉先生对此例实录所记有两说现象解释道："按据此则宁羌州之置虽建议于二十一年六月，而其允行乃在二十二年七月矣。"[②]

不过，实际原因可能还要复杂。兹详引前述乙巳条如下："置宁羌州于陕西宁羌卫城，编户四十里，并辖沔、略二县。以地广而险，流徙多聚为盗，从都御史郑时请也。"（第49册，第4521—4522页）又辛酉条载："增设陕西汉中府宁羌州，辖略阳、沔二县，改宁羌卫儒学为州学。先是，巡抚都御史郑时等奏，宁羌卫地连四川，重山叠涧，幽峻险阻，流民所聚，出没不时，若非有司，何以钤制，宜立州治为便。至是，吏部覆奏，从之。"（第50册，第4721—4722页）由此可见，成化二十一年六月并非只是建议，所谓"从都御史郑时请也"，或许说明已经得到皇帝的允准。所以，成化二十二年七月实录再次提及，恐怕已不是再次讨论是否应当设立该州。辛酉条的记载要强调的重点，似乎是将卫学改为州学一事，惜乎言之过简，很难彻底弄清具体所指。不过，这反映了此时吏部覆奏的内容，涉及的往往是与设州有关的方方面面的程序，业已安排妥当。例如学额的重新分配、赋役的分担等等。显然，编入实录的内容尽管浩如烟海，但比起原始档案而言，仍是颇为简略。故仅据实录，尚不宜遽下定

① 庞乃明：《〈明史·地理志〉疑误考正》，第145页。

② 黄云眉：《明史考证》第2册，第334页。

论。有关宁羌州设立的时间，可将两说并置，以俟再考。

另外，从本章对第（1）（6）两条的分析来看，《明史·地理志》在依据实录对有关政区沿革时间进行采撷时，很可能存在一定的编纂标准，即都取信于实录中较早出现的沿革时间，而不采晚出者。这显然并非由于《明史·地理志》的编纂者没有看到后来的实录，而只是自有其取舍倾向所致。因此，对《明史·地理志》中“成化二十一年六月置州”的说法，似不宜断然称误。

（9）第92页：金州、兴安州……紫阳县详见兴安直隶州。

案：依《中国行政区划通史·明代卷》之体例，原文中上述文字后疑漏：“大安县，洪武初省”七字。《明史·地理志》沔县条下云：“西南有大安县，洪武初废。”又宁羌州条云：“本宁羌卫，洪武三十年九月以沔县之大安地置。成化二十一年六月置州，属府。”又《元史·地理志》四川行省保宁府沔州大安县条云：“本大安州，至元二十年，降为县以来属。”据《明太祖实录》曰：“置宁羌卫于汉中沔县之大安，迁汉中卫右千户所于沔县屯守。先是长兴侯耿炳文奏，沔县大安之地，连接一百八渡及虞关等处，盗贼出没，皆由此路，宜置卫镇之，仍迁汉中卫所属右千户所于沔县屯守。至是诏从其言。”[①]故元代大安县，明初即省，其地后置宁羌卫及州。

① 《明太祖实录》卷255，洪武三十年九月壬子，第8册，第3678页。

（10）第92页：安塞县，治在今陕西安塞县西南旧安塞。①

案："西南旧安塞"，疑误。明代安塞县治今在沿河湾镇碟子沟村，位于今县城真武洞镇东南，延河下游与杏子河交汇处。碟子沟村原名旧城村，②所谓旧城即指旧县城。故此处当作"治在今陕西安塞县东南沿河湾镇碟子沟村"。

（11）第92页：洪武二年神木、府谷2县废。③

又，第93页：葭州 洪武二年州隶延安府，废神木、府谷2县，只领吴堡县。神木县，洪武初省，十三年十一月复置，属葭州。府谷县，洪武初省，十三年十一月复置，属葭州。

案：洪武二年省去神木、府谷二县的说法，仅见于《明代政区沿革综表》，其依据为《明史·地理志》。④然而，该志在两县条下皆云："洪武初省"，并未明言即洪武二年。考诸史籍，洪武二年废县说并不准确。据弘治《延安府志》卷八《葭州·建置沿革》云："神木县……本朝洪武初因之，六年革去，十四年复为神木县，隶延安府葭州。""府谷县……本朝洪武二年归

① 《中国行政区划通史·明代卷》经第2版修订，将"西南旧安塞"校正为"南碟子沟村"，基本与本章建议相同。

② 陕西省地方志编纂委员会编：《陕西省志》第2卷《行政建置志》，第77页。

③ 《中国行政区划通史·明代卷》经第2版修订，已将洪武"二年"改为"六年"，与本章建议相同。又第93页葭州条的表述亦有修订，较之第1版沿革更为准确、严谨。

④ 牛平汉编著：《明代政区沿革综表》，第58页。

附，仍为府谷县，隶延安府葭州。六年革罢，十四年复为县。”又《雍大记》卷五《考易》云：“神木县……国朝因元之旧。洪武六年，革罢；至十四年，复为县，隶延安府葭州。”“府谷县……国朝洪武初因之，洪武六年革罢，十四年复为府谷县，隶葭州。”[1]嘉靖《陕西通志》卷九《建置沿革》亦云：“皇明仍为神木县，洪武六年罢，十四年复为县，隶延安府葭州。”“府谷县……皇明洪武初，因，六年革罢，十四年复为府谷县，隶延安府葭州。”[2]万历《延绥镇志》云：“皇明仍为神木县。洪武六年罢。十四年，复为县，隶延安府葭州。”“府谷县……皇明洪武初因之。六年，革罢。十四年，复为府谷县，隶延安府葭州。”[3]《肇域志》云：“神木县……洪武六年革，十四年复。”“府谷县……洪武六年革，十四年复。”[4]康熙《陕西通志》卷四《建置沿革》：“神木县……明洪武六年省，十四年复置，隶延安府葭州。”“府谷县……明洪武六年省，十四年复置，隶延安府葭州。”康熙《神木县志》云：“神木县，明洪武六年废，十四年复为县。”[5]故神木、府谷二县应于洪武二年为明廷所收复，六年省，十四年复置。[6]可知，前文洪武二年、洪

---

① （明）何景明纂修，吴敏霞主编，吴敏霞等校注：《雍大记校注》，第54—55页。

② （明）赵廷瑞修，（明）马理、吕柟纂，董健桥总校点，李之勤等校点：嘉靖《陕西通志》，第433—434页。

③ 万历《延绥镇志》卷1《建置沿革》，据国家图书馆藏万历三十五年刻本。

④ （清）顾炎武撰，谭其骧、王文楚、朱惠荣等校点：《肇域志》，第4册，第2712—2714页。

⑤ 《神木县志》卷1《封域·沿革》，台北：台湾成文出版社，1970年，第17页；案该志成书时间应在康熙末年，详见下编第十章第二小节。

⑥ 案《明太祖实录》言复置于“洪武十三年十一月庚戌”（卷134，第5册，第2130页）。

武初者，皆当作洪武六年。

勘定神木、府谷二县在洪武六年被省并的事实，有助于理解同时期发生于该地区的其他沿革史实。据《明太祖实录》载：六年十一月“临江侯陈德、巩昌侯郭子兴、都督佥事叶昇等奏，绥德、庆阳之境胡寇出没无常，民多惊溃。请迁入内地，听其耕种，有胁从诖误者招抚之。诏可”。[①]神木、府谷二县的省并，应当与此番边民内撤直接相关。因为就在涉及绥德州境的这次内徙前不久，包括黄河北岸东胜州在内的山西北部诸州县，刚刚也经历了一次边民内徙。[②]如果认为绥德州境内的边民内迁只是局限在本州附近地区，那么夹于东胜与绥德州之间的神木、府谷二县的裁撤便难以令人理解。毕竟二县在绥德州正北方向，直线距离尚有近二百公里之遥，明代史料称：“神木县在绥德卫之外七百余里，盖极边冲要之地，虏之所常窥伺者。”[③]即意指其路途遥远，逼近北虏。边民内徙，不自北而南循序而进显然于理不通。故此可以推定，绥德州境内的边民内徙直接造成了神木、府谷二县的省并。由此亦可推测，二县在洪武六年省并的具体时间，应以《明实录》所记为信，当在这年的十一月。

（12）第93页：中部县，治本在今陕西黄陵县南沮河南岸，成化中移于今黄陵县。[④]

---

① 《明太祖实录》卷86，洪武六年十一月庚戌，第4册，第1526页。

② 《明太祖实录》卷85，洪武六年十月丙子，第4册，第1516页。

③ 《明太宗实录》卷54，永乐四年五月丙辰，第11册，第810页。

④ 《中国行政区划通史·明代卷》经第2版修订，简化为“治本在今陕西黄陵县”，与本章建议基本一致，唯“本”字似宜删除更妥。

案：今黄陵县城区位于沮河北岸，东、南、西三面环水，北枕桥山。翻检史料，未见成化之前该县治所有位于沮河以南的任何证据，而其南岸亦未见有现存的古城聚落遗址。据嘉庆《中部县志》卷一《建置志・城池》云："中邑城接桥山，池环沮水……明初犹在坊州城，成化始移于今治。顾北面高旷空阔，东西临水善啮，屡葺屡圮。"按此，成化时中部县城似乎的确发生过迁徙，则所谓坊州城当在沮河南岸。其实不然，明初坊州城亦在河北。前引志书城池一节接着又记："隆庆六年，知县卫汝霖奉檄筑城三百一十丈，高增七尺，宽厚加一丈有奇，外环砖堵，分布敌台……崇祯四年贼陷城，据七旬，焚毁庐舍殆尽。知县姚一麟重为修葺，多所营建，始筑上城。后又以地高多风，仍复旧城。"上城亦称山城，"孤悬东北，高乏水泉，居民不便，以故空阔辽远，数陷于寇，辄自上城入。议者谓当守下城，自隆庆寺前横截堑、筑为城，前临沮水，而以上城为郭。"[①]又该卷《衙署》载："县署，先时在坊州城。洪武初，知县黄琮建。成化中，知县刘洁移建下城，制度壮丽。县丞、主簿、典史、儒学各署俱列建县署之东西，仓库、阴阳、医学备焉。崇祯四年，知县姚一麟改移上城，寻复仍旧。"由此可见，成化年间中部县城并未发生城址迁徙，所谓的治所变化，只是衙署在上、下二城之间的位置转换。当时上城其实还未修筑，直到崇祯年间方因坊州旧城而建。[②]因此，成化年间衙署是从坊州旧城移至以南的下城，而前者俨然后者之郭。两城实为一城，下城不可能在沮河以南，故明初县城在沮河南岸的说法疑为不确。考古调查可以进一步证

---

① 嘉庆《中部县志》卷1《建置志・城池》。

② 案嘉靖《陕西通志》卷9中部县城图（第424页），该图东北城郭内即书绘有"坊州"二字。

明上述文献的记载。现在黄陵县城区北部有古城址一处，平面呈长方形，南北长约450米，东西宽约350米。尚存夯筑东墙，残长约150米，残高1—4米，夯层厚5—15厘米，城址内外散布有白釉黑花瓷片。考古工作者将此城确定为北宋至元代设置的坊州城。[①]

综上，《中国行政区划通史·明代卷》此处可改为：“中部县，今治在陕西黄陵县”。

（13）第93页：吴堡县，洪武二年属延安府葭州，七年十一月改属绥德州，十年五月后曾短暂直属延安府。十三年十一月再隶葭州。[②]

案：据同书同页葭州条云，洪武十三年十一月复置吴堡县，可知该县此前曾被省并。又《明史·地理志》云：“吴堡，州南。元属州。洪武七年十一月改属绥德。寻省。十三年十一月复置，还属。”然未言寻省的具体时间。据《雍大记》卷五《考易》云：“至洪武十年，主簿守正建言民少，遂罢县并入绥德州；十四年，复置县，仍隶葭州。”[③]道光《吴堡县志》云：“洪武十年，主簿苏守正言县事不敷，并归绥德。十四年后，旧属葭州，隶延安府。”[④]故吴堡县于洪武十年省。据《陕西地理

① 国家文物局编：《中国文物地图集·陕西分册》下册，西安：西安地图出版社，1998年，第896页。

② 《中国行政区划通史·明代卷》经第2版修订，将十年五月后曾短暂直属延安府一句改为十年废，与本章建议基本一致。

③ （明）何景明纂修，吴敏霞主编，吴敏霞等校注：《雍大记校注》，第54页；案嘉靖《陕西通志》作“主簿苏守正”，余同（第433页）。

④ 道光《吴堡县志》卷1《舆地部·沿革》，台北：台湾成文出版社，1970年，第42页。

沿革》载："吴堡县……明洪武……十年五月撤销县制，十三年十一月复设，还属葭州。"[①]又《陕西省志·行政建置志》云："吴堡县，元故县，属葭州，明洪武七年（1374）十一月改属绥德州，十年五月撤销县制，十三年十一月复设，还属葭州。"[②]皆言洪武十年五月省县。然所谓"五月"省县的史料依据，目前尚不得而知，姑存疑。[③]

> （14）第93页：葭州 洪武二年州隶延安府，废神木、府谷2县，只领吴堡县。七年十一月戊寅"改延安府葭州为葭县，并吴堡县俱隶绥德州"（原文注：《太祖实录》卷94）。七年五月乙未绥德州短暂被废时，2县直隶延安府。洪武十三年十一月戊寅复置"陕西延安葭州，吴堡、神木、府谷三县"（原文注：《太祖实录》卷134），州仍属延安府。治在今陕西佳县。[④]

案：原文七年五月乙未绥德州短暂被废，应为十年五月之误，可据同书第92页青涧县条、同页绥德州及米脂县条改之。又核《明实录》知，洪武十三年十一月戊寅条，应为庚戌条之误。

《明太祖实录》卷94洪武七年十一月戊寅载："改延安府葭州为葭县，并吴堡县俱隶绥德州。"（第4册，第1638页）卷134洪武十三年十一月庚戌云："升……陕西延安府葭县为葭州……

① 吴镇烽：《陕西地理沿革》，第481页。

② 陕西省地方志编纂委员会编：《陕西省志》第2卷《行政建置志》，第474页。

③ 案有论者或谓吴堡在洪武十年省县前，曾短暂属绥德州领，而州于十年五月省，故可能是因州废革，而牵连所致。此似可聊备一说，然仍无直接证据。

④ 《中国行政区划通史·明代卷》经第2版修订，已改正"七年""戊寅"两处疏忽。

复置……陕西延安葭州吴堡、神木、府谷三县。”①

《明史·地理志》对葭州降县复州以及三县复置时间的记载，皆取信于诸上两条实录，似可引为铁证。然似又不尽于此。据弘治《延安府志》卷八《葭州·建置沿革》云：“葭州……本朝洪武二年归附，仍为葭州，隶延安府。四年民饥流散，改为葭县，属绥德州。八年民归，复为州。”又《雍大记》卷五《考易》云：“葭州……国朝仍为葭州，隶延安府。洪武四年，改为葭县，隶绥德州。洪武八年，复曰葭州，辖吴堡，又以神木、府谷隶焉。”②嘉靖《陕西通志》同。③顺治《绥德州志》云：“明仍为绥德州，隶延安府。洪武四年领清涧、米脂、葭二县。八年升葭县为州。弘治九年清涧直隶本府，止领米脂一县。”④故皆言葭州于洪武四年降县，八年即复为州。显然，此与前引颇有矛盾。翻检万斯同《明史》和王鸿绪《明史稿》，皆未言葭州改县复州时间。孰是孰非，容留待考。

前文第（11）条认为，所谓洪武六年十一月绥德一带民众内迁的直接后果，就是神木、府谷二县的省并。如果这一判断成立，则与葭州洪武七年十一月降县的记载矛盾。因为，神木、府谷二县在葭州降县前一直隶属之，洪武六年时葭州尚存，故绥德一带民众的内迁应与神木、府谷二县的省并无关。唯一的解释就

① 案《中国行政区划通史·明代卷》中将该条实录葭州和吴堡之间点断，似为不妥。第2版修订改为不断。

② （明）何景明纂修，吴敏霞主编，吴敏霞等校注：《雍大记校注》，第54页。案雍正《陕西通志》卷5《建置四·明》葭州条仍引《雍大记》此条所载，以言葭州明代之沿革。

③ （明）赵廷瑞修，（明）马理、吕柟纂，董健桥总校点，李之勤等校点：嘉靖《陕西通志》，第433页。

④ 顺治《绥德州志》卷1《舆地》。

是，事实上这次边民内撤并未引起绥德州及其领县在政区层面的任何变化，只是葭州的两个属县被省。不过，若按葭州洪武四年改县的时间推测，则神木、府谷二县的省并即可视为绥德州民众内迁的结果。因为，葭州降县，葭县与原领之神木、府谷二县自然归绥德州属。于是会有实录中所谓迁绥德境内之民，而实际徙民则主要发生在神木、府谷二县的情形。前引顺治《绥德州志》云洪武四年只领三县，未提神木、府谷二县，似乎无论按照哪种说法，都有自相矛盾之处。

综上，有关葭州降县复州的时间，因涉及文献编纂本身的矛盾，故尚难有定论，此处姑且献疑。

> （15）第93页：绥德州 洪武十年五月乙未后州短暂被废，4县俱改直隶于府。不久州复置后，4县仍隶于州。①

案：据本章第（13）条，绥德州洪武十年被废后，吴堡县同年亦被省，故所谓“4县”当作“3县”。不久州即复置，应复领3县。洪武十三年十一月葭州及吴堡县复置后，当分出不再领。②故此后只辖青涧、米脂二县，直至嘉靖四十一年青涧直隶府属。③

> （16）第91页：洪武五年，原属于四川行省大宁州的平利、石泉、洵阳、汉阴4县改隶于金州，使汉中府的东南部

---

① 《中国行政区划通史·明代卷》经第2版修订，已改为3县，与本章结论一致。

② 案本条依实录葭州洪武七年降县、十三年复州时间论。

③ 案可参下编第八章表8–2、表8–5。

有所扩展。

又，第98页：汉阴县，洪武三年置，属四川大宁州，五年二月改属金州，十年六月省入石泉县，寻复置。

案：据《明史·地理志》云："汉阴，州西，少北。元末省。洪武三年复置。十年六月省入石泉县，后复置，属州。"未言明初复置时即属四川大宁州。又，该志同页兴安州平利、石泉两县条下皆云："元末省。洪武三年置，属四川大宁州。"兴安州洵阳县条下亦云："元末省。洪武三年复置，五年二月来属。"又《明太祖实录》卷72洪武五年二月甲辰载："以四川大宁州之平利、洵阳、石泉三县隶陕西汉中府。"（第3册，第1331页）以上皆未及汉阴县。疑汉阴县复置即属金州，非五年二月改属。又，《明代政区沿革综表》云洪武三年，"置汉阴县属金州"。[①]即言汉阴县未曾归属四川大宁州。又，《陕西省志·行政建置志》云："汉阴县 元代废，明洪武三年（1370）复设，属四川行省大宁州，五年二月改属陕西省金州，十年六月废入石泉县，后复设。"[②]是故平利、石泉、洵阳3县史料皆有云其洪武初年先归大宁州，后归金州，唯汉阴无载，遂疑有误。

（17）第93页：神木县 治在今陕西神木县，正统五年（1440）迁至县北沙河岔南，成化中复还故治。

案：据《明史·地理志》延安府神木县条下云："西北有

① 牛平汉编著：《明代政区沿革综表》，第57页。

② 陕西省地方志编纂委员会编：《陕西省志》第2卷《行政建置志》，第476页。

杨家城，正统五年移县治焉。成化中，复还故治。”所谓杨家城，今人以为即唐麟州城故址，现在榆林市神木县店塔镇杨城村西北的杨城山上，考古工作者已对此处古城遗址进行过细致调查。[①]《肇域志》作“阳家城”。[②]今按“沙河岔”不知在神木县何处，似不宜作为该处城址的现址定位。康熙《神木县志》载：“杨家城，即镇西军，中有碑志，宫室遗址尚存，在县治北三十里。”据此，宜从《明史·地理志》之说。

又，云“成化中复还故治”，误。可参庞乃明相关考证。[③]

（18）第96页：文县……成化九年十二月癸酉复置，仍属州。治在今甘肃文县。

案：明代文县治所城址曾稍有迁移。据《大明一统志》文县守御军民千户所条云：“废文州，在所城内……唐复置，德宗时以旧城在平地，遂移于故城东四里高原上，即今所城是也。”[④]可知，元文州及明初之文县治在守御军民千户所（后改名守御千户所）城内。又《雍大记》卷六载：“成化九年，都御史马文升奏复文县，筑城于所城东百步许，仍隶阶州。”[⑤]《肇域志》又云：“唐德宗时，因文县上城地平，移城于东四里。国朝洪武

① 陕西省考古研究院编著：《陕西省明长城资源调查报告·营堡卷》，北京：文物出版社，2011年，上册，第27—31页。

② （清）顾炎武撰，谭其骧、王文楚、朱惠荣等校点：《肇域志》，第4册，第2712页。

③ 庞乃明：《〈明史·地理志〉疑误考正》，第151—152页。

④ （明）李贤等撰：《大明一统志》上册，卷37之文县守御军民千户所条《古迹》，据明天顺五年司礼监原刻本影印，西安：三秦出版社，1990年，第652页。

⑤ （明）何景明纂修，吴敏霞主编，吴敏霞等校注：《雍大记校注》，第74页；又嘉靖《陕西通志》卷8同。

末，城文县千户所城于上城东一里。成化庚寅，城文县于所城东一里。成化甲午，知县陈义拓城，于东为县，西为所。”[①]核康熙《文县志》卷二《建置志·城池》有云：“按古文州旧在西园，即今所谓古城者是也。唐德宗时，以平地窄小难守，移治于河北东四里高原上。元改建于东一里，西依高原，南临白水……周围三里三分。明改为千户所公署，建安定、镇羌、文兴、□胜四门，因名所城焉。成化六年，更建县城□麻关桥东，与旧城相望，建望京、通川东西二门。”又同卷《关梁》麻关桥云：“西县城关西，旧城关东”。[②]可见，《肇域志》所记恐有误。其文中第一个上城，疑应为古城，即在今清水江南岸城关镇西园村。而上城则是唐德宗之后到元代之前的文州城所在，已在江北。明代文县千户所城与成化年间复设的文县县城都不是上述两处城址。前者即在元代文州城址上设立所城，位置在唐德宗后文州城东约一里。后者则又在所城之东，或言百步许、或言一里处又建县城，是为成化以后明清时期的文县治所。显然，洪武四年四月设立的文州汉番千户所，[③]与同年降县的文县同治。故成化复设县时，其治所在原城之东。参嘉靖《陕西通志》所绘文县城图可知，成化所建县城为独立之城池，与以西的所城无涉。[④]又参康熙《文县志》之《县志图·四境图》，清晰可见县城在东，营

① （清）顾炎武撰，谭其骧、王文楚、朱惠荣等校点：《肇域志》，第4册，第2522页；案成化庚寅，即成化六年；成化甲午，即成化十年。

② 故宫博物院编：康熙《文县志》卷2《建置志》，故宫珍本丛刊第84册《甘肃宁夏府州县志》第2册，海口：海南出版社，2001年，第26—27、32页。

③ 案《明史·地理志》作番汉，今据庞乃明考证改，可参氏著《〈明史·地理志〉疑误考正》，第162页。

④ （明）赵廷瑞修，（明）马理、吕柟纂，董健桥总校点，李之勤等校点：嘉靖《陕西通志》，第381页。

城在西，两城以北外又有一道城墙，以南则为清水江。该图在营城内空白处注有文字，曰："营城昔为所城，即先年文县旧城也。"[①]忖之两城以北连缀之墙，可能即为成化十年陈义所拓者。综上，可认为明代文县治所城址曾前后稍有变化。

从诸上文献记载来看，《明史·地理志》文县条下所云：东有文县守御千户所，疑误。应为"西"有文县守御千户所。

又，康熙《文县志》言县城始建时间在成化六年，其卷一《地理志·沿革》云："武弁恣肆剥掠良民，士人尹志恺奏请成化六年复设焉"。或许之所以要脱开所城，在其东另建新县城，正是因为卫所武职与地方百姓之间的矛盾所致。值得注意的是，无论从直接说明，还是县城始建时间，《肇域志》和康熙《文县志》都认为是县复设于成化六年。此外，《读史方舆纪要》也持此说。[②]以往对诸上文献所记似乎不屑置否，本章以为仍宜谨慎待之。

（19）第97页：兰州……成化十三年九月庚辰复升为州，领金县。

又，同页：金县……成化十三年九月庚辰属兰州。[③]

案：明代兰州由县复州时间，实录有两说。一据《明宪宗实录》卷170成化十三年九月庚辰载："升临洮府兰县为兰州。

---

① 故宫博物院编：康熙《文县志》卷2《建置志》，第15—16页。

② （清）顾祖禹撰，贺次君、施和金点校：《读史方舆纪要》卷60，第6册，第2853页。

③ 《中国行政区划通史·明代卷》经第2版修订，改成化十三年九月庚辰为十四年四月癸卯，与本章建议相同。

时陕西守臣奏……兰县为陕肃喉襟，而肃王封国在其地，政繁官卑，事多掣肘，可升为州。事下户部，覆奏从之。”①一据卷177成化十四年四月癸卯条载：“析陕西淳化县为三水县，升兰县为兰州。”故此复州时间两说之情形，实与本章第（1）（6）（8）三条类似。《中国行政区划通史·明代卷》此处又取实录所记之较早者，显然是未能统一编写采信州县沿革时间的标准。笔者以为，宜两说并置，以俟再考。②另庞乃明亦未指出兰州复设时间之两说，恐因此例中实录后者所记并未言明有允准之意故。③《明史·地理志》仍采实录早出时间，即认为，兰县“成化十三年九月复为州”。此又可为本章第（8）条有关推测再添一例证。万斯同《明史》及王鸿绪《明史稿》皆作兰州“弘治中复升为州”，④显误，未知所出。

又云升州同时领金县，待议。《明史·地理志》金县条云：“成化十三年改属州”，若以兰县是年九月升州，则改属州必在九月之后。据《肇域志》载：“兰州……旧为县，成化十三年升。”“金县……本朝改为县，属临洮府。成化十四年，改隶兰州。”⑤即言升州在前，改隶在后。若以兰县在成化十四年四月升州，则改属已在同年四月后。按前引两条实录，皆未言升州时

---

① 案同条实录另记淳化县析置三水县事，参见本章第（1）条之讨论。

② 案《读史方舆纪要》即采成化十四年复州说（第2871页）。

③ 案此似不应作为漏提之理由。因为晚出实录反而不提是否允准，愈发可疑，值得深究。

④ （清）万斯同撰：《明史》卷81《地理三》，《续修四库全书》第325册《史部·别史类》，上海：上海古籍出版社，2003年，第393页上；（清）王鸿绪纂：《明史稿》（一）志12《地理三》，敬慎堂刊本，台北：台湾文海出版社，1984年，第380页下。

⑤ （清）顾炎武撰，谭其骧、王文楚、朱惠荣等校点：《肇域志》，第4册，第2753、2760页。

是否即领金县。故不排除其改属州的时间在成化十四年。故言“金县……成化十三年九月庚辰属兰州。”无据，不妥。[①]

（20）第97页：金县……治在今甘肃榆中县。

案：据《明史·地理志》金县条下云：“旧城在南，洪武中，移于今治。”所谓旧城，实为金代所设龛谷县城。《雍大记》卷六金县条云：“宋为兰州龛谷寨。金升寨为县，以龛谷为金州治所。元至元七年，并县入州，隶巩昌总帅府。”[②]嘉靖《陕西通志》卷九金县条云：“宋为龛谷砦及定远城地，属兰州。金大定间，升为龛谷、定远二县，属兰州。正大间，置金州，治龛谷，而以定远为属邑。元因之。至元七年，并县入州，属巩昌等处总帅府。”[③]又《读史方舆纪要》金县条载：“本宋兰州地，金为龛谷县地，属兰州，寻属会州，正大间置金州，治龛谷县。元省县入州。明改州为县，又移今治，属临洮府，后又改属兰州。龛谷城，县南二十里。本宋之龛谷寨，元丰四年置，元祐七年废，绍圣中复修为堡。金升为县，寻置金州治此。元县废，明又改置今县。”[④]再《肇域志》金县条云：“龛谷，在

① 案本章提出此处表述不妥的主要原因是，言金县在成化十四年四月癸卯属兰州，意指根据实录卷177对应之条而得，但事实上，实录原文并未提及金县随之属州。当然，这并不意味本章否认金县很快甚至同时属州的极大可能性，只是说此一政区归属并非实录所载。

② （明）何景明纂修，吴敏霞主编，吴敏霞等校注：《雍大记校注》，第81页。

③ （明）赵廷瑞修，（明）马理、吕柟纂，董健桥总校点，李之勤等校点：嘉靖《陕西通志》，第389页。

④ （清）顾祖禹撰，贺次君、施和金点校：《读史方舆纪要》卷60，第6册，第2877—2878页。

县南二十里。即汉赵充国、宋狄青置寨处。龛山，在县南二十里。宋元丰四年，置寨于此。”[①]万斯同《明史》言：“西有龛旧城，洪武初移今治。”龛字后显脱一谷字。王鸿绪《明史稿》记：“西有龛谷旧城，洪武初移治。”应为南有龛谷旧城。因未找到记载金县治所迁移的可靠史料，故时间尚不能确定，只有洪武初及洪武中等模糊说法，待考。

龛谷旧城，今在甘肃榆中县以南小康营乡。

（21）第97页：河州 洪武六年正月庚戌“置河州各府州县”，十二年七月丁未“革河州府”。成化九年十二月癸酉置河州，属临洮府。

案：《明史·地理志》临洮府河州条云：“洪武……六年正月置河州府……十二年七月，府废……成化九年十二月置州，属府。”《明代政区沿革综表》所言亦如之。[②]如上所述，则洪武六年设河州府，十二年革，成化九年始设河州。实际情况似有不然。《实录》洪武六年正月庚戌条载曰：“河州卫请设州县，专掌钱粮，诏从其请，置河州各府州县，寻罢之。”[③]语焉不详，稍令人费解。又核《实录》成化九年十二月癸酉曰：“复设陕西河州及文县、礼县。巡抚都御史马文升奏：陕西布政司原有河州及文县、礼县，后革河州而以其民属河州卫，又以卫为军民指挥使司。革文县而以其民属文县千户所，革礼县而以其民属

---

① （清）顾炎武撰，谭其骧、王文楚、朱惠荣等校点：《肇域志》，第4册，第2761页。

② 牛平汉编著：《明代政区沿革综表》，第56、59—60页。

③ 《明太祖实录》卷78，洪武六年正月庚戌，第4册，第1423页。

秦州。然各州县所管辖者，皆土达人户，实被军职扰害，且地相隔远，赋役不便，乞复河州仍隶临洮府，除知州、同知、吏目各一员，专除判官一员，监收河州卫仓粮。于文县千户所设文县，隶阶州；礼店千户所设礼县，隶秦州；各除知县、典史一员。从之。”[①]由此可知，其时河州为复设，则此前必曾设立过河州。又《明史·地理志》河州条下云：“又南有宁河县，东北有安乡县，元俱属河州路，洪武三年废，六年复置。十二年复废。”故综上，所谓置河州各府州县一语可以解释为如下可能：洪武六年正月，不仅设置了河州府，也同时在其下设立了河州以及宁河、安乡一州二县。[②]洪武十二年七月，实录中所谓革河州府，绝不仅仅是将府级机构裁省，而是将河州及宁河、安乡一州二县亦同时省并。迨成化九年方再设河州，而府县不再置之。不过上述解释仍存较大纰漏，即洪武六年正月庚戌条的实录中尚有“寻罢之”三字不可解。“寻罢之”似不可能指洪武十二年的这次革河州府。既然如此，是州县全省，还是有所取舍，需要进一步探究。

据《雍大记》卷六载：“国朝洪武三年，邓大夫领兵平定河州，锁南率众归附；是年，设河州卫；五年，又设河州府，领宁河县……十二年，革行都司及河州府县，改为河州卫军民指挥使司……成化十年，都御史马文升奏设河州，隶临洮府，而卫仍隶陕西都司。”[③]嘉靖《陕西通志》同。[④]又《读史方舆纪要》

① 《明宪宗实录》卷123，成化九年十二月癸酉，第44册，第2363页。

② 案实际河州府是承元河州路而来，可视为“改路为府”之例；又宁河、安乡二县，元即属河州路所辖（该路共辖三县，另一为定羌，参《元史·地理志》），洪武三年废，此可视为复置。故只有河州为新置。

③ （明）何景明纂修，吴敏霞主编，吴敏霞等校注：《雍大记校注》，第82页。

④ （明）赵廷瑞修，（明）马理、吕柟纂，董健桥总校点，李之勤等校点：嘉靖《陕西通志》，第396页。

有类似记载，言洪武“五年设河州府（辖宁河一县）……景泰二年（后附小字注：按会典作成化九年，通志作七年）复分置河州”。[①]又宁河城条云：“崇宁四年改置宁河县。金仍属河州，元因之，后废为镇。明初复置县，寻废……安乡城……元升为安乡县，属河州，元末废。”又定羌城条云：“元升为县，河州路尝治此，元末废。”[②]《肇域志》云：“宁河县城，在州南六十里……洪武三年，左副将军邓愈克之，因封宁河武顺王。十二年，革县，设官军守御。”[③]倘若不纠缠是洪武五年，还是六年设置了河州府，那么诸上史料反映了洪武十二年除“革河州府”外，另只省并了宁河县。而非如前述，尚有河州和安乡一县。显然，如果洪武六年设立河州府时，仅辖宁河县，那么后来《实录》成化九年十二月癸酉条所说的“复设”河州和《明史·地理志》言安乡县六年置，十二年废的记载，就会与之产生矛盾。联系前引洪武六年实录中所说的“寻罢之”，或许可以进一步修正河州府的沿革过程：洪武六年，设河州府，下领河州及宁河、安乡二县，不久即将河州及安乡县省并，洪武十二年府及宁河县亦裁，直至成化时又复设河州。这一解释以实录为本，参以其他诸家史料，但与《明史·地理志》中云安乡亦在洪武十二年废以及洪武未设河州的说法抵牾最大。实际上，以《雍大记》和《读史方舆纪要》为代表的文献，之所以认为洪武年间未设河州及安乡县，可能正是因为实录所说“寻罢之”的原因。由此观之，《明

① （清）顾祖禹撰，贺次君、施和金点校：《读史方舆纪要》卷60，第6册，第2880页。

② （清）顾祖禹撰，贺次君、施和金点校：《读史方舆纪要》卷60，第6册，第2884—2885页。

③ （清）顾炎武撰，谭其骧、王文楚、朱惠荣等校点：《肇域志》，第4册，第2650页。

史·地理志》不言洪武年间设立过河州，亦情有可原。不过，其又言安乡县洪武十二年方省则足令人生疑。

姑再引《明史·地理志》相应记载如下："又南有宁河县，东北有安乡县，元俱属河州路，洪武三年废，六年复置。十二年复废。又东南有定羌巡检司。"今疑此段有错简。据万斯同《明史》云："有定羌巡检司，革。南有废宁河县，宋置，元废。洪武初复置，十二年废。东北有废安乡县。"王鸿绪之《明史稿》同。[①]故《明史·地理志》原文疑应为"又南有宁河县，洪武三年废，六年复置，十二年复废。东北有安乡县。元俱属河州路。又东南有定羌巡检司"。

① （清）万斯同撰：《明史》卷81《地理三》，第393页上；（清）王鸿绪纂：《明史稿》（一）志12《地理三》，第381页上。案《明史稿》无"有定羌巡检司，革"一句，余同。

第十章　清代地方政区演变与方志著录举隅

明清时期的地方志几乎皆以各级行政区划为域展开编纂。一方面，围绕相应政区书写的地理沿革表、志等，往往是方志开篇部分追古及今的重点记录内容；另一方面，借助针对地理沿革过程本身的梳理，有助于辨析后世有关个别地方志书的著录信息，从而为当前更加准确和充分地利用其记载提供便利。

清代学者戴震（1724—1777）在论及撰修方志时曾曰："夫志以考地理，但悉心于地理沿革，则志事已竟。侈言文献，岂所谓急务哉？"对此，章学诚反驳道："如云但重沿革，而文献非其所急，则但作沿革考一篇足矣，何为集众启馆，敛费以数千金，卑辞厚币，邀君远赴，旷日持久，成书且累函哉？"由是，章氏进而主张："考古固宜详慎，不得已而势不两全，无宁重文献而轻沿革耳。"①核实而论，以章学诚的驳难来看，戴震之说自有其偏颇之处，无怪乎前者认为他是"经术淹贯而不解史学"者。换言之，记录一方大量的地理信息，自是地方志书的基本内容与功能之一。反之，通过对一方地理沿革的梳理，也有助于理清对应政区方志的相关出版、流传以及著录情况。本章选取个别案例，尝试通过对政区地理沿革过程的辨析，深入认识相应方志的著录信息及其文献属性，以便更好地挖掘和利用这些方志的史料研究价值。

---

①　（清）章学诚撰：《记与戴东原论修志》，叶瑛校注《文史通义校注》卷8《外篇三》，下册，第794页。

一、明清云南定边县与康熙《定边县志》著录辨误

据中国国家图书馆（原北京图书馆）馆藏目录检索系统显示，该馆古籍善本室现存有清人杨书所纂修的康熙《定边县志》（不分卷）抄本一册。有关该志纂修时间和古今行政归属，以往各家著录互有分歧，令人莫衷一是。著名方志学家朱士嘉编辑的《中国地方志综录》载，北京图书馆（今中国国家图书馆）藏有杨书纂修的康熙四十七年（1708）本《定边县志》，属陕西省。[①]20世纪80年代初，中国科学院北京天文台以《中国地方志综录》为蓝本，重新编成《中国地方志联合目录》，亦称北京图书馆存有《定边县志》抄本一部，成书于康熙五十二年（1713），“今属”云南省大理白族自治州，并将此定边县注为：“今巍山彝族回族自治县”。[②]金恩辉等主编的《中国地方志总目提要》，同样认为北京图书馆所存《定边县志》，成书于康熙五十二年且属云南省大理白族自治州。[③]有关这部康熙《定边县志》古今归属认定所产生的差异，前贤曾有触及。高峰编著的《陕西方志考》认为《方志综录》将康熙《定边县志》归属陕西省定边县“实有可疑”，“因定边县设于雍正九年，康熙四十七年何来《定边县志》？”[④]然而，该志具体记录了哪些内

---

① 朱士嘉编：《中国地方志综录》，上海：商务印书馆，1935年版，1958年增订重印本，第56页；案台北新文丰出版股份有限公司1975年版同；下文简称《方志综录》；定边县今属陕西省榆林市。

② 中国科学院北京天文台主编：《中国地方志联合目录》，北京：中华书局，1985年，第845页；下文简称《联合目录》。

③ 金恩辉、胡述兆主编：《中国地方志总目提要》，台北：汉美图书有限公司，1996年，第23—60页；下文简称《总目提要》。

④ 高峰编著：《陕西方志考》，长春：吉林省图书馆学会（内部出版），1985年，第182—183页。

容？古今又到底应归属何地？为什么《方志综录》和《联合目录》《总目提要》等会把它分属于不同的省份等问题，《陕西方志考》都没有进一步给出答案。笔者曾在国家图书馆古籍善本阅览室粗略地阅读了这部方志（微缩胶卷），并找到其今人标点校注本，由此检视以往一些方志目录和研究介绍，发现有关该志纂修时间和古今归属的诸多观点，尚存亟须厘正之处。

国图所藏康熙《定边县志》，从上述各方志目录对其当时行政归属认定的不同观点可知，一是认为这里的定边县属于陕西省，一是认为属于云南省。可见，厘定清代定边县的地理沿革过程是首先应该弄清楚的问题。

云南省之定边县，据《元史·地理志》威楚开南等路镇南州条载："至元二十二年，改欠舍千户为镇南州，立定边、石鼓二县。二十四年，革二县为乡，仍隶本州。"[①]此后，明景泰《寰宇通志》载称："定边县，在府城西三百十里，本罗落蛮所居之地，为南涧，大理旧治所。元属威楚路，后置定边县，国朝因之。"[②]比之稍晚出的《大明一统志》定边县条云："在府城西三百十里，唐时为濮落蛮所居，地曰南涧；宋时为大理旧治所，元于南涧置定边县，隶镇南州；至元中省入州。本朝复置县，改今属。"[③]清初顾祖禹撰《读史方舆纪要》载："定边县，府西三百十里。西南至景东府一百七十里。地名南涧，为濮落蛮所居。元至元二十二年置定边县，隶镇南州，二十四年省县入州。

---

① 《元史》卷61《地理志四》，第1461页。

② （明）陈循等撰：《寰宇通志》卷112《楚雄府·建置沿革·定边县》，收入《玄览堂丛书》（续集），国立中央图书馆据景泰七年司礼监刻本影印，1947年，第78册。

③ （明）李贤等撰：《大明一统志》卷86《楚雄府·建置沿革·定边县》。

明初复置今县，改属府。”[①]万斯同之《明史》载：“定边，元置，寻省。洪武十六年复置。今县有新田驿，旧有定边驿，隆庆三年革。”王鸿绪之《明史稿》较万稿，无隆庆三年革驿事，其余尽同。[②]后成的《明史·地理志》则载：“定边，府西。元至元十二年置，属镇南州。洪武中，改属。”[③]嘉庆《大清一统志》蒙化厅条下云：“定边县，至元二十四年置，属镇南州，寻省入……洪武十六年复置，属楚雄府……雍正七年，以楚雄府之定边县入焉；乾隆三十五年，改蒙化厅。”[④]同书同卷《古迹》定边故城条下云：“旧定边县治。元置县，寻省。明洪武十六年复置，属楚雄府……县旧有土城，明成化三年筑，今仅存废址。本朝雍正七年裁并蒙化府，其县治添设巡检一员。”又《清史稿·地理志》卷74蒙化直隶厅条载：“雍正七年，省楚雄府之定边入之……巡司三：一驻南涧，即废定边城”。

由上可知，云南省定边县始置于元至元二十二年（1285）（一说十二年），隶镇南州，然不久即革。近百年后，方于明洪武十六年（1383）复置，[⑤]属楚雄府，其治所地名曰“南涧”。清雍正七年（1729）闰七月撤县，[⑥]以其地入蒙化府（后改

① （清）顾祖禹撰，贺次君、施和金点校：《读史方舆纪要》卷116《云南四》，第5133页。

② （清）万斯同撰：《明史》卷84《地理志五》，《续修四库全书》第325册《史部·别史类》，第455页；（清）王鸿绪纂：《明史稿》（1）志22《地理志五》，据敬慎堂刊本影印，第426页上。

③ 《明史》卷46《地理志七》，第1181页。

④ 嘉庆《大清一统志》卷496《蒙化厅·建置沿革》，四部丛刊续编本。

⑤ 案《明太祖实录》云：定边县为洪武十五年三月“更置”（卷143洪武十五年三月己未）；另参方国瑜著《中国西南历史地理考释》，北京：中华书局，1987年，第824页。

⑥ 《清世宗实录》卷84，雍正七年闰七月癸巳。

厅），治所改驻巡检司。故从洪武十六年起，至雍正七年止，云南定边县前后共历347年。

陕西省之定边县，以明代陕北沿边数个城堡为基础，始设于清雍正八年（1730）十一月，初隶于同时设立的榆林府，后于乾隆元年（1736）改隶延安府。[①]该县相沿至今，为陕西省榆林市辖县，迄今（截止于2023年）已历293年。

就康熙《定边县志》而言，无论是《方志综录》所认定的康熙四十七年，还是《联合目录》《总目提要》指出的康熙五十二年，其成书时间都不应晚于康熙时期。换言之，对比元明清时期云南和陕西两个定边县的建置沿革过程，我们很容易判断这部方志自应归属于元明清时期的云南定边县，而非清代雍正年间方才初设的陕西定边县。不过，如此恐怕仍嫌说服力不够，而且无法解释前引各著录之间尚且存在的分歧。

除《方志综录》介绍国图藏有康熙《定边县志》外，云南省图书馆亦存有其传抄本。[②]尽管由于“传本极稀”，[③]国图已将所存归入“古籍善本”之列，但事实上，若仅欲觅读该志内容则并非难事。在国图古籍善本阅览室可以方便地调阅到这部方志的微缩胶卷。而早在1985年，云南大理自治州文化馆的邓承礼先生已将国图所藏康熙《定边县志》标点校注，交由该州文化局作为《大理文史资料选辑》之一出版。[④]这一标点校注本在国图和

---

① 《清世宗实录》卷100，雍正八年十一月壬午；中国第一历史档案馆藏：《大学士张廷玉等为更陕西榆林等府县统摄事题本》，王澈编选《雍乾时期地方改制史料》，《历史档案》1992年第3期。

② 中国科学院北京天文台主编：《联合目录》，第845页。

③ 金恩辉、胡述兆主编：《总目提要》，第23—60页。

④ （清）杨书纂，邓承礼标点校注：《定边县志》，大理白族自治州文化局，1985年。

一些地方图书馆都有收藏，极大地便利了读者的查阅。此外，1984年邓承礼在《中国地方志通讯》（今《中国地方志》）刊发《〈康熙定边县志〉简介》一文，简要介绍作者、成书时间、行政归属以及撰写内容、意义等，[①]对读者了解是志亦具有很大的参考价值。

康熙《定边县志》卷端载序，未著撰者姓名。全志并未分卷，然有二十六个纲目，分别是星野（气候附）、沿革、疆域（形势附）、山川（关梁井泉附）、风俗（彝种附）、城池、古迹（胜景附）、制官（官署仓廒附）、户口、田赋（祭祀俸工银附）、课程、物产、学校、祠祀（庵寺附）、兵防（铺哨附）、职官、名宦、选举、孝义、烈女、流寓、隐逸、仙释、土司、灾祥、艺文（诗附）等。由此可见，传统方志中所应具备的各个门类此志基本皆有，只是内容略显单薄。邓氏的校注以云南省图书馆所存传抄本为底本，辅以国图所藏旧抄本对校，既改正了不少省馆传抄本中存在的文字问题，亦对整部方志进行了重新梳理和校正。尽管校注本对一些在今天看来显而易见的错误仍未能检出，如《田赋》一节，所谓“因军需匮乏，奉文改征本邑”理应是“本色”之误；又如《职官》一节“官兹士者，无利之可兴、害之可除也”似以“兹土”为是等等。但标点校注本的重印出版，还是大大方便了社会各界更好地利用这部康熙时期的云南方志，也有利于该志的进一步保存、传播和研究。

康熙《定边县志》的行政归属，志中所载有更为直接和详细的记录可资佐证。据《星野》一节云“定边为楚雄属邑”，《沿革》一节则说“元至元十二年，于南涧段置定边，隶镇南州”，

---

① 邓承礼：《〈康熙定边县志〉简介》，《中国地方志通讯》1984年第2期。

《疆域》载定边县是“顺、云、蒙、景环罗西北……县在府治西四百一十里，东三百里至南安州界；西南一百一十里至景东府界；西北八十里至蒙化府界；北五十里至赵州界；西一百五十里至云州界；东北二百四十里至镇南州界……其形势则山川隐峻，为滇省西南门户”，[①]类似记载还有不少。这些都毫无疑问地证明了此志的古代归属应为云南定边县，民国时期编辑出版《方志综录》的说法是不正确的。

有关康熙《定边县志》的作者，《方志综录》认定是康熙四十七年（1708）就任知县的杨书。而邓承礼在《〈康熙定边县志〉简介》中说：“经多方查考，始得知系清朝康熙五十二年（1713）原任定边县（今南涧县）知县杨书所纂修。”由于诸上说法都没有交代根据，从目前收集的资料来看，又没有能够支持该志是杨书所纂修的直接证据，所以仍应审慎对待。不过可以确定的是，该志最有可能是在杨书任内完成的，因为在志中《职官》“知县”一项记录的最后一位正是康熙四十七年始任的杨书，至少是他主持修撰的。

以往各家著录的分歧之一在于康熙《定边县志》的成书时间。除《方志综录》认为成于康熙四十七年外，《联合目录》《总目提要》皆称其成于康熙五十二年，即该志“记事止于康熙五十二年”。[②]今人之说亦多承后者，如邓承礼的《〈康熙定边县志〉简介》和李硕编著的《云南地方志考》等皆附议此说。[③]不过，细读该志就会发现，内中记事不仅晚于康熙四十七年，即

① 康熙《定边县志》，国家图书馆藏康熙年间抄本。

② 金恩辉、胡述兆主编：《总目提要》，第23—60页。

③ 李硕编著：《云南地方志考》，长春：吉林省图书馆学会（内部出版），1988年，第75页。

便康熙五十二年亦非其下限。如《职官》“典史”一项有云“李兆魁，顺天府昌平州密云县吏员。康熙五十五年任”；“训导”一项云“杨和邦，顺宁府人，岁贡，康熙五十二年任”。至于记叙之事在康熙四十七年以后者，所在更为多见，如《学校》一节曰“（康熙）五十年知县杨书重修（义学），复置月台、神道，开泮池，建名宦祠、乡贤祠，规模乃备”；《职官》“训导”一项有“原超凡，澄江府兴新州人，岁贡，康熙四十八年任”等。由此可知，《方志综录》成书于“康熙四十七年”的说法难以成立，而《联合目录》《总目提要》《云南地方志考》的“康熙五十二年”说似乎也欠准确。以内容观之，笔者以为，是志成书时间极有可能在康熙五十二年以后，甚至在五十五年或稍后。

那么这部康熙《定边县志》现在应当归属何处呢？换言之，元明清时期的云南定边县今天又在何地呢？据谭其骧主编《中国历史地图集》第七册所绘“云南”和“云南中部”两幅地图（万历十年），清楚地标绘出当时的定边县即为今南涧彝族自治县。[①]云南地方学者邓承礼也认为清代的定边县就是今天的大理州南涧县。然而这一观点却并非孤说。前引《总目提要》对康熙《定边县志》的今地归属，语焉不详。《联合目录》虽将该志归于大理白族自治州，但却在后附小字中注曰：“今巍山彝族回族自治县”。[②]《云南地方志考》则亦在提及康熙《定边县志》时认为“定边县今为巍山县”。[③]

从今天的行政区划看，南涧和巍山两县皆为云南大理州所

---

① 谭其骧主编：《中国历史地图集》第7册《云南》《云南中部》，第76—77、78—79页。

② 中国科学院北京天文台主编：《联合目录》，第845页。

③ 李硕编著：《云南地方志考》，第75页。

辖，且为相互接壤的邻县，故前引两说孰是孰非，仍需进一步辨明。今人尤中在《云南地方沿革史》一书中曾专门对《明史》、《清史稿》之《地理志》云南所属今地作注，内中缜密考证元明定边县城所在地名正是南涧，而今天的南涧县城亦在此处。[①]在前引明清文献中，易知“定边”与“南涧”其实就是同指一处的两个不同地名。而事实上，这一情形自元代起即已如此，据《大元混一方舆胜览》载：“定边，蛮名南涧”。[②]也就是说，定边县地方在云南当地是被称为“南涧”的。

既然如此，为何《联合目录》《云南地方志考》会将康熙《定边县志》归属巍山县呢？这应与雍正年间定边裁县后，其大部县境，特别是县城一带划归蒙化府（厅）有关。该府（厅）治正是今天的巍山县城所在。1965年，原元明清时期的定边县城一带地方，又从巍山县划出独立设县，即称南涧。[③]换言之，明清时期蒙化府与定边县相邻而彼此独立的地方行政区划格局，又以20世纪60年代巍山和南涧两县的彼此独立而再次被呈现出来。核实而论，倘若在1965年南涧尚未从巍山县划出之前，云康熙《定边县志》归属巍山县似乎并无不可。但此后因两县已分，故已不宜再将康熙《定边县志》归属巍山，而仍宜归于南涧县。

当然，作为相邻的地方行政区划，康熙《定边县志》所记的内容想必会有一些涉及巍山县境，但若从政区继承的主体，特别是治所沿革的角度看，这仍不是将其归入巍山县所属的充分

① 尤中编著：《云南地方沿革史》，昆明：云南人民出版社，1990年，第312、436页。

② （元）刘应李原编，（元）詹友谅改编，郭声波整理：《大元混一方舆胜览》卷中《云南等处行中书省·威楚路·镇南州·沿革》，第457页。

③ 方国瑜：《中国西南历史地理考释》附《今云南设县名号表》，第9页。

理由。事实上，定边裁县后，康熙《定边县志》仍然是后人了解当初县境内自然和人文情况的主要资料来源之一。例如，嘉庆初年编修《大清一统志》时，虽然当时定边并入蒙化厅（乾隆三十五年由府改）已近百年，但涉及当初县城即南涧一带的情形时，编修者仍旧大量引用康熙《定边县志》来加以说明，并将其称之为“旧定边县志”。[①]由此可见，作为依托定边县而修成的康熙《定边县志》，尽管行政地理基础早已荡然无存，但内容仍不失其特殊的区域独立性，而未伴随政区的变动即被后世所弃之不用。

雍正七年闰七月，清廷“改云南楚雄府属之定边县归蒙化府同知管辖，裁知县、典史、教谕、训导缺，添设定边巡检一员”。[②]至此，从洪武十六年复设，到雍正七年并入蒙化府，云南定边县前后共历347年。裁县后的第二年，即雍正八年十一月，朝廷批准设立陕西定边县，隶属于同时新设的榆林府。[③]“定边”作为一县专名由此得以继续保留使用，并一直沿用至今。或许正是因为这样的原因，民国时期《方志综录》在著录旧志的过程中，没有注意到云南定边县后来所发生的政区沿革过程，从而张冠李戴地将本属该县方志的康熙《定边县志》误植于陕西定边县，以致差之毫厘，谬以千里。值得一提的是，《方志综录》还在康熙《定边县志》“未著撰者姓名”的基础上，认定该志的“纂修者”为杨书。对于此举，笔者以为可能更大程度上具有推断的成分。按照明清时期方志编撰的一般惯例，当地行

① 嘉庆《大清一统志》卷496《蒙化厅》，四部丛刊续编本。

② 《清世宗实录》卷84，雍正七年闰七月癸巳。

③ 《清世宗实录》卷100，雍正八年十一月壬午。

政长官如知县等人，多以“修”者身份出现，而具体执笔人则以“纂”者冠之。换言之，当年朱世嘉在著录康熙《定边县志》时，一定也遇到了是志并“未著撰者姓名”的疑难，于是采用惯例认定志书编写时在任的知县杨书就是其“修”者，至于具体执笔人则因年代久远，未见记载而无从稽考，遂笼统称杨书为该志的“纂修人”。迨至20世纪80年代，邓承礼或许也是以朱氏当年的推断为据，在点校过程中进而将杨书认定为“纂修人”。如果这种假设成立，那么杨书不过是按照旧志编撰的惯例而被认定为“修”者的最可能人选，具体执笔的“纂”者则仍湮没无闻。

通过诸上分析可知，国家图书馆所藏康熙《定边县志》抄本一册，其成书时间并非此前诸家著录所云的康熙四十七年或五十二年，实极有可能在康熙五十五年或其稍后。至于其古今归属则可认定为元明清时期的云南定边县和今云南省大理白族自治州南涧彝族自治县。有关国家图书馆所藏康熙《定边县志》古今归属的个案研究表明，明清时期传承下来的各种方志，由于时移世易，虽然其记述范围已不可能与今日之政区绝然对应，但在确定归属时，往往还是应当通过对其政区沿革过程的缜密爬梳，从而得出相对较为公允可信的结论。这种途径也应当作为今后判定旧方志，在当前行政归属的一种重要方法，以此推动修志工作的进一步深入和细致开展。

二、台湾成文出版社影印《神木县志》成书年代考

据《中国地方志综录》（1935、1958、1975年诸版本）、《中国地方志联合目录》（1985）、《中国地方志总目提要》（1996）、《中国古籍总目·史部》（2009）以及《陕西方志

考》（1985）诸书著录，现存版本最早的《神木县志》，纂修于清道光二十一年（1841）（下文简称《道光志》），并认为“是志是神木县的首志”。[①]该版志书流传颇广，各地多有收藏。不过，此志是否确属神木的第一部县志，其实尚有待进一步斟酌。仅以目前所知该县志书可能的最早版本，至少可上推至明万历时期。在万历《延绥镇志》“引用诸书”一节中，曾提及有“《神木县志》”。[②]只是这本明代的《神木县志》此后湮没无存，恐已失传。后来在雍正《陕西通志》中，还曾多次引用当时似乎尚存的《神木县志》。[③]万历《延绥镇志》和雍正《陕西通志》所征引的《神木县志》是否为两种版本，目前无法完全断定，但雍正末年以前神木县修存志书且有所流传的事实却是毋庸置疑的。

1970年台湾成文出版社又影印一部《神木县志》（下文简称《成文志》），作为其《中国方志丛书·华北地方》之一种予以出版。不过，该本志书不仅未著纂修人姓名，亦只云为“清代抄本”，具体纂修年代付之阙如。故此，20世纪90年代新编《神木县志》在附录《旧方志简介》中，将这部台湾影印出版的县志勘定为“雍正、乾隆间抄本”，“成书于雍正、乾隆年间”。[④]2007年，这部《神木县志》作为《中国地方志集成：陕西府县志辑》的一种，由大陆再次影印出版，其纂修时间被认定为雍正时期。然而，笔者在阅读这本《成文志》的过程中发现，该志的纂修时间应是早于雍正时期的康熙末年，兹述其详。

---

① 金恩辉、胡述兆主编：《中国地方志总目提要·陕西省》，下册，第52页。

② 万历《延绥镇志》之《引用诸书》，据国家图书馆藏万历三十五年（1607）刻本。

③ 雍正《陕西通志》卷5《建置四·明》“神木”条。

④ 《神木县志》编纂委员会编：《神木县志》，北京：经济日报出版社，1990年，第627页。

《成文志》卷一《封域·沿革》云神木："洪武六年废，十四年复为县。皇清因之，编户四里三分。"又《疆域》言："神木县隶延安府葭州。"今案雍正三年（1725）原延安府葭州升为直隶州，领吴堡、神木、府谷三县。[①]因此《成文志》未记此次重要的政区变迁过程，说明其成书时间应在雍正三年之前。又卷一《建置·县治》有云："典史宅……康熙甲午南阳李艳美重修，添设寝房五间，东厨一间。"康熙甲午即康熙五十三年（1714）。《公署》条记："察院塌毁无存……康熙乙未文武公议变价助修文庙。"康熙乙未即康熙五十四年（1715）。是志详载上述二事，可证其成书时间应在康熙五十四年以后。

除政区沿革外，复原《成文志》中各级文武官吏末任的卸任时间也有助于判定成书时间。《成文志》在卷二《职官》中，所载末任神木道员为罗景，"康熙五十二年任"。而按后来《道光志》卷五《人物志上·职官》记载，罗景的继任者是李世倬，"雍正元年任"。又据《雍正朝满文朱批奏折全译》记载，罗景因事被参革，于雍正元年三月由李世倬补任。[②]可知罗景在任不会晚于雍正元年三月。《成文志》所载末任知县为贺有章，"康熙四十四年任"。《道光志》说其后任者是刘荫枢，"康熙五十九年任"。不过，贺氏只担任了八年知县。因为据《道光志》载，从康熙五十二年起，由神木管粮厅同知周涌"兼摄县事"，直至刘荫枢到任方罢。而周涌也是《成文志》所载的末

① 《清世宗实录》卷36，雍正三年九月乙未条。

② 中国第一历史档案馆译编：《雍正朝满文朱批奏折全译》上册"93·川陕总督年羹尧奏荐李世卓为神木道员折·雍正元年三月初十日"，第46—47页。

任延安东厅同知，[①]直到雍正二年（1724）王涵熉接任其职。又《成文志》并未出现“神木理事司员”一职，而据《道光志》该缺“于雍正元年由宁夏议拨一员，驻扎神木，管理鄂尔多斯六旗蒙古民人事务”。这说明《成文志》必在该员驻扎神木前即已修成。又《成文志》载末任县学训导赵钜，“康熙四十九年任”。而《道光志》云其继任胡继昌，“康熙五十五年任”。因此，综取《成文志》诸上各官缺末任在职时间之交集，可推测其纂修时间在康熙五十二年（1713）至五十五（1716）年之间。

然而《成文志》在所记武职“东协副将”一缺中，云其末任为周起凤，“雍正四年任”。翻核《道光志》，知该缺自康熙五十五年起，历任分别是雷世杰、傅泽深（五十七年任）、孙继宗（雍正二年任）和周起凤（雍正四年任）。颇值玩味的是，《成文志》在傅泽深与周起凤两人之间脱漏了孙继宗。再细审《成文志》中周起凤一段影印笔墨之迹，与“前任”傅泽深一段稍有差异，似是出自二人手书。由此作者大胆推测，《成文志》所谓周起凤任职的一段应为书成后所添，非成书时即有之原文。鉴于周氏后来升任延绥镇总兵，故而不排除是后人为显耀地方或迎合权贵而故意将其植入。只是补缀之余，疏忽了在傅泽深与周起凤之间，尚有一任副将孙继宗，这才露出了添改的马脚。不过，诸上议论只能确认周起凤一任是属后来所添，至于是否还有其他续笔，则不宜妄下结论。因此，审慎地从傅泽深与孙继宗任职的时间来看，《成文志》的成书时间应在康熙五十七年

---

① （清）汪景祺著：《读书堂西征随笔》，上海：上海书店，1984年，据1936年故宫博物院铅印本影印，第25页。案所谓神木管粮厅同知即指延安东厅同知，盖此同知驻地在神木，系衔在延安府，职责为管粮。

（1718）至雍正二年（1724）。显然，这已轶出前文所得结论。是《成文志》对诸如县学训导等缺记载有所疏漏，还是在武职副将中后人不止植入周起凤一人，目前尚难遽有定论。

其实，《成文志》不可能成书于雍正二年。倘若如此，文职官员中不仅会“脱漏”县学训导胡继昌，还会因此出现缺载道员李世倬和知县刘荫枢以及神木理事司员的情况。这显然是不可能的。即便是雍正元年，成书的可能性也微乎其微。是年初，罗景已被参革，故同时缺载李世倬和知县刘荫枢的情况也几乎不存在。笔者以为，《成文志》的成书时间应当就在康熙五十四至雍正元年之间，甚至范围更准确，即在康熙五十九年之前。换言之，《成文志》未载这年上任的知县刘荫枢可视为判断其成书的关键时间节点。

之所以将《成文志》的纂修时间推定至康熙五十九年之前，事实上确有证据。该志卷一《建置·边维》在简要回顾明代境内历次修筑墩堡、边墙以御北虏的粗略经过后，有云：“今大清御宇，虽云南北一家，诸上台三令五申，无不以边维为重者，而封疆实攸赖焉。”比起这番言简意赅的描述，《道光志》在相应《边维》一节中的内容，则无疑要丰富得多，如其云：“迨（康熙——引者注）五十八年，贝勒达锡拉卜坦以民人种地，若不立定界址，恐致侵占游牧等情申请。蒙钦差侍郎拉都浑前来榆林等处踏勘，得各县口外地土，即于五十里界内，有沙者以三十里立界，无沙者以二十里立界，准令民人租种，其租项按牛一犋，征粟一石、草四束，折银五钱四分，给与蒙古属下养赡。”[①]这段记述的历史地理背景，来自于明清时期出现的划分神木与以

① 道光《神木县志》卷3《建置志上·边维》。

北蒙古鄂尔多斯各部的长城边墙。明代双方以边墙为界，大部分时间处于军事对峙状态。清初政府依然对双方实行彼此隔离的政策，固守封疆。直到康熙三十六年（1697），包括神木县在内的沿边内地方才开始被极为有限地允许逐渐开放汉民出边。到康熙五十八年（1719）时，为了约束出边耕种汉民的活动范围，保证蒙部的游牧利益，双方正式订立如上所引的边外垦种界限。显然，从《成文志》对清代"边维"状态的描述来看，该志纂修之时，对出边汉民的控制依然十分严格。康熙五十八年，边外订立约束垦种范围这一重要的历史事件，丝毫没有体现在《成文志》的相应记载当中，这无疑是判断该版《神木县志》纂修于事件发生之前的重要参考依据。

总而言之，若仅从《成文志》所记载的内容来看，其纂修成书应在康熙五十四年至五十九年知县刘荫枢上任之前的一段时间内。因此，这应是一部康熙末年修成的《神木县志》，而非今人所说的"雍正、乾隆间抄本"。或者说，即便是雍正、乾隆时期的抄本，其所记述的内容也仍限于康熙末年以前。①

这本康熙末年纂修的《神木县志》，在台湾成文出版社影印出版之前，因未有流传，故在大陆学界甚少被人提及。以至于诸多方志目录竟皆失载。道光年间时任知县王致云纂修《道光志》时，在序言中说道："神邑向无志书。余莅任后，遍为询问，得抄志四本于藏书家，未著姓名，不知出自何人之手。第错杂脱略，不足以付梓。"今人新修《神木县志》认为，王氏当

① 案代剑磊的研究结论与本文基本一致，可供参考。（代剑磊《清抄本〈神木县志〉的成书年代及编纂影响》，《中国地方志》2023年第4期，第59—70页；另见拙文《台湾成文出版社影印〈神木县志〉成书年代小考》，《中国地方志》2015年第1期，第49—52页。

年所见到的“抄志四本”就是《成文志》。[①]这一判断的依据何在，并没有说明。笔者以为，虽然《成文志》与《道光志》在个别章节上的文字记载有相同之处，但这仍无法证明王氏所见的旧稿即《成文志》的原本。事实上，《成文志》作为一部流传不广的方志旧稿，关注其与《道光志》记载的差异或许比寻找两者的相同点更能引起我们的兴趣。兹举一例说明。《成文志》认为神木境内的唐代麟州古城遗址“在城北六十里，本汉新秦地，唐置麟州，宋因之，金没于夏。今在塞外”。又说境内“杨家城，即镇西军，中有碑志，宫室遗址尚存，在县治北三十里。”也就是说，在康熙县志纂修者看来，唐代麟州故址与杨家城非属一地，而麟州故址是在长城以北的“塞外”。这显然与《道光志》的观点完全不同。后者认为麟州城即杨家城，也是北宋镇西军，此说一直延续至今。在最近的考古调查中，学界再次确认杨家城就是唐代的麟州故址。[②]此处无意对目前通行的看法提出异议，只想指出应当注意在《成文志》中所提到杨家城有碑志的记载。《成文志》卷四《艺文》中收录了一块《镇西军太守题名记·宋嘉祐二年》的碑刻，应当就是前文所提及的当时在杨家城发现的碑志。这块碑记只说镇西军属古之新秦郡，并未提及后来由之所改的麟州。而在《道光志》卷七《艺文志·碑记》中还留下了当时在杨家城尚能见到的另外一块北宋碑刻《杨家城将军山庙碑·宋绍圣五年》。换言之，《成文志》说杨家城为北宋镇西军城，是有碑铭等铁证为支持的，其说法不失严谨。这也说明到康熙末

① 《神木县志》编纂委员会编：《神木县志》，第627页。

② 陕西省考古研究院编著：《陕西省明长城资源调查报告·营堡卷》上册，第26—31页。

年，在杨家城所能见到的实物证据只能表明该城前身为北宋镇西军城，而无法证明该城就是唐代麟州城。无独有偶，在弘治《延安府志》中，纂修者也认为唐代麟州城址和杨家城虽与县城的距离相近，但却并不在一处，“杨家故城，在城北四十里”，而“麟州城，在城北四十里，本汉新秦地，唐置此州，宋因之，金陷于夏”。[①]事实上，今天的考古调查也表明没有发现杨家城就是唐代麟州的确凿证据，例如碑铭、墓志等等。由此可见，今人应当重视《成文志》中的有关记载，以便推进相关研究。

综上所述，20世纪70年代台湾和21世纪初大陆影印出版的《神木县志》，纂修时间在康熙末年。比较雍正《陕西通志》征引《神木县志》的内容与《成文志》可以发现，前者所据有可能就是这部成书于康熙末年的神木县志书。例如，《成文志》云：“麟州在城北六十里，本汉新秦地，唐置麟州，宋因之，金没于夏。今在塞外。”而雍正《陕西通志》所引《神木县志》只无“宋因之，金没于夏”一句，余尽同。可见，《成文志》虽未广布，但也称得上是一部草就的康熙《神木县志》。只是其纂修人目前难以弄清。总之，只有确定这部方志的成书时间，才能真正利用其中所记录的史料开展历史研究工作。毕竟当时纂修人所能见到和收集的各种资料，可能要比我们今天更为丰富。与《道光志》的诸多记载比较，这部康熙《神木县志》既有相同之处，又有明显不同。继续加强这两部现存方志的对读比较，既有利于弄清清代神木县志书的递修过程，也会推动对地方历史研究的进一步深化。

---

① 弘治《延安府志》卷8《神木县·古迹》。

结　论

侯仁之先生回顾传统沿革地理学的发展时，指出在《汉书·地理志》发端的基础上，至宋代其已形成一项独立的研究，“代表性著作有王应麟的《通鉴地理通释》”；而清初顾祖禹的《读史方舆纪要》和晚清杨守敬的《历代舆地图》，则“一书一图足以代表封建王朝时代中国独具特色的沿革地理在研究上的最高成就”。[①]关于王应麟的《通释》，有学者亦称“开创了我国沿革地理研究的先河”，充分肯定了它引领时代的学术价值。此外，傅璇琮先生还将《通释》看作为流传至今的“第一部”系统论述历代疆域政区沿革的著作。[②]

学界一般认为《通释》书名中的“通鉴”并不仅仅代表《资治通鉴》，很可能也是王应麟借以表达贯通古今的用意。清人王鸣盛提出《通释》“虽题曰《通鉴》，实是泛考古今地理，不专释《通鉴》”的观点，[③]加之厚斋确曾撰有百卷失传的《通鉴

---

① 侯仁之撰：“历史地理学”词条，中国大百科全书《地理学》编辑委员会等编《中国大百科全书·地理学》，北京：中国大百科全书出版社，1990年，第276页；侯仁之：《历史地理学概述》，原载《百科知识》1988年第3期，后经订正收入《历史地理学四论》，北京：中国科学技术出版社，1994年，第127页。

② 傅璇琮：《王应麟著作集成总序》、傅林祥：《前言》，均收入（宋）王应麟著，傅林祥点校《通鉴地理通释》，北京：中华书局，2013年，总序第3页、前言第1页。

③ （清）王鸣盛撰，黄曙辉点校：《十七史商榷》卷100《缀言二》下册，上海：上海古籍出版社，2016年，第1518页。

地理考》一书，[①]故在面对四库馆臣所撰《〈通释〉提要》仍拘泥于《通鉴》云云时，今人往往视其说不及西庄见解精辟。[②]诚然，《通释》与想象中的《通鉴地理考》有所不同，并不令人感到意外，但是否确如王鸣盛所说属于“泛考古今地理”之作，则尚需审慎对待。

侯仁之先生给予《通释》很高的评价，显然不是因为它泛考古今地理的缘故，而应与其作为一部贯通古今的沿革地理著作密切相关。进而言之，《通释》是带有鲜明通史性质的历史政治地理研究专书。前文在导论中，曾将《通典·州郡典》视为“一部”记录截止到唐代的地方行政区划通史，这是从以政区为提纲的史料“叙述”角度加以评判的结果。相较来说，《通释》更能体现王应麟本人对“《通鉴》地理”考证与理解的一家之言。在叙述和诠释的不同维度上，重新审视这两部同为记载地理沿革信息的标志性著作，《通释》所具有的开创性“研究”意义便会显露无遗。

今本《通释》共十四卷，前三卷皆题作《历代州域总叙》。内容主要以州、郡、诸侯国、刺史部、道、都督府、节度和路等地方高层行政机构或区划建置为线索，概论上古至宋朝之间的宏观行政地理变迁趋势。这一写法后来被顾祖禹继承——《读史方舆纪要》（130卷）的前九卷亦题曰《历代州域形势》。周振鹤先生将类似清人陈芳绩所作《历代地理沿革表》等著作，归入探讨“历代大势”的行政区划史或“通代的”疆域政区研究范

---

① 《宋史》卷203《艺文志二》，第5110页。

② 《〈通鉴地理通释〉四库全书总目提要》和傅林祥撰《前言》，均收入（宋）王应麟著、傅林祥点校《通鉴地理通释》，第4、427页。

畴。[1]如果说作为一项独立研究，以《通典·州郡典》和《历代地理沿革表》为代表的著作，倾向于将历代地理志反映的政区面貌加以连缀而构成一种叙述的话，那么以《通释》和《读史方舆纪要》为代表的著作，可视为在此基础上形成的一种解释，有关历代州域的部分更加具有探索的意味。当然，无论叙述沿革还是解读大势，皆属于原始察终的纵向通史。

在历叙自古至宋的政治地理变迁后，王应麟分别从历代都邑、十道山川、周形势、名臣议论、七国形势、三国形势、晋宋齐梁陈形势、河南四镇、东西魏周齐相攻地名、唐三州七关十一州以及石晋十六州等专题展开，以断代分区和地名考证相结合的方式，细致阐述了与《通鉴》所记重大史事有关的政治地理面貌。尤为重要的是，他较多采用了分区论述的方法，从大尺度区域角度分析各地的政治地理形势及其演变，将各地置于王朝大一统的叙述之下。例如在《名臣议论考》一卷中，开篇指出："古之谋国者，知天下之大势，图事揆策，规画先定，无言不酬。"随后以乐毅对伐齐、萧何韩信论定三秦、郦食其画取楚之策、贾谊论封梁淮阳、邓禹说光武帝、邳彤对光武帝、诸葛孔明对刘备以及王朴平边策等专题，详细考证这些深刻影响历史治乱兴衰的政治事件所涉及的地点及其区位。从这些内容来看，《通释》与《通鉴地理考》之间很可能存在彼此相通之处，只是今已无从验证而已。

《通释》将历代州域总叙和有关都邑、山川、各区域政权及史事的地理考证次第编排融为一体，彰显作为一项独立研究的时

---

① 周振鹤：《范式的转换——从沿革地理、政区地理到政治地理》、《建构中国历史政治地理学的设想》，皆收入氏著《中国历史政治地理十六讲》，第6、308页。

代特征。除贯通古今的纵向变化外，《通释》还包含如下两方面的通史要义：其一，将各政权、政区、都邑和山川等要素聚合，取《通典》以典故纪纲、统前史书志的用意。[①]其二，在不同尺度的地域政治关系讨论中，展现“以横为通”的旁通取向。[②]进言之，《通释》书名的第一个通字，是时间之纵通；第二个通字，则指专题和区域构成的横通。《通释》虽不能做到纵不断线、横不缺面的复原，但已经可以从史学评论的高度，兼顾传统政治地理的前后连贯，以及空间尺度上各政治区域的横向涉及，同时开列尽可能完整的地理要素。因此，它是一种兼具时期、地点（或曰区域）和专题的通史地理沿革文本。诚如后来顾氏祖禹之感叹：“《通释》一种为功于《通鉴》甚巨。”[③]总之，《通释》中的“通鉴”二字，不应被粗浅视为泛考古今地理之义。

《读史方舆纪要》继承和发扬了《通释》的书写框架。除历代州域形势外，顾氏以明朝两京十三布政使司为时空限定，统摄全国各级政区，逐一进行地理描述，显著超越了《通释》论述的精准程度，依稀踵继《通典·州郡典》历代地理沿革体例之衣钵。不过，在各级政区下，景范不仅详述“山川险要”，还胪列城邑关隘，这显然是对《通释》编排历代都邑、山川诸卷的认可。不仅如此，《读史方舆纪要》专辟六卷叙述《禹贡》山川、河、淮、汉、江以及漕河、海运的内容。由此可见，谓《读史方舆纪要》博大精深、内容充实，堪称传统沿革地理学的最高成就

---

① （清）章学诚撰，叶瑛校注：《文史通义校注》卷4《释通》，第347页。

② 金毓黻：《中国史学史》，第238页。案旁通者，学界还有一些其他解释，可参范文澜《关于中国历史上的一些问题》相关表述。（中国社会科学院近代史研究所编《范文澜历史论文选集》，北京：中国社会科学出版社，1979年，第76—77页。）

③ （清）顾祖禹撰，贺次君、施和金点校：《读史方舆纪要·凡例》，第5页。

自属题中之意，唯言体例安排“新颖”，[①]则不能忽视其受到以《通典》和《通释》为代表的地理著作的直接影响。

本书导论提出以路、府、州、县为代表的行政区划单元，可以分别作为一类专题，采用垂直主题或“纪事本末”的叙述方法展开研究。这一途径虽然通过区分政区类型，进而针对沿革变化与制度调整进行探索，但也需要从连续的纵向时间脉络中梳理事实。正如后人对宋人袁枢所撰《通鉴纪事本末》的评价：“区别其事而贯通之。”[②]这样做的优点，在于对某一类型的行政区划单元进行首尾详备的考察，完整展现它在一段历史时期内形式沿革与制度实践的演变过程。至于这些政区变化所涉及的具体地区，在本书论述的不同历史时期内，根据不同政区类型的分析各有局部与整体的侧重。可以说，本书的基本研究框架，主要受到以《通典》《通释》和《读史方舆纪要》为代表的传统政治地理文献之启发。

遵循以上总体研究思路，本书主要结论实已在前文诸章皆有归纳和小结，至此几乎了无剩意。不过，鉴于文中尚以文本、概念和政治过程三个关键词作为各编主题，故而仍需在此从以上三个方面入手，再对本书结论稍加申述，以供将来讨论、批评之需。

一、文本

本书所谓文本即史料，具体而言，主要指金元明清时期正史（以及少量地志文献）中的地理沿革记载。深入考察这些地理文

---

① 中华书局编辑部：《前言》，收入（清）顾祖禹撰，贺次君、施和金点校《读史方舆纪要》，前言第4页。

② 《宋史》卷389《袁枢传》，第11934页。

本，可将之分为两种类型：其一，从事实层面呈现具体政区的变化；如《元史》有关至元年间京兆、安西诸府路沿革，明代延绥巡抚辖区演变和《类编长安志》金元关中政区之叙述，以及《明史·地理志》陕西部分政区建置等史料。其二，从制度层面描述或规定一类政区的状态及其调整；如《元史》所记至元二年省并州县诏令，《明史·职官志》和《清史稿·地理志》"属州视县，直隶州视府"等记载。

对于解读第一种类型的地理文本，复原史实自属首要之义。此间不敢轻言曰易，即使金元以来各种史料多见，可资相参对照者不知凡几。具体到记载同一政治地理事件的不同史料，若所述含义相同，史实或更可予以取信。若彼此之间存有差异，则不失为考索真相之昉始。其次，书中所涉一些看似孤立的"零碎"地理文本，往往需要从历史书写的维度考察全书编撰的体例与笔法。换言之，哪怕分析看似只是呈现个别事实的史料，也需对其所嵌入的整体文本进行书写通例的挖掘，否则难以把握某些隐含的事实。例如，上编第一章详细讨论《元史·地理志》所谓府、总管府和路总管府等记载的书写语境，以此作为得出结论的关键佐证。当然，通过整体文本书写体例校勘正史的方法，前贤并非熟视无睹，以上或可为之再添实证。可以说，借助归纳方法总结书写体例进而辨明地理沿革文本要义的研究进路，仍是今后深化历史政治地理研究的重要取向。相较之下，中编第五章谈到万历《明会典》和《明史·职官志》对延绥巡抚建置记载的异同之处时，并未就全部巡抚的始置问题展开辨析，也未能总结关于这一政治地理事件书写的相关体例，故而结论只能算是管中窥豹，恳请读者见谅。

再者，准确解读具体地理沿革文本的含义，不能脱离对行政制度规定的深刻理解。例如，上编第二章在谈及前贤解读至元二年省并州县诏令时，引用所谓“州府所在地不再设录事司和司候司，部分州城由州直接统领”的结论，指出这是由于忽视了《元史·百官志》录事司条“若城市民少，则不置司，归之倚郭县”的记载所致。再如，只有辨识金代路总管府作为（总管府）路和（总管府）路治府合署办公机构的行政属性，才不会含混地将金代“总管府”视为路治府的另一种称谓。进而在面对金元之际史料出现诸“府”建置的记载时，也不会武断地将它们与金朝的路治府等量齐观。以往学界曾有一种观点认为，元代的路颇多来源于宋代开始增设的府。[①]其实该结论必须加上一个地域范围——南宋境内——的限定才能基本成立。在女真统治的北方中原地区，北宋遗留的府与金元之际逐渐增置的路，至少在地理辖区与管理体制上并不具备前后呼应的行政地理继承关系。

最后，如果说文本与制度的结合体现了地理沿革的政治属性，那么深入解读文本同样不能离开和历史发展之间的勾连与融会。地理沿革不但体现制度史在地方行政治理体系中的演变，也是政治史，乃至宏观历史推进的必然结果，或者说，它本来就是历史深处不可分割的组成部分。以往在钱大昕等人的眼中，通过校勘便可解释的文本重复现象，上编第一章由于植入以忙哥剌、阿难答为代表的安西王府与元廷对抗博弈的叙事情节，以及至元十五、十六年元朝一统进程的考量，从而得出了不同于既有结论的解释，展示出各种尺度的政治过程对地理区域更新的影响。

---

① 李裕民：《唐代州制是如何演变为明代府制的——宋代地方行政建置研究》，《中国历史地理论丛》2001年第2辑，第58页。另参张金铣《元代地方行政制度研究》（第213页）相关表述。

第二种类型的地理文本，带有鲜明的制度规定特征。它们的落实，既是行政地理“规范”的实践过程，也是后续结果。与具体政区沿革记载不同，以施行政令为代表的文本往往波及众多行政地理单元，而非个案的局部变化。上编第二章引出至元二年省并户少州郡录事司、司候司和附郭县的问题，通过收集常见史料，揭示北方地区至少有40个州的附郭县因此而遭到裁撤。这种短期发生的大规模变化，显然和个案性质的政区调整事件不可相提并论。只有在中央集权达到相对稳固的阶段，这种统筹地方实情自上而下做出的政治决断才能得以实施。总之，制度性的调整通常会对地方行政区划体制产生长期的结构性影响。

清人顾炎武曾感叹道：“句读之不通，而欲从事于九丘之书，真可为千载笑端矣。”[①]《元史·世祖纪》所载诏令“其散府州郡户少者”一条，按照既往校勘很难得出正确句读。反过来又进一步误导今人，对至元初年户少诸州附郭县的裁撤产生违背史实的结论。有鉴于此，本书搁置以往从文献到史实的固有逻辑，转而采取从史实逆推文献，即以“实然”反证“应然”的途径深化相关研究。通过归纳的方法，充分利用至元初年部分州郡被裁撤附郭县的事实，全面揭示诸州建置变动的整体趋向，借此顺理成章地“复原”省并州县诏令的真实内涵，从而不再受制于现有《元史》文本标点以及诸家解读的误导。

读古人之书，时时皆需提防所谓“绝代之离词，同实而殊号”的记载；[②]但另一方面，亦有大量同号殊实的文本亟待今人

① （清）顾炎武撰，严文儒、戴扬本校点：《日知录》卷31《大明一统志》，第2册，第1178页。

② 案语出《尔雅序》（见清人邵晋涵撰，李嘉翼、祝鸿杰点校《尔雅正义》卷1，北京：中华书局，2017年，第7页），意指不同时代的不同词语往往含义相同。

合理地辨析与阐释。上编第三章所论“属州视县，直隶州视府”一句，在《明史·职官志》和《清史稿·地理志》中同时出现，就属此类情形。从字面来看，该文本描述的是明清两代属州与直隶州的一种稳定状态，这与之前元初省并州县诏令有所不同。以往对这句史文的理解，或照搬之而作同文反复式的说明，或得出明显违背史识的解读，原因一方面是忽略了它出自《职官志》而非《地理志》的事实，另一方面与缺乏对元明清时期诸州领县（特别是附郭县）调整的系统认知密切相关。

在解读“属州视县”的文本内涵时，笔者曾指出如下事实：去掉云南、广西、福建布政使司后，在剩余占据明朝广袤疆土的12个省直范围内，领县属州占全部属州数量的87%。也就是说，在不包括上述3个布政使司辖境的明朝疆土内，具有“司—府—州—县”层级结构的属州与以“司—府—州”体系为特征的属州数量之比近乎7∶1，这显然相差悬殊。由此可见，将司—府—州结构中的“州”等同于司—府—县结构中的“县”，并由此认为可以破解属州视县之谜的看法，难免带有避重就轻之嫌。通过归纳属州政区设置的实然状态，进而分析属州视县体制的应然规定，要言之，正是本书在面对类似地理文本时，刻意采用的一种逆推研究方式。

基于以上讨论，可以尝试总结一条分析近世地理沿革史料的“技术路线”。第一，运用校雠方法对文本进行对读辨识，然不唯此遽下定论。第二，从沿革记述所载的正史文本出发，考察相关历史书写与体例笔法的基本特征。第三，回归历史语境和制度本位，解读各种行政地理用语的内涵，以及相同的文本表达在不同时代及阶段的细微变化。第四，将文本与区域政治乃至国家的大历史进程相结合，关注不同层级和空间尺度的政治演变对地理沿革的制约和影响。第五，以上“执行标准”并非孤立或机械存在于地理沿革文本地解读中，而是需要综合运用和理性分析。

除此之外，倘若涉及政区演变的制度性文本，还有第六个层面的考量：在行政制度的应然规定与地理区划的实然建置之间，结合历史情境开展互动研究。其中，行政制度应基于地理区划的政治、军事、经济等方面的统筹，地理区划则是行政制度结合自然、人文条件的具体落实。在以往的研究经验中，往往是将制度文本作为发端导向地理区划建置的最终结果；本书的个案研究则强调文本自身在事实层面的准确界定与澄清。为实现这一目标，需要反其道而行之——采用从事实结果到文本规定的逆时性探索，通过彼此之间的互动辨析，从而实现对地理沿革过程全面而如实的复原与解释。

二、概念

在历史政治地理研究中，开展相关“概念”的梳理、界定与归纳正逐渐引起学界关注。对此，周振鹤先生曾有专文述及，可谓奠基之作。[①]郭声波先生也倡议“尽量使用近现代科学术语概念来表达历史时期的各类政治实体及其运作方式”，认为这属于学科的“概念标准化问题”。[②]相较于其文中讨论的概念主要属于从时之语（即近现代科学术语），本书的所谓概念主要直接来自于地理沿革文本中的词汇和称谓，故可视为一种稽古之言。

① 周振鹤：《行政区划史研究的基本概念与学术用语刍议》，《复旦学报》2001年第3期。

② 郭声波：《历史政治地理常用概念标准化举要》，《中国历史地理论丛》2017年第1辑，第23页。

本书中编三章，分别以金代京府、明代巡抚始设以及清代北五省概念为例，在前贤研究的基础上，提出新的解读与认识，个中结论兹不赘述。这些讨论并非仅就概念本身进行就事论事的辨析，而是通过界定其边界与内涵，解决更为宏观的地理沿革问题。例如，考辨宋金两代的京府，旨在为提出金代诸府政区等第的结论提供前提。而关于明代边方巡抚始设的争论，表面似乎和术语、名词探讨无关，但实际涉及以怎样的标准界定和衡量“始设”的问题。笔者重申以确定在地化的行政辖区为标志，作为巡抚始设开端的地理沿革意义，而未接受过往学者以设“道”为标准的商榷意见。总之，在辖区与设道之间，判断的尺度本质上取决于研究者对巡抚及其制度“概念”的认知。至于北五省这一称谓，则向读者展示了一个地理概念如何从萌芽、随机向规范化书写以及运用的历史过程，这背后既有沿革因素的参与，也有国家大尺度地域结构内聚与固化的重要影响。

以上谈及的概念亦属于地理沿革文本的范畴。因此，前文有关史料解析的“技术路线”也具有类似的参考价值。特别是其中一些地理概念需要注意不同历史时期存在的“同号殊实”现象。比如通过正史反映出来的宋金京府概念就有显著差异，两者不能混为一谈。金元时期普遍设置的诸路总管府，事实上在北朝（周）时期就已作为区域性军事机构的称谓而存在了。[①]女真政权体制下的总管府依然延续军政一体的建置思路，虽然与北朝隋唐时期的总管府性质貌合神离，但又似乎隐约存在着某种以制度化的方式绵延赓续的内亚政治传统。

---

① 严耕望：《中国地方行政制度史——魏晋南北朝地方行政制度》下册，上海：上海古籍出版社，2007年，第450—504页。

在本书涉及的地理术语和概念中，脱离史实而又常被含混使用的典型，非“州”莫属。有关金元明清时期各种州的称谓，有如属州、散州和直隶州等。上编第三章已经对明代直隶州与属州之间的差异有所揭示；而下编第八章以明代属州领县的行政调整为主线，全面展示了属州与领县关系变化的历史特征。限于时间和学力，笔者并未对州的不同称谓单独进行地理概念层面的深入剖析和阐述，但这不意味该“问题”不构成一个可供争辩的方面，更不是承认其不具有学术研究的价值。

相对而言，有关直隶州的争议不多。但是，正如第八章所指出的——明代诸如会典这类正式的官方法典没有直隶州（以及属州）的称谓。笔者检索《明实录》发现，几乎没有将“直隶州”作为独立称谓使用的蛛丝马迹。加之明代南、北直隶可与两京连署，如万历《明会典》目录有南京并直隶地方、京师并直隶地方的记载，而实录也有不少关于南、北“直隶州县”、“直隶州郡”的说法。从为了避免混淆的角度推测，明人不太可能使用“直隶州”来特指直属于两京十三布政使司的州。由此可见，《明史》所谓“属州视县，直隶州视府”本质反映了清人对明代州制的认识，是清人利用当时已有的地理概念描述明代实存的两种州。严格来说，现代意义上的学术讨论是在承用清人直隶州概念的基础上，对明代“隶属于地方高层”政区的州进行研究。据傅林祥先生考证指出，直隶州作为一种行政区划通名首次被载入官方法典，是清代的雍正《清会典》。而此前康熙《清会典》仍延续万历《明会典》的传统，并未专门区分出直隶州的说法。[①]

---

① 傅林祥：《清初直隶州的推广与行政层级的简化》，《历史档案》2010年第4期，第62页。

直隶州概念见于雍正《清会典》，与一般（属）州示以区别，正是第三章谈及雍正时期属州改革的结果，毕竟撤销属州的主要去向之一是将其升格为直隶州。由于此举同时达到缩小府境的效果，所以也被称为“大郡分隶之制”。这一重大地方行政体制调整的出发点，是希望通过建置直隶州缓解地方财政的亏空窘境，盖因直隶州在领属体制上与府接近——所谓直隶州视府。本书不赞成完全否定真水康树关于“直隶州是为了创建作为财政收入源最理想的府—县系统的试验阶段被设置”结论的倾向。而之所以不接受雍正时期存在所谓“直隶州政策”的说法，主要是出于反对以此解释清代地方政区层级发生简化的原因——层级简化取决于属州裁撤，与明清时期一直存在的直隶州并无直接的因果关联。

尽管直隶州概念出现的时间较晚，但并未影响学界在讨论元、明两代的州制时追用其称谓。邹逸麟先生认为：“元代不置总管府的州为散州，其中直隶于行省的称为直隶州。”[①]而李治安等学者则将元州分为“直隶省部（或行省、宣慰司）之州和属州”两类，[②]一定程度上否认了元代实际存在“直隶州”说法的可能。同样，明代也未发现记有直隶州一说的确切史料，当然这也没有妨碍学界使用这一术语讨论相关问题。

如果说直隶州概念的灵活运用只为便于研究，而不会产生太多误解的话，那么属州、散州以及两者之间的关系就可谓棘手问题。傅林祥先生指出，就官方法典而言，散州一词的出现已经晚至光绪末年；而从元代以降，属州和散州一直是习称而不是官

---

① 邹逸麟撰：“直隶州”词条，收入《中国历史大辞典·历史地理卷》，第471—472页。

② 李治安、薛磊：《中国行政区划通史·元代卷》，第14—15页。

方正式的名称，两者的含义并无实质性差别。[①]也就是说，属州和散州可以在研究中不作专门区分。但是，这一结论存在明显的讨论空间。比如朱江琳通过全面梳理指出，元代散州是所有州的泛称——或直隶省部、行省、宣慰司，或隶属于路、散府等[②]，而属州则可以界定为“路、散府所领”的州，这一点和李治安等学者的看法一致。[③]她还发现“元代属州中有一半稍多的州不领县”，以明代属州是“府下辖领县之州”的标准来看，这些元代属州“还不能算是严格意义上的属州”。[④]以明代属州定义套用于元代是否合适暂且不论，但有一点可以确定，元代散州概念的涵盖范围必定大于属州——后者只是前者的一个组成部分。可见，主张近世以来属州和散州概念并无实质差异的看法，仅在元代就已不够准确。

邹逸麟先生关于明清属州和散州的表述具有典型性，或可略作讨论。他在稍早的时候认为，明代不论直隶州、属州均领县，而清代直隶州领县，属府的称散州，不领县。[⑤]后来他对上述说法稍作改动说道：明代不论直隶州、散州均领县，而清代直隶州领县，属府的散州不领县。[⑥]比较可知，他将先前说的属州改为

---

① 傅林祥：《清初直隶州的推广与行政层级的简化》，《历史档案》2010年第4期，第62、63页。

② 朱江琳：《元代“散州”名实考》，《中国历史地理论丛》2014年第2辑，第68、71页。

③ 李治安、薛磊：《中国行政区划通史·元代卷》，第14页。

④ 朱江琳：《元代“领县属州”初探》，《史学集刊》2018年第1期，第65页。案另可参上编第二章结论部分之相关论述。

⑤ 邹逸麟编著：《中国历史地理概述》，第154页。

⑥ 邹逸麟编著：《中国历史地理概述（第3版）》，上海：上海教育出版社，2013年，第209页。又见邹逸麟主编《中国历史人文地理》，北京：科学出版社，2001年，第88页。

了散州。这是由于两者彼此之间可以互相替换运用，还是因为散州概念较之属州更为符合历史事实？目前不得而知。但无论以上哪种表述，恐怕都存在一些值得思考的追问。

第一，在明代会典这类官方文献中没有“属州”的说法。第二，属州均领县并非明代的实际情况。根据对《明史·地理志》的统计，明代216个属州中领县的有135个，占比62.5%。第三，明人自己很可能从未有过散州这一表述，就连《明史》通篇也没有任何关于“散州”的记载。第四，虽同为散州，却明代领县而清代不领县，这或无助于此概念的准确界定。第五，一些领县的州从明代到清代领属关系发生根本性变化，并非以政权易主为标志，关键分水岭在于雍正时期的地方财政改革。第六，完全忽略明清时期“属州”的存在缺乏事实基础。比如说明代散州均领县，而这些散州又都隶属于府，故仍可称其为属州；至于那些不领县的属府之州，在此限定下不被视为散州，那么它们唯一合理简洁的称谓就是属州。

事实上，属州和散州的关系既有联系又有区别。按照清代散州特指不领县的属府之州的界定反溯明代，属州可以分为领县属州和散州（即不领县的属州）。尽管两种说法都不是当时史料的实际称谓，但较之“散州”作为一种相对概括的术语而言，“领县属州”的用法显然更加具有现代描述性。逮至雍正时期，随着直属布政使司的州被官方法典文献称为直隶州，并且原先属府领县却未得到升格的州在“悄无声息”中转变为不领县的州，①从这时起才可以说属州真正等同于散州。也就是说，属州和散州

① 案这里也包括一些先升格为直隶州，但不久又被重新降为府属的州，同样被剥夺领县的资格。

概念的无差别替换使用，只适合于清代中期至王朝灭亡的历史阶段。

在运用直隶州、属州和散州作为基本概念的学术语境中，辨析它们之间的相互关系似乎是一个无关痛痒的边缘话题。从规范学术概念的角度，笔者认为如下若干方面值得继续思考：首先，属州和散州都应兼顾所在历史时期自身称谓的实际运用情况。其次，属州和散州不是可以在元明清时期随意替换的政区地理概念；属州的界定取决于向上隶属层级的性质与地位，而散州在元代是和散府并列，同与路总管府相对的一个政区概念，到清代中期以后彻底转变为不领县的属府之州。再次，区分属州和散州不能简单以王朝更替作为非此即彼的时间界限。最后，区分两者的关键，在于到底是用向上的隶属关系，还是向下的领县与否。倘若标准不能统一，两者混淆在所难免。

三、政治过程

行政区划作为地方政治制度的一翼，其创设和变迁，首先要服从于政治目的与政治需要。[①]因此，行政区划及其诸要素必定随政治环境的变化而变化。另一方面，政治权力无时无刻不在从稳定、均衡转向不稳定、不均衡的状态，继而向达成新的稳定和均衡状态演化。这种看似循环往复的变动过程，并不是历史事件的简单重复，而是“历史规律”的重复。笔者以为，由历史事件、制度规则和历史规律构成的不同层次的政治权力面相及其展

① 周振鹤：《建构中国历史政治地理学的设想》，收入氏著《中国历史政治地理十六讲》，第323页。案本节所引周先生观点如不专门注明，均出此文。

开进程，都可被理解为政治的过程。

周振鹤先生在展望中国历史政治地理学研究的三个取向时，指出其中之一“在于研究政治过程对地理区域变迁的影响”，并认为这不单是历史学的研究对象，更是历史学、政治学与地理学的综合研究对象。毫无疑问该说富有前瞻，具有深远的学科发展指导意义。不过，这里想说一点题外之话。所谓“地理区域”通常会被认为指向行政区划或者行政地理区域，自然无需赘言。但是，地理区域并不一定仅指行政区划——经济、文化、军事以及各种自然要素形成的功能或形式区都可归入此列。而传统政治权力在构建行政管理体制及其运作模式以外，必然影响到诸如经济、文化、军事和各种自然要素活动（或运动）的区域形成。因此，政治过程塑造的地理区域不仅限于行政区划，只要人类活动参与的主题要素具有“在地化”的属性，就会或多或少受到其不同程度的波及和制约。

如果我们确信中国历史政治地理学的重要使命之一，是研究政治过程对地理区域变迁的影响，同时对地理区域的对象作出更加多元的合理想象，那么在本书导论第三小节曾经提出的看法——传统历史地理学更宜被理解为一门“政治”地理学，它既不同于以往所说的沿革地理学，也不同于当下作为分支学科存在的历史政治地理学——就值得读者“了解之同情”。

下面回归本节主题。尽管政治过程对地理区域的影响犹如“万形而无形”，但核实而论，行政区划的确是受其塑造最为深刻的区域形式。特别是在中央与地方的组织框架下，行政区划必然是最先受到政治过程波及的活跃地理要素，直接反映地方政治制度运作的实际状况。可以说，政治过程通过行政地理区域变迁得以实践，而行政地理区域则是政治过程在地方尺度下的空间结构化。在传统时代，王朝政治与地理要素最直接的制度融合就是行政区划。即使在用小国拼凑大国的西周封建时期，上下分明的天子诸侯之间的政治关系，在空间上也呈现“王畿—封国”结构。这虽然算不上标准的大一统郡县模式，但由此形成井然有序的不同政治地理区域则是显而易见的。

深入剖析政治过程与行政区划的密切关系，可以从制度和过程两个层面展开。于薇在西周封国徙封研究中指出，从过程的角度，或许可以反过来理解王国维的论断，即后世在制度结构中居于中心的“立嫡立长”制及与之配合的“宗法”“丧服”制这些行为规范，是在维持“封建”的过程中逐渐出现、确立的，而对新获土地实现军事占领的“封建制”，才是新制度得以产生的契机。[①]尽管封国与郡县不同，但西周封建的案例仍能很好地说明，制度在政治展开的时间维度上与地理封建的互构过程。

以不同节奏历史为代表的过程和以典章经制为代表的制度，历来是中国传统知识分子读史、治史、论史的要端所在。元人马端临在《文献通考·自序》开篇说道：

> 《诗》《书》《春秋》之后，惟太史公号称良史，作为纪、传、书、表，纪、传以述理乱兴衰，八书以述典章经制，后之执笔操简牍者，卒不易其体。然自班孟坚而后，断代为史，无会通因仍之道，读者病之。至司马温公作《通鉴》，取千三百余年之事迹，十七史之纪述，萃为一书，然后学者开卷之余，古今咸在。然公之书详于理乱兴衰，而略

① 于薇：《徙封：西周封国政治地理的结构—过程》，上海：上海古籍出版社，2022年，第4页。

> 于典章经制，非公之智有所不逮也，编简浩如烟埃，著述自有体要，其势不能以两得也。[①]

历史运动不外由时、地、人、事四项基本因素构成。[②]所谓纪、传以人为主，明时序则有编年之体，为一事首尾相顾又创纪事本末体，故人、时与事皆可统于“以述理乱兴衰”的纪传、编年和纪事本末诸体之史。至于地，《史记》以《河渠书》为代表，后来以《汉书·地理志》为开宗。不论纪传书（志）表，还是政书如《通典》《文献通考》内部的地理沿革文本，都可视为“以述典章经制”的专史。起起伏伏的理乱兴衰反映不同节奏的历史过程，而“与时损益”的典章经制则可作为“国政朝章、六官所职”的制度所本。[③]

这里关注的政治过程与法国年鉴学派史学家费尔南·布罗代尔（Fernand Braudel，1902—1985）笔下的“历史时间”颇有相似之处。布罗代尔将历史时间分为地理时间、社会时间和个人时间，强调“这些层次仅仅是阐释的手段”，在需要时可以从一个层次转到另一个层次。[④]后来，他明确把三种时间分别称为长、中、短时段，并提出与之适应的三个概念：结构、局势和事件。受此启发笔者认为，与地理沿革有关的政治过程，也可以选择事件、制度和规律三个概念，描述不同节奏的沿革史。所谓节奏一

---

① （元）马端临：《文献通考·自序》，杭州：浙江古籍出版社，1988年。

② 朱维铮著，廖梅、姜鹏整理：《中国史学史讲义稿》，上海：复旦大学出版社，2015年，第251页。

③ （清）永瑢等撰：《四库全书总目》卷81《史部三十七·政书类一》第1册，北京：中华书局，1965年，第693页。

④ ［法］费尔南·布罗代尔著，刘北成、周立红译：《论历史》上册，北京：北京大学出版社，2021年，第5页。

词，取自于布罗代尔的《地中海与菲利普二世时代的地中海世界》一书。在该书前言中，他认为社会史（即社会时间）是在人与所处环境关系历史上的“节奏平缓的历史”，是“一种有关群体和集团的历史”。①

政治过程在事件层面对地理区域的影响直接、短促而强烈。从文本角度，表现为诸多记载政区变化事实的零散史料，反映行政区划的具体存在状态。书中下编《政区考证》部分谈及的案例，诸如金元之际关中地区、《明史·地理志》陕西布政使司部分政区调整的细节等内容，基本都属于这类沿革事件史的范畴。客观而言，除通史和个别专门类型取得积极进展外，近年来类似复原式的研究并非学界大宗。这主要是因为宋金以降，尤其是明清时期的政区地理研究史料相对丰富，所以事实线索清晰，并无太多争议，不像中古以前的沿革史往往需要繁琐而缜密的考评与辨析。

随着明清实录、诏令奏议、政书地志、田野文献以及文集笔记被不断挖掘和利用，金元明清时期政区地理研究的深度，展现出超越单纯事实层面的拓展和延伸。这一点往往体现在沿革研究的事件史方面，不同学科的关怀也更为多元，并不仅限于历史地理学。有关政区层级方面的研究趋向，正如周振鹤先生所做出的前瞻：在秦汉魏晋南北朝时期，受制于历史资料的缺佚，一般只能弄清高层政区的变迁，唐代以后，应该研究到县一级的水平，

---

① ［法］费尔南·布罗代尔著，刘北成、周立红译：《论历史》，上册，第3—4页。案亨利·列斐伏尔（Henri Lefebvre，1901—1991）在《节奏分析：空间、时间和日常生活》一书中首次将“节奏”作为一个哲学命题，阐明节奏中蕴含重复和规律性存在的哲学意涵。（转引自刘同舫《节奏的历史与历史的节奏——〈共产党宣言〉对资产阶级的历史分析及其蕴含的方法论》，《当代世界与社会主义》2023年第1期，第36页。）

至明清以后，则应该研究到县级以下政区的变迁。

就事论事地讨论政治过程对行政地理区域的影响，通常关注引起变动发生的起因、经过和结果，重视引发行政区域调整的地方性知识。针对政区创设、复建、层级和隶属关系以及治所、幅员等要素，乃至被省并裁撤方面的关键变化，往往因地、因事、因时而加以解释，这很容易导致事件之间缺乏必要的关联。倘若类似情形长此以往，或许就会出现布罗代尔所忧虑的那种隐患：所有这些珍贵的记载不恰当地覆盖了那个逝去的时代，占据不符合实际的空间，而给人以某种歪曲的画面。[①]

众多地理沿革事件的发生，只是形式上的类似而不可能存在真正历史意义的重复。或者说，从地理沿革事件的重复中需要提炼和概括，才有可能洞察政治过程的行政地理“节奏”。布罗代尔在有关地中海世界的鸿篇历史巨制中，采用社会史等特定概念，试图从较之个人、事件层次更为深邃的经济、国家、社会和文明角度，探索这些力量如何作用于错综复杂的战争舞台。与之类似，当我们回溯记载沿革事件的史源时，系统性文本不外乎正史、地志以及政书内的专史记述。这些典章经制性质的文献有助于今人透过零碎的事件复原，回归作为制度组成部分的行政地理区域及其组织的因革损益。

政治过程的制度呈现，或者说把制度运作视为一种可以“复制”的程序，那么这种形式上的反复显然比沿革事件要更为深入。制度利用政治过程的基本属性，可以从约束性规范的角度不断进行自我的“否定之否定”。典章经制文本中的制度，事实上是要预定一种办法（规范）以控制未来，期望以祖宗之法的设定

① ［法］费尔南·布罗代尔著，刘北成、周立红译：《论历史》，上册，第4页。

实现万古不变的永恒。然而时移世易，人为权力干预而导致的变革根本无法避免，新的制度必然代替旧的制度，并走向新的否定轮回。《通典》《文献通考》之所以强调通览历代而避免断代为书，就是考虑到准确把握制度因革损益的具体变化状态，急需将其置于长时段的考察梳理之中。因此，单独以断代王朝史的视野看人与制度的历史似乎一动一静，但若以通史眼光审视，制度其实在静中有动，动中有静，不断实现否定之否定的历史反复。

王朝地理学的出现，本身就是王朝体制将地理学视为组成部分的结果。随之而建立的主导性地理叙述体系，核心是讲述、解释、捍卫王朝的社会空间秩序。[①]这种地理秩序一经确立，就会发挥它作为约束性规范的政治作用，而依托的根本正是王朝的权力控制。所以本书聚焦于正史的初衷，也是它们作为制度文本存在的重要性体现。第二章讨论的至元初年世祖诏令就属于制度类文本，在经过后世修史的加工后，只能大致反映原文的基本内容，这增加了直接准确解读其义的难度。该诏令的推出，是在忽必烈进一步加强中央集权的大历史背景下，展开地方行政制度改革的重要组成部分。裁撤因战乱等因素而导致人口大量减少的州郡录事司、司候司以及附郭县，是对承自金代制度的否定，但同时也开启了元代施行新的地方行政制度的历史序幕。制度自身的节奏波动，必然导致行政区划事实层面的因应。不仅如此，其影响范围还涉及横向地理结构的根本性变化——北方中原地区数十个州的管理模式因此而产生前所未有的新体制。

第三章有关明代“属州视县，直隶州视府”的表述，虽然出自《职官志》而非《地理志》，但仍通过官员的职能设定反映

---

① 唐晓峰：《从混沌到秩序：中国上古地理思想史述论》，第286—287页。

了明清州制的延续趋向。有趣的是，清人在漫长编修《明史》的过程中，自觉不自觉地将“国朝”体制下逐渐产生的行政概念，运用到了旧时胜朝。之所以长期成立而从未有人质疑，主要原因还是制度本身的延续性导致。制度经济学领域的研究表明，制度变迁有“路径依赖”的特点，何况这种依赖还需要接受“地理摩擦”的考验。英国学者阿兰·贝克将这种类似于路径依赖的现象，称之为地理惯性（Geographical inertia）。他以法国为例，指出18世纪末建立的行政系统至今仍然作为基础存留在法国行政地理结构中。贝克认为，促使地理区域发生变化的机制一方面来自于外力的强度，另一方面则与现有情况下保持惯性的程度有关。[①]可见，倘若没有雍正时期大规模地方财政改革的推动，从明初延续下来的属州体制，可能还会在清代存在下去。这种时间尺度上的行政制度变革，与布罗代尔讲的中时段局势转换显然有所呼应。

地方行政制度的迁转不是纯粹的线性发展，其中一些带有结构化的反复值得深入思考。比如第一章、第四章均有所提及的金代总管府与路治府合署办公的问题，在中古时期就存在雷同的制度设定。比如唐代前期的都督一般兼任治所州的刺史，此时会出现一部分都督府和治所州的州府合署办公的现象。[②]从沿革事件的角度，唐、金两代都督府和治所州与总管府和路治府的制度起源、发展都拥有完全不同的历史限定条件。例如，金代路治府之所以是府而非州，显然具有鲜明的北宋因素。但在合署办公的形式上，都督府和总管府却具有超越时空的结构一致性。以往对这

① Alan R.H.Baker. *Historical Geography and Geographical Change*. pp. 18—20, 1975.
② 夏炎：《试论唐代都督府与州的关系》，《史学集刊》2008年2期。

种在政治过程中展现出来的制度结构化反复现象，讨论得还不够深刻，值得今后继续加以关注。

制度的结构化重现的确令人感到兴奋，但若以此解释政治过程却面临理论层面的难题。比如为何会出现这种制度的结构化现象，其跨越时空的“复制”机制何在？不同的结构化现象之间又具有怎样的内在联系等等。总而言之，探索行政区划的政治过程还需要从更为本质的规律层面寻找答案，方有可能接近历史的真实。周振鹤先生指出，政区结构的变化是整个政区变化的核心，结构的变化主要是政治过程所引起的，但这一变化反过来又对政治过程产生影响。这里所谓的政区结构，主要指政区的层级和管理幅度。

政区的管理幅度与政区层级密切相关，但总体而言，层级是行政区划体系的基础。中央政府是以地方区域的层级作为政治组织的系统，因此政区层级必然要随着中央与地方关系的变化而变化。换言之，层级体系是行政区划在政治过程中最为基础的要素。层次级数的变化是中国历代行政区划沿革的核心内容。[①]在此基础上，周振鹤先生认为可以将秦到民国初年的政区分成三个阶段，这就是著名的“两千年三循环学说”。华林甫先生进一步提出自己的看法，认为从春秋时期开始，中国政区经历了两级制到多级制，再到两级制的两次历史大循环。[②]不论是前贤的三循环说，还是两循环说，都充分体现了以层级的变动为主线探索千年尺度行政区划演变的历史规律的努力。本书第三章和第八章等

① 周振鹤：《行政区划层级变迁的三循环》，收入氏著《中国历史政治地理十六讲》，第121—137页。

② 华林甫：《中国政区层级演变之两大循环说》，《江汉论坛》2014年第1期。

内容，围绕政区层级变动的宏观视角展开，尝试将沿革史事件、制度文本的解读融入对政治过程规律的解析。

或许只有对中国历代政区演变的讨论达到触及历史规律的高度，才能真正从历史的维度解答它们为何有如此繁复的变迁过程的问题。虽然先圣曾有“载之空言不如见之于行事”的劝诫，但在本书的最后，仍希望能够从众多的事件史中，找到一条探视规律的路径。从这一角度而言，本书力图摆脱单一王朝时代的束缚，就是希望尽量回归政区层级演变的节奏周期，将行政区划事件和制度的结构性特征，置于对政治过程的规律性探索之中。

历史学家吕思勉先生曾说：

> 学问之道，求公例，非求例外。昔人不知各时各地情形之不同，则无论何事，皆有其不可解之处，而史事悉成例外矣。知之，则事实之形状不同，而其原理则一。汇万殊归一本，而公例斯主。此固凡学问之所同，不独史也。①

相对于历史上的众多行政区划而言，探索政治过程对地理区域变迁影响的规律，前者可谓事实之形，后者是为原理则一；相对于从政区层级体系变化总结而得的历史周期率而言，中国历史依据社会发展的基本规律而划分出的阶段，显然更加具有汇万殊而归一本的特点。无论王朝地理学，还是历史政治地理学，理应都在此做出自己的贡献。

---

① 吕思勉：《史学与史籍七种》，南京：译林出版社，2016年，第51页。

征引文献

典籍史料（按年代排序）

《史记》，北京：中华书局点校修订本，2013年

《汉书》，北京：中华书局点校本，1962年

（晋）司马彪：《续汉书》，范晔《后汉书》，北京：中华书局校勘本，1965年

周天游辑注：《八家后汉书辑注》，上海：上海古籍出版社，2020年修订本

《三国志》，北京：中华书局，1982年

《晋书》，北京：中华书局，1974年

《魏书》，北京：中华书局点校修订本，2017年

（南朝梁）刘勰著，范文澜注：《文心雕龙注》，北京：经济科学出版社，2018年

《北齐书》，北京：中华书局点校本，1972年

《隋书》，北京：中华书局点校修订本，2019年

（唐）刘知幾著，（清）浦起龙通释，王煦华整理：《史通通释》，上海：上海古籍出版社，2009年

（唐）杜佑撰，王文锦等点校：《通典》，北京：中华书局，2016年

（唐）孔颖达等：《尚书正义》，《十三经注疏》，上海：上海古籍出版社，1997年

《旧唐书》，北京：中华书局点校本，1975年

（宋）林之奇著，陈良中点校：《尚书全解》，北京：人民出版社，2019年

（宋）蔡沉撰，王丰先点校：《书集传》，北京：中华书局，2018年

（宋）王应麟著，傅林祥点校：《通鉴地理通释》，北京：中华书局，2013年

（宋）彭大雅、徐霆撰，许全胜校注：《黑鞑事略校注》，兰州：兰州大学出版社，2014年

（金）宇文懋昭撰，李西宁点校：《大金国志》，济南：齐鲁书社，1999年

（元）马端临：《文献通考》，杭州：浙江古籍出版社，1988年

（元）赵承禧等编撰，王晓欣点校：《宪台通纪（外三种）》，杭州：浙江古籍出版社，2002年

（元）苏天爵辑撰，姚景安点校：《元朝名臣事略》，北京：中华书局，1996年

《宋史》，北京：中华书局点校本，1976年

《辽史》，北京：中华书局点校修订本，2016年

《金史》，北京：中华书局点校修订本，2020年

《元史》，北京：中华书局点校本，1976年

《明史》，北京：中华书局点校本，1974年

《清史稿》，北京：中华书局标点本，1977年

（明）艾南英撰：《禹贡图注》，《四库全书存目丛书》（经部）第55册，济南：齐鲁书社，1997年

黄彰健校勘：《明实录：附校勘记》（全183册），“中研院”历史语言研究所校印，北京：中华书局，2016年

北京图书馆古籍出版编辑组编：《嘉靖事例》，《北京图书馆古籍珍本丛刊》（史部·政书类）第51册，北京：书目文献出版社，1998年

（明）李东阳等修：正德《明会典》，日本国立国会图书馆藏，正德四年校，正德六年刻本

（明）申时行等修：万历朝重修本《明会典》，北京：中华书局，1989年

（明）雷礼撰：《国朝列卿纪》，台北：台湾文海出版社，影印明万历间刊本，1970年

（明）焦竑编，周骏富缉：《国朝献征录》，台北：台湾明文书局，1991年

王澈编选：《雍乾时期地方改制史料》，《历史档案》1992年第3期

（明）徐学聚：《国朝典汇》，《四库全书存目丛书》（史部·政书类）第265册，济南：齐鲁书社，1996年

（明）邓士龙辑，许大龄、王天有主点校：《国朝典故》，北京：北京大学出版社，1993年

（明）陈子龙等选辑：《明经世文编》，北京：中华书局，1962年

（明）魏焕撰：《皇明九边考》，嘉靖刻本

（清）万斯同撰：《明史》，《续修四库全书》（史部·别史类）第325册，上海：上海古籍出版社，2003年

（清）王鸿绪纂：《明史稿》，据敬慎堂刊本影印，台北：台湾文海出版社，1984年

中国第一历史档案馆编：《康熙朝汉文朱批奏折汇编》，北京：档案出版社，1985年

中国第一历史档案馆译编：《雍正朝满文朱批奏折全译》，合肥：黄山书社，1998年

中国第一历史档案馆编：《雍正朝汉文朱批奏折汇编》，南京：江苏古籍出版社，1989—1991年

《世宗宪皇帝朱批谕旨》，影印文渊阁本《四库全书》（史部·诏令奏议类）第416—425册，台北：商务印书馆，1983年

（清）胡渭著，邹逸麟整理：《禹贡锥指》，上海：上海古籍出版社，2006年

（清）永瑢等撰：《四库全书总目》，北京：中华书局，1965年

（清）蒋良骐撰，鲍思陶、西原点校：《东华录》，济南：齐鲁书社，2005年

（清）王鸣盛撰，黄曙辉点校：《十七史商榷》，上海：上海古籍出版社，2016年

（清）魏源撰，韩锡铎、孙文良点校：《圣武记》，北京：中华书局，1984年

（清）魏源：《元史新编》，《魏源全集》，长沙：岳麓书社点校光绪慎微堂刊本，2004年

（清）章学诚撰，叶瑛校注：《文史通义校注》，北京：中华书局，2014年

《清实录·圣祖实录》，北京：中华书局，1985年影印本

《清会典事例》，北京：中华书局，1991年影印本

屠寄：《蒙兀儿史记》，上海：上海书店影印本，1984年

柯劭忞撰，张京华、黄曙辉点校：《新元史》，上海：上海古籍出版社，2018年

“中央研究院”历史语言研究所编刊：《明清史料》丙编，

上海：商务印书馆，1936年

札记文集

（宋）洪迈撰，孔凡礼点校：《容斋随笔·四笔》，北京：中华书局，2005年

（宋）郑思肖著，陈富康校点：《郑思肖集》，上海：上海古籍出版社，1991年

阎凤梧主编：《全辽金文》，太原：山西古籍出版社，2002年

（元）姚燧：《牧庵集》，上海：商务印书馆，四部丛刊本，1931年

（元）李庭：《寓庵集》，《元人文集珍本丛刊》（第1册）据藕香零拾本影印，台北：台北新文丰出版公司，1985年

（元）王恽：《秋涧先生大全集》，《元人文集珍本丛刊》（第2册）据藕香零拾本影印，台北：台北新文丰出版公司，1985年

（元）元明善：《清河集》，《元人文集珍本丛刊》（第5册）据藕香零拾本影印，台北：台北新文丰出版公司，1985年

（元）苏天爵著，陈高华、孟繁清点校：《滋溪文稿》，北京：中华书局，1997年

（元）胡祗遹著，魏崇武、周思成校点：《胡祗遹集》，长春：吉林文史出版社，2008年

（清）顾炎武撰，严文儒、戴扬本校点：《日知录、日知录之余》（全二册），上海：上海古籍出版社，2012年

（清）汪景祺：《读书堂西征随笔》，据1936年故宫博物院铅印本影印，上海：上海书店，1984年

（清）钱大昕著，杨勇军整理：《十驾斋养新录》，上海：上海书店出版社，2011年

（清）钱大昕撰，陈文和、张连生、曹明升校点：《廿二史考异》，南京：凤凰出版社，2008年

（清）汪辉祖撰，姚景安点校：《元史本证》，北京：中华书局，2004年

（清）王庆云：《石渠馀记》，北京：北京古籍出版社，1985年

柯劭忞：《新元史考证》，收入《民国丛书》（第5编），据北京大学民国铅印本影印，上海：上海书店，1996年

地志文献

（北魏）郦道元著，（清）王先谦校：《合校水经注》，北京：中华书局，光绪十八年思贤讲舍原刻本影印，2009年

（宋）王存、曾肇、李德刍撰，王文楚、魏嵩山点校：《元丰九域志》，北京：中华书局，1984年

（宋）欧阳忞著，李勇先、王小红校注：《舆地广记》，成都：四川大学出版社，2003年

（元）孛兰肹等撰，赵万里校辑：《元一统志》，北京：中华书局，1966年

（元）刘应李原编，（元）詹有谅改编，郭声波整理：《大元混一方舆胜览》，成都：四川大学出版社，2003年

（元）骆天骧撰，黄永年点校：《类编长安志》，西安：三秦出版社，2006年

（元）李好文撰，辛德勇、郎洁点校：《长安志图》，西安：三秦出版社，2013年

（明）刘基等撰：《大明清类天文分野之书》，《续修四库全书》（史部·地理类）第586册，据南京图书馆藏明刻本影印，上海：上海古籍出版社，2002年

（明）陈循等撰：《寰宇通志》，收入郑振铎辑《玄览堂丛书续集》，国立中央图书馆1947年据景泰七年司礼监刻本影印，扬州：广陵书社，2010年

（明）李贤等撰：《大明一统志》，收入《四部丛刊·四编》（史部），据国家图书馆藏明天顺五年内府刻本影印，北京：中国书店，2016年

（明）何景明纂修，吴敏霞等校注：《雍大记校注》，西安：三秦出版社，2010年

（明）赵廷瑞修，（明）马理、吕柟纂，董健桥总校点，李之勤等校点：嘉靖《陕西通志》，三秦出版社，2006年

嘉靖《广平府志》，天一阁藏明代方志选刊本，第5册，上海：上海古籍书店，1963年据明嘉靖二十九年刻本影印，1981年重印

万历《延绥镇志》，国家图书馆藏万历三十五年刻本

（清）顾祖禹撰，贺次君、施和金点校：《读史方舆纪要》，北京：中华书局，2005年

（清）顾炎武撰，谭其骧、王文楚、朱惠荣等校点：《肇域志》，上海：上海古籍出版社，2012年

康熙《文县志》，故宫珍本丛刊《甘肃宁夏府州县志》第2册，海口：海南出版社，2001年

康熙《延绥镇志》，乾隆年间增补康熙十二年本

康熙《昌平州志》，康熙十二年刻本

康熙《临清州志》，康熙十三年刻本

雍正《连平州志》，雍正八年刻本

乾隆《沅州府志》，《中国地方志集成·湖南府县志辑》第66册，南京：江苏古籍出版社，2002年

乾隆《正定府志》，乾隆二十七年刻本

乾隆《三原县志》，乾隆四十八年刻本

乾隆《临清直隶州志》，乾隆五十年刻本

乾隆《白水县志》，台北：台湾成文出版社，1976年

道光《直隶定州志》，台北：台湾成文出版社，1969年

嘉庆《大清一统志》，四部丛刊续编本

光绪《新修南阳县志》，台北：台湾成文出版社，1976年

光绪《高唐州乡土志》，《中国方志丛书》影印光绪三十二年手抄本，台北：台湾成文出版社，1968年

今人专书（按作者姓氏笔画排序）

［法］马克·布洛克著，黄艳红译：《历史学家的技艺》，北京：中国人民大学出版社，2011年

于薇：《徙封：西周封国政治地理的结构—过程》，上海：上海古籍出版社，2022年

牛平汉编著：《明代政区沿革综表》，北京：中国地图出版社，1997年

王曾瑜：《金朝军制》，保定：河北大学出版社，2004年

王天有：《明代国家机构研究》，北京：故宫出版社，2014年

王宗维：《元安西王及其与伊斯兰教的关系》，兰州：兰州大学出版社，1993年

王颋：《古代文化史论集》，上海：上海古籍出版社，

2007年

方国瑜：《中国西南历史地理考释》，北京：中华书局，1987年

方志远：《明代国家权力结构及运行机制》，北京：科学出版社，2008年

中国地理学会编辑：《苏联地理学四十年》，北京：科学出版社，1958年

中国科学院《中国自然地理》编辑委员会：《中国自然地理·历史自然地理》，北京：科学出版社，1982年

中国科学院自然科学史研究所地学史组主编：《中国古代地理学史》，北京：科学出版社，1984年

中国科学院北京天文台主编：《中国地方志联合目录》，北京：中华书局，1985年

中国文物研究所、陕西省古籍整理办公室编：《新中国出土墓志·陕西贰》，北京：文物出版社，2003年

中国历史大辞典·历史地理卷编纂委员会编：《中国历史大辞典·历史地理卷》，上海：上海辞书出版社，1996年

中国水利学会、黄河研究会编：《李仪祉纪念文集》，郑州：黄河水利出版社，2002年

中国科学院地理研究所编辑：《中国古代地理名著选读》（第一辑），北京：学苑出版社，2005年

尤中编著：《云南地方沿革史》，昆明：云南人民出版社，1990年

仓修良：《章学诚和〈文史通义〉》，北京：中华书局，1984年

冯尔康：《清史史料学》，沈阳：沈阳出版社，2004年

冯尔康：《雍正传》，北京：人民出版社，2014年

冯贤亮：《明清江南地区的环境变动与社会控制》，上海：上海人民出版社，2002年

史卫民：《大一统——元至元十三年纪事》，北京：三联书店，1994年

史念海：《史念海全集》（1—7），北京：人民出版社，2011年

史念海、曹尔琴：《方志刍议》，杭州：浙江人民出版社，1986年

艾冲：《明代陕西四镇长城》，西安：陕西师范大学出版社，1990年

吕思勉：《吕著中国通史》，上海：华东师范大学出版社，1992年

刘浦江：《辽金史论》，北京：中华书局，2019年

刘纬毅、王朝华、郑梅玲、赵树婷辑：《宋辽金元方志辑佚》，上海：上海古籍出版社，2011年

刘兰芳、刘秉阳编著：《富平碑刻》，西安：三秦出版社，2013年

刘安琴：《长安地志》，西安：西安出版社，2007年

关文发、颜广文：《明代政治制度研究》，北京：中国社会科学出版社，1995年

朱士嘉编：《中国地方志综录》（增订本），上海：商务印书馆，1935年版，1958年增订重印

朱士光主编：《西安的历史变迁与发展》，西安：西安出版社，2003年

孙学玉：《公共行政学论稿》，北京：人民出版社，1998年

余蔚：《中国行政区划通史·辽金卷》（第2版），上海：复旦大学出版社，2017年

李昌宪：《中国行政区划通史·宋西夏卷》（第2版），上海：复旦大学出版社，2017年

李治安、薛磊：《中国行政区划通史·元代卷》（第2版），上海：复旦大学出版社，2017年

李治安：《元代政治制度研究》，北京：人民出版社，2003年

李昌宪：《金代行政区划史》，上海：上海古籍出版社，2015年

李新峰：《明代卫所政区研究》，北京：北京大学出版社，2016年

李治安主编：《唐宋元明清中央与地方关系研究》，天津：南开大学出版社，1996年

李治安：《元代行省制度》，北京：中华书局，2011年

李晓杰主编：《水经注校笺图释·渭水流域诸篇》，上海：复旦大学出版社，2017年

李晓杰、杨长玉、王宇海、屈卡乐：《古本与今本：现存〈水经注〉版本汇考》，上海：复旦大学出版社，2021年

李锡厚、杨若薇、白滨：《中国政治制度史》，天津：天津人民出版社，2016年

李锡厚、白滨：《中国政治制度通史·辽金西夏卷》，北京：人民出版社，1996年

李零：《茫茫禹迹：中国的两次大一统》，北京：生活·读书·新知三联书店，2016年

李孝聪主编：《唐代地域结构与运作空间》，上海：上海辞

书出版社，2003年

李慧、曹发展注考：《咸阳碑刻》，西安：三秦出版社，2003年

余华青、张廷皓主编：《陕西碑石精华》，西安：三秦出版社，2006年

吴廷燮撰，魏连科点校：《明督抚年表》，北京：中华书局，1982年

吴镇烽编著：《陕西地理沿革》，西安：陕西人民出版社，1981年

张博泉编著：《金史简编》，沈阳：辽宁人民出版社，1984年

张哲郎：《明代巡抚研究》，台北：台湾文史哲出版社，1995年

张德信编著：《明代职官年表》，合肥：黄山书社，2009年

张修桂、赖青寿编著：《〈辽史·地理志〉汇释》，合肥：安徽教育出版社，2001年

张伟然等：《历史与现代的对接：中国历史地理学最新研究进展》，北京：商务印书馆，2016年

辛德勇：《旧史舆地文录》，北京：中华书局，2013年

辛德勇：《旧史舆地文编》，上海：中西书局，2015年

严耕望：《中国地方行政制度史——魏晋南北朝地方行政制度》，上海：上海古籍出版社，2007年

严耕望：《中国政治制度史纲》，上海：上海古籍出版社，2013年

何朝晖：《明代县政研究》，北京：北京大学出版社，2006年

［日］杉山正明著，周俊宇译：《忽必烈的挑战：蒙古帝国与世界历史的大转向》，北京：社会科学文献出版社，2015年

国家图书馆善本金石组编：《辽金元石刻文献全编》，北京：北京图书馆出版社，2003年

国家文物局编：《中国文物地图集·陕西分册》，西安：西安地图出版社，1998年

邹逸麟编著：《中国历史地理概述》，福州：福建人民出版社，1999年

邹逸麟主编：《中国历史人文地理》，北京：科学出版社，2001年

邹逸麟编著：《中国历史地理概述》（第3版），上海：上海教育出版社，2013年

周振鹤：《中国地方行政制度史》，上海：上海人民出版社，2005年

周振鹤：《中国历史政治地理十六讲》，北京：中华书局，2013年

周振鹤：《体国经野之道》，上海：上海人民出版社，2019年

陈高华：《元史研究新论》，上海：上海社会科学院出版社，2005年

陈俊达：《辽朝节镇体制研究》，上海：上海三联书店，2021年

庞乃明：《〈明史·地理志〉疑误考正》，北京：社会科学文献出版社，2012年

林涓：《政区改革与政府运作（1644—1912）》，昆明：云南大学出版社，2016年

金恩辉、胡述兆主编：《中国地方志总目提要》，台北：汉美图书有限公司，1996年

金毓黻：《中国史学史》，上海：上海古籍出版社，2020年

［德］阿尔夫雷德·赫特纳著，王兰生译、张翼翼校：《地理学——它的历史、性质和方法》，北京：商务印书馆，1983年

［英］阿兰·R.H.贝克著，阙维民译：《地理学与历史学——跨越楚河汉界》，北京：商务印书馆，2008年

［英］罗伯特·迪金森著，葛以德、林尔蔚、陈江、包森铭译，葛以德校：《近代地理学创建人》，北京：商务印书馆，1984年

［美］杰弗里·马丁著，成一农、王雪梅译：《所有可能的世界：地理学思想史》（第4版），上海：上海人民出版社，2008年

侯仁之：《历史地理学的理论与实践》上海：上海人民出版社，1979年

侯仁之：《历史地理学四论》，北京：中国科学技术出版社，1994年

柏桦：《明清州县官群体》，天津：天津人民出版社，2003年

柏桦：《明代州县政治体制研究》，北京：中国社会科学出版社，2003年

胡凡：《明代九边形成及演变研究》，北京：高等教育出版社，2021年

陕西省考古研究院编著：《陕西省明长城资源调查报告·营堡卷》，北京：文物出版社，2011年

陕西省地方志编纂委员会编：《陕西省志》第2卷《行政建

置志》，西安：三秦出版社，1992年

《神木县志》编纂委员会编：《神木县志》，北京：经济日报出版社，1990年

［美］施坚雅主编，叶光庭等合译，陈桥驿校：《中华帝国晚期的城市》，北京：中华书局，2000年

［法］保罗·克拉瓦尔著，郑胜华、刘德美、刘清华、阮绮霞译，华昌宜校：《地理学思想史》（第3版），北京：北京大学出版社，2007年

［美］科林·弗林斯、［英］皮特·泰勒著：《政治地理学》，北京：商务印书馆，2016年

［法］费尔南·布罗代尔著，刘北成、周立红译：《论历史》，北京：北京大学出版社，2021年

顾颉刚、史念海：《中国疆域沿革史》，北京：商务印书馆，1999年

顾颉刚：《汉代学术史略》，北京：人民出版社，2008年

聂崇岐：《宋史丛考》，北京：中华书局，1980年

原瑞琴：《〈大明会典〉研究》，北京：中国社会科学出版社，2009年

唐晓峰：《从混沌到秩序：中国上古地理思想史述论》，北京：中华书局，2010年

唐立宗：《在“盗区”与“政区”之间——明代闽粤赣湘交界的秩序变动与地方行政演化》，台北：台湾大学出版委员会，2002年

高峰编著：《陕西方志考》，长春：吉林省图书馆学会（内部出版），1985年

［日］真水康树：《明清地方行政制度研究——明两京十三

布政使司与清十八省行政系统的整顿》，北京：北京燕山出版社，1997年

［苏］B.C.热库林著，韩光辉译，左少兴校：《历史地理学——对象和方法》，北京：北京大学出版社，1992年

梁启超：《中国历史研究法》，北京：中华书局，2015年

郭红、靳润成：《中国行政区划通史·明代卷》（第2版），上海：复旦大学出版社，2017年

［美］R.哈特向著，黎樵译：《地理学性质的透视》，北京：商务印书馆，1963年

［美］理查德·哈特向著，叶光庭译：《地理学的性质——当前地理学思想述评》，北京：商务印书馆，1996年

傅林祥、郑宝恒：《中国行政区划通史·中华民国卷》（第2版），上海：复旦大学出版社，2017年

程幸超：《中国地方行政制度史》，成都：四川人民出版社，1992年

程妮娜：《金代政治制度研究》，长春：吉林大学出版社，1999年

韩光辉：《宋辽金元建制城市研究》，北京：北京大学出版社，2011年

温海清：《画境中州——金元之际华北行政建置考》，上海：上海古籍出版社，2012年

谢忠志：《明代兵备道制度：以文驭武的国策与文人知兵的实练》，新北：花木兰文化出版社，2011年

谢湜：《高乡与低乡：11—16世纪江南区域历史地理研究》，北京：生活·读书·新知三联书店，2015年

彭明辉：《历史地理与现代中国史学》，台北：东大图书公

司，1995年

靳润成：《明朝总督巡抚辖区研究》，天津：天津古籍出版社，1996年

新文丰出版公司编辑部编：《石刻史料新编》（第1辑），台北：台湾新文丰出版公司，1977年

赖建诚：《边镇粮饷：明代中后期的边防经费与国家财政危机（1531—1602）》，杭州：浙江大学出版社，2010年

谭其骧主编：《中国历史地图集》，北京：中国地图出版社，1982年

谭其骧：《长水集》，北京：人民出版社，1987年

蔡云龙等编著：《地理学思想经典解读》，北京：商务印书馆，2011年

戴扬本：《北宋转运使考述》，上海：上海古籍出版社，2007年

今人论文（按作者姓氏笔画排序）

方志远：《明代的巡抚制度》，《中国史研究》1988年第3期

王曾瑜：《金朝后期的军事机构和军区设置》，《河北学刊》1993年第5期

王原茵：《京兆刘处士墓碣铭考释》，《文博》2014年第1期

史念海：《我与中国历史地理学的不解之缘》，张世林编《学林春秋：著名学者自序集》，北京：中华书局，1998年

邓承礼：《〈康熙定边县志〉简介》，《中国地方志通讯》1984年第2期

吕思勉：《史学与史籍七种》，南京：译林出版社，2016年

华林甫：《清前期“属州”考》，收入刘凤云、董建中、刘文鹏编《清代政治与国家认同》上册，北京：社会科学文献出版社，2012年

华林甫：《中国政区层级演变之两大循环说》，《江汉论坛》2014年第1期

朱江琳：《元代“散州”名实考》，《中国历史地理论丛》2014年第2辑

朱江琳：《元代“领县属州”初探》，《史学集刊》2018年第1期

孙建权：《试析金代“治中”出现之原因——兼论金朝对“尹”字的避讳》，《中华文史论丛》2015年第3期

劳榦：《〈黄土与中国农业的起源〉跋》，何炳棣著《黄土与中国农业的起源》，北京：中华书局，2017年

李之勤：《元代重建灞桥的又一重要文献——张养浩的〈安西府咸宁县创建灞桥记〉》，《中国古都研究》第2辑，杭州：浙江人民出版社，1986年

李之勤：《论“西安”的含义及历史渊源》，《中国历史地理论丛》1996年第2辑

李治安：《元中书省直辖“腹里”政区考略》，中国元史研究会编《元史论丛》第10辑，中国广播电视出版社，2005年

李国祁：《明清两代地方行政制度中道的功能及其演变》，《“中研院”近代史研究所集刊》1972年第3期

［日］樱井智美：《〈创建开平府祭告济渎记〉考释》，中国元史研究会编《元史论丛》第10辑，中国广播电视出版社，2005年

李治安：《元代陕西行省研究》，《中国历史地理论丛》2010年第4辑

李昌宪：《试论伪齐国的疆域与政区》，《中国史研究》2007年第4期

李硕编著：《云南地方志考》，长春：吉林省图书馆学会（内部出版），1988年

张帆：《金朝路制再探讨——兼论其在元朝的演变》，《燕京学报》新12期，北京：北京大学出版社，2002年

张利民：《“华北”考》，《史学月刊》2006年第4期

杨晓春：《〈元史〉元贞元年升县为州记载辨析》，《文史》2014年第2辑，北京：中华书局

肖立军：《九边重镇与明之国运——兼析明末大起义首发于陕的原因》，《天津师大学报》（社会科学版）1994年第2期

何朝晖：《明代道制考论》，《燕京学报》新6期，北京：北京大学出版社，1999年

吴松弟：《从传统的沿革地理学到现代的历史地理学》，姜义华、武克全主编《二十世纪中国社会科学·历史学卷》，上海：上海人民出版社，2005年

吴修安：《先秦“九州”说及其对后世的影响——从两汉刺史部到唐代地理文献编纂》，《台湾师大历史学报》第55期，2016年

周振鹤：《行政区划史研究的基本概念与学术用语刍议》，《复旦学报》2001年第3期

林涓：《清代统县政区的改革——以直隶州为中心》，《中国历史地理论丛》2000年第4辑

陈广恩：《元安西王忙哥剌死因之谜》，《民族研究》2008

年第3期

陈玮：《大蒙古国京兆总管府奏差提领经历段继荣墓志铭考释》，《北方文物》2015年第3期

胡丹：《明代巡抚制度形成之初的若干史实问题》，《古代文明》2010年第1期

秦晖、韩敏、邵宏谟：《陕西通史·明清卷》，西安：陕西师范大学出版社，1997年

唐立宗：《明代南赣巡抚辖区新探》，《历史地理》（第19辑），上海：上海人民出版社，2003年

唐晓峰：《“反向格义”与中国地理学史研究》，《南京大学学报》（哲学·人文科学·社会科学版）2009年第2期

［日］真水康树：《雍正年间的直隶州政策》，《历史档案》1995年第3期

黄永年：《述〈类编长安志〉》，《中国古都研究》第1辑，杭州：浙江人民出版社，1985年

郭声波：《历史政治地理常用概念标准化举要》，《中国历史地理论丛》2017年第1辑

郭润涛：《明朝“州”的建设与特点》，收入王天有、徐凯主编《纪念许大龄教授诞辰八十五周年学术论文集》，北京：北京大学出版社，2007年

郭红、于翠艳：《明代都司卫所制度与军管型政区》，《军事历史研究》2004年第4期

康鹏：《金代转运司路研究》，中国社会科学院历史所隋唐宋辽金元史研究室编《隋唐辽宋金元史论丛》第2辑，上海：上海古籍出版社，2012年

萧正洪：《人文情怀、社会责任和史念海先生的历史观》，

《中国历史地理论丛》2012年第4辑

［日］奥山憲夫：《明代巡撫制度の變遷》，《東洋史研究》1986年第3期

傅林祥：《江南、湖广、陕西分省过程与清初省制的变化》，《中国历史地理论丛》2008年第2辑

傅林祥：《清初直隶州的推广与行政层级的简化》，《历史档案》2010年第4期

傅林祥：《晚明清初督抚辖区的“两属”与“兼辖”》，《安徽大学学报》（哲学社会科学版）2010年第5期

韩健夫：《明代延绥巡抚建置问题再探》，《历史地理》（第32辑），上海：上海人民出版社，2015年

温娜：《明代富平县改属西安府时间考证》，《中国地方志》2008年第3期

谭其骧：《中国历代政区概述》，《文史知识》1987年第8期

谭其骧：《历代行政区划略说》，《中国古代文化史讲座》，北京：中央广播电视大学出版社，1984年

学位论文（按作者姓氏笔画排序）

李方昊：《金朝府州研究》，吉林大学2016年博士学位论文

赵现海：《明代九边军镇体制研究》，东北师范大学2005年博士学位论文

后 记

敬奉在读者诸君面前的这本小书，大致是我参加工作以后陆续完成的部分论文合集。它们的源头可以追溯到我攻读博士学位期间的阅读和思考。尽管如此，本书与我的博士毕业论文却并无太多关联。

如果说两者存在某种机缘，或许可以从上编第三章的写作讲起。在开始写毕业论文前的一段时间，由于迟迟没有确定选题，所以我一边按照导师指定的书单阅读，一边漫无目的地摘抄史料。抄写对象包括明清一统志和《明史》《清史稿》的地志部分。犹记得抄到《清史稿·地理志》山东莱州府平度州时，志文说："雍正二年削所领潍、昌邑"。又咸丰《同州府志》（卷12《建置志》）说该州（及华州）在雍正前期"未为直隶州时，虽各领县而皆统于西安府，沿明代之旧制"。这使我意识到，明代的属州领县体制到清代雍正年间才有所更张。为了弄清属州领县状态从明至清如何发生转变，我认真学习了前贤研究，发现大家基本是在两代之间各说各话，具体细节却语焉不详。我逐渐感到属州领县在清代的完全式微，是解释地方政区从三、四级复式体制过渡到单式三级制的关键。然而当时中外学者的研究，往往更乐于讨论雍正年间的直隶州增设问题。

为了印证上述"发现"，我以《明清时期的直隶州、属州与散州——以辖县为中心的考察兼论清代统县政区改革》为题，参加了母所2007年11月14日第二届河山研究生论坛。虽然报告得到先生们的鼓励，但由于当时又抄到了其他“有趣”的史料（案：成文发表后收入本书中编第六章），这一题目遂被搁置下来。到2008年10月前后，当得知复旦大学历史地理研究中心将举办首届全国禹贡博士生论坛，而母所会资助两名博士生参加时，我毫不犹豫地以《明清地方政区层级变迁的再考察：以属州为中心——兼论属州与散州概念的规范化》为题报名。这次论坛之上的报告异常精彩，以致我对自己参会的记忆略显模糊。只记得当时段伟教授告诉我，在邹逸麟先生主持修撰《清史·地理志》期间已对此有所察觉，不过尚未有成果发表。

由沪返校后，我回归毕业论文的写作状态，该题遂又被束之高阁。转年春夏之交，预答辩、回乡求职、答辩、毕业接踵而至，直到最后一刻留校工作，一切按部就班，岁月蹉跎。直到2011年9月24日，我获邀参加中山大学历史学系主办的“流域历史与政治地理”学术沙龙，并以《明清时期的州县边界与地方水灾——以华州、华阴为例》作了汇报。在谈及二华水利管控与工程摊派时，我尝试以州县行政体制的变革作为解释地方社会变迁的因素。会间茶歇，在向华林甫教授请教时方知，他已就明清属州问题撰文并且即将发表（收入《清代政治与国家认同》，2012年）。尽管华老师鼓励我仍可撰文投稿，但我深知学术研究贵在首创，无益的重复自当免除。

事情出现转机，缘于2015年11月7日我获邀参加中国人民大学历史学院主办的“‘空间’还有多少空间？——重访多维度历史”学术研讨会。主办方胡恒教授希望组织一场有关历史政治地理的讨论，而我不想讲所谓的“地方性知识”，于是倒逼自己重新思考有关明清时期的属州问题，最终才有了本书第三章的雏形。

回想当初本打算将属州制度变迁的内容纳入毕业论文，却终为突出主题、减少枝蔓而未予展开。2015年撰写第三章初稿时，因华林甫教授的大作业已问世，故可从明清属州沿革考察的学术脉络中摭罗衍生而出的新话题。事实上，如果没有以往的长期关注和学界近年相关研究不断深化，本书不少章节都难以完成。下编第八章有关明代属州统县调整的探索，也涉及第三章问题意识的延续。该章早期框架源于我的研究生何旭的硕士毕业论文《明代属州领县隶属关系调整研究》（2019）。何旭同学攻读学位的第二年，我已转任中山大学教职，原单位安排高升荣副教授指导她的学业。尽管如此，经与高老师商议，除日常学习、生活上的关照外，仍由我继续指导何旭撰写学位论文直至通过答辩。也就是说，论文的最终选题和框架虽由我拟定，但收集、爬梳和辨析史料以及文本统计等重要研究工作均由何旭独立完成。在编入本书时，我征得作者同意对原文作了全面修订。倘若没有何旭之前的研究结论，我未必有信心将此话题深入加以讨论。

本书上编第一章的写作同样说来话长。2013年6月13日，我有幸参加“统万城建城一千六百年国际学术研讨会”，第四次前往陕西省靖边县。会上我作了题为《元代察罕脑儿城未建于统万城遗址说》的报告，希望澄清统万城的行政建置史。会后为了做到言一知二，我对元代察罕脑儿行邸和宣慰司进行了更为深入地了解。其间有关忽必烈分封三子忙哥剌到关中为王，后者在京兆与察罕脑儿之间往来巡幸的史实引起我的注意，特别是安西王府与陕西行省之间的关系是之前未曾触及过的新鲜话题。就这样，《元史·地理志》有关奉元路的记载成为我最先阅读的基本史料。诚如书中所示，钱大昕和汪辉祖等人对元志的解读可谓大相径庭，却未引起今人关注。于是，我围绕元志记载进行了多角度地分析和推理，基本到2016年下半年完成了该章的写作。

第一章问题意识引出的思考，使我同时发现以往对金元之际路府的历史变迁复原，还有明显的模糊之处。为此我在其中专辟一节，辨析金元之际总管府及其行政地理属性。2019年11月23日，复旦大学马孟龙教授邀请我参加由他主持的北京大学文研论坛第101期《划等而治：对中国历代县级政区等级演变的观察》学术沙龙。会上我依靠写作本书第一章时打下的基础，作了《从"总管兼府尹"论元代诸路的等第问题》的报告。会后，孟龙教授热心组织与会论文组成专栏发表。由此，我最终完成了本书中编第四章的写作。

随着研究推进以及我与学生的深入交流，他们对本书第一、三两章所涉及的问题已经比较熟悉。2017年12月，我的研究生宋亮以《元初"附郭县止令州府官兼领"诏文新释》为题撰写论文，辨析《元史·世祖纪》至元二年省并州县诏令对诸州附郭县调整的史实。这表明他已初步具备独立从事学术研究的能力。在接下来的三年时间中，我们就这一话题的写作反复修改了多次，终于在2021年7月定稿，这是本书上编第二章的雏形。以上内容收入本书时，征得作者同意又作了进一步地修订。在我看来，最早发现学界对元明时期诸州附郭县沿革的解读存在误识者，非宋亮同学莫属。

撰写博士论文时，我曾专门探讨过明清陕西沿边地方政区与社会变迁之间的互动关系。其中涉及明代在长城沿线设置延绥镇以及增设延绥巡抚的问题。当时限于主题，并未专门研究延绥巡抚的出现与变动。通过答辩后，我集中精力对该问题进行了研究，撰成《明代九边延绥巡抚始设与辖区新探》一文，并以此参加了2011年4月24日在复旦大学历史地理研究中心举办的首届谭其骧青年历史地理学者论坛。会中报告得到杨伟兵、徐建平和傅林祥教授的批评与指点，使我明确了修改方向，最终此文发表在《中国边疆史地研究》2012年第4期上。拙文面世后，韩健夫先生在《历史地理》第32辑（2015）发表《明代延绥巡抚建置问题再探》一文，不仅反对拙文的结论，而且提出了新的判定标准。为使真理越辩越明，我曾一度想撰文回应，但始终觉得如果再继续只就延绥巡抚的个案展开对话，事实上意义较为有限，而一旦将视野扩大到明代的所有巡抚则问题极为宏大，一时难以下手。所以，借助将其收入本书之机，我在中编第五章专辟一节对韩先生的商榷略作回应，以供读者裁断。但有关明代巡抚始设问题的探讨，远未达到令人满意的程度，值得今后继续深究。

本书中编第六章有关清代北五省的研究，是全书唯一在我攻读学位期间就已发表的内容。该章最早的雏形是我在2007年下半年到2008年上半年抄写史料的札记。后来我将初稿投往心仪的《中国史研究》杂志社，编辑部的回复是尚未达到发表水平，但匿名审稿专家认为仍有修改余地，并提出一些颇具操作性的改进方案，让我可以选择修后再审。当时正值撰写博士毕业论文的关键时期，而该文与之完全无关。经过短暂纠结，我还是调整思路，花费两周时间按照审稿专家的建议，从史料到分析、再到问题意识的拓展，对原稿进行了重新修订。新稿后来顺利通过再审，发表于《中国史研究》2009年第1期。这篇小文对我在学术道路上的成长意义非凡，多年来我始终对《中国史研究》编辑部和匿名审稿专家怀有莫大的感恩之情，永铭心底，在此只能略表寸分。

下编第七、第九、第十等章节，全部是在撰写本书上、中两编的过程中，抄写史料、撰写札记、日积月累而成的纯粹考证内容。相信读者在翻阅的同时，多多少少都能找到它们与前文的内在联系。本书各章结论虽然彼此有所关联，但毕竟不属于标准的系统研究，这和其内容主要由业已发表的论文组成密切相关。但我实在不想出版一本因事命篇的“论文集”，因此，本书的导论和结论部分，集中反映了我在这些年的个案研究中，逐渐形成的对历史政治地理学的基本认识与体验。

萌生出版这样一本小书的念头，是在我入职中山大学以后。书中一些案例的选择较多侧重于陕西地区，也算是对我在西安求学、工作14年的一种纪念。围绕本书的修订，我得到了同事们的指点和帮助，特别是野口优副教授、黄圣修特聘研究员对第二章和结论部分所提供的建议与参考文献。我的研究生张洪滨、宋亮、胡世明、刘康瑞、何旭、林创杰、陈翠莲、范清桦、黄浩、张浩群、付思源、黄舒茗和段笑童等同学，都曾聆听或是与我交流书中的有关问题，教学相长诚非虚言。

在中山大学从事本科教学，使我获益匪浅，最美好的工作记忆都停留在珠海校区和康乐园的教室之中。我的同事吴滔、于薇、谢湜三位教授的团结、犀利与追求，始终感染着我。他们对完成本书所提供的帮助和鼓励，是我前进的动力源泉。葛剑雄、辛德勇、华林甫三位尊敬的前辈师长在我职业生涯关键时刻的提携与奖掖，令我没齿难忘。导师萧正洪教授学识渊博，为人为师充满坚定的人格魅力，能够成为先生的弟子是我一生的荣幸。

我的父母平凡而伟大，始终毫无保留地默默支持我。内人闫笑陪伴左右，给我带来温暖。我的一双儿女浅浅和米多，让我领悟生命的真谛。这一切都是无法用语言来表达的深厚情感。

这本应是我个人撰写的“第二”本书，却阴差阳错早于博士毕业论文而出版，愧疚之余一切命中有定，我自当承担全部的责任。

二〇二三年立秋于青岛“四方区”重庆南路六号